Armin Heinen
Wege in den Ersten Weltkrieg

Zugänge zur Geschichte

—
Band 1

Armin Heinen

Wege in den Ersten Weltkrieg

—

ISBN 978-3-11-049631-4
e-ISBN (PDF) 978-3-11-049632-1
e-ISBN (EPUB) 978-3-11-049633-8

Library of Congress Cataloging-in-Publication Data
A CIP catalog record for this book has been applied for at the Library of Congress.

Bibliografische Information der Deutschen Nationalbibliothek
Die Deutsche Nationalbibliothek verzeichnet diese Publikation in der Deutschen Nationalbibliografie; detaillierte bibliografische Daten sind im Internet über http://dnb.dnb.de abrufbar.

© 2017 Walter de Gruyter GmbH, Berlin/Boston
Umschlagabbildung: Duell zwischen Paul Déroulède und Georges Clemenceau am 21. Dezember 1892. Darstellung in der Berliner Illustrierten.
Satz: Dörlemann Satz GmbH & Co. KG, Lemförde
Druck und Bindung: CPI books GmbH, Leck
♾ Gedruck auf säurefreiem Papier
Printed in Germany

www.degruyter.com

Vorwort

Wie wissenschaftlich anspruchsvoll Geschichte geschrieben wird, das bleibt vielfach im Dunkeln. Denn den HistorikerInnen kann man bei ihren Forschungen und ihrem Schreiben der Geschichte nicht zuschauen.

Die Reihe „Zugänge zur Geschichte" zeigt deshalb, wie erfahrene HistorikerInnen sich in ein für sie neues, wichtiges Thema der Geschichte einarbeiten. Die Autoren beschreiben und begründen ihr Tun, machen Schritt für Schritt sichtbar, wie sie vorgehen: die Literatur reflektieren, den Forschungsstand durchdenken, ihr Material strukturieren, die Quellen neu lesen, ihre Thesen entwickeln, schließlich, ob und wie sie ihr Exposé anfertigen. Tatsächlich gibt es unterschiedliche Lese- und Schreibtechniken, die je nach Verfasser variieren, die je nach Texttyp anzupassen sind. Das soll vorgeführt und reflektiert werden. Auch die verwendeten Medien beeinflussen die Ergebnisse geschichtswissenschaftlichen Arbeitens (Papier, Internetdateien, Kladden, Zettelkästen, Datenbanken, Tabellenkalkulationen, Schreibsoftware). Schließlich berichten die Autoren, wie sie ihr Manuskript ausarbeiten und abschließen. Damit erhalten die Leser einen Einblick in das Labor des Historikers und damit in die vielfältige Praxis geschichtswissenschaftlichen Forschens. Denn jede Fragestellung bedarf einer gesonderten Herangehensweise, und jeder Historiker hat wiederum seine eigenen Arbeitstechniken. Somit bietet jeder Band im Kern nicht nur einen Einblick in das historische Forschen, sondern zugleich eine praxisorientierte Einführung in die Geschichtstheorie.

Freilich würde der reine Arbeitsbericht leere Hülle bleiben, die Theorie pure Theorie, wenn die Methode nicht ihre Tragfähigkeit am „Objekt" erwiese, wenn nicht zugleich und vorrangig Geschichte selbst erkundet würde. Geschichtswissenschaftliche Forschung bewährt sich, indem sie Quellenbedeutungen neu entdeckt. Deshalb behandeln alle Titel ein zentrales Thema der Geschichtswissenschaft und offerieren dem Leser erstens eine inhaltliche Einführung, zweitens einen das Sachfeld erschließenden Forschungsüberblick und drittens eine neue, interessante These zu einem wichtigen historischen Problem. Die „Zugänge zur Geschichte" bieten daher sowohl die Inhalte einer klassischen Monographie zu einem wichtigen Thema der Geschichtswissenschaft als auch einen Einblick in die Werkstatt des Historikers.

Aachen im Sommer 2016   Armin Heinen

Inhaltsverzeichnis

Vorwort —— **V**

1 Einleitung —— **1**
1.1 Eine Flut von Publikationen und deren Ursachen —— **5**
1.2 Neue Gelassenheit? —— **8**
1.3 Zeitgeschichtsforschung als Versuch, Distanz herzustellen – Geschichtsarbeit —— **9**
1.4 Distanzierung durch Selbstbeobachtung —— **17**
1.5 Der Aufbau des Selbstlernversuchs und dessen narrative Brüche —— **23**

2 Einlesen: Sachverhalte klären und ein Gespür für Argumente entwickeln —— **29**
2.1 Das Internet nutzen —— **29**
2.2 Texte inspizieren: Fachenzyklopädien, Handbücher, Bibliographien —— **40**
2.3 Monographien – Über die verschiedenen Arten, Geschichte zu schreiben —— **42**
2.4 Der Nutzen systematischen Einlesens —— **71**

3 Überblick gewinnen —— **74**
3.1 Exzerpte als Mittel der Aneignung und Distanzierung —— **74**
3.2 Überschriften formulieren, gliedern, einordnen, um den eigenen Gedankengang zu präzisieren —— **77**
3.3 Zu Papier bringen, neuschreiben, umformulieren, korrigieren – Schreiben als Prozess —— **78**

4 Die Deutungsansätze überblicken —— **82**
4.1 Erste Übersicht —— **82**
4.2 Ein (von Deutschland) absichtsvoll herbeigeführter sozialimperialistischer Krieg —— **87**
4.3 Der August 1914 als Resultat fundamentaler Ungleichzeitigkeiten des internationalen Systems —— **90**
4.4 Systemische Irrationalität als Folge von gesellschaftlichen Konflikten und Modernisierungsbrüchen —— **110**
4.5 Offene Kulturen, mentale Verhärtungen und die Erfahrung der „Schicksalsgemeinschaft". Die kulturellen Ursachen des Ersten Weltkrieges —— **127**

4.6		Julikrise: Zufälle, Fehlkalkulationen, Überforderung und Zeitnot —— 148
5		**Die Quellen – Die Vielfalt möglicher Bedeutungen erschließen** —— 177
5.1		Definition: Quellen als gebrochene, mehrschichtige Repräsentationen —— 177
5.2		Das Handwerk der Quellenauswertung —— 179
5.3		Die Kunst der Quellenauswertung und einige theoretische Überlegungen —— 191
5.4		Historisches Urteilen als Resultat methodischen Herangehens und Fragens —— 212
6		**Eine Frage der Ehre? Die „archaischen" Wurzeln des Ersten Weltkrieges** —— 214
6.1		„Ich will keinen Präventivkrieg, aber wenn der Kampf sich bietet, dürfen wir nicht kneifen." —— 215
6.2		Forschungen zum Ehrbegriff im 19. Jahrhundert —— 222
6.3		Die Herausforderung der nationalen Ehre als Legitimation für Gewaltandrohung, Untergangsbereitschaft und die Auslösung des Ersten Weltkrieges —— 233
6.4		Der Erste Weltkrieg und die Erfahrung der Unehrenhaftigkeit der Ehre —— 257
7		**Sprachhandeln im „sozialen Mehrebenensystem" – Warum so viele verschiedene Deutungen zu den Ursachen des Ersten Weltkrieges möglich sind** —— 259
7.1		Wenige Widersprüche, viele sich ergänzende Perspektiven —— 259
7.2		Grenzen des Erklärens sozialen Verhaltens —— 267
7.3		Identitätsbehauptung und Ehrverteidigung als zentrale Motive für die Auslösung des Ersten Weltkrieges – Versuch eines integrierenden Erklärungsansatzes —— 276
8		**Quellen- und Literaturverzeichnis** —— 278
8.1		Quellen —— 278
8.2		Bibliographien, Enzyklopädien, Handbücher, Lehrwerke —— 279
8.3		Monographien und Sammelwerke —— 280
8.4		Aufsätze —— 286

Index —— 293
　　Personenregister —— **293**
　　Ortsregister —— **295**
　　Sachregister —— **297**

Danksagung —— 300

1 Einleitung

Am Anfang war der „Große Krieg"[1] – oder genauer: die Suche nach dessen Ursachen, nach dessen Gründen. Fragen wir nach dem Anbruch der Gegenwart und gleichzeitig nach dem Ursprung der modernen Zeitgeschichtsforschung, so ist der August 1914, also der Beginn des Ersten Weltkrieges, ein guter Ausgangspunkt. *Der Erste Weltkrieg als Epochenzäsur*

Er steht für den krisenhaften Umbruch der Moderne: Bis dahin musste es vielen Zeitgenossen so wirken, als sei die Demokratie auf dem Siegeszug. Wohlstand für alle schien möglich. Die Industriegesellschaften kooperierten so eng miteinander wie niemals zuvor. Die Staaten garantierten den inneren und den äußeren Frieden, zumindest in Mittel- und Westeuropa. Das endete alles und abrupt im August 1914. Die große, die blutige Konfrontation zwischen zivilisierten Großmächten beendete den hundertjährigen Aufschwung Europas und dessen weltweiten Siegeszug. Und sie warf fundamentale Fragen auf, Fragen nach dem Sinn des massenhaften Sterbens, nach der Verantwortung für die Katastrophe. Der Zivilisationsbruch bedurfte einer nachvollziehbaren Begründung. Nicht nur Politiker und Staatsmänner suchten den Gewaltausbruch zu legitimieren, sondern auch Wissenschaftler und Archivfachleute. Die große Schlacht um die richtige Interpretation der Ursachen des Krieges begann zeitgleich mit dem Krieg – und sie ist bis heute nicht beendet.

1991 zählte der amerikanische Historiker John Langdon 25 000 Publikationen, die alle die Kriegsursachen zum Ausgangspunkt hatten.[2] Heute, nach den weltweit organisierten Erinnerungen an das 100 Jahre zurückliegende Ereignis, dürften es vermutlich doppelt so viele Veröffentlichungen sein.

Warum widmet die Geschichtswissenschaft einem einzigen Sachverhalt, einem einzigen Problem so viel wissenschaftliche *Erste Fragen*
Energie? Warum überstrahlt die Frage nach den Gründen für den Ersten Weltkrieg alle anderen Aspekte des Krieges? Manche der Motive sind offensichtlich, andere dagegen eher subtiler Natur. Weiter: Vor welchen Herausforderungen steht Geschichtswissen-

---

1 So die englische, französische und italienische Bezeichnung für den Ersten Weltkrieg: the Great War, la Grande Guerre, la Grande Guerra.
2 *John W. Langdon*, July 1914. The Long Debate 1918 to 1990. London 1991, 6.

schaft, wenn sie den Ursachen des Ersten Weltkrieges nachspürt? Wie lassen sich diese Schwierigkeiten bewältigen? Darauf will ich Antwort geben und einen Einblick in das Atelier des Historikers eröffnen. Die bisherigen Forschungsergebnisse will ich vorstellen und ich werde einzelne geschichtswissenschaftliche Schulen unterscheiden.

Beginnen aber werde ich mit der Frage nach der Bedeutung des Ersten Weltkrieges für die Gegenwart und damit begründen, warum die Auslösung des Krieges nicht nur die Historiker, sondern offensichtlich auch eine breitere Öffentlichkeit interessiert. Allzu viele Gegebenheiten um 1914, so die These, erinnern an gesellschaftliche und politische Probleme, die uns heute beschäftigen und manchen Beobachter ernsthaft beunruhigen. Im folgenden Schritt erläutere ich, warum wir die Frage nach den Ursachen des Krieges nicht den Experten überlassen dürfen. Es gibt, so die Antwort, keine Alternative zur konkreten Arbeit an der Geschichte. Wir alle machen selbst Geschichte und sind Teil der Geschichte. Deshalb müssen wir uns zu ihr verhalten. Die zweite Begründung besagt: Innovative Forschung erfordert das Betreten neuer Pfade in Ergänzung etablierter Fragen, Methoden und Antworten. Die daraus resultierenden Herausforderungen werde ich diskutieren und vorführen, warum ich glaube, dass die systematische Selbstbeobachtung, die kritische Selbstreflexion und die detaillierte Darlegung des eigenen Tuns helfen können, erfolgreich geschichtswissenschaftlich zu forschen – jedenfalls wenn es darum geht, neue Fragen zu stellen und mit bekanntem Material neue Antworten zu geben. Schließlich komme ich zum eigentlichen Gegenstand der Untersuchung. Ich werde einige einführende Texte zum Thema – den Ursachen des Ersten Weltkrieges – vorstellen und sie ausführlich diskutieren. Im Ergebnis erhalten wir eine Vorstellung von der Vielzahl der Perspektiven, die zu berücksichtigen sind, und von den verschiedenen Arten des Schreibens über die Kriegsursachen. Staatsanwaltliche Beweisführungen werden wir kennenlernen, großartige Erzählungen von menschlichem Scheitern und kluge strukturgeschichtliche Analysen.

Erst wenn wir wissen, was die Geschichtswissenschaft im Laufe der Jahrzehnte erarbeitet hat, wo es Kontroversen gibt, welche Quellen gelesen und wie sie interpretiert wurden, wenn wir einen präzisen Forschungsüberblick gewonnen haben, können wir tatsächlich Lücken aufdecken, neue Thesen aufstellen. Etwa die

Hälfte meines Buches gilt den Ergebnissen und Kontroversen der einschlägigen geschichtswissenschaftlichen Literatur der letzten Jahre. Wie man auf dieser Basis zu neuen Thesen kommt, schildere ich im folgenden Teil. Der Erste Weltkrieg, so das Ergebnis meines Atelierberichts,[3] resultierte nicht zuletzt aus einem im Juni/Juli 1914 erfolgten Sprachwandel, dem Wechsel von der Sprache der Diplomatie zur Sprache der Ehre.

Fast alle Historiker sind sich einig: Der Erste Weltkrieg markiert eine Epochenzäsur. Für diese Einschätzung sprechen mehrere gute Gründe:

Gründe für den Epocheneinschnitt

- Der Erste Weltkrieg war ein totaler Krieg, der erste moderne Krieg, der fast alle Gesellschaften Europas umformte, die Menschen bis in die entlegensten Ecken der beteiligten Staaten verfolgte. 10 Millionen tote Soldaten ermittelten die Statistiker und ebenso viele Verwundete, acht Millionen Kriegsgefangene und Vermisste, dazu eine große Zahl ziviler Opfer.[4]
- Der Krieg strahlte über den europäischen Kontinent hinaus. Napoleon hatte zwischen 1800 und 1815 ganz Europa in Aufruhr versetzt. 1914 erschütterten die Ereignisse auch den asiatischen, afrikanischen und den amerikanischen Erdteil, ja sogar Australien.[5] Insofern ist der Begriff Erster Weltkrieg durchaus berechtigt.
- Zum ersten Mal erlebte die Menschheit im Verlauf des Geschehens auch das Potential einer technisierten Kriegsführung: Panzer, Giftgas, Aufklärungs- und Kampfflugzeuge, U-Boote. Freilich, das Bestimmende blieb der Volkskrieg der Infanteristen, die mit der Eisenbahn an den Kriegsschauplatz gebracht wurden, mit Repetierbüchsen und Artillerie den „Feind" be-

---

[3] In mancher Hinsicht gleicht mein Anliegen dem Marc Blochs, wenn ich auch erkennbar die konkrete Praxis geschichtswissenschaftlichen Arbeitens stärker betone. Wie Bloch gehe ich davon aus, dass Geschichtswissenschaft Handwerk ist und es gilt, das Handwerk geschichtswissenschaftlichen Arbeitens zu beschreiben: *Marc Bloch*, Aus der Werkstatt des Historikers. Zur Theorie und Praxis der Geschichtswissenschaft. Frankfurt/M. 2000. S. dazu auch die ausführliche und instruktive Rezension von Volker Barth, www.qualitative-research.net/index.php/fqs/article/view/889/1942 (14.10.2015).
[4] *Antoine Prost*, War Losses, in: 1914–1918 Online, encyclopedia. 1914–1918-online.net/article/war_losses (22.9.2015).
[5] Ebd. encyclopedia.1914–1918-online.net/regions/ (7.10.2015).

kämpften und Gräben als Schutzschild aushoben. Doch, dass nun so viele Soldaten über zielsichere Gewehre verfügten, die Artillerie so weite Entfernungen überbrückte, soviel Munition verschossen werden konnte, das hing schon mit der Industrialisierung des Krieges zusammen.[6]

- Der Erste Weltkrieg „gestaltete" die Welt neu. Die alten Imperien (Österreich-Ungarn, das Osmanische Reich, Russland) brachen zusammen. Jetzt erst, nach dem Krieg, bestimmten in Europa die Nationalstaaten das Geschehen.
- Die konstitutionell-bürgerlich-monarchische Ordnung hatte 1918 ausgedient. Es begann die Zeit der Massendemokratie, der Parlamentsherrschaft – und der Krise der parlamentarischen Systeme. Die Staaten Europas kämpften mit enormen Finanzproblemen, ausgelöst durch den Krieg oder zumindest dessen indirekte Folge. Eine Phase innerer Bürgerkriege um sozialen Ausgleich, um nationale Selbstbestimmung, um radikale Vereinfachung der durch den Ersten Weltkrieg ausgelösten Konfliktlagen mündete in den Morden und Verwüstungen des Zweiten Weltkrieges.

Der Diplomat, Historiker und Politikwissenschaftler George F. Kennan bezeichnete den Ersten Weltkrieg als „die Urkatastrophe des 20. Jahrhunderts". Damit wies er auf die zerstörende Wirkung des Krieges hin, auf die langfristigen Folgen bis in die Gegenwart und benutzte zugleich ein Wort, das das Unerklärliche hervorhob, den Ersten Weltkrieg als ein „außerordentliches", in gewisser Weise als ein unfassbares Ereignis deutete.

---

6 *Stéphane Audoin-Rouzeau*, Weapons, in: 1914–1918 Online, encyclopedia. 1914–1918-online.net/article/weapons (22.9.2015).

1.1 Eine Flut von Publikationen und deren Ursachen

Angefeuert wurde die Diskussion um die Kriegsursachen durch die zeitgenössische Debatte. Die sogenannte Kriegsschuldfrage belastete das Verhältnis von Siegern und Verlierern seit 1919.[7] Bis dahin hatten die siegreichen Staaten die Nachkriegsordnung einfach diktiert, Gebietsabtrennungen einseitig verordnet, Reparationen eingefordert. Mit der Demokratisierung des Krieges, mit der Delegitimierung des Krieges als „alternatives Mittel der Politik", mit dem Verlust der Vorstellung vom Krieg als „Gottesurteil" bedurften die Forderungen der Siegermächte einer völkerrechtlichen Begründung, einer belastbaren, moralisch nachvollziehbaren Anschuldigung. Daher spiegelte der Kriegsschuldparagraph des Versailler Friedensvertrags (Artikel 231) einen gesteigerten Willen zur Verrechtlichung der Staatsbeziehungen. Er beruhte freilich auf bloßem Augenschein, einem Konsens der Sieger untereinander und wurde nicht mit Unterlagen systematisch begründet. An diesem Punkt setzte die deutsche Gegenwehr an. Sie veröffentlichte Dokumente aus deutschen Archivbeständen und zwang damit die Siegermächte ihrerseits, die eigene Position mit Archivmaterialien zu begründen. So wurde die Frage nach den Ursachen des Ersten Weltkrieges zum Anfang einer gegenwartsnahen dokumentengestützten Zeitgeschichtsforschung. Sie verstand sich als national-politisch engagierte Wissenschaft und beharrte doch auf den Standards vernünftiger Argumentation, die das „Vetorecht der Quellen" akzeptierte. Gerade dieser doppelte Selbstanspruch sicherte ihr die Aufmerksamkeit einer breiteren Öffentlichkeit.

Möglicherweise fände der Erste Weltkrieg weniger Interesse, wenn er von den Zeitgenossen im Sommer 1914 allgemein erwartet worden wäre.[8] Doch der Kaiser fuhr im Juli 1914 zur See – Richtung Norwegen. Der österreichische Generalstabschef trat seinen Urlaub

Kriegsschulddebatte

Ein im Juli 1914 unerwarteter Krieg

---

[7] S. dazu beispielsweise: *Wolfgang Jäger*, Historische Forschung und politische Kultur in Deutschland. Die Debatte 1914–1980 über den Ausbruch des Ersten Weltkrieges. Göttingen 1984.
[8] *Thomas G. Otte*, July Crisis. The World's Descent into War Summer 1914. Cambridge 2014, 2.

an – im Südtiroler Pustertal, um seiner Geliebten möglichst nahe sein zu können.[9]

Heute glauben die Historiker mehrheitlich, dass der Weltkrieg keineswegs von langer Hand vorbereitet war: Die Beziehungen der Großmächte zueinander hatten sich in den Monaten vor Kriegsausbruch entspannt. Die Wirtschaft florierte. Das Bürgertum war im Vormarsch. Die Arbeiterschaft profitierte vom Aufschwung und schien reformbereit. Bei einem großen Krieg, so das Urteil vieler Zeitgenossen, auch der meisten verantwortlichen Politiker, hatten alle Staaten nur zu verlieren. Die Welt vor dem Krieg und danach würde nicht mehr dieselbe sein.

Bis zuletzt schien eine Einigung unter den Konfliktparteien möglich, jedenfalls gab es entsprechende Bemühungen wichtiger Politiker. Auch die Zeitungen glaubten an einen Kompromiss. Sie berichteten lange Zeit keinesfalls alarmiert.

Während die Ursachen des Zweiten Weltkrieges, 1939–1945, rasch festzumachen sind, bleibt der Erste Weltkrieg ein Problem, das Generationen von Historikern beschäftigt hat. Erklären imperiale Kriegslust, Strukturdefekte des internationalen Systems, menschliches Versagen oder Zufall den Kriegsbeginn? Entzieht sich der Ausbruch des Ersten Weltkrieges gar dem systematischen Explizieren der Wissenschaft?

Offene Deutungsansätze sind für Historiker immer eine Herausforderung. Versagen oder Zufall als Erklärungsmodelle klingen durchaus unwahrscheinlich, wenn Entscheidungen über Leben und Tod gefällt werden, wenn viele Personen am Abstimmungsprozess beteiligt sind, wenn Sachverhalte in der Öffentlichkeit diskutiert werden.

Zahlreiche Quellen in vielen Sprachen

Bei der Analyse der Kriegsursachen von 1914 geraten die Historikerinnen und Historiker indes an die Grenzen ihres Leistungsvermögens. Der Erste Weltkrieg resultierte aus einer höchst komplexen Gemengelage vieler Akteure in den europäischen Großstaaten. Die Handelnden protokollierten ihre Gespräche auf Englisch, Deutsch, Französisch, Russisch, Serbisch, um nur einige der einschlägigen Sprachen anzuführen. Wer beherrscht sie schon alle? Die Einübung bürokratischer Verwaltung im 18. und im 19. Jahrhunderte sorgte dafür, dass sehr viele der Gesprächsprotokolle und Dokumente

---

9 de.wikipedia.org/wiki/Gina_Conrad_von_H%C3%B6tzendorf (10.10.2015)

erhalten geblieben sind, allzu viele, um sie durchgehend gründlich zu studieren. Darüber hinaus spiegeln sie unterschiedliche politische Kulturen, reflektieren sie, je nach Autor und Zeitpunkt, differierende Annahmen und Kalküle, zeugen sie von der Bereitschaft oder dem Nichtwollen, die Gegenseite anzuhören und deren Argumente aufzugreifen. Das alles muss durch den Historiker gesichtet, ausgewertet, interpretiert und zu einem stimmigen Narrativ verbunden werden. Gleichzeitig fehlen wichtige Aufzeichnungen, sei es, weil doch vieles geheim bleiben sollte, sei es, weil Unterlagen nach 1918 durch wissentliche Eingriffe oder infolge von Kriegsereignissen vernichtet wurden. So sind die Zeithistoriker in der merkwürdigen Situation, dass es viel zu viele Quellen gibt, um sie alle gleichermaßen zu berücksichtigen, und gleichzeitig zentrale Dokumente fehlen. Je nach politischem und wissenschaftlichem Standort bietet die Überlieferung daher eine breite Basis für eine Vielzahl gut fundierter Erzählungen, doch auch für wilde Spekulationen.

Das Fehlen wichtiger Dokumente

In mancher Hinsicht wirkt der Kriegsausbruch vom August 1914 höchst gegenwärtig. Eine Aufzählung vergleichbarer Strukturkonflikte führt jedenfalls zu einer recht langen Liste, die bedrückend wirkt: beschleunigte Globalisierung, welche von vielen als Bedrohung empfunden wird; grenzüberschreitend agierenden Terrororganisationen; ein internationales System, das mit seiner multipolaren Struktur immer wieder für Konflikte sorgt; ein verbreiteter, aggressiver Nationalismus; Deutschland, das seine Rolle in der Welt sucht; der Balkan als Konfliktraum; ein „unberechenbares", militärisch aufgerüstetes Russland, das nach dem Westen ausgreift, oder – in umgekehrter Deutung – ein Westen, der Russlands Stellung im orthodoxen Osten gefährdet. Die Schatten der Gegenwart steigern das Interesse an der Vergangenheit, die so präsent scheint.

Vergangenheit als Spiegel der Gegenwart

Auf der einen Seite also können wir uns heute gut in die Situation von 1914 hineinversetzen. Auf der anderen Seite erscheint uns unvorstellbar, mit welcher Genugtuung oder zumindest Schicksalsergebenheit die Öffentlichkeit 1914 den Krieg akzeptierte. Dass Soldaten für den Monarchen in den Krieg zogen, die Größe und Ehre der Nation verteidigen wollten, überfordert unser Vorstellungsvermögen und verlangt nach Erklärung.

Größe, Ehre, Nation – fremde Gefühle

Mehrmals hat die Geschichtswissenschaft ihre Herangehensweisen seit 1918 verändert. Die Frage nach den Ursachen des Ersten Weltkrieges wurde deshalb immer neu und anders gestellt. Im Kampf um Reputation für ihre Sicht auf die Geschichte erprobten der Historismus, die klassische Diplomatiegeschichte, die Gesellschaftsgeschichte, die Kulturgeschichte ihre Erklärungskraft und arbeiteten sich an den Positionen der jeweils anderen Schule ab. Der Erste Weltkrieg wurde so zu einem bevorzugten Objekt von Historikerkontroversen, die in Zeitungen und Zeitschriften breite Aufmerksamkeit fanden. Weil Historiker zu streiten wissen, da sie auch vor Polemik nicht zurückschrecken, hatte das für eine größere Öffentlichkeit durchaus Unterhaltungswert, war spannend zu lesen, vielfach sogar amüsant.

Kampf um angemessene Herangehensweisen

1.2 Neue Gelassenheit?

Trotz aller Dispute, trotz aller Differenzen zeichnet sich in der Gegenwart ein neuer Konsens ab, weil der Blick nicht mehr ausschließlich auf Deutschland gerichtet ist. 100 Jahre nach Kriegsbeginn scheint die politische Aufregung früherer Jahre verloren. Die zeitliche Distanz tut dem nüchternen Urteil gut. Fast alle Archive stehen den Forschern inzwischen offen. Gewiss, noch immer streiten die Historiker, aber das machen sie durchaus zivilisiert, in einem freundlichen Ton gegenseitiger Anerkennung. So entsteht der Eindruck, dass die Auseinandersetzung um die Kriegsursachen aufklärt über Probleme der Gegenwart und doch den Experten überlassen werden müsse. Denn, wer sonst könnte schon Tausende von Quellen durcharbeiten, die einschlägige Literatur angemessen auswerten und autoritativ seine Position verteidigen? Die Kombattanten – Gerd Krumeich,[10] Annika Mombauer,[11] Chris-

---

[10] *Gerd Krumeich*, Aufrüstung und Innenpolitik in Frankreich vor dem Ersten Weltkrieg. Wiesbaden 1980; ders., Juli 1914. Eine Bilanz. Paderborn 2013.
[11] *Annika Mombauer*, Helmuth von Moltke and the Origins of the First World War. Cambridge 2001; dies. (Hrsg.), The Origins of the First World War. Diplomatic and Military Documents. Manchester 2013; dies., Die Julikrise. Europas Weg in den Ersten Weltkrieg. Bonn 2014.

topher Clark,[12] Sean McMeekin,[13] Margaret Macmillan,[14] Herfried Münkler,[15] Jörn Leonhard,[16] Jean-Jacques Becker,[17] um nur einige zu nennen – haben große Teile ihres Forscherlebens der Kriegsursachenforschung gewidmet. Da können „gewöhnliche" Neuzeithistoriker, wie ich es bin, kaum mitreden. Und das gilt sicherlich noch viel mehr für Lehrer, Studierende oder Schüler.

1.3 Zeitgeschichtsforschung als Versuch, Distanz herzustellen – Geschichtsarbeit

Sollten wir also die Kriegsursachenforschung tatsächlich den Experten überlassen? Die Diskussion um die Ursachen des Krieges war von Anfang an eine Debatte in der Öffentlichkeit und von Fachleuten. Schon während des Krieges stellten sich die Sachkenner in den Dienst der Politik oder nahmen aus eigenem Antrieb Stellung. Sie fragten und stritten miteinander, ob Deutschland und seine Verbündeten tatsächlich für den Krieg 1914 verantwortlich gemacht werden können (Artikel 231 des Versailler Vertrags). Das Aufbegehren gegen den Versailler Vertrag stärkte während der Weimarer Republik vor allem die Position der Rechten, obwohl auch die anderen Parteien den Kriegsschuldparagraphen ablehnten.

Geschichte der Kriegsursachenforschung

In den 1960er und 1970er Jahren, in der Epoche der zweiten Gründung der Bundesrepublik, beobachteten viele Historiker eine Kontinuitätslinie vom Sommer 1914 zum Herbst 1939, also zum Zweiten Weltkrieg. Wenn das so hätte nachgewiesen werden kön-

---

[12] *Christopher M. Clark*, The Sleepwalkers. How Europe Went to War in 1914. London 2012.
[13] *Sean McMeekin*, The Russian Origins of the First World War. Cambridge, London 2011; ders., Juli 1914. Der Countdown in den Krieg. München 2014.
[14] *Margaret Macmillan*, The War that Ended Peace. How Europe Abandoned Peace for the First World War. New York 2013.
[15] *Herfried Münkler*, Über den Krieg. Stationen der Kriegsgeschichte im Spiegel ihrer theoretischen Reflexion. Weilerswist 2003; ders., Der Große Krieg. Die Welt 1914 bis 1918. Berlin 2013.
[16] *Jörn Leonhard*, Die Büchse der Pandora. Geschichte des Ersten Weltkrieges. München 2014.
[17] *Jean Jacques Becker*, 1914. Comment les Français sont entrés dans la guerre. Contribution à l'étude de l'opinion publique, printemps-été 1914. Paris, 1977; ders., L'année 14. Paris 2004.

nen, dann hätte Deutschland Europa zweimal in den Abgrund geführt. In beiden Fällen hätten rückwärtsgewandte, imperialistisch gesonnene, nationalistisch-aggressive Kräfte den Krieg verursacht, weil sie ihre Stellung durch demokratische Bestrebungen gefährdet sahen, weil sie aus einem blinden Rassismus heraus ganze Völker verachteten und weil sie sich die Welt in den Kategorien sozialdarwinistischen Großmachtdenkens erschlossen.

Kriegsschulddebatte in der BRD

Nachdem Deutschland im Jahre 2016 fest in die europäischen Strukturen eingebunden ist, die deutsche Demokratie außer Frage steht, das „postheroische Zeitalter" (Münkler) jeden Militarismus unwahrscheinlich macht, gewinnt die Frage an Bedeutung, ob die Verantwortlichen von 1914 den europäischen Krieg durch ein geschickteres Handeln hätten verhindern können. Die „Agency" politischen Handelns interessiert heute mehr als in früheren Jahren.

Betonung der europäischen Verantwortung

Die doppelte Bedrohung innovativer Forschung durch Geschichtspolitik und Expertenkultur

Geschichtswissenschaft, so das Ergebnis unserer Überlegungen, stellt aus Kenntnis der Gegenwart konkrete Fragen an die Vergangenheit. Damit macht sie „klug" für die Zukunft.[18] Zugleich unterliegt sie einer doppelten Gefahr: zum ersten jener der geschichtspolitischen Vereinnahmung und zum zweiten der technokratischen Verfestigung von Sichtweisen.

Noch einmal anders formuliert: Geschichte ist zu wichtig, um sie der Politik oder den Experten zu überlassen. Gerade die Experten bedürfen der Herausforderung durch kluge Fragen, durch neue Interpretationen. Denn, was sie von den „Laien" unterscheidet und was sie wirklich zu Experten macht, ist, dass sie ihre Argumentation nachvollziehbar und verständlich begründen. Die Experten obliegen der Explikationspflicht. Sie müssen anderen Historikern erklären, wie sie zu ihren Ergebnissen gekommen sind, und sie müssen das in einer Weise tun, die auch durch eine breitere Öffentlichkeit nachvollzogen werden kann. Würde Geschichtswissenschaft so

Geschichtswissenschaft und Öffentlichkeit

---

18 *Jörn Rüsen*, Lebendige Geschichte. Grundzüge einer Historik III: Formen und Funktionen des historischen Wissens. Göttingen 1989.

funktionieren wie die Strömungsphysik – anspruchsvolle Mathematik voraussetzen, in Kürzeln kommunizieren –, dann verlöre sie jede Rückbindung an die kritische Öffentlichkeit. Geschichtswissenschaft wäre dann tatsächlich ein Feld für immer mehr Experten, die immer kleinere Themenfelder erarbeiten. Doch Geschichte ist gegenüber ihrer Beobachtung nicht neutral. Geschichte ist reflexiv. Das Wissen über Geschichte verändert Geschichte. Insofern ist die Rückbindung an die kritische Öffentlichkeit Voraussetzung und Ziel der Historiographie.

Glücklicherweise stellt Geschichtswissenschaft vergleichsweise geringe Hürden an das konkrete Vorwissen. Neue Fragen, neue Quellen, neue Perspektiven erlauben häufig den niedrigschwelligen Einstieg in die geschichtswissenschaftliche Diskussion. Auch Historiker, die sich in ein Thema neu einarbeiten, können die Forschung bereichern und genuin geschichtswissenschaftliche Beiträge verfassen. Dazu müssen sie die Fähigkeit entwickeln, Aussagen über Geschichte argumentativ in Frage zu stellen und Wissenslücken aufzudecken, neue Sichtweisen auf die Vergangenheit zu eröffnen und mit Hilfe von Quellen und Literatur, unter Beachtung der geschichtswissenschaftlichen Standards, aussagekräftige Erzählungen und Analysen vorzulegen.

Methode als Chance „niedrigschwelliger" geschichtswissenschaftlicher Forschung

Welche Mittel, welche Herangehens-, welche Verfahrensweisen stellt Geschichtswissenschaft bereit, damit Nachwuchsforscher oder Wissenschaftler, die keine Fachleute im engeren Problemfeld sind, sich in ein Thema wie die Ursachen des Ersten Weltkrieges einarbeiten können, und zwar so, dass sie in kurzer Zeit fähig werden, eine eigene begründete Meinung zu entwickeln und neue fundierte Thesen entwickeln können? *Schrittweises Vorgehen*

Das Ziel jeden geschichtswissenschaftlichen Seminars ist es, die Studierenden an die Forschung heranzuführen und ihnen das Rüstzeug für neue intellektuelle Erkundungen zu geben. Gelingen wird dies, so lautet das Versprechen, wenn die Studierenden schrittweise vorgehen, systematisch Literatur und Quellen auswerten. Sicherheit bei der Bewertung von und im Umgang mit Forschungspositionen sollen sie gewinnen und die Fähigkeit entwickeln, sich durch die Quellen verunsichern zu lassen. Das klingt einfacher, als es ist.

Wir haben eingangs die Zeitgeschichtsforschung als Versuch dargestellt, Distanz herzustellen, Distanz gegenüber der Politik, Distanz gegenüber dem kommunikativen und kulturellen Gedächtnis. Tatsächlich sind es Verfahren der Distanzierung, die helfen, sich kompetent von den bisherigen Narrativen freizumachen, die Quellen auf ihre Mehrfachbedeutung hin zu untersuchen und neue Interpretationen zu erproben.

Narrative Kohärenz

Der jeder geschichtswissenschaftlichen Darstellung eigene Zwang zur narrativen Kohärenz, zur stimmigen Erzählung und Analyse also, verleitet indes allzu leicht dazu, widersprechende Deutungen auszublenden, unbequeme Quellen eher relativierend zu gewichten und in die Darlegung – entsprechend kommentiert – stimmig einzubeziehen. Was am Ende Resultat einer Untersuchung sein muss – die stimmige Erzählung und kohärente Analyse – darf nicht von Beginn an die Offenheit der Untersuchung einschränken. Die Quellen bestimmen nicht die Erzählung, sondern dienen als zu entziffernde Wegmarken. Das „Vetorecht der Quellen" (Koselleck) ist gewiss Voraussetzung jeden geschichtswissenschaftlichen Arbeitens, begrenzt aber die Erzählmöglichkeiten nur teilweise. Zwar wäre es Unsinn zu behaupten, dass Wilhelm II. am 8. Dezember 1912 sich nicht mit den verantwortlichen Militärs getroffen und über einen europäischen Krieg nachgedacht habe (der berühmte „Kriegsrat" vom Dezember 1912). Doch wie der Sachverhalt zu bewerten ist, ob er unmittelbare Konsequenzen hatte oder nicht, das hängt davon ob, wie das Ereignis mit einer Anzahl weiterer Quelleninterpretationen verbunden wird. Handelte es sich um eine der typischen Panikreaktionen Wilhelms II. ohne weitere Ergebnisse? Oder wurde das Treffen zum Entscheidungsort langfristiger Kriegsvorbereitung in Deutschland, wirtschaftlich, militärisch, propagandistisch, mit dem Sommer 1914 als Schlusspunkt? Darüber streiten Historiker mit vielen Argumenten.

Quellen als mehrdeutige Wegmarken

Die Gefahr besteht also darin, sich allzu früh festzulegen, eine einzige Quelle überzubewerten, einer bestimmten Erzählung zu vertrauen und sich damit alternativer Lese- und Interpretationsweisen zu verschließen.

Geschichtsschreibung, das meint gerade nicht, ein Abbild der Vergangenheit zu erzeugen, sondern erfordert ein analytisches Durchdringen der aus der Vergangenheit überlieferten Dokumente, steht für eine erzählende, abwägende Rekonstruktion. Geschichtswissenschaft klärt auf durch kritische Überprüfung von Aussagen auf ihre Stimmigkeit und ihre Quellennähe, doch es sind immer viele Aussagen zulässig. Wenn die Physik Licht als Strahl, als Welle, als Quanten beschreibt, warum sollten dann die „Erklärungsmodelle" der Geschichtswissenschaft weniger vielfältig sein?

Insofern bilden die Quellen nur eine gewisse Grundlage für geschichtswissenschaftlich fundierte Erzählungen. Sie bestimmen indes die Struktur der Erzählung keinesfalls zwingend und eindeutig. Sie geben Anregung für die Narration. Sie sind – das eine Mal mehr, das andere Mal weniger – widerständig gegenüber spezifischen Interpretationsangeboten. Vor allem aber enthalten Quellen neben eindeutigen Sachinformationen (am 8. Dezember 1912 gab es ein Treffen von Kaiser und Militärs) vielfältige Bedeutungen. Sie umfassen mehr „Sinn", als ihnen der Verfasser oder die Verfasserin mitgeben wollten. Deshalb auch lassen sie viele Lesarten zu. Darüber werden wir noch ausführlich nachdenken.

In der Konsequenz – und das ist an dieser Stelle wichtig – bedarf es einer spezifisch geschichtswissenschaftlichen Herangehensweise, damit nicht aufgrund von Vorannahmen die möglichen Bedeutungen eingegrenzt, die Quellen lediglich als Beweise für eine bestimmte Lesart herangezogen werden.

Allzu oft – so die Erfahrung – wiederholen Geschichtsstudenten, was sie in der Literatur gefunden haben. Die in die Darlegung eingestreuten Quellen dienen ihnen allein als Anschauung für das Gesagte, manchmal als Beweis für eine bestimmte Aussage. Viel zu selten werden die Quellen zum Erkenntnisgewinn herangezogen und – wichtiger noch – als Instrument systematischer Selbstverunsicherung eingesetzt. Doch gerade darum geht es. Neue Erkenntnis in der Geschichtswissenschaft entsteht durch kritisches Fragen, durch veränderte Perspektiven, durch neue Leseweisen. Geschichtswissenschaft ist deshalb so harte Arbeit, weil sie umfassend vorhandenes Wissen reflektiert, vergangenes, vielfach vergessenes Wissen und Denken erkundet, um so – methodisch reflektiert – neues Wissen zu gewinnen. Historiographische Innovation beruht auf der mühsam erworbenen Fähigkeit, wissendes Nichtwissen in Fragen an die Quellen zu übersetzen, um auf diesem Wege neue Ideen zu gewinnen und Interpretationsmöglichkeiten zu erproben.

Die paradoxe Aufgabe der Historikerin bzw. des Historikers besteht also darin, Kenntnis der Quellen und der Forschung zu gewinnen und gleichzeitig Distanz zu den Quellen und zur Forschung aufzubauen. Diese Dialektik von Nähe und Ferne, von Vertrautheit mit dem Vergangenen und kenntnisreicher Fremdheit, von systematisch kontrolliertem und hergestelltem Nichtverstehen und dringendem Verstehen-Wollen charakterisiert die geschichtswissenschaftliche Arbeit insgesamt, ja macht sie erst möglich.

Herstellung von Distanz

Die Erkenntnis der Geschichtswissenschaft führt immer weiter als das Wissen der Zeitgenossen, weil die Historiker die „vergangene Zukunft" (Koselleck) bereits kennen, den Verlauf der Geschichte überblicken. Mit den Methoden und dem Wissen der Gegenwart ausgestattet, schildern Historiker die Vergangenheit in gewisser Weise immer „richtig". Nur selten streiten Historiker über „Fakten", viel häufiger über berücksichtigte und unberücksichtigte Quellen, über Interpretationen und angemessene Erklärungsmodelle.

Wenn Historiker immer „recht" haben, dann bedarf es auch aus diesem Grund spezifischer Verfahren der Verfremdung und Distanzierung gegenüber dem historischen Gegenstand, um wirklich Neues entdecken zu können. Forschungskontroversen helfen beispielsweise, ausgetretene Pfade zu verlassen. Unter anderem deshalb ist es so wichtig, die Forschung zu überblicken. Bei der Quelleninterpretation helfen meiner Erfahrung nach ganz bestimmte Herangehensweisen, um sicherzustellen, dass tatsächlich möglichst viele Bedeutungsinhalte und Interpretationsmöglichkeiten erfasst werden. Darauf werde ich später noch eingehen.

Kritische Kenntnis der Forschung

Systematische Befragung der Quellen

Wir haben oben bereits festgestellt, dass es auf die richtige Reihenfolge des Lesens und Auswertens bei der Bearbeitung eines geschichtswissenschaftlichen Projekts ankommt. Nur wenn ich Wissen habe, kann ich kontrolliert Nichtwissen herstellen. Es geht erstens darum, einen Überblick über das „faktische" Grundgerüst zu erhalten, die zentralen Begriffe kennenzulernen und bibliographische Hinweise auf die Literatur, vor allem auf die wichtigsten Monographien zu gewinnen. Die eine oder andere thesenorientierte Großdarstellung sollte man danach im zweiten Schritt durchlesen. Das hilft, den Sachverhalt genauer zu erfassen, Argumentationsfiguren kennenzulernen und ein Gefühl für die Einzelheiten zu erwerben (Personen, Sachverhalte). Drittens enthalten gute Monographien auch Forschungsberichte. Sie gibt es übrigens in vielfältiger Form, als gesonderte Publikationen, als Zeitschriftenaufsätze, als Teil von Handbüchern, als wichtiges Element von Einleitungen.

Die richtige Reihenfolge

Ergänzend lohnt immer der Blick in Rezensionen. Sie entfalten kein Forschungsthema wie die Berichte, sondern ordnen ein einzelnes Werk in den Forschungskontext ein. Erst ganz am Schluss steht in der Regel viertens die eigentliche Quellenarbeit, weil wir erst jetzt über ein ausreichendes Kontextwissen verfügen, die Forschungskontroversen kennen und ein Gespür für die unterschiedlichen methodischen Zugriffe haben.

Jede Handlungsanleitung, wie oben beschrieben, birgt die Gefahr, dass sie einengt, nachvollziehbare, indes wenig aufregende Resultate erzeugt, solide Forschungsergebnisse produziert, aber keine neuen Forschungsansätze begründet, keine neuen Forschungsperspektiven eröffnet. Deshalb gilt es immer auch, darüber nachzudenken, wie systematisch „Überraschungselemente" in das eigene Arbeiten integriert werden können, wie ein gewisses „produktives Chaos" die eigene Forschung bereichern kann. Der Soziologe Niklas Luhmann hat das für sich in einem Aufsatz über die Verwendung seines Zettelkastens beschrieben.[19] Der „überraschte" ihn immer wieder mit früheren Gedanken zum Thema, mit Querverweisen, an die er im gegebenen Zusammenhang nicht gedacht hatte. Kurz, sein Zettelkasten erzeugte eine kontrollierte Fremdsicht, die half, eingetretene Pfade zu verlassen. *Angemessene Verfahren der Auswertung*

Mehr als in der theoretischen Soziologie dienen Zettelkästen (Schlagwortlisten, Exzerptkladden, Datenbankeinträge) in der Geschichtswissenschaft als Archiv, als Verweisinstrument und Aufbewahrungsort für Abschriften, Bildreproduktionen und Notizen. Dennoch sollte ihre Funktion für den Ideenfindungs-, Strukturierungs- und Schreibprozess nicht unterschätzt werden.

Wie in anderen Lebenszusammenhängen erfordert Kreativität in der Geschichtswissenschaft – so das bisherige Fazit unserer Überlegungen – Kenntnis des Vorhandenen. Insofern beruht jedes geschichtswissenschaftliche Arbeiten auf dem souveränen Umgang mit der einschlägigen Literatur, der Auswertung der bekannten Quellen und der Nutzung der erprobten Methoden. Kreativ zu denken verlangt indes, darüber hinauszugehen, meint psychologisch-physiologisch formuliert, einem vorhandenen Schema *Betreten neuer Pfade*

---

19 *Niklas Luhmann*, Kommunikation mit Zettelkästen. Ein Erfahrungsbericht, in: Horst Baier (Hrsg.), Öffentliche Meinung und sozialer Wandel. Opladen 1981, 222–228; www.youtube.com/watch?v=mCFP5i_0ibE (29.9.2015).

von Repräsentationen neue neuronale Muster hinzuzufügen, dem existierenden neuronalen Netz eine größere Komplexität zu geben. In der Geschichtswissenschaft entsteht das Neue, das Kreative, die im engeren Sinne genuin wissenschaftliche Leistung entweder aus der Auswertung bisher unbekannter Quellen oder aus der Entwicklung neuer Fragestellungen, die an die bekannten Quellen und die Literatur herangetragen werden. Den Studierenden wird es in der Regel eher selten passieren, dass sie während des Geschichtsstudiums Gelegenheit erhalten, wirklich unbekannte Dokumente zu entdecken und auszuwerten. So kommt es vor allem darauf an, neue Fragen zu stellen und sie an leicht zugänglichen Quellen zu erproben. Nur, wie kommt man zu den neuen Fragen? Wie gelingt es, das vorhandene Wissen sich rasch und fruchtbringend zu erschließen, sich zu öffnen gegenüber einer Vielzahl von Deutungsvarianten, die Quellen tatsächlich zum Sprudeln zu bringen und die Unsicherheit forschenden Entdeckens auszuhalten, ja, fruchtbar zu machen?

Das „heimische Arbeitszimmer" und die „öffentliche Diskussion unter Fachleuten" als „Orte" des „geschichtswissenschaftlichen Labors"

Geschichtswissenschaft im Genieverdacht

Weil Geschichtswissenschaft vorwiegend im Kopf stattfindet, gibt es keine sicheren Handlungsanweisungen, keine fertigen Kochrezepte, um Forschung erfolgreich abzuschließen. Offensichtlich hilft lange Erfahrung, ist ständiges Training erforderlich. Dennoch bleibt vieles im Dunkeln. Ein Nachwuchsfußballer kann genau hinschauen, wenn bei den Profis der Linksaußen dribbelt, der Mittelfeldregisseur präzise Pässe schlägt oder der Stürmer den Ball links oben ins Tor wuchtet. Doch Geschichtswissenschaft findet nicht im öffentlichen Raum statt, sondern an einem möglichst abgeschiedenen und ruhigen Arbeitsplatz. Wie die berühmte Historikerin Texte gelesen hat, wie ein professioneller Historiker recherchiert, denkt und schreibt, das bleibt verborgen, lässt sich nur an den Arbeitsergebnissen selbst festmachen (den wissenschaftlichen Publikationen; nach dem Tod gegebenenfalls: den erhaltenen Zettelkästen und den annotierten Buchbeständen). Das Labor der Historikerinnen ist das heimische Arbeitszimmer, ausgestattet mit Büchern, einem Computer und einer schalldichten Tür. In dieser Hinsicht ist Geschichtswissenschaft für den Außenstehenden höchst verschwiegen, undurchsichtig, „Geniewerk".

Erst später, wenn erste Ideen entwickelt sind, prüfen Wissenschaftler ihre Überlegungen in Diskussionen mit Studierenden, versenden ihre Texte an Kollegen zur Kritik oder erproben ihre Thesen in größerer Runde auf wissenschaftlichen Tagungen. Als Ergebnis steht neuerliche Arbeit an. Zahlreiche Korrekturen sind einzufügen, Sachverhalte zu klären, Formulierungen zu ändern. Wissenschaft ist anstrengend, nur dass die Leser geschichtswissenschaftlicher Werke es nicht merken sollten (im Unterschied zu den Forschungsergebnissen manch anderer Wissenschaften). *Späte Überprüfung im Diskurs*

1.4 Distanzierung durch Selbstbeobachtung

Wie lässt sich die Kluft zwischen Forschen als routiniertem Handeln (die Psychologie spricht in diesem Zusammenhang von prozeduralem Wissen) und Forschung als Bereitstellen von nachvollziehbaren neuen Erkenntnissen (in Büchern, in Aufsätzen) überbrücken? Eine Möglichkeit besteht in der Selbstbeobachtung und dem Erzählen darüber.

Vom Ungenügen klassischer Einführungen in die Geschichtswissenschaft und der Chance, das eigene forschende Tun zu beschreiben

Traditionelle Einführungen in die Geschichtswissenschaft vermitteln in der Regel das Sachwissen über jene Hilfsmittel, die Historiker kennen müssen (gängige Bibliographien, Handbücher, Fachenzyklopädien, Zeitschriften – deklaratives Wissen). Andere Einführungen geben Tipps, wie Studierende am besten Literatur suchen, Texte erschließen, Quellen recherchieren (Problemlösungswissen). Im ersten Fall geht es darum, Wissen bereitzustellen, das auswendig gelernt werden muss. Im zweiten Fall geht es um Handlungsanweisungen, die durchaus einleuchten, aber ihre Tragfähigkeit nicht an einem konkreten Projekt, an einem konkreten Forschungsgegenstand beweisen müssen. *Deklaratives, prozedurales und Problemlösungswissen*

Neuere Ansätze der Wissenschaftsdidaktik empfehlen Studierenden, ein Lerntagebuch anzulegen, in dem sie ihre Erkenntnisfortschritte reflektieren, festhalten, wie sie vorgegangen sind, notieren, was sich als ertragreich erwiesen hat, beschreiben, was fehlgelaufen ist. Auch bietet das Lerntagebuch Gelegenheit, mit sich selbst zu diskutieren. (Hierbei geht es darum, kontrolliert prozedurales Wissen (Handlungswissen) aufzubauen.)

Niklas Luhmann hat etwas ganz Ähnliches gemacht, als er über den Umgang mit seinem Zettelkasten berichtet hat. Sein Verfahren werde ich im Folgenden übernehmen: Ich werde erzählen, wie ich vorgegangen bin, reflektieren, wie ich mich in das Thema der Ursachen des Ersten Weltkrieges rasch eingearbeitet habe, was ich unternommen habe, um ganz systematisch mein Wissen zu erweitern. Schließlich werde ich darlegen, wie ich zu einer neuen These vorgestoßen bin. Meine These zwang mich dann zu neuen Erkundungen, schließlich – in einem letzten Schritt – zur theoretischen Reflexion meiner Befunde.

Im Ergebnis verbindet der vorliegende Text also ganz unterschiedliche, eigentlich getrennte Elemente miteinander: Er bietet eine „Einführung in das wissenschaftliche Arbeiten". Er offeriert einen Forschungsüberblick zu den Ursachen des Ersten Weltkrieges, er bietet eine Einleitung in die Quelleninterpretation, er diskutiert neue Forschungsperspektiven und er reflektiert ausgewählte (geschichts-)theoretische Probleme.

Vergewisserung der Herangehensweise

Die „Ursachen des Ersten Weltkrieges" als Testfall für das ertragreiche Einarbeiten in ein Forschungsthema – Selbstversuch

Es gibt wohl kein zeitgeschichtliches Thema, das ähnlich gut erforscht ist wie die Ursachen des Ersten Weltkrieges. Darüber hinaus wurden zahlreiche wichtige Quellen veröffentlicht und in Form spezieller Editionen in den Instituts- und Universitätsbibliotheken zugänglich gemacht, ja, viele der zentralen Dokumente kann heute jeder Interessent über das Internet am heimischen Computer herunterladen.[20] Auf dieser ungemein breiten Basis haben die Experten gewichtige Werke vorgelegt – gewichtig im Sinne der Seitenzahl, gewichtig im Sinne der Komplexität der Argumente. Sie

---

20 Dazu s.u. S. 181f.

streiten engagiert miteinander – über den Kriegsrat im Dezember 1912 – oder – über die Rolle des serbischen Ministerpräsidenten Nikola Pašić für den Kriegsausbruch 1914.

Wie kann – unter diesen Umständen – eine Geschichtsstudentin, ein Geschichtsstudent den Mut fassen, wirklich etwas Neues vorlegen zu wollen, sich selbst als „Geschichtsforscher" ernst zu nehmen? Diese Frage muss sich selbst ein professioneller Historiker stellen (in diesem Falle ich). Wie soll ich mit Spezialisten, die über viele Jahre den Ursachen des Ersten Weltkrieges nachgegangen sind, konkurrieren? Zwar bin ich promoviert und habe mich auch habilitiert, aber zu den Ursachen des Ersten Weltkrieges habe ich bislang nicht publiziert. Auch bin ich kein ausgesprochener Spezialist für das 19. und frühe 20. Jahrhundert.

Andererseits beruht, wir haben darüber bereits diskutiert, jedes universitäre Seminar auf der Annahme, dass es möglich sei, die Welt neu zu entdecken, bisher nicht Gedachtes zu denken, neue Argumente vorzulegen, den Forschungsstand in der einen oder anderen Form voranzutreiben. Die Komplexität der Geschichte eröffnet viele Wege, bisher vernachlässigte Aspekte zu entdecken und herauszuarbeiten. Als Metapher formuliert: Für den Historiker gibt es mehr als einen Hügel Roms, um Rom aus der Ferne zu entdecken. Bewältigung von Komplexität durch Methode

Es sind Methoden des kreativen Schreibens, des Neu-Lesens, des assoziativen Denkens, wie sie jede Historikerin, jeder Historiker erlernt, die helfen, im Wust der Literatur und in der Fülle der Quellen neue Ansätze zu entdecken, neue Interpretationsmöglichkeiten zu entwickeln. Ob diese Methoden, diese Herangehensweisen tatsächlich helfen, die Forschung zu bereichern, lässt sich gerade an einem so gut untersuchten Thema wie den Ursachen des Ersten Weltkrieges überprüfen. Neue Ansätze entdecken

Damit sind die Grundannahmen für den folgenden Text skizziert. Es geht darum, im Selbstversuch herauszufinden, ob ein Nichtexperte – allerdings ausgebildeter Historiker – in der Lage ist, einen substantiellen Beitrag zu den Ursachen des Ersten Weltkrieges vorzulegen. Indem ich all jenen Empfehlungen folge, die die Geschichtswissenschaft ihren Studierenden mitgibt, hoffe ich, verlässliche Aussagen über das Vergangene zu erarbeiten und gleichzeitig Distanz gegenüber der Literatur und den Quellen gewinnen zu können. So erwarte ich, zu klugen Fragen vorzudringen. Gelingen wird mir das nur, wenn ich immer wieder auch gegen Regeln Selbstversuch verstoße, begründete Abkürzungen wähle, Neues ausprobiere. Das wird mir helfen, Zeit zu sparen, neue Arbeitsweisen kennenzulernen, Zugänge anderer Wissenschaften aufzugreifen und neue Ideen zu gewinnen.

Drei Stadien der wissenschaftlichen Arbeit, die Verschränkung der Arbeitsphasen und die Notwendigkeit eines aufgeklärten Pragmatismus

Paul Ricoeur, ein berühmter französischer Geschichtstheoretiker und Philosoph, hat drei Stadien der historiographischen Arbeit unterschieden: die dokumentarische Phase, die Phase des Ordnens, Erklärens und Verstehens und schließlich die schriftstellerische Phase bzw. die Phase der Repräsentation.[21] An anderer Stelle habe ich ähnlich argumentiert.[22] Wenn ich nun aber mein eigenes Tun genauer reflektiere, auch die Vorgehensweise vieler Studierender, Doktoranden und Habilitanden, so zeigt sich, dass die Phasen enger miteinander verbunden sind, als die idealtypische Trennung Ricoeurs anzeigt. Lesen, konzipieren, schreiben – wieder lesen, neu konzipieren, neu schreiben –, neu durchdenken, reformulieren: Vielfach entstehen wissenschaftliche Texte durch Überarbeiten von Ideenskizzen. Auch die Einleitung zum vorliegenden Buch ist so entstanden. Zum ersten Mal habe ich die Einführung tatsächlich ganz am Anfang entworfen, zu Beginn des Schreibprozesses und nicht erst am Schluss. Bis dahin hatte ich die Einleitungen zu meinen Büchern und Aufsätzen für das Ende des Schreibprozesses aufgespart, weil es mir Gelegenheit gab, noch einmal mein Werk kritisch durchzugehen, einen Metatext zu meiner Studie anzufertigen, die Leser des Werkes klug einzustimmen und um Milde zu werben, wo ich selbst Schwächen meiner Darlegung erkannt hatte. Bei vorliegendem Text aber gehe ich ganz anders vor.

Wissenschaftliches Forschen als zirkuläres Arbeiten

---

21 *Timo Günther*, Rezension zu: Paul Ricoeur, Gedächtnis, Geschichte, Vergessen. Paderborn 2004, in: H-Soz-Kult, www.hsozkult.de/publicationreview/id/rezbuecher-4269 (28.9.2015)
22 *Armin Heinen*, Wissensvermittlung und Informationstechnologie. Das WINGS-Projekt aus der Sicht des Historikers, in: Johannes Gordesch/Hartmut Salzwedel (Hrsg.), Informationstechnologien in den Geisteswissenschaften. Frankfurt/M. 1993, 3–31.

Ich schreibe die Einleitung zu Beginn, weil ich mir klar werden möchte, ob mein Anspruch funktioniert, nämlich: eine Einführung in das geschichtswissenschaftliche Arbeiten vorzulegen, die nicht als Handlungsanweisung konzipiert ist, wie allzu häufig, sondern als Selbstreflexion, als Nachdenken über das Schreiben in der Geschichtswissenschaft. Diese Selbstreflexion dient dazu, allzu unproduktives, allzu schematisches Vorgehen zu vermeiden, Kompromisse beim Arbeiten aufzuzeigen und vor allem darüber nachzudenken, welche Verfahrensweisen wirklich helfen, ein Thema wie die Ursachen des Ersten Weltkrieges so zu erarbeiten, dass die Forschung bereichert wird.

Ich trete also mit mir selbst in Dialog. Das ist für mich durchaus spannend, weil ich meine Fragen aufregend finde und meine Gedankengänge gut verstehe. Doch die Gefahr ist groß, den Leser dabei zu verlieren. Paul Ricoeur bezeichnet die abschließende Phase ja nicht zufällig als „schriftstellerisch". Es geht darum, den Leser anzusprechen und ihn angemessen zu informieren (nicht mich), ihn dahin zu bringen, tatsächlich jene Teile des Textes zur Kenntnis zu nehmen, die ihn unmittelbar interessieren und ihn intellektuell weiterbringen.

Ich-Leser – Selbstaufklärung durch Selbstkritik

Was aber bedeuten diese Überlegungen für mich und für die Art und Weise, wie ich meine Leser ansprechen sollte?

Ein Autor ist abhängig von seinem Leser und deshalb sollte der Verfasser eines Textes ihn höchst pfleglich behandeln. Sinnvollerweise lassen sich zwei Lesertypen geschichtswissenschaftlicher Werke unterscheiden. Auf der einen Seite gibt es jene Leser, die unterhalten werden wollen, in vergangene Zeiten eintauchen möchten, Geschichte hautnah nachzuvollziehen trachten. Die anderen Leser von geschichtswissenschaftlichen Studien, an die ich mich richten möchte, haben wenig Zeit, sie wollen nicht in ferne Welten entführt werden, sondern möglichst gebündelt gut begründete Kenntnisse erwerben und Einsichten gewinnen. Dem dienen dann Gliederung, Register, Fußnoten, Kopfzeilen, Randbemerkungen, Grafiken, Tabellen, gesonderte Textfelder, also all jene Elemente, die geschichtswissenschaftliche Bücher von vielen anderen Büchern unterscheiden.

_{Schreiben für den unbekannten Leser}

Weil der Leser keine Zeit hat, muss er vor den vielen Irrwegen beschützt werden, die der Historiker selbst gegangen ist. Kurz, der geplante Dialog mit mir selbst wird als Text für Fremde nur dann überzeugen, wenn ich mich als kenntnisreicher Ich-Autor meinem neugierigen Ich-Leser verständlich zu machen weiß. Sich auf kluge Weise selbst als Ich-Leser „dumm" zu stellen, ist vermutlich eine der größten Fähigkeiten wirklich kluger Historiker. Das nämlich kann auch für andere Leser interessant sein.

Pragmatismus und Kreativität

Jeder Anspruch auf Vollkommenheit – das geht in dieselbe Richtung – hätte mich bei meiner Untersuchung der Ursachen des Ersten Weltkrieges massiv behindert. Was allgemein gilt für die Zeitgeschichte, dass es auf „theoretische Sättigung" ankommt, nicht auf vollständige Kenntnis aller Quellen und der gesamten Literatur, gilt umso mehr für ein Thema wie den Kriegsbeginn am 1. August 1914. Vieles von dem, was Dozenten ihren Studierenden normalerweise empfehlen, habe ich im vorliegenden Falle nicht befolgt. Wenn Kreativität gezielte Regelverletzung voraussetzt, so war ich vermutlich kreativ. Handbücher etwa habe ich bei der Vorbereitung des Textes weitgehend beiseitegelassen, weil die Handbücher, die ich überblicksweise kenne und zuhause im Regal stehen habe, wenig Neues zu meinem Thema bereithalten. Stattdessen habe ich intensiv das Internet verwendet, da ich dort die Debatte um die Ursachen des Ersten Weltkrieges aktuell und zugespitzt verfolgen konnte. Hier habe ich die günstige Gelegenheit des hundertjährigen Gedenkjahres 2014 genutzt, das die Experten ins Rampenlicht gestellt und sie miteinander medial ins Gespräch gebracht hat. Auch habe ich die Quellenauswahl begrenzt, habe weitgehend auf Quellenbände zurückgegriffen, die ich zuhause im Regal stehen habe. Andere Quellen fand ich im Internet. Auch damit habe ich „theoretische Sättigung" erreicht.

Auswahl einzelner Textsorten

Zahlreiche Studien, deren Ergebnisse ich im Forschungsteil vorstellen werde, habe ich nicht durchgängig gelesen. Stattdessen habe ich sie überflogen, Forschungsberichte ausgewertet, Rezensionen studiert, Abstracts herangezogen. Das entspricht vermutlich der Praxis in zahlreichen studentischen Hausarbeiten. Da die Autoren selbst als Wissenschaftler mich nicht interessieren werden, auch die Einzelheiten der Darlegungen unberücksichtigt bleiben sollen, vielmehr der methodische Zugriff und die vorgebrachten Argumente zählen, ist die Verfahrensweise zulässig, ja höchst vernünftig. Historiker haben ebenso wenig Zeit wie ihre Leser. Und nachdem die Geschichtswissenschaft sich als eine höchst schreibfreudige Disziplin erwiesen hat, kein Historiker mehr sein Fach wirklich zu überblicken vermag, haben Experten, die sich für einen bestimmten Zeitabschnitt oder ein bestimmtes Phänomen gut auskennen, die Aufgabe übernommen, die Vielfalt der Forschungsergebnisse zu einem ausgewählten Thema zu kondensieren und die Forschungsgeschichte und den Forschungsstand nachvollziehbar für Studierende und andere Wissenschaftler zu reflektieren. Wie jede Wissenschaft steht auch die Historiographie auf den Schultern von Giganten, deren Fuß im Falle der Geschichtswissenschaft nur durch ein Fernrohr (Forschungsgeschichte, Forschungsberichte) zu sichten ist.

Der Wunsch, einen Forschungsüberblick zu gewinnen, stellt also keinen Selbstzweck dar, sondern dient dazu, die gängigen Herangehensweisen und Erklärungsansätze zu überblicken, Widersprüche aufzudecken, implizite Annahmen zu erkennen, Forschungslücken herauszufiltern. Die Selbstbescheidung, nicht die gesamte Literatur zur Kenntnis zu nehmen, sondern nur ausgewählte, und ansonsten Forschungsüberblicke zu lesen, dient nichts anderem als der Arbeitsentlastung, bezweckt, dass ich nicht bei der Geschichte der Forschung stecken bleibe, sondern rasch die Gipfel der Forschung erklimme.

1.5 Der Aufbau des Selbstlernversuchs und dessen narrative Brüche

In vieler Hinsicht ist Geschichtswissenschaft Handwerk. Und am besten zeigt man, was ein Handwerk bedeutet und was es leistet, indem das Handwerk vorgeführt wird. Darum also geht es. Die Ursprünge des Ersten Weltkrieges eignen sich für einen thematischen Zugriff dabei besonders gut, weil die Forschung kaum noch zu überschauen ist, weil die Quellenlage günstig ist und sich doch als höchst kompliziert darstellt, schließlich, weil viele methodische Probleme gelöst werden müssen.

Arbeitsschritte – Vom Einlesen bis zur geschichtstheoretischen Einordnung

Beginnen werde ich mit dem Einlesen. Wir werden Lexikoneinträge analysieren, deren Entstehungsbedingungen untersuchen und sie auf ihre Qualität hin bewerten. Nach einer kurzen Diskussion von Fachenzyklopädien und Handbüchern werde ich mir drei wichtige Monographien zum Thema anschauen. Ich werde sie ausführlich vorstellen, denn sie bieten einen Einblick in die unterschiedlichen Arten, Geschichte zu schreiben. Zugleich vertreten sie ganz verschiedene Thesen. Fritz Fischer[23] berichtet von einem systematisch geplanten Krieg, Christopher Clark[24] charakterisiert die Verantwortlichen von 1914 als Schlafwandler, die nicht wirklich wussten, was sie taten, während Jürgen Angelow[25] die Ursachen in strukturellen und mentalen Faktoren verortet und eine Welt im Umbruch zeichnet, in der die Handelnden über kein geeignetes Handlungsrüstzeug verfügten. Die alten Maximen, so Angelow, galten nicht mehr und die neuen Maximen griffen noch nicht. Je nach Text, je nach Argumentationsweise, je nach narrativem Anspruch müssen wir anders vorgehen, müssen wir anders lesen. Analog zu den Laborversuchen der Naturwissenschaften müssen auch Historiker unterschiedliche Arten des Lesens und des Schreibens beherrschen.

Der auf die Einführung und eine erste Einarbeitung folgende, umfangreichste Abschnitt des Buches bietet einen Forschungsüberblick. Zunächst schauen wir uns einige der vorhandenen Forschungsberichte an. Sie sind durchaus hilfreich, aber es ist immer eine gute Idee, den Forschungsstand selbst neu zu durchdenken und die Literatur nach eigenen Vorstellungen und Interessen zu ordnen. Im Fokus meiner Darstellung werden die zentralen Argumentationslogiken stehen. Fünf Hauptargumente bestimmen die Debatte zu den Ursachen des Ersten Weltkrieges:

Fünf Hauptargumente der Debatte

---

23 *Fritz Fischer*, Krieg der Illusionen. Die deutsche Politik von 1911 bis 1914. 2. Aufl. Düsseldorf 1970.
24 *Clark*, Sleepwalkers (wie Anm. 12).
25 *Jürgen Angelow*, Der Weg in die Urkatastrophe. Der Zerfall des alten Europa, 1900–1914. Köln 2010.

1. Ein (von Deutschland) absichtsvoll herbeigeführter sozialimperialistischer Krieg.
2. Der August 1914 als Resultat fundamentaler Ungleichzeitigkeiten des internationalen Systems.
3. Systemische Irrationalität als Folge von inneren Konflikten und Modernisierungsbrüchen in den beteiligten Staaten.
4. Der Weltkrieg als Resultat spezifischer Mentalitätsstrukturen um 1900.
5. Überforderung der Entscheidungsträger im Juli 1914.

Fritz Fischer hat immer wieder auf die deutsche Verantwortung für den Krieg hingewiesen. Insofern konnte er seine Darlegung ganz vorwiegend auf Deutschland konzentrieren. Lassen wir dagegen die Frage der Verantwortung offen, so müssen auch die anderen beteiligten Mächte in den Blick genommen werden. Deshalb gilt es ebenso, zumindest ansatzweise die Forschungen zu Österreich-Ungarn, Serbien, Russland, Frankreich, Großbritannien zur Kenntnis zu nehmen.

In einem dritten Zugriff sollen einige der zentralen Dokumente zu den Ursachen des Ersten Weltkrieges ausführlicher vorgestellt und auf ihre verschiedenen Bedeutungsvarianten hin diskutiert werden. Mit Hilfe spezieller Markierungen und Auswertungsraster versuche ich, die Quellen gründlich zu lesen, unterschiedliche Bedeutungsinhalte herauszuarbeiten und verschiedene Leseweisen kenntlich zu machen. Der klassisch hermeneutische Zugriff über das „Was", „Wer", „an Wen", „Wann", „Wie", und „Warum" greift in mancher Hinsicht zu kurz, weil diese Betrachtungsweise einen einzelnen Sinn unterstellt, argumentative und sprachliche Kongruenz von Autor, Aussageabsicht und Sprachsystem voraussetzt. Doch das ist gerade nicht der Fall.

Zentrale Dokumente

Hermeneutische Verfahren

1. Zielt die klassische Hermeneutik auf das Verstehen-Wollen der zentralen Aussageabsicht eines Sprechers oder Autors, so zielen
2. die geschichtswissenschaftlich orientierten Leseweisen auf die Aufdeckung der im Text verwobenen Kulturbedeutungen. Als kritische Hermeneutik wird der Zugriff beschrieben, während die zugehörigen Methoden charakterisiert werden als dichte Beschreibung, Herausarbeiten der Tiefensemantik, hermeneutische Spirale oder Diskursanalyse. Das Streben kritischer Hermeneutik ist es, durch fortschreitendes Annähern an die den Sprechern und Akteu-

ren nicht notwendigerweise bewussten Weltwahrnehmungen und Werturteile kulturelle Sinnzuweisungen zu rekonstruieren.

Nachdem wir die Quellen so intensiv gelesen und auf ihre verschiedenen Bedeutungsebenen hin befragt haben, werden wir zwei Begriffe untersuchen, die ganz offensichtlich in den Dokumenten immer wieder auftauchen, jedoch von der Forschung bislang nicht als Schlüsselkategorien zur Deutung der Ursachen des Ersten Weltkrieges herangezogen worden sind: „Prestige" und „Ehre". Nicht, dass die beiden Begriffe in den neueren Monographien gänzlich fehlten. Aber als Erklärungselemente werden sie allenfalls andeutungsweise herangezogen. Dazu kommt, dass der Fokus der Forschung – wenn überhaupt – stärker auf dem Begriff des „Prestiges" liegt als auf dem Konzept der „Ehre". Doch während Prestige vielfältige Ausprägungen kennt, der Moderne zugehört, sich verringern kann, aber auch vermehren lässt, ist Ehre nicht verhandelbar, meint, keine Ehre zu besitzen, zu den Aussätzigen zu gehören, „sozial tot" zu sein.

Prestige und Ehre als Deutungskategorien

Der Großteil der Forschung unterstellt den Handelnden modernes Denken. Ein vorwiegend rationales, wenngleich risikoreiches und falsches Kalkül habe den Krieg verursacht. Liest man jedoch die Quellen genauer, achtet man auf die Zukunftsvorstellungen, so zeigt sich, dass viele Politiker und Militärs im Juli 1914 davon überzeugt waren, dass der Krieg mit der „Auslöschung" der „eigenen Zivilisation" enden werde. Der Staat, wie man ihn bisher kannte, werde durch den Krieg umgestürzt, das bürgerlich-adelige Zeitalter seinen furiosen Schluss erleben. Aus dieser Perspektive erscheint der Krieg wie ein verzweifelter Selbstmord, begangen aus Angst vor der sozialen Bedeutungslosigkeit. Wenn meine Sicht auf die Quellen zutrifft, dann waren die Politiker und Militärs keine Schlafwandler, wie Christopher Clark ausführt, sondern „Ehrenmänner", die den Tod nicht fürchteten. In der Tat, so die These, die ich entwickeln werde, umklammerte im Juni/Juli 1914 die Sprache der Ehre die Sprache der Diplomatie. Deshalb war es im Juli 1914 so schwierig, Lösungen ohne Blutvergießen zu finden.

Ein weiteres paradoxes Ergebnis meiner Quellenanalyse ist die Beobachtung, dass die Verantwortlichen in verschiedenen kulturellen Kontexten zugleich lebten und argumentierten. Modernes rationales Kalkül *und* „ständische" Ehrvorstellungen überlagerten sich und bewirkten, dass das Handeln weder eindeutig der Logik rationaler Politik – und damit der Logik des Krieges als Mittel der

Politik – unterlag noch der Logik des Ehrenstreits. Menschen, so unsere abschließenden Überlegungen, leben offenbar in vielen sozialen und kulturellen Kontexten gleichzeitig. In ihrer Sprache, in ihrem Denken verbinden sie heterogene Referenzsysteme miteinander, ohne es zu merken. Dementsprechend ist es Aufgabe des Historikers, Texte so zu lesen, dass die verschiedenen „Diskursstränge" erkennbar werden, der einzelne Akteur und Sprecher als ein nicht immer rationaler Sprachspieler in einem durch verschlungene Netze aufgespannten Spielfeld der Bedeutungen sichtbar wird.

Textsorten: Interpretationsangebote, Analysen, Begründungen

Wer die neueren englischsprachigen Studien zu den Ursachen des Ersten Weltkrieges in die Hand nimmt, wird die umfangreichen Monographien so schnell nicht beiseitelegen, wissen die englischsprachigen Historikerinnen und Historiker doch zu erzählen: von Attentaten und Attentätern, von geostrategischen Konflikten und Weltdeutungen, von Machtverhältnissen und institutionellen Unzulänglichkeiten, von den Vorlieben der Monarchen und von den Stärken und Schwächen ihrer Minister. Menschen interessieren sie. Kollektivsingulare („Russland war entschlossen") werden bewusst vermieden und damit ein Rückfall in die nationale Geschichtsschreibung. Kurz, das Credo der neueren englischsprachigen Publikationen lautet: Menschen machen Geschichte. – Geschichtswissenschaft bietet die Möglichkeit, in die Schaltzentralen der Macht einzudringen und den Politikern bei ihrem Taktieren und Handeln aus nächster Nähe und aus einer Position des Klügeren zuzuschauen. Erzählende Geschichte in diesem Sinne fasziniert durch ihre Anschaulichkeit, durch ihre auf einen Höhepunkt ausgerichtete narrative Kraft und ihren Hauch von Teilhabe an der göttlichen Allwissenheit.

Nichts von dieser Leichtigkeit werde ich in die vorliegende Darstellung hinüberretten können. Das Prinzip meiner Darlegung beruht keineswegs auf der Erzählung, sondern der Analyse. Ich werde Deutungsansätze vorstellen, Argumente vorbringen. Sie werden von mir hierarchisch gegliedert, in zahlreichen Überschriften thesenartig zugespitzt und sind im Text selbst dann noch einmal durch vorangestellte Nummern markiert, wenn mehrere Argumente unter einer einzelnen Überschrift vorgetragen werden. Mein „schriftstellerisches Prinzip", um die Idee Paul Ricoeurs aufzugreifen, vermischt Selbstbeobachtung, Argumentation und Dekonstruktion, verbindet damit ganz unterschiedliche Textsorten und ist damit in vieler Hinsicht höchst heterogen. So sind die Milde des Lesers und dessen Durchhaltevermögen gefordert. Doch er möge mir nicht vorwerfen, er sei nicht gewarnt worden.

2 Einlesen: Sachverhalte klären und ein Gespür für Argumente entwickeln

Schon das Einlesen in ein Thema ist eine Kunst und bedarf viel Erfahrung, wie wir gleich sehen werden. Wichtig ist, rasch den zentralen Fokus und die Qualität eines Textes angemessen einschätzen zu können, verschiedene Lesetechniken zu beherrschen und eigene Aufzeichnungen anzufertigen. Wie ich dabei konkret vorgegangen bin, wie ich vom Einfachen zum Komplexen vorangeschritten bin, um mich in das Thema der Ursachen des Ersten Weltkrieges einzuarbeiten, werde ich jetzt zeigen.

2.1 Das Internet nutzen

Ganz realistisch betrachtet beginnt das Einlesen in ein Thema heute mit der Recherche im Internet. Das muss nicht schlecht sein, wenn man es richtig macht. Jedenfalls bin ich nicht anders vorgegangen, habe die Wortkette „Ursachen des Ersten Weltkrieges" in die Suchmaschine eingetippt und bin unmittelbar auf eine Seite der Bayerischen Landeszentrale für politische Bildungsarbeit gestoßen.[26]

Ein Angebot der Bayerischen Landeszentrale für politische Bildung: Kritischer Blick auf Deutschland

Für einen ersten Einstieg schien mir der Text keine schlechte Wahl. Weshalb? Die Landeszentralen verfügen über geschultes wissenschaftliches Personal oder werben für ihre Publikationen Fachleute an. Ihr Angebot richtet sich an ein breites Publikum. Gleichzeitig wollen sie kritisch aufklären, ohne einseitig Stellung zu nehmen. Der Beitrag der Landeszentrale hat mich denn auch nicht enttäuscht. Schnell versteht der Leser durch eine einfach gehaltene Gliederung, wie der Text aufgebaut ist. Zentrale Begriffe werden fett markiert. Das Lesen der ersten Wörter eines Absatzanfanges ge-

Was einen guten Artikel auszeichnet

---

26 www.blz.bayern.de/blz/web/erster_weltkrieg/ (13.5.2015)

nügt, um die Kernfrage oder die Kernaussage der folgenden Sätze zu erahnen. („Das Ziel der Bismarckschen Bündnispolitik – Frankreich isoliert zu halten – scheiterte, als“) Kurz, der Text bietet reichlich Hilfestellung, um ihn schnell zu erfassen und die zentralen Sachverhalte und Grundideen herauszuarbeiten.

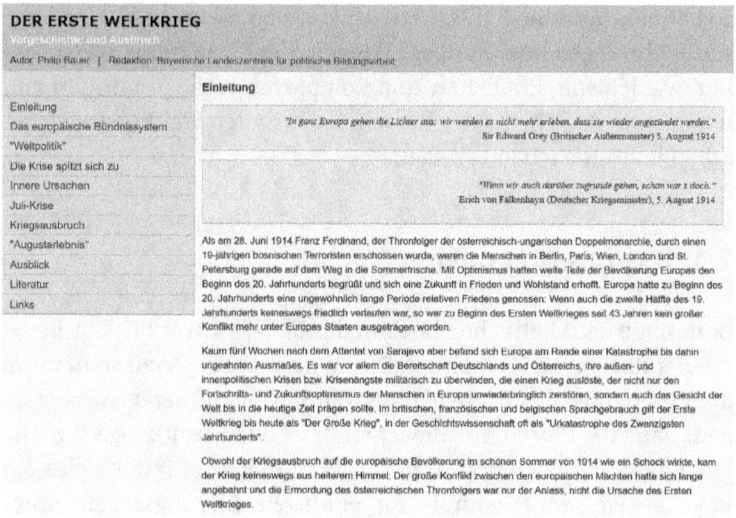

DER ERSTE WELTKRIEG

Vorgeschichte und Ausbruch

Autor: Philip Bauer | Redaktion: Bayerische Landeszentrale für politische Bildungsarbeit

Einleitung
Das europäische Bündnissystem
"Weltpolitik"
Die Krise spitzt sich zu
Innere Ursachen
Juli-Krise
Kriegsausbruch
"Augusterlebnis"
Ausblick
Literatur
Links

Einleitung

"In ganz Europa gehen die Lichter aus; wir werden es nicht mehr erleben, dass sie wieder angezündet werden."
Sir Edward Grey (Britischer Außenminister) 5. August 1914

"Wenn wir auch darüber zugrunde gehen, schön war's doch."
Erich von Falkenhayn (Deutscher Kriegsminister), 5. August 1914

Als am 28. Juni 1914 Franz Ferdinand, der Thronfolger der österreichisch-ungarischen Doppelmonarchie, durch einen 19-jährigen bosnischen Terroristen erschossen wurde, waren die Menschen in Berlin, Paris, Wien, London und St. Petersburg gerade auf dem Weg in die Sommerfrische. Mit Optimismus hatten weite Teile der Bevölkerung Europas den Beginn des 20. Jahrhunderts begrüßt und sich eine Zukunft in Frieden und Wohlstand erhofft. Europa hatte zu Beginn des 20. Jahrhunderts eine ungewöhnlich lange Periode relativen Friedens genossen: Wenn auch die zweite Hälfte des 19. Jahrhunderts keineswegs friedlich verlaufen war, so war zu Beginn des Ersten Weltkrieges seit 43 Jahren kein großer Konflikt mehr unter Europas Staaten ausgetragen worden.

Kaum fünf Wochen nach dem Attentat von Sarajevo aber befand sich Europa am Rande einer Katastrophe bis dahin ungeahnten Ausmaßes. Es war vor allem die Bereitschaft Deutschlands und Österreichs, ihre außen- und innenpolitischen Krisen bzw. Krisenängste militärisch zu überwinden, die einen Krieg auslöste, der nicht nur den Fortschritts- und Zukunftsoptimismus der Menschen in Europa unwiederbringlich zerstören, sondern auch das Gesicht der Welt bis in die heutige Zeit prägen sollte. Im britischen, französischen und belgischen Sprachgebrauch gilt der Erste Weltkrieg bis heute als "Der Große Krieg", in der Geschichtswissenschaft oft als "Urkatastrophe des Zwanzigsten Jahrhunderts".

Obwohl der Kriegsausbruch auf die europäische Bevölkerung im schönen Sommer von 1914 wie ein Schock wirkte, kam der Krieg keineswegs aus heiterem Himmel: Der große Konflikt zwischen den europäischen Mächten hatte sich lange angebahnt und die Ermordung des österreichischen Thronfolgers war nur der Anlass, nicht die Ursache des Ersten Weltkrieges.

Abbildung 1: Screenshot der Website der Bayerischen Landeszentrale für politische Bildungsarbeit zu Vorgeschichte und Ausbruch des Ersten Weltkriegs; www.blz.bayern.de/blz/web/erster_weltkrieg/ (13.5.2015).

Deutschland als verspätete Großmacht

Der Fokus der Darstellung liegt auf Deutschland: Die Gründung des Deutschen Reiches 1871, so die Überlegung, erschütterte die Machtbalance in Europa. Darauf reagierte Bismarck, indem er ein höchst komplexes Bündnissystem entwickelte, das die Erhaltung des „status quo“ anstrebte. Freilich, die gesellschaftliche Dynamik ließ sich nicht aufhalten und führte angesichts der mangelnden Bereitschaft der deutschen Führungsgruppen, die Modernisierungskonflikte positiv zu bewältigen, zu einer doppelten Frontstellung: nach innen gegen die Arbeiterbewegung und Gruppen des Bürgertums, die Teilhabe einforderten, nach außen gegen die etablierten Großmächte. Russland seinerseits wollte die alte Machtposition auf dem Kontinent zurückgewinnen und bediente sich dazu seit 1905 zunehmend einer panslawistischen Agitation.

In Wien drängten die „Falken" auf einen Präventivkrieg gegen Serbien. Der entscheidende Faktor wurde in dieser Situation Berlin. Dort dienten Weltpolitik und Großmachtpose der Ablenkung von den innenpolitischen Konflikten. Nur, die großen Gesten und die bewusst mit den anderen Großmächten herbeigeführten Konflikte blieben für das Deutsche Reich erfolglos. Auf dem Höhepunkt der Balkankriege im Dezember 1912 bewies ein Treffen Wilhelms II. mit seinen Militärberatern, dass maßgebliche Teile der „Reichsleitung" inzwischen einen Krieg gegen Frankreich, Russland und Großbritannien befürworteten. Als am 28. Juni 1914 der österreichisch-ungarische Thronfolger Franz Ferdinand in Sarajevo ermordet wurde, sah die Kriegspartei ihre Chance zum Handeln gekommen. Unter dem Druck der Ereignisse ließ der bis dahin eher zögerliche deutsche Reichskanzler Theobald von Bethmann Hollweg alle Vorsicht fallen und stimmte einem Krieg Österreich-Ungarns gegen Serbien zu. Sein Kalkül eines lokalen Militärschlags, der die russische Position schwächen, aber nicht den europäischen Krieg auslösen werde, ging indes nicht auf: Russland war mehr als zuvor entschlossen, seine alte Machtstellung zurückzugewinnen; das Habsburgerreich erwies sich als unfähig, einen raschen Militärschlag zu organisieren; Serbien antwortete auf das Wiener Ultimatum mit diplomatischem Geschick und stempelte Österreich zum Aggressor; die inflexible deutsche Militärplanung bewirkte auch noch den Eintritt Großbritanniens in den Krieg. Als schließlich der Kanzler die Gefahr erkannte, dass sein Kalkül scheitern werde, versuchte er, das Ruder noch herumzureißen, aber sein Aufwachen kam zu spät. Die Kriegspartei hatte ihm das Heft aus der Hand genommen. Die aus der Zeitnot geborene russische Generalmobilmachung bot der Reichsleitung willkommenen Anlass, Russland als Aggressor zu brandmarken. Zumeist waren es dann Großstädter, Studenten, die voller Zuversicht und patriotischem Eifer in die Schlacht zogen, um die deutsche Zivilisation in einem „wenige Monate dauernden Krieg" zu verteidigen. Die städtischen Unterschichten, die ländliche Bevölkerung reagierten eher mit Unsicherheit, Angst. Der Krieg wurde auch zum Bewährungsort moderner Propaganda.

Zusätzlich zu dieser allgemeinen Argumentation lernen wir wichtige Sachverhalte kennen: Vom Völkermord an den Hereros durch deutsche Kolonialtruppen (1904–1908) erfahren wir, von plumpen Äußerungen Wilhelms II., der Krüger-Depesche (1896),

Modernisierungskonflikte

Ringen um Weltmachtstellung

Frühe Kriegsvorbereitung der Militärs

Lokalisierungsstrategie Bethmann Hollwegs

der Hunnenrede (1900) und der Daily-Telegraph-Affäre (1908), die das Ansehen Deutschlands in der Welt minderten. Das Rearrangement der Bündnissysteme wird erwähnt (französisch-russisches Bündnis, „entente cordiale"). Die Annexion Bosnien-Herzegowinas 1908 verschärfte die Konfliktkonstellation ebenso wie die Balkankriege 1912/13. Wir lernen einige der Entscheidungsträger kennen: die Kaiser in St. Petersburg, Berlin und Wien, den Reichskanzler Theobald von Bethmann Hollweg, aber auch die Generalstabschefs Franz Conrad von Hötzendorf, der für die österreichisch-ungarische Armee verantwortlich war und Serbien angreifen wollte, und Helmuth von Moltke (Deutsches Reich), der den modifizierten „Schlieffen-Plan" entworfen hatte und in noch viel größeren Kategorien eines russisch-französisch-deutschen Krieges dachte.

Schauen wir uns die Literaturempfehlungen des Beitrages der Bayerischen Landeszentrale an, so finden wir vorwiegend Werke, die historiographisch dem deutschen Umfeld verpflichtet sind. Dies und die Argumentation erklären zu einem guten Teil, warum weder Österreich-Ungarn noch Russland und Frankreich ausführlicher in den Blick geraten. Da die deutsche Kriegspartei ihre Planungen auf den großen Krieg ausrichtete, sind die anderen europäischen Politiker und Militärs nur reagierende Schachfiguren in einem vom deutschen Kaisertum angestrebten Endspiel. Für den Kenner signalisieren die angeführten Autorennamen, dass ein vorwiegend gesellschaftsgeschichtlicher Zugang gewählt wurde, während klassisch politikgeschichtlich oder kulturgeschichtlich orientierte Autoren in der Literaturliste unerwähnt bleiben. Der neueste Titel stammt von 2004. Auch das könnte manches erklären. Offensichtlich ist der Artikel älteren Datums. Insgesamt fehlt eine Forschungsdiskussion. Auf widerstreitende Deutungen und Interpretationen wird nicht hingewiesen. So lohnt ein Blick auf weitere Internet-Texte.

Deutschsprachige Literatur

Die Wikipedia – ein Blick auf die Forschungsdiskussion nach dem Gedenkjahr

Wer rasch einen Sachverhalt kennenlernen möchte, wird die Wikipedia konsultieren. Der Beitrag „Erster Weltkrieg" enthält nur einen kurzen Aufriss des Kriegsbeginns, erläutert ihn als Resultat des Hochimperialismus in Europa, beruht aber im Wesentlichen auf einer chronologischen Auflistung der großen internationalen Konfrontationen seit 1871 und des Konfliktablaufs im Juli 1914.[27]

Ausführlichere Informationen offeriert der Artikel zur „Julikrise".[28] Er bietet ein echtes Kontrastprogramm zum Beitrag der Landeszentrale. Im Fokus steht Österreich-Ungarn. Dort habe die Kriegspartei bereits wenige Stunden nach dem Mord an Franz Ferdinand die Gelegenheit beim Schopfe gepackt, um eine militärische Aktion gegen Serbien vorzubereiten. „Am 1. Juli teilte" der Außenminister Leopold Berchtold „István Tisza", dem ungarischen Ministerpräsidenten, „mit, man habe sich im Auswärtigen Amt auf eine Abrechnung mit Serbien verständigt." Am 5. Juli 1914 habe daraufhin der österreichisch-ungarische Sonderbeauftragte Alexander Hoyos Berliner Stellen um freie Hand gegenüber Serbien gebeten.

<small>Europäischer Blick</small>

Die deutsche Reaktion auf die sogenannte Hoyos-Mission ist in der Forschung hoch umstritten. Kurz gefasst erhielt Hoyos einen „Blankoscheck", wonach das Deutsche Reich bei einem Angriff auf Serbien fest an der Seite seines Bündnispartners stehe. Ja, Berlin drängte Wien, rasch zu handeln. Doch mit welcher Absicht? An dieser Stelle diskutiert der Wikipedia-Artikel die verschiedenen Forschungsmeinungen. Ging es darum, die günstige Gelegenheit für den geplanten Krieg gegen Russland zu nutzen, oder darum, die Position Wiens im Balkan zu stärken, weil die Verantwortlichen annahmen, Russland werde wegen Königsmördern keinen Krieg für Serbien wagen, oder wollte Berlin die Verantwortung nur abschieben, da erfahrungsgemäß die Habsburger Politik über große Worte selten hinauskam und so doch alles im Sande verlaufen würde?

<small>Diskussion widerstreitender Forschungsergebnisse</small>

Auch die weiteren Abschnitte diskutieren die jüngsten Forschungsergebnisse: So habe Sean McMeekin St. Petersburgs unnachgiebige Haltung für den Kriegsausbruch verantwortlich gemacht. Seit Mitte des 19. Jahrhunderts habe die russische Politik auf ein Zusammenbrechen des osmanischen Reiches gesetzt und dessen Nachfolge auf dem Balkan und an den Meerengen angestrebt. Als Wien daran ging, Russlands einzigen wirklichen Verbündeten Serbien zu schwächen, reagierte St. Petersburg im Juli 1914 entschlossen und bereitete sich frühzeitig auf einen Krieg vor. Die russischen Mobilisierungsmaßnahmen konnten nicht ge-

---

27 de.wikipedia.org/wiki/Erster_Weltkrieg (25.3.2015).
28 de.wikipedia.org/w/index.php?title=Julikrise&oldid=139886943 (20.3.2015).

> Inhaltsverzeichnis
>
> 1 Folgen des Attentats von Sarajevo
> 2 Österreich-Ungarn
>   2.1 „Mission Hoyos" und „Blankoscheck"
>   2.2 Eingreifen Russlands
>   2.3 Pläne zur Aufteilung Serbiens
>   2.4 Ultimatum an Serbien
> 3 Deutsches Reich
>   3.1 Präventivkriegspläne oder Lokalisierungsglauben?
>   3.2 Die Vorbereitung des Ultimatums
> 4 Russland
> 5 Frankreich
> 6 Großbritannien
> 7 Italien
> 8 Die Reaktionen auf das Ultimatum
> 9 Vom österreichisch-serbischen zum großen europäischen Krieg
> 10 Die Krise in der Öffentlichkeit
> 11 Die Beurteilung der Julikrise
>   11.1 Kontroverse nach 1945
>   11.2 Kontroverse um *Die Schlafwandler*
> 12 Siehe auch
> 13 Literatur
> 14 Weblinks

Abbildung 2: Gliederung des Wikipedia-Artikels „Julikrise"; de.wikipedia.org/w/index.php?title=Julikrise&oldid=139886943 (20.3.2015).

heim bleiben. Sie bestätigten das verbreitete Misstrauen in Wien und Berlin und stärkten dort die Position der Militärs. Auch Christopher Clark habe die Mobilmachung als Entscheidung zum Krieg interpretiert. „Diese Annahme", so erfahren wir weiter, sei „jedoch nicht zwingend. Es könnte sich genauso gut um ein Drohszenario oder eine reine Vorsichtsmaßnahme gehandelt haben, da Russland eine Mobilmachungszeit von mehreren Wochen hatte."

Frankreich, die vierte interessierte Großmacht, habe aus einer Position der Unsicherheit heraus im Juli 1914 Russland ebenfalls einen Blankoscheck ausgestellt. Weil Raymond Poincaré, der französische Staatspräsident, fürchtete, die erfolgreiche militärische

Aufrüstung könne Russland dem Bündnis in absehbarer Zeit entfremden, habe er die günstige Gelegenheit genutzt, um St. Petersburg, wie Stefan Schmidt erläutere, „zu einem umgehenden und uneingeschränkten Angriff auf das Deutsche Reich" zu veranlassen.

Gegen Ende des Beitrages wird präzise die Forschungslage skizziert: Fritz Fischer habe nachzuweisen versucht, dass die „Reichsleitung einen Kontinentalkrieg mit Russland und Frankreich provoziert" habe; Wolfgang J. Mommsen und Hans-Ulrich Wehler hätten demgegenüber auf die vielen innenpolitischen Krisen in Deutschland verwiesen und die Außenpolitik als verzweifelte Flucht nach außen gedeutet, als sozialimperialistischen Befreiungsschlag; Egmont Zechlin, Karl Dietrich Erdmann, Andreas Hillgruber betonten wiederum die genuin außenpolitischen Motive. Im Juli 1914 sei der Versuch eines „kalkulierten Risikos" grandios gescheitert, das die Reichsleitung einzunehmen bereit war, um die Position des österreichisch-ungarischen Bündnispartners zu stärken; Gerhard Ritter habe schließlich das Scheitern in Zusammenhang gebracht mit dem Schlieffen-Plan und der fehlenden Einbindung der Militärs in die politischen Strukturen. Der unerbittliche Mechanismus oberflächlicher militärischer Planung habe der Politik am Schluss jede Chance zur eigenen Gestaltung genommen.

Der letzte Abschnitt schildert die Kontroverse um Christopher Clarks „Die Schlafwandler". In seinem Buch habe der englisch-australische Historiker bewusst eine gesamteuropäische Perspektive gewählt, die verhängnisvollen Fehlwahrnehmungen in allen Hauptstädten herausgearbeitet: „Alle [europäischen Großmächte – A.H.] meinten, unter Druck von außen zu handeln. Alle meinten, der Krieg werde ihnen von den Gegnern aufgezwungen. Alle trafen jedoch Entscheidungen, die zur Eskalation der Krise beitrugen. Insofern tragen sie auch alle die Verantwortung, nicht bloß Deutschland[.]" Damit durchbrach Christopher Clark vor allem in Deutschland einen geschichtspolitischen Konsens. Die Feuilletons der Zeitungen und Zeitschriften boten den Experten – wie bereits beschrieben – monatelang eine spektakuläre Plattform für ihren Streit.

Keine geschlossene Erzählung bietet der Artikel der Wikipedia, vielmehr verbindet er höchst aufschlussreich Darstellung und Forschungsdiskussion miteinander. Dabei übernimmt er vornehmlich die Perspektiven Christopher Clarks, weniger die Fritz Fischers

Kontroverse um Clarks „Schlafwandler"

oder Hans-Ulrich Wehlers. Auf präzise Thesen haben die Autoren bewusst verzichtet (es handelt sich ja um einen Lexikonartikel), und so bietet die Gliederung einen eher beschreibenden Überblick über den Textaufbau. Wenn wir die beiden Wikipedia-Artikel überfliegen, erhalten wir Hinweise auf viele wichtige Sachverhalte, die im Text der Bayerischen Landeszentrale unerwähnt bleiben: die Vielzahl außenpolitischer Krisen seit 1871, zahlreiche Namen; ausführlich werden die sogenannten Blankoschecks gegenüber Österreich-Ungarn bzw. Russland gewürdigt. Mit einem Klick kommen wir zudem zu einer detaillierten Chronik der Julikrise, die das Geschehen Tag für Tag vom 28. Juni bis zum 4. August zusammenfasst. Die Forschungsdebatten werden vorgeführt. Warum indes Österreich-Ungarn so stark auf Serbien fixiert war, erfahren wir nicht. Und auch warum die Bevölkerungen in den beteiligten Staaten die Entscheidung zum Krieg akzeptierten, bleibt ungeklärt. Die Literaturliste ist deutlich länger als im Falle der Bayerischen Landeszentrale. Doch sind nur ganz wenige englischsprachige Titel aufgeführt, kein einziger französischsprachiger.

So lohnt ein Blick in die englischsprachige bzw. französischsprachige Version der Wikipedia. Der englischsprachige Beitrag ist deutlich länger als der auf die Julikrise selbst konzentrierte deutschsprachige Artikel und bietet unter der Überschrift „Causes of World War I" einen umfassenden Überblick.[29] Freilich, die ersten Seiten demonstrieren bereits die Vor- und Nachteile der Wikipedia: Der Text ist hochaktuell. Die letzte Fassung datiert vom 9. April 2015.[30] Gleichzeitig ist offensichtlich, dass viele verschiedene Autoren Abschnitte eingefügt und recht willkürlich platziert haben. So beginnt der Beitrag unter der Überschrift „Background" mit einer ausführlichen Würdigung des Kriegsrates vom Dezember 1912 und dessen Folgen. Die innenpolitischen Verhältnisse in Deutschland, Österreich-Ungarn und Frankreich werden betrachtet, nicht aber in Russland oder in Großbritannien. Anschließend

---

[29] en.wikipedia.org/w/index.php?title=Causes_of_World_War_I&oldid=6544 55413 (28.4.2015).

[30] Der englischsprachige Wikipedia-Beitrag ist inzwischen (10.5.2016) neu konzipiert worden und hat dadurch deutlich an Stringenz gewonnen. Er gliedert jetzt in fünf Hauptabschnitte: "Polarization of Europe 1887–1914"; "July Crisis"; "Domestic political factors"; "Technical and military factors"; "Historiography".

1 Background
2 Domestic political factors
   2.1 German domestic politics
   2.2 French domestic politics
   2.3 Austrian Empire and Austria-Hungary
3 International relations
   3.1 Imperialism
   3.2 Social Darwinism
   3.3 Web of alliances
   3.4 The chain of events
   3.5 Arms race
      3.5.1 Anglo–German naval race
      3.5.2 Russian interests in Balkans and Ottoman Empire
4 Technical and military factors
   4.1 Over by Christmas
   4.2 Primacy of the offensive and war by timetable
   4.3 Schlieffen Plan
   4.4 British security issues
5 Specific events
   5.1 Franco-German tensions
   5.2 Austrian-Serbian tensions and Bosnian Annexation Crisis
   5.3 The Balkan Wars (1912–13)
6 Historiography
7 See also
8 References
9 Further reading
   9.1 Historiography
   9.2 Primary sources

Abbildung 3: Gliederung des Wikipedia-Artikels „Causes of World War I"; en.wikipedia.org/w/index.php?title=Causes_of_World_War_I&oldid= 654455413 (28.4.2015)

diskutiert der Artikel kritisch marxistische Positionen, wonach der Imperialismus den Ersten Weltkrieg ausgelöst habe. Der verbreitete Sozialdarwinismus sei vor allem ein gutes Erklärungsmodell, um die Vorstellungswelten der Entscheidungsträger im Habsburgerreich zu beschreiben. Ausführlich diskutiert werden die Rüstungsspirale, die militärischen Planungen und die Kriegsbilder. Unter der Überschrift „Specific events" finden wir Abschnitte über die

„Franco-German tensions" und die „Austrian Serbian tensions and Bosnian Annexation Crisis" sowie „The Balkan Wars (1912–13)" Der Abschnitt zur Historiographie umfasst nur wenige, recht allgemein gehaltene Zeilen. Nützlich dagegen sind die Literaturhinweise, die wichtige Monographien und Sammelwerke zu den Ursachen des Ersten Weltkrieges aufführen, dazu neuere Forschungsberichte, viele von ihnen online verfügbar.

Sehr viel spannender verspricht der französischsprachige Wikipedia-Artikel zu sein: „Causes de la Première Guerre mondiale",[31] differenziert er doch – ganz in der Tradition französischer Historiographie – zwischen unmittelbaren Bedingungsfaktoren („les causes ultimes") und tiefgreifenden Ursachen („les causes profondes"). Tatsächlich bietet der französische Beitrag vielleicht den besten analytischen Überblick zum Thema. Er beginnt mit dem Mord an Franz Ferdinand, schildert die hämische Reaktion der panslawistischen Kräfte auf das Attentat. Da gerade in Serbien Wahlkampf war, wagte die Regierung keine entschiedene Gegenwehr. Wir erfahren, wie Deutschland im internationalen Feld immer mehr an Einfluss einbüßte (Balkan, Türkei), nicht zuletzt, da es finanziell an seine Grenzen stieß. Allein Österreich-Ungarn blieb als verlässlicher Partner an der Seite Berlins übrig. Doch Wien kämpfte mit eigenen Problemen, vor allem auf dem Balkan, weil es seinen früheren Rückhalt in Serbien verloren hatte (1903 Ermordung des Königs Aleksandar Obrenović). Mit einer diplomatischen Gegenoffensive hatte Wien darauf reagiert, die serbische Öffentlichkeit aber nur noch mehr gegen sich aufgebracht. Wien scheiterte mit seiner Politik spätestens durch die Balkankriege 1912/13. Den Rüstungswettlauf zwischen der Entente und den Mittelmächten, den man zeitgenössisch in Mannstärke maß, konnten Deutschland und Österreich-Ungarn kaum gewinnen. Deren Militärs plädierten deshalb für einen gezielten Präventivkrieg, solange die Machtverhältnisse eine Gegenwehr noch möglich machten. Seit der Jahrhundertwende wandelte sich das kulturelle Klima in Europa: Vorstellungen von der Nation in Waffen gewannen Einfluss, sozialdarwinistische Argumente drangen immer mehr vor: ein Kampf zwischen den Germanen und den Slawen sei zu erwarten. Die neuen Techniken –

---

[31] fr.wikipedia.org/w/index.php?title=Causes_de_la_Première_Guerre_mondiale&oldid=115008261 (15.5.2015).

Telefon, Rundfunk, Flugzeug – ließen einige Intellektuelle in den Rausch der Geschwindigkeit eintauchen und unterstützten die Exaltation von Entschlossenheit und Gewaltbereitschaft.

---

1 Les causes ultimes
    1.1 L'assassinat de François-Ferdinand et la crise de juillet 1914
        1.1.1 La mort de l'archiduc héritier d'Autriche-Hongrie
        1.1.2 La crise de juillet 1914
        1.1.3 La réponse austro-hongroise : 28 juin – 22 juillet 1914
        1.1.4 L'ultimatum du 23 juillet et ses conséquences : 23 juillet – 28 juillet 1914
    1.2 Deux blocs d'alliance
        1.2.1 La Triplice
        1.2.2 La Triple-Entente
    1.3 La course aux armements et ses conséquences
2 Les causes profondes
    2.1 La poudrière balkanique
        2.1.1 La question yougoslave depuis 1878
        2.1.2 Le Drang nach Osten autrichien dans les Balkans
        2.1.3 La Péninsule balkanique, champ clos des rivalités entre grandes puissances
    2.2 Les rivalités coloniales
    2.3 Le Reich, puissance coloniale tardivement arrivée dans la compétition
    2.4 Les changements politiques des années 1890–1914
        2.4.1 Les crises marocaines
    2.5 La montée en puissance des sentiments nationaux
    2.6 Ambiances culturelles et intellectuelles du premier avant-guerre
    2.7 Causes économiques, commerciales et financières
    2.8 Causes sociales
3 Historiographie
    3.1 La thèse des responsabilités allemandes
    3.2 Les marxistes, premiers à proposer une réflexion historique
    3.3 L'influence de l'école des Annales, Pierre Renouvin
    3.4 Le moment Fritz Fischer
    3.5 Les Historiens du culturel
4 Notes et références

> 5 Voir aussi
> 5.1 Bibliographie
> 5.1.1 Ouvrages généraux sur la période
> 5.1.2 Histoire politique et diplomatique
> 5.1.3 Histoire culturelle

Abbildung 4: Gliederung des Wikipedia-Artikels „Causes de la Première Guerre mondiale"; fr.wikipedia.org/w/index.php?title=Causes_de_la_ Premi%C3%A8re_Guerre_mondiale&oldid=115008261 (15.5.2015).

Einen Nachteil hat der Beitrag allerdings. Er ist noch nicht fertiggestellt. Eine ausführliche Würdigung der Historiographie wird versprochen. Doch an entsprechender Stelle bleibt der Leser enttäuscht zurück, da dieser und andere Abschnitte der Darstellung fehlen. Vermutlich soll die Gliederung – in Absetzung zum englischsprachigen Beitrag – für einen insgesamt stimmigen Artikel sorgen. Aber nicht alle Abschnitte haben bislang schreibwillige Spezialisten gefunden. So verspricht die ausführliche Inhaltsangabe mehr, als der Beitrag leisten kann. In dieser Konstellation bietet sich der Rückgriff auf Handbücher an.

2.2 Texte inspizieren: Fachenzyklopädien, Handbücher, Bibliographien

Handbücher verbinden kompakte, autoritative Darstellung des Wissensstandes mit Forschungsdiskussion und ausführlichen bibliographischen Informationen. In unserem Falle halfen sie mir indes nur wenig weiter. Der einschlägige Band des „Handbuchs der Geschichte der internationalen Beziehungen" ist für einen späteren Zeitpunkt angekündigt, und die übrigen Handbücher bieten entweder nur kurze Einführungen im Rahmen einer Gesamtwürdigung der europäischen Geschichte oder sie beziehen sich explizit auf die deutsche Politik.

Überblick über die Hilfsmittel

Viel mehr Nutzen versprechen da die einschlägigen Fachenzyklopädien zum Ersten Weltkrieg, von denen es eine ganze Reihe gibt. Die „Enzyklopädie Erster Weltkrieg", herausgegeben von Gerhard Hirschfeld, Gerd Krumeich und Irina Renz, legt ihren Fokus auf der Gesellschaft im Krieg und damit nicht auf die Kriegsursachen.³² Deutlich ausführlicher behandelt die „Encyclopédie de la Grande Guerre" das Thema.³³ Sie ist für unsere Zwecke indes schon viel zu umfangreich angelegt, da sie der Frage mehr als 200 Seiten reserviert und eher Einzelaspekte betrachtet (Imperialismus, Irredentismus, Nationalismus, internationale Abkommen etc.). Eine geschlossene Argumentation fehlt. Die große „1914–1918 online. International Encyclopedia of the First World War"³⁴ weist eine ähnliche Struktur auf (Rüstungswettlauf, Imperialismus, wirtschaftliche Kriegsplanung etc.). Samuel Williamsons „The Way to War" betrachtet den Wandel des internationalen Systems seit 1898, aber der Beitrag zur Julikrise fehlt noch. Nicht uninteressant, indes für unsere Leseabsicht ebenfalls ungeeignet, ist der Band „Erster Weltkrieg. Kulturwissenschaftliches Handbuch"³⁵. Es reflektiert die politische Stimmungslage in Wissenschaft und Kultur, lässt aber den engeren Entscheidungsprozess beiseite. Alle Enzyklopädien enthalten Literaturangaben, einmal mehr, einmal weniger. „1914–1918 online" bietet 5 200 bibliographische Hinweise, die Zotero-Bibliographie zum Ersten Weltkrieg³⁶ 5 476 (18. 5. 2015).

Das Fazit meiner Inspektion der Handbücher und Fachenzyklopädien ist für die Ursachen des Ersten Weltkrieges zwiespältig. Ich werde sie als nützliche Referenz zu zahlreichen Einzelfragen verwenden können. Die Literaturhinweise sind praktisch. Als Hilfsmittel für die Strukturierung meiner Erkundungen haben sie sich dagegen als weniger ertragreich erwiesen. Da boten die Wikipedia-Artikel eine stringentere Übersicht, vor allem der französische Wikipedia-Artikel mit seiner Unterscheidung zwischen den unmittelbaren Bedingungsfaktoren und tiefgreifenden Ursachen.

Ich empfinde, dass ein guter Zeitpunkt erreicht ist, um einige der wichtigen Monographien kennenzulernen, deren unterschied-

---

32 *Gerhard Hirschfeld/Gerd Krumeich/Irina Renz/Markus Pöhlmann*, Enzyklopädie Erster Weltkrieg. 2. aktualisierte und erweiterte Aufl. Stuttgart 2014 (Erstauflage 2003).
33 *Stéphane Audoin-Rouzeau/Jean-Jacques Becker* (Hrsg.), Encyclopédie de la Grande Guerre, 1914–1918. Paris 2004.
34 encyclopedia.1914-1918-online.net/home/ (28.7.2015).
35 *Niels Werber/Stefan Kaufmann/Lars Koch* (Hrsg.), Erster Weltkrieg. Kulturwissenschaftliches Handbuch. Darmstadt 2014.
36 www.zotero.org/groups/first_world_war_studies_bibliography/items/ (14.5.2016).

liche Herangehensweisen zu entschlüsseln und mein Sachwissen auszuweiten.

2.3 Monographien – Über die verschiedenen Arten, Geschichte zu schreiben

Fritz Fischer, damals Professor für Neuere Geschichte in Hamburg,[37] hat in den 1960er Jahren den während des Kalten Krieges entwickelten Konsens eines ungewollten Hineinschlitterns in den Ersten Weltkrieg mit Verve und Lust an der Polemik aufgebrochen. Seine These eines imperialistischen deutschen Hegemonialkrieges, die er erstmals um 1960 formulierte (einzelne Aufsätze, „Griff nach der Weltmacht"[38] [1961]) passte nur allzu gut in die kulturelle Landschaft der 1960er Jahre. Im Nachhinein bestätigte er damit den Kriegsschuldparagraphen des Versailler Vertrages. Dabei konnte ihm niemand vorwerfen, er missachte die Quellen und die Literatur.

Fritz Fischers „Krieg der Illusionen" (1969)

Präzise Thesen und Überschriften

Nach einem heftigen Historikerstreit und mehreren aufsehenerregenden Interventionen untermauerte er 1969 seine Thesen in einer umfangreichen Studie über den „Krieg der Illusionen" (1969)[39]. In dem mehr als 800 Seiten umfassenden Werk schilderte er ausführlich die einzelnen Etappen deutscher Politik in den Krieg. Zahlreiche Fußnoten mit Verweisen auf Archivmaterial, gedruckte Dokumente und Forschungsbeiträge ließen keinen Zweifel an der geschichtswissenschaftlichen Fundierung seiner Darlegung. Dass Fischer so viel Aufmerksamkeit gewann, hing gewiss aber auch

---

[37] Zur nicht unproblematischen Biographie Fischers s. de.wikipedia.org/wiki/Fritz_Fischer_%28Historiker%29 (17.5.2015).
[38] *Fritz Fischer*, Griff nach der Weltmacht. Die Kriegszielpolitik des kaiserlichen Deutschland 1914/1918. Düsseldorf 1961. Eine Zusammenstellung wichtiger Texte zu den Ursachen des Ersten Weltkrieges und zur Kriegszieldebatte um 1969 bietet: *Wolfgang Schieder* (Hrsg.), Erster Weltkrieg. Ursachen, Entstehung und Kriegsziele. Köln 1969.
[39] *Fischer*, Krieg der Illusionen (wie Anm. 23).

damit zusammen, dass er keine Scheu vor klaren Thesen hatte. Sie formulierte er bereits in der sechsseitigen, eng bedruckten Gliederung. So fiel es den Lesern leicht, Fischers Argumentation zu folgen.

Deutschland sei allein für den Krieg verantwortlich, lautete das Ergebnis seiner Recherchen Ende der 1960er Jahre,[40] und so richtete er den Blick auch ganz ausschließlich auf das Wilhelminische Reich. Selbst der Mord in Sarajevo ist ihm kaum mehr als eine Randnotiz wert, gilt ihm lediglich als Anlass, um die Kriegsmaschinerie in Gang zu setzen. Kapitel 1 schildert den Wandel Deutschlands *„vom Agrarstaat zum Industriestaat"*, Kapitel 2 die *„Vorherrschaft von Junkertum und Großindustrie"*. Kapitel 3 schlägt die Brücke zur Außenpolitik, zunächst noch als Element der politischen Kultur (*„Vom Großmacht- zum Weltmachtanspruch"*), während Kapitel 4 im engeren Sinne die Regierungspolitik im Auge hat (*„Von Bismarck zu Bethmann: Um die englische Neutralität"*). Die „verspätete Modernisierung", den deutschen Imperialismus, die deutsche Weltpolitik macht Fischer für das aggressive deutsche Auftreten auf der internationalen Bühne verantwortlich. Die eigentliche Darstellung beginnt dann 1911 mit der zweiten „Marokkokrise" und dem *„Durchbruch der nationalen Opposition"*. Schon damals seien Stimmen wie die der Evangelisch-Lutherischen Kirchenzeitung zu hören gewesen: „Lieber Krieg als nachgeben", hieß es dort.[41] Helmuth von Moltke, der Chef des deutschen Generalstabes, sah es ganz ähnlich, äußerte sich nur verächtlich über die schlappe Reichsleitung und bezog sogar den Kaiser in seine Kritik ein.[42] In diesen Monaten überspannter Agitation übernahmen die Alldeutschen die Führung der nationalen Kräfte. Die folgenden Kapitel *„Die Reichstagswahlen vom Januar 1912 – Die innere Niederlage"*; *„Deutsche Aufrüstung und die Neutralisierung Englands"* sowie *„Tripoliskrieg und Balkankrieg – eine Gefährdung der deutschen Orientpolitik und der deutschen Großmachtstellung"* bereiten auf das zentrale 9. Kapitel vor. Das ist überschrieben mit „Der vertagte Krieg". Als Schlüsseldokument führt Fischer ein Protokoll des sogenann-

Ein geplanter Hegemonialkrieg

---

40 Ebd.
41 Ebd., 135.
42 Ebd., 136.

„Kriegsrat" ten Kriegsrates vom 8. Dezember 1912 vor. An diesem Tag scharte der Kaiser eine Gruppe von Militärs um sich, erläuterte seine pessimistische Lagebeurteilung, entwarf das Szenario eines Dreifrontenkrieges gegen Russland, Frankreich und England und fragte nach der Beurteilung der Situation durch die Militärs. Moltke votierte, wie immer, für einen schnellen Krieg gegen Russland, weil jede Zeitverzögerung die militärische Stellung Deutschland schwäche. Tirpitz bat für die Flotte um einen Aufschub von 1 1/2 Jahren, die die Marine noch benötige. Einig war man sich, dass die Bevölkerung propagandistisch auf die zukünftige kriegerische Konfrontation vorbereitet werden müsse. Dass die Aufzeichnungen Admiral von Müllers mit dem Fazit „Das Ergebnis war so ziemlich Null" enden, erläutert Fischer mit dem Hinweis darauf, dass Moltke versäumt habe, die politische Seite anzusprechen. Es bedürfe einer klugen, für die Bevölkerung nachvollziehbaren Begründung des Kriegseintritts.[43] Dennoch, so Fritz Fischer, wurde der Dezember 1912 zum Kristallisationspunkt der deutschen Kriegsvorbereitung, finanziell, wirtschaftlich, propagandistisch.

Zwar agierte Deutschland in den Krisen der nächsten Monate noch vorsichtig, aber vor allem deshalb, weil es sich nicht für „österreichische Balkaninteressen" einspannen lassen wollte, seine eigenen Ziele in Mitteleuropa verfolgte und noch Vorbereitungszeit benötigte (Kapitel 10). Das deutsche Expansionsstreben traf freilich auf immer entschiedeneren Widerstand von außen (Kapitel 14 bis 16), während gleichzeitig die innere Kriegsmobilisierung voranschritt. Die entsprechenden Kapitel sind überschrieben mit: *„Deutschland und die slawische Gefahr – Der ‚Angreifer' wird aufgebaut"* (Kapitel 17); *„Die militärischen Absprachen mit den Bundesgenossen 1913/1914: Deutschlands Vorbereitung für den ‚Präventivkrieg'"* (Kapitel 18); *„Die politische Situation im Dreibund – Die Gewinnung von Bundesgenossen für den ‚Präventivkrieg'"* (Kapitel 19), schließlich: *„Das Zusammenspiel von Staat und Wirtschaft: Die Vision eines größeren Deutschlands in Mitteleuropa und erste Kriegszielprogramme"* (Kapitel 21). Das entscheidende Kapitel, das zur Julikrise, ist überschrieben mit: *„Deutschland und der Kriegsausbruch: ‚Jetzt oder nie'"* (Kapitel 22). Berlin, so erfahren wir, habe Wien zum Krieg

---

43 Ebd., 233 f.

gegen Serbien gedrängt, um damit den europäischen Krieg auszulösen, denn „die Gelegenheit" war „günstig".⁴⁴

9. Kapitel: Der vertagte Krieg 231
           I. Die Entscheidungen am Ende des Jahres 1912 – Der »Kriegsrat« vom 8. Dezember 1912 – Deutsch-österreichisch-italienische Generalstabsbesprechungen 1912/13 – Das deutsch-englische Zusammenspiel auf der Londoner Botschafterkonferenz – Die Warnungen Lichnowskys
          II. Die Heeresvorlage von 1913 – Die Auseinandersetzung zwischen Kriegsministerium und Generalstab – Die Deckungsvorlage als innenpolitischer Machtkampf
          III. Die psychologische Vorbereitung der Nation auf den Krieg – Begründung der Wehrvorlage: Kampf der Germanen gegen die Slawen – »Einschießen« auf den Gegner: Erst Frankreich, dann Rußland
          IV. Finanzielle und wirtschaftliche Kriegsvorbereitungen – Finanzielle Kriegsvorbereitungen – Wirtschaftliche Mobilmachung

10. Kapitel: Krieg nicht für österreichische Balkaninteressen, sondern um die Basis der deutschen Stellung in Mitteleuropa . . 289
           Krieg um die Grenzen Albaniens? – Die zwei Bedingungen für einen großen Krieg: Rußland der Angreifer, England neutral – Der zweite Balkankrieg: Erneutes Drängen Österreichs auf Aktion und Deutschlands erneutes Nein – Auch Italien geht nicht mit – Europa nach dem Bukarester Frieden: Krisis im Verhältnis Wien-Berlin – Oktober 1913 – Konopischt (I) und Wien: Sicherung der Südostfront gegen Rußland – Der Kaiser und König Albert von Belgien November 1913 – Sicherung für den Krieg mit Frankreich

11. Kapitel: Deutscher Imperialismus 1912/13 zwischen Überseepolitik und der Achse Berlin–Bagdad 324
           Nationalliberale und Fortschrittliche Volkspartei – Hansabund und Bund der Industriellen – Freikonservative und Schwerindustrie – Das Zentrum – Friedrich von Bernhardi –

Abbildung 5: Auszug aus dem Inhaltsverzeichnis von Fischer, Krieg der Illusionen.

Ein Fazit fehlt. Doch die Ergebnisse von Fischers Erkundungen sind eindeutig: Maßgebliche Kreise in Deutschland haben demnach spätestens seit 1912 auf den großen Krieg (gegen Russland – und damit auch Frankreich) hingearbeitet. Die Planungen liefen auf den Sommer 1914 hinaus. Das Attentat in Sarajevo bot die passende Gelegenheit, um Wien fest in die Front einzubinden. Aus einer Position des Wissenden heraus argumentiert Fritz Fischer, weniger des Erkundenden, des Abwägenden, des Forschenden. Die Quellen

---

44 Ebd., 686–688.

Geschichtswissenschaft als Beweisführung

werden als Beweise herangezogen, manches bewusst zugespitzt zusammengefasst. So lesen wir etwa: „Die Pressekampagne gegen Russland im Frühjahr 1914 sollte aus innen- wie außenpolitischen Gründen Russland als den Hauptgegner in einem kommenden Krieg erscheinen lassen."[45] Im vorhergehenden Kapitel entwirft Fischer indes ein durchaus differenziertes Bild der deutsch-russischen Zeitungslandschaft. Viele Akteure melden sich da zu Wort, und was von der deutschen Regierung wirklich angestoßen wurde, was eher spontane Reaktion auf die russische Pressekampagne widerspiegelte, bleibt offen.

Christopher Clarks „Die Schlafwandler" (2012). Ein Gegenmodell

Neue „Fischer-Kontroverse"?

Das vielleicht meistzitierte und meistdiskutierte neuere Buch über die Ursachen des Ersten Weltkrieges hat der australisch-englische Historiker Christopher Clark vorgelegt: „The Sleepwalkers" (2012).[46] Vierzig Jahre nach Fischers „Krieg der Illusionen" (1969), kurz vor dem 100jährigen Gedenktag des Kriegsbeginns 1914, sprach Clark Fischers Herangehensweise jede Berechtigung ab. Die Feuilletons reagierten aufgeregt, sahen ihre Chance gekommen, eine neuerliche Fischer-Debatte zu initiieren. Sie starteten Diskussionsrunden, öffneten ihre Blätter für ausführliche Rezensionen. Zahlreiche Leserzuschriften füllten die Zeitungsseiten, um das Für und Wider der Darlegung Clarks zu erörtern. Die bekannten Experten äußerten ihre Meinung. Manche von ihnen, vor allem deutsche Kollegen, verurteilten die Darstellung Clarks als unzulässigen Bruch mit den erwiesenen Fakten. Der Preußen-Spezialist Clark habe in seiner Darstellung die deutsche Politik bewusst nur am Rande betrachtet, um durch diesen Trick die Mitverantwortung der anderen europäischen Hauptstädte umso stärker hervorheben zu können. Sein gesamteuropäischer Blick bezwecke nichts anderes, als Deutschland in einer Phase der nationalen Selbstfindung nach 1989 von der Verantwortung für den Weltkrieg zu entlasten.[47]

---

45 Ebd., 565.
46 *Clark*, Sleepwalkers (wie Anm. 12).
47 Kritisch zu den Positionen Clarks äußerten sich etwa Gerd Krumeich, Lothar Machthan, Klaus Wernecke.

Tatsächlich verfolgt Clark nicht nur ganz andere Thesen als Fischer, er schreibt zudem in einem ganz anderen Stil. Knapp 700 eng bedruckte Seiten umfasst sein Werk. Die Einleitung fällt kurz aus (8 Seiten). Das Schlusskapitel bietet dem Leser kaum mehr Anhaltspunkte (7 Seiten). Viel erfahren wir nicht über das Vorgehen und die Thesen des Verfassers, und so verweisen die meisten Rezensionen auf den Schlusssatz: „In this sense, the protagonists of 1914 were sleepwalkers, watchful but unseeing, haunted by dreams, yet blind to the reality of the horror they were about to bring into the world."[48] („In diesem Sinne waren die Protagonisten von 1914 Schlafwandler, wachsam, aber ohne Fähigkeit zu sehen, heimgesucht von Albträumen und blind für die Wirklichkeit jener Schrecken, die sie der Welt bringen würden.")

<small>Herausforderungen narrativer Darstellung</small>

Liest man nur einige der vielen Rezensionen, so fällt auf, wie schwer es selbst professionellen Rezensenten fällt, das Werk angemessen zusammenzufassen. Tatsächlich bleibt dem Leser nichts anderes übrig, als das Buch von der ersten bis zur letzten Seite durchzuarbeiten, denn Clark bietet ein detailliertes Zeitbild, charakterisiert Personen und untersucht deren Vorstellungswelten. Die sind freilich nicht zementiert und eindeutig, sondern ändern sich, reagieren auf die sich wandelnde Umwelt, sind abhängig von Reaktion und Gegenreaktion, sind auch Reflex von Missverständnissen und Zufällen. Wer Clarks Buch liest, muss ein gutes Namensgedächtnis haben, denn ihn interessieren das Handeln und Denken von Ministern, Staatssekretären, Kabinettschefs und Botschaftern in St. Petersburg, in Paris, in Wien, in Berlin, in London, in Belgrad. Das lässt sich nicht so ohne Weiteres zusammenfassen und erklärt die erwähnten Schwierigkeiten der Rezenten, dem Werk gerecht zu werden.

Der gewohnte erste Blick in das Inhaltsverzeichnis hilft denn auch kaum weiter, denn Clark verzichtet auf thesenorientierte Überschriften und belässt es statt dessen bei eher deskriptiven Kurzbeschreibungen („Murder in Belgrade" – gemeint ist der Mord an König Alexandar Obrenović von Serbien, 1903 –, „Mental Maps", „Separation" etc.). Damit kann man wenig anfangen. Immerhin wird offensichtlich, dass der Band in drei Teile untergliedert ist. Der erste ist überschrieben mit „Roads to Sarajevo" und

<small>„Roads to Sarajevo"</small>

---

48 *Clark*, Sleepwalkers (wie Anm. 12), 562.

schildert eingangs das serbische Umfeld für den Mord an Franz Ferdinand von 1903 bis 1914. Das zweite Kapitel richtet den Blick auf Österreich-Ungarn als Gegenspieler Serbiens, ein Imperium, dem zu Unrecht alle Chancen auf ein längerfristiges Überleben abgesprochen wurden. Gerade deshalb war Wien auf außenpolitische Selbstbehauptung angewiesen. Hier kämpften kriegsbereite „Falken" und friedenswillige „Tauben" gegeneinander, und es war Franz Ferdinand, der sicherstellte, dass der Weg der Diplomatie nicht verlassen wurde.

Der zweite Teil untersucht den Wandel des europäischen Großmächtesystems nach 1887 („One Continent Divided"). Clark beschreibt die Veränderung der Bündnissysteme, charakterisiert das Ende der britischen Neutralitätspolitik, untersucht die außenpolitischen Entscheidungsstrukturen in St. Petersburg, Paris, Berlin und schildert schließlich die Vielzahl der Konflikte, von der zweiten Marokkokrise 1911 über die Balkankriege bis hin zur Liman-von-Sanders-Krise 1913/14. Dennoch war der Weg in den Weltkrieg 1914 nicht vorgezeichnet, denn es gab auch Anzeichen für Entspannung.

<small>„One Continent Divided"</small>

<small>„Crisis"</small>

Der dritte Teil gilt der Julikrise selbst, dem Mord in Sarajevo bis hin zum Angriff auf Belgien.

Im Grunde ist Clarks Darstellung also höchst konventionell angelegt. Wie jede gute Kriminalgeschichte beginnt sie mit einem Mord (dem Komplott gegen den serbischen König Alexandar) und endet mit der beunruhigenden Einsicht in die Schuld und Verstrickung vieler Akteure, in London, Berlin, Wien, Paris, Belgrad. Politiker aller Mächte, so das Ergebnis, waren verantwortlich, als im August 1914 das große Sterben begann.

Clark erzählt großartig, versteht es, die Quellen zu interpretieren. Und dennoch kann seine Fähigkeit zu erzählen, sein Schreibstil, den Erfolg der Studie nicht erklären. Denn auch andere Autoren können schreiben, können geschliffen formulieren.

<small>Lese- und Auswertungsstrategien</small>

Wir müssen also genauer den Argumentationsgang untersuchen. Welche Hilfen bietet der Verfasser dem Leser, damit er sich orientieren, in der Fülle der Fakten und Interpretationsangebote zurechtfinden kann? Die Gliederung, das haben wir bereits gesehen, bietet nur begrenzte Unterstützung. Die Einleitung und der Schluss vermitteln wichtige Einsichten, enthalten aber keine klassische Zusammenfassung des Argumentationsganges. Die einzelnen Abschnitte beginnen aus erzählerischen Gründen vielfach mit einem reißerischen Aufmacher, der das Leseinteresse wecken soll. Hilfestellung, Orientierung erhält der Studierende recht unsystematisch, manchmal am Ende eines Kapitels, dann wieder zu Beginn eines Textteiles, in vielen Fällen überhaupt nicht. Mit anderen Worten, wenn wir das Buch von Christopher Clark verstehen wollen, ist es eine gute Idee, nach einem ersten zügigen Lesen und der neuerlichen Inspektion der Gliederung in einem gezielten Zugriff die eigenen Anmerkungen zu konsultieren. Versuchen wir also herauszufinden, wie Clark argumentiert. Da ich oben die Grundstruktur und die zentrale These der Studie von Clark schon analysiert habe, werde ich seiner Argumentation etwas ausführlicher folgen, um mir auf diesem Wege wichtige Fakten zu notieren.

Introduction: Er wolle keine Geschichte des vorletzten Jahrhunderts vorlegen, erläutert Clark seine Sichtweise und begründet damit die weitgehende Beschränkung auf die Periode 1903 bis 1914. Die Jahre um 1914 seien eine Zeit beschleunigter Moderne gewesen. Und es seien gerade die sich daraus ergebenden Phänomene, die den Ersten Weltkrieg auslösten: Selbstmordattentate, grenzüberschreitend agierende terroristische Organisationen, ein multipolares internationales System.

Falsches Lernen aus der Geschichte

Die Standardliteratur habe Serbien bisher viel zu wenig in den Blick genommen. Doch gerade Serbien sei es gewesen, das durch seinen gewaltbereiten Nationalismus und die wenig gefestigten Staatsstrukturen den Mordanschlag in Sarajevo möglich gemacht habe. Noch in weiterer Hinsicht will Clark die bisherigen Perspektiven umkehren. Nicht die veränderte Machtbalance 1890–1914 interessiert ihn, nicht die sich daraus ergebenden Krisen, vielmehr will er darlegen, wie die Krisen von den Beteiligten erfahren und interpretiert wurden und so ein Netz von Bedeutungen und Narrativen entstand, das den Krieg erst möglich gemacht hat. Clark plädiert also für einen kulturgeschichtlichen Zugang zur Politik. Er möchte eine Geschichte von Wahrnehmungen schreiben und jene Kette selbstgeschaffener Handlungszwänge vorführen, die letztlich in den Krieg hineinführte. Das Denken und Handeln einzelner Menschen interessiert ihn, das kulturelle Umfeld, die politischen Institutionen, die Mikrogeschichte der Macht. Deshalb ist sein Buch so ausführlich geraten, und deshalb verzichtet er auf politik- und sozialwissenschaftliche Theorien, die es für den Kriegsausbruch ja in großer Zahl gibt. Stattdessen betont er die Kontingenz, das Nicht-Notwendige, die Möglichkeit, den Zufall des Handlungsablaufs.

I. Roads to Sarajevo.

1. Serbian Ghosts: Der Staatsstreich von 1903, der Mord an dem operettenhaft-autoritären König Aleksandar Obrenović und seiner Frau Draga, veränderte die politische Konstellation in Serbien grundlegend. Der neue König, Petar Karađorđević (Karadjordjevic), suchte den Schulterschluss mit Russland. Die Königsmörder machten Karriere im Staatsdienst. Das war nichts Ungewöhnliches. Überall führten konspirative Netzwerke in Serbien ihr Eigenleben. Wer keinem Netzwerk zugehörte, hatte keine Aufstiegschancen. Und alle Netzwerke führten in den Staatsapparat hinein. Von ihm hing alles ab. Die wichtigste Institution im Staate war indes die Armee. Ihre Offiziere träumten, wie viele Intellektuelle auch, von einem größeren Serbien, das alle Südslawen einschließe. Weil der Traum nicht in den von Serben bewohnten Nachbarregionen gelebt werden durfte, bildeten sich Geheimorganisationen (Srpska Narodna Odbrana = Serbischer Volksschutz; Ujedinjenje ili Smrt = Vereinigung oder Tod, auch Schwarze Hand). Den jungen, aufstiegsorientierten, ethnisch-serbischen Studenten im habsburgisch kontrollierten Kroatien und Bosnien-Herzegowina boten die Geheimbünde Familienersatz und die Möglichkeit zur Bewährung durch die Tat. Gesteuert wurden die Geheimgruppen von Apis (eigentlich Dragutin Dimitrijević), dem Chef des serbischen Militärgeheimdienstes, einem ehemaligen Komplotteur. Er war auch der Architekt hinter dem Mordanschlag auf Franz Ferdinand.

Doch wie reagierte die serbische Politik auf das aufgeheizte Klima und das Eigenleben vieler staatlicher Institutionen? Der Ministerpräsident Nikola Pašić hatte gelernt, sich in all den Wirren zu behaupten. Er wartete einfach ab, wohin die Dinge trieben, vermied Stellungnahmen oder suchte Zuflucht zu einer metaphorisch-bäuerlichen Sprache, die in großen Teilen des landwirtschaftlich geprägten Landes gut ankam. Kurz, sein in zahlreichen innenpolitischen Wirren erprobter Politikstil verhinderte ein aktives Krisenmanagement im Juni/Juli 1914.

2. The Empire without Qualities: Auf der anderen Seite der Donau lag Österreich-Ungarn. Das Kaiserreich beäugte Serbien mit Misstrauen, weil Serbien mit seinem Panslawismus die Grenzen des Habsburger Reiches radikal in Frage stellte und die serbischen Geheimorganisationen unmittelbar nach Kroatien und Bosnien-Herzegowina hineinwirkten. Während der Balkankriege 1912/13 bewies Serbien – nicht zuletzt dank der französischen Kredite –,

Monographien – Verschiedene Arten, Geschichte zu schreiben — 51

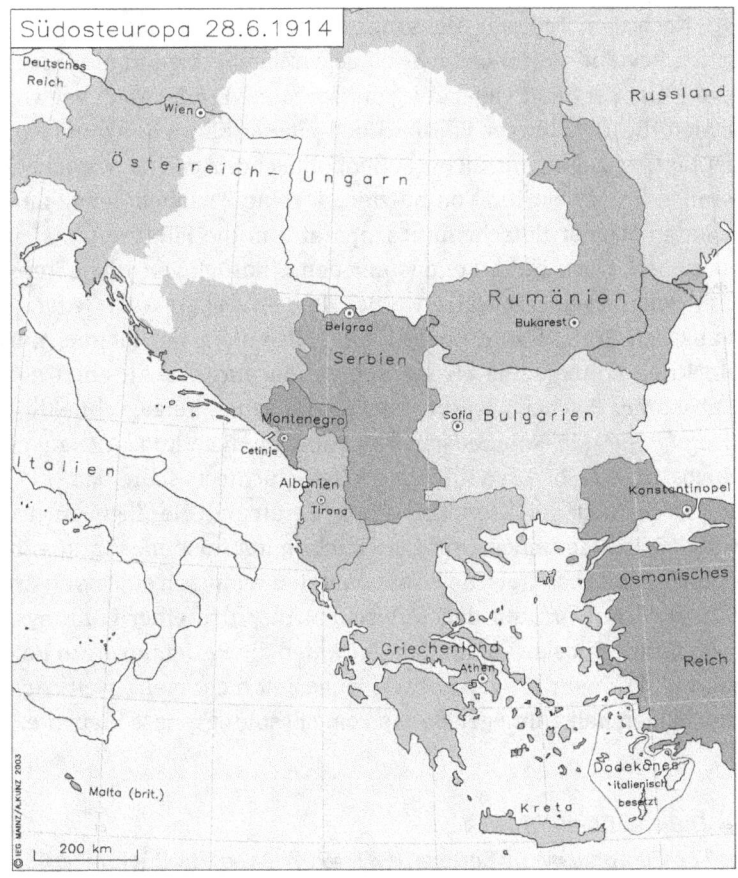

Abbildung 6: Südosteuropa am Vorabend des Ersten Weltkriegs; www.ieg-maps.uni-mainz.de/mapsp/mappEu914_SE.htm (10.10.2015).

dass es inzwischen eine ernstzunehmende Militärmacht geworden war. Alle Versuche, den „serbisch-russischen Subimperialismus" zurückzudrängen, schienen aus Wiener Sicht gescheitert.

Die Wiener Politik vermied in der Regel rasche Entscheidungen, reagierte ruhig und bedächtig. Die komplizierte polyzentrische Struktur der Habsburger Doppelmonarchie verhinderte allzu emotionale, allzu unbedachte Reaktionen. Ökonomisch mochte das altimperiale Reich durchaus vertrauensvoll in die Zukunft schauen. Doch die Nationalitätenfrage überlagerte alles andere, obwohl der Staat zumindest im „österreichischen" Teilbereich große Freiheiten gewährte.

Modernisierung, Kompromisse, Gefühle der Einkreisung

Nach dem Tod von Aleksandar Obrenović und der jungtürkischen Revolution 1908 ging Wien gegenüber Serbien in die Offensive – aus der Sicht vieler Zeitgenossen ohne Erfolg. Nach wie vor schien die Habsburger Politik durch eine strukturelle Ohnmacht geprägt. Es gelang ihr nicht, außenpolitisches Ansehen zurückzugewinnen. In dieser Situation nutzten einzelne Personen den komplizierten Wiener Entscheidungsapparat, um die Führung an sich zu ziehen. Doch bestärkte das nur den Eindruck von Inkohärenz und Beliebigkeit. Da war etwa der depressiv-aggressive Generalstabschef, Franz Baron Conrad von Hötzendorf, der meinte, nur ein Krieg könne seine eigene Reputation und das Ansehen des Habsburger Reiches wiederherstellen. Da gab es junge, schneidige Beamte wie den Kabinettschef im Außenministerium, Alexander Hoyos, die sich berufen fühlten, Weltgeschichte zu schreiben.

Noch hielt der Kronprinz Franz Ferdinand die Zügel in der Hand. Seine Idee eines Groß-Österreichs mit Autonomie für die verschiedenen habsburgischen Nationalitäten versprach eine politisch attraktive Antwort auf den serbischen Anspruch einer Führungsrolle für die Südslawen. Im Übrigen waren die Beziehungen zu Belgrad im Frühjahr 1914 so gut wie lange Zeit nicht mehr, weil nach den beiden Balkankriegen Serbien eine Erholungsphase brauchte.

II. One Continent Divided.
3. The Polarization of Europe, 1887–1907. Aus dem Rückblick heraus hat Maurice Paléologue, der französische Botschafter in Petersburg, die veränderten Bündnisstrukturen seit 1890 für den Krieg verantwortlich gemacht. Entente und Mittelmächte standen sich 1914 feindlich gegenüber. Doch die Bündnisstrukturen führten nicht notwendig zum Krieg. Das Ende des alten Europas war durch die Bündniskonstellation nicht vorherbestimmt. Paris und Berlin, Russland und Deutschland erprobten bis 1914, ja noch während der Krise, Wege der Kooperation. Auch stellte die Entente keine Allianz im engeren Sinne dar, eher schloss sie Russland, Frankreich und England zu einem lockeren Netzwerk zusammen.

Offene Ausgangslage trotz Bündnisstrukturen

4. The Many Voices of European Foreign Policy: Der Zufall mag hineingespielt haben, dass so viele inkompetente Politiker gleichzeitig die Außen- und Militärpolitik der europäischen Großmächte 1914 beeinflussten. Kein Zufall war, dass die Entscheidungsfindung in allen europäischen Metropolen chaotisch verlief: unabgestimmtes Mitregieren subalterner Verantwortlicher, ein Mangel an Kabinettssolidarität usw. Um 1900 wandelte sich die Staatsstruktur von der klassischen Kabinettspolitik zur modernen Massendemokratie, und in fast allen europäischen Hauptstädten waren die Verantwortlichen damit überfordert. Gegenseitiges Misstrauen herrschte und ein verbreitetes Gefühl der Unsicherheit. Die Politiker beäugten den eigenen Regierungsapparat ebenso mit Misstrauen wie die Außenwelt. In einem solchen Klima konnte jede Krise die Falken an die Spitze der Macht bringen.

<small>Chaotische Entscheidungsfindung</small>

5. *Balkan Entanglements*: Der Erste Weltkrieg begann als dritter Balkankrieg. Seit der Eroberung Libyens durch Italien 1911 schien der Zusammenbruch des Osmanischen Reiches unmittelbar bevorzustehen. Das trieb die südosteuropäischen Staaten an, ihr Territorium und ihre Unabhängigkeit auszuweiten, erschütterte die Position Österreich-Ungarns und bestärkte St. Petersburg in seinen Ambitionen gegenüber den Dardanellen und Südosteuropa. Russlands Wirtschaft florierte 1914, weil Frankreich großzügig Kredite bereit gestellt hatte. Einen erheblichen Teil der Mittel investierte St. Petersburg in die Rüstung.

<small>Kampf um das osmanische Erbe</small>

Poincaré, der französische Staatspräsident, fürchtete, bald werde Russland soweit sein, dass es das Bündnis mit Frankreich nicht mehr benötigte. Auch innenpolitisch schien die Machtgrundlage Frankreichs schwächer zu werden, weil die Linke eine Reduktion der Dienstzeit für die Soldaten anstrebte. Als Gavrilo Princip in Sarajevo seine fatalen Schüsse auf Franz Ferdinand abfeuerte, konnte Poincaré das Gefühl haben, die Zeit arbeite gegen ihn.

6. *Last Chances: Détente and Danger, 1912–1914:* In allen Hauptstädten Europas herrschte 1914 ein merkwürdiges Gemisch der Stimmungen, Angst und Übermut gleichzeitig, Unsicherheit und Selbstbehauptungswille: Unsicherheit gab es darüber, was die Gegenseite plante. Dass die „Anderen" militärisch in Zukunft überlegen sein würden, war eine Vorstellung, die alle Militärs in Europa umtrieb. Da galt es vorzusorgen, rechtzeitig zu reagieren, die einzige Karte, die man hatte, zeitgerecht auszuspielen. Allein der Präventivkrieg schien einen Ausweg zu weisen.

Alle großen Mächte – ein anderer Gesichtspunkt – wollten Weltmacht sein, und alle gewannen den Eindruck, dass ihre Weltmachtrolle gefährdet sei. Die Hybris des Machtdenkens erhielt zusätzlichen Auftrieb durch eine neue Betonung von Männlichkeit, Stärke, Pflichtbesessenheit.

All diese Wahrnehmungen von eigener Stärke und Furcht, von Ansehensverlust und Niedergang koppelten die Politiker der beteiligten Mächte an das Schicksal Serbiens. Aus Sicht Wiens musste Serbien in seine Schranken verwiesen werden, wenn der Vielvölkerstaat erhalten bleiben sollte. Deutschland fürchtete, seinen einzigen verlässlichen Bündnispartner als Großmacht zu verlieren, sollte Serbien ungestraft bleiben. Russland wiederum sah sein Ansehen innen- und außenpolitisch gefährdet, wenn es nicht bedingungslos Serbien beistand. Frankreich sympathisierte mit Serbien und fürchtete um den russischen Bündnispartner.

Serbien als Fluchtpunkt

Wären die Bündnisse stabiler gewesen, die Erwartungen an die Zukunft optimistischer, und hätten die Verantwortlichen paradoxerweise nicht gleichzeitig allzu großes Vertrauen in eine erfolgreiche Konfliktlösung gesetzt, hätte der Krieg vermieden werden können. Unter den gegebenen Umständen unterschätzten die Politiker die Gefahren, die auf sie zukamen.

III. Crisis.
7. Murder in Sarajevo: Der Tod Franz Ferdinands rief vergleichsweise wenig Trauer am Wiener Hof hervor. Dafür hatte sich der Thronprätendent zu viele Feinde gemacht – durch seine Überlegungen zur Reform der Doppelmonarchie, durch seine nicht standesgemäße Heirat mit Sophie Gräfin Chotek.

In Sarajevo verhaftete die Polizei die Attentäter. Die Verhöre bestätigten, was viele vermutet hatten: Bosnisch-serbische Nationalisten hatten die Tat mit Unterstützung Belgrader Hintermänner geplant und ausgeführt. Unmittelbare Beweise für eine Mitschuld der serbischen Regierung fehlten, aber die österreichische Gesandtschaft in Belgrad machte das Land gleichwohl mitverantwortlich. Nachweislich habe die Politik nichts gegen den nationalistischen Hass und die Mordaufrufe unternommen. Die serbischen Politiker selbst standen gerade im Wahlkampf, und da verboten sich allzu mitfühlende Worte gegenüber Österreich. Stattdessen warnte Ministerpräsident Pašić Wien davor, den bedauerlichen Zwischenfall zum Vorwand für Maßnahmen gegen sein Land zu benutzen. Alle Serben seien bereit, sich zu verteidigen und ihre Pflicht zu erfüllen. Die Falken in Wien erhielten durch solche Äußerungen Auftrieb, umso mehr, da die mahnende Stimme von Franz Ferdinand verstummt war. Noch allerdings verhinderte die komplexe Struk-

Ungeschickte serbische Reaktion

tur des Habsburger Reiches, dass sie sich unmittelbar durchsetzen konnten. István Tisza, der ungarische Ministerpräsident, warnte vor übereilten Aktionen, denn er fürchtete, dass die ungarische Vorrangstellung durch einen Krieg gefährdet sei. Auch außenpolitisch galt es Rücksicht zu nehmen. Ohne deutsche Rückendeckung konnte Wien keine risikoreiche Initiative wagen. Das offizielle Schreiben an Berlin blieb recht vorsichtig gehalten. Aber der Wiener Sondergesandte, Alexander Hoyos, wusste die passende Begleitmusik zu spielen.

8. *The Widening Circle:* In Berlin glaubten Wilhelm II. und sein Kanzler Bethmann Hollweg, dass der Konflikt lokalisiert werden könne, so wie das im Oktober 1913[49] der Fall gewesen war, als Wien Serbien zum Rückzug aus Albanien gezwungen hatte. Darauf zielte der Blankoscheck (5./6. Juli 1914). Gefährlich wurde es aus Berliner Sicht nur dann, wenn Russland unabhängig von der Serbienfrage einen Krieg gegen Deutschland anstrebe. Doch wenn das so war, wenn Russland wirklich Krieg wollte, konnte Berlin daran nichts ändern. Vor die Alternative gestellt, einen russischen Angriff in zwei oder drei Jahren abwehren zu müssen (damit nach weiterer Aufrüstung in Russland) oder den Kampf sofort zu führen, schienen die Optionen eindeutig. Außerdem garantierte der Fokus auf der Serbienfrage, dass Österreich-Ungarn tatsächlich alle Kräfte mobilisieren würde, um den Krieg zu gewinnen.

Verhärtung der Positionen

St. Petersburg hatte seinerseits aus den Konflikten der letzten Jahre den Schluss gezogen, dass es so wie bisher nicht weitergehen dürfe. Die Annexion Bosnien-Herzegowinas durch Österreich-Ungarn 1908, die permanente Agitation gegen das Selbstbestimmungsrecht der Südslawen, die offensichtliche Gegnerschaft gegen die imperialen russischen Interessen auf dem Balkan könnten ohne Ansehensverlust nicht länger toleriert werden. Kein Staat, auch Serbien nicht, dürfe für unverantwortliche Gewalttaten einzelner (im Übrigen bosnische Serben) verantwortlich gemacht werden. Schon frühzeitig nahm St. Petersburg Stellung, konnte ohne Gesichtsverlust nicht davon abgehen und stärkte damit zugleich den Widerstandswillen in Belgrad.

---

[49] Ultimatum vom 18.10.1913. Einen Tag später fügte sich Belgrad dem österreichischen Diktat.

9. *The French in St Petersburg:* Ganz ähnlich sah es auch Poincaré. Am 20. Juli trafen er und der französische Ministerpräsident René Viviani in St. Petersburg zu einem seit langem geplanten Staatsbesuch ein. Was genau besprochen wurde, wissen wir nicht. Denn überraschenderweise fehlen Wortprotokolle von dem Treffen. Die Zeithistoriker sind daher auf indirekte Zeugnisse verwiesen. Was sich als Ergebnis herausschält, ist, dass die russischen und die französischen Politiker darin übereinstimmten, das Pokerspiel anzunehmen und sich auf keinen Bluff einzulassen: Die französische Politik gewährte Russland ihrerseits einen Blankoscheck.

Pokerspiel

10. *The Ultimatum:* Das auf 48 Stunden befristete österreichische Ultimatum an Serbien (23. Juli 1914) war gewiss hart, meinte aber doch keine Hinwendung zur Barbarei, vergleicht man es mit anderen Ultimaten. Belgrad antwortete ausgesprochen diplomatisch. Im Ton verbindlich, deutete es die österreichischen Anschuldigungen als Missverständnis, lud zu Konsultationen ein, kam hier und dort den Wiener Forderungen entgegen, wich aber in den entscheidenden Punkten aus oder lehnte die Wiener Ansprüche rundweg ab. Am 28. Juni 1914 unterzeichnete der 83-jährige Kaiser Franz Joseph die Kriegserklärung an Serbien.

11. *Warning Shots*: In St. Petersburg war die Stimmung inzwischen aufgebracht. Agrarminister Alexander Kriwoscheïn, ein ausgesprochener Hardliner, erklärte im Ministerrat am 24. Juli: Russland habe in der Vergangenheit immer wieder nachgegeben; damit müsse Schluss sein. Am 26. Juli erhielten Teile der russischen Truppen den Befehl, sich für den Kriegsfall bereitzumachen. Auch wenn das nicht eine unmittelbare Mobilisierung bedeutete, so sah es nach außen doch so aus. Sergej Sasonow, der russische Außenminister, und mit ihm eine große Mehrheit der Verantwortlichen, war jetzt fest entschlossen, die Machtfrage in Europa zu stellen. Die Situation entsprach exakt jener Konstellation, die zwischen Paris und Petersburg als möglicher Kriegsanlass diskutiert worden war. Dazu kam die Sorge um den Zugang Russlands zum Mittelmeer. Viele der Verantwortlichen in St. Petersburg waren jetzt bereit, den Krieg auszutragen, wenn Berlin und Wien nicht nachgaben.

Frühzeitige russische Mobilisierung

12. *Last Days*: In London interessierte sich Außenminister Edward Grey für das Schicksal Serbiens nur am Rande. Die Anschuldigungen Wiens gegenüber Belgrad hielt er für möglicherweise berechtigt, aber doch vollkommen nachrangig. Sein Interesse und

sein Blick galten allein der Absicherung des Empires und dem Zusammenhalt der Mächte innerhalb der Entente.

Dass die Entente zusammenstehen müsse, keinesfalls gespalten werden dürfe, meinte auch Poincaré. Ende Juli 1914 schien die Situation gekommen, dass ein europäischer Krieg kaum noch vermeidbar war. Er rief die verantwortlichen Minister zusammen und ließ sich über die Vorbereitungen informieren.

In Russland wurde die Generalmobilmachung noch einmal aufgehalten, weil der Zar die Möglichkeit einer diplomatischen Konfliktlösung nochmals prüfen wollte. Inzwischen trafen allerdings Militärberichte ein, wonach Österreich – anders als 1913 – acht oder neun Armeen gegen Serbien mobilisiert hatte. (Heute wissen wir, dass Wien die serbische Kampfkraft zu Recht höher als 1913 einschätzte). In dieser Situation schien es den Militärs nicht ausgeschlossen, dass Russland selbst Ziel von Angriffen werden könne. Damit waren die Würfel gefallen. Der Zar unterzeichnete das Dekret zur Truppenmobilisierung.

Fehlbewertung militärischer Aufklärung

In Berlin setzten Wilhelm II. und Bethmann Hollweg bis zum bitteren Ende auf die Lokalisierungsstrategie. Der Krieg sollte auf den Konflikt zwischen Serbien und Österreich begrenzt bleiben. Als die Hoffnungen Ende Juli schwanden und es zum Schwur kam, fiel als erster der Kaiser um, mahnte Wien zur Milde. Zwei Tage später intervenierte noch einmal Bethmann Hollweg. Auch er scheiterte. Der eigene Apparat hintertrieb die Vermittlungsbemühungen. Dazu kamen die militärischen Sachzwänge, nachdem Russland seine Truppen in Kriegszustand versetzt hatte.

In London scheiterte Grey mit seinem Vorschlag, die britische Unterstützung für Paris und St. Petersburg früh offiziell bekannt zu geben. Das hätte die Waagschale auf diplomatischem Feld noch einmal verändert. Erst nach langem Ringen und einer heftigen Regierungskrise und nachdem Grey im Parlament klar gemacht hatte (3. August 1914), dass eine Neutralität das Empire gefährden werde (Kontrolle der französischen Küsten, die britische Machtstellung in Asien), neigte sich die Waagschale zugunsten der Kriegspartei. Der deutsche Angriff auf Belgien (4. August) gab dem Ganzen eine willkommene moralische Begründung.

Conclusion: Man könnte den Eindruck gewinnen, widersprüchliche Interessen der beteiligten „Staaten" hätten den Krieg verursacht. Aber es waren doch „Menschen", die den Krieg herbeiführten, Menschen mit je spezifischen Wahrnehmungen, Menschen, die jeweils auf ihre Art, Schlussfolgerungen aus der Geschichte zogen. Alle Akteure nahmen die Welt über Erzählungen wahr, Sinn konstruierende Deutungen, die Erfahrungen bündelten, Ängste reflektierten, Projektionen in die Zukunft widerspiegelten, Lebensweisheiten wiedergaben und – sicherlich auch – Interessen zum Ausdruck brachten. Welche Erzählungen trafen da aufeinander? „In Austria, the story of a nation of youthful bandits and regicides endlessly provoking and goading a patient elderly neighbour got in the way of a cool-headed assessment of how to manage relations with Belgrade. In Serbia, fantasies of victim-hood and oppression by a rapacious, all-powerful Habsburg Empire did the same in reverse. In Germany, a dark vision of future invasions and partitions bedevilled decision-making in the summer of 1914. And the Russian saga of repeated humiliations at the hands of the central powers had a similar impact, at once distorting the past and clarifying the present. Most important of all was the widely trafficked narrative of Austria-Hungary's historically necessary decline, which, having gradually replaced an older set of assumptions about Austria's role as a fulcrum of stability in Central and Eastern Europe, disinhibited Vienna's enemies, undermining the notion that Austria-Hungary, like every other great power, possessed interests that it had the right robustly to defend".[50] Österreichische Politiker also sahen in Serbien kaum mehr als einen Zusammenschluss von Banditen und Königsmördern, die das westliche Nachbarland an der Nase herumführen wollten. Darauf gab es aus Wiener Sicht nur eine mögliche Antwort: die kühle Bewältigung des Konflikts, die zielgerichtete, harte Wiederherstellung der „natürlichen Rechtsordnung". Serbien wiederum sah sich als permanentes Opfer Habsburgischer Übergriffe. Die deutsche Politik trieb eine geradezu panische Angst vor zukünftigen Invasionen und einer Zerschlagung des Reiches an, während Russland den Erniedrigungen der letzten Jahre durch die Mittelmächte mit Entschiedenheit zu begegnen hoffte. Am wichtigsten wurde aber die Erzählung vom notwendigen Niedergang Österreich-Ungarns. Sie nahm der Doppelmonarchie jede Selbstachtung und stachelte alle anderen Großmächte an, die Zukunft rechtzeitig zu gestalten. Die Dynamik der Entwicklung resultierte exakt hieraus: aus den einander widersprechenden Erzählungen

Folgen falschen Lernens aus der Geschichte

---

50 Ebd., 558.

über die jüngste Vergangenheit und die erwartete Zukunft. Immer enger wurden die Spielräume zur Konfliktlösung. Die Kriege von 1912/1913 bewirkten zudem eine Balkanisierung der englisch-französisch-russischen Allianz und banden damit das Schicksal Europas an die Zukunft eines instabilen, aufrührerischen, zeitweise gewaltanfälligen Staates.

Zusammenfassend: Es gab nicht den einen Schuldigen für den Kriegsausbruch. Der Krieg wurde nicht durch kriminelle Machenschaften verursacht, wie dies Fritz Fischer erzählt hat, vielmehr resultierte er

1. aus einer tragischen Verkettung von Zufällen (politisches Personal, Zeitpunkt des Attentats, Franz Ferdinand als Opfer, Wahlkampf in Serbien etc.) sowie
2. aus schrecklichen Fehlwahrnehmungen, imperialistischer Paranoia, Gewaltbereitschaft in allen Teilen Europas.

Der Krieg war die Frucht einer im Jahre 1914 allen Beteiligten gemeinsamen politischen Kultur. Da gab es die Hoffnung auf den kurzen Krieg, während die Angst vor dem großen Krieg verdrängt wurde. Die Verantwortlichen versuchten aus der Geschichte zu lernen, aber sie lernten einseitig und falsch. Sie sahen die Realität, aber urteilten im Wahn.

Viel zu lang ist meine Zusammenfassung geraten. Dabei habe ich die Darlegung von Clark schon an vielen Stellen beinahe unzulässig verkürzt. Clark erzählt ja nicht nur von Personen, von Attentaten, von Konflikten, sondern er berichtet vor allem von Menschen, die Ende Juli 1914 nachts vermutlich nur wenig schliefen. Immer Neues mussten sie verarbeiten, immer Neues dazulernen, immer neue Schlüsse ziehen und alte durchdenken. Clark nutzt seine Quellen nicht als Beweis, sondern als Mittel der Erkundung, bietet Interpretationsangebote, offeriert neue Leseweisen, etwa, wenn er das serbische Antwortschreiben auf das österreichische Ultimatum als höchst geschickt bewertet, aber als inhaltlich kompromisslos.

Geschichtswissenschaft als Erzählung

Wenn ich Clarks Darlegung und Erzählstil metaphorisch charakterisieren müsste, würde ich von den Erfahrungen der Automobilisten mit dem Straßensystem vor 1914 berichten. Allzu eitle Fahrer der bürgerlich-adeligen Elite glaubten damals, die Kreuzung noch schnell überfahren zu dürfen. Auch seien sie in der Lage, die anderen Verkehrsteilnehmer soweit einzuschüchtern, dass diese rechtzeitig anhalten würden. Es gab keine Ampelsysteme (die erste Leuchtsignalanlage wurde im August 1914 in Cleveland/USA aufgestellt). Vieles im Straßenverkehr lief noch höchst chaotisch ab. Vom Unfallgeschehen in chaotischen Situationen kann man aber tatsächlich nur erzählen, so, wie es Clark vorführt.

Wer selbst das umfangreiche Buch von Christopher Clark systematisch durchgearbeitet hat, wird den Eindruck gewinnen, dass meine Zusammenfassung den Inhalt einigermaßen stimmig wiedergibt (hoffentlich jedenfalls). Allerdings hätte der Leser oder die Leserin vermutlich andere Schwerpunkte gesetzt, manches ausführlicher, anderes kürzer referiert. Zudem, so ein weiterer möglicher Vorwurf, enthielten meine Ausführungen Ergänzungen, die ich nicht explizit gekennzeichnet habe.

Lesen als Aneignung

Beide Vorwürfe sind berechtigt. Beim Schreiben kam es mir nicht darauf an, Christopher Clarks Thesen exakt, eins zu eins, zu reproduzieren. Bei einer „narrativen" Geschichtsdarstellung ist das im Übrigen kaum möglich. Vielmehr wollte ich seine Argumentation überblicksartig nachvollziehen, sie mir verständlich machen.

Lesen ist etwas höchst Individuelles, abhängig von der Arbeitsweise und vom Vorwissen des Bearbeiters. Beim Lesen geht es darum, fremde Wissenselemente und Deutungsvorschläge in den eigenen Wissenskanon zu überführen. Im Ergebnis verbindet ein Text den Autor mit dem Leser und trennt beide zugleich, weil das Medium keine Deckungsgleichheit zwischen Aussageabsicht des Autors und Lesewillen des Rezipienten herstellt, herstellen kann.

Gemeinsamkeiten und Unterschiede – Von den unterschiedlichen Arten des Erzählens

Der Nutzen von Tabellen

Es kommt häufig vor, dass Texte miteinander zu vergleichen sind, sie in Beziehung gesetzt werden müssen. Um mir die Arbeit zu erleichtern, verwende ich in der Regel die Tabellenfunktion meines Textverarbeitungsprogramms. Ein Vergleich zwischen den beiden Studien über die Kriegsursachen von Fritz Fischer und Christopher Clark ist denn auch hoch aufschlussreich.

Tabelle 1: Vergleich von Fritz Fischer, Krieg der Illusionen und Christopher Clark, Sleepwalkers.

Gleich	Fischer	Clark
Anlage des Plots	Chronologischer Aufbau	Chronologischer Aufbau
Blick auf die Akteure	Kollektive Akteure (politische Organisationen, Presse), aber auch Kaiser, Minister, Militärs, Botschafter („Als Realist, der er jetzt geworden war, mochte Bethmann Hollweg [...].", S. 779)	Kaiser, Minister, Militärs, Botschafter („Conrad von Hötzendorf [...] entertained deep and sincere doubts about his fitness for office" S. 101)
Theoriebezug	Geringer Rückgriff auf explizite Theorien	Geringer Rückgriff auf explizite Theorien
Zentraler Erklärungsfaktor	Politische Kultur	Politische Kultur
Unterschiedlich	**Fischer**	**Clark**
Kontext	60er Jahre – Ablösung vom Historismus; Gesellschaftsgeschichte	2010 – Ablösung von der Gesellschaftsgeschichte; Kulturgeschichte
	60er Jahre – Fortschrittsglaube, Phase der Entspannung im Kalten Krieg; Aufarbeitung der deutschen Vergangenheit	2010 – multipolares internationales System; Erfahrung des Jugoslawienkonflikts; Terrorismus, neue Gewalt; Einbindung Deutschlands in die EU
Beobachtungsebenen	Deutschland	Europa
	Personen als Repräsentanten für etwas („wichtigster Sprecher der österreichisch-ungarischen Kriegspartei war General Potiorek" [S. 289])	Personen als eigenständig Handelnde („Herbette was an excellent example of an official who managed to imprint his own outlook on French policy-making" [S. 195])
Umgang mit den Quellen	Quellen als Beleg	Quellen als zu interpretierende Zeugnisse der Vergangenheit
Erzählform	Anklageschrift → Beweisführung	Drama → Erzählung über das Denken und Handeln von Menschen

	Ausführliche Auseinandersetzung mit der „gegnerischen" Forschung	Eher selten expliziter Bezug auf Forschungspositionen
Adressat	An Selbstaufklärung und Fortschritt interessierte, kritische deutsche Öffentlichkeit; gegnerische Historiker	Europaweites, lesefreudiges, über Weltzustände beunruhigtes Bürgertum, das erfahren will, wie der Erste Weltkrieg möglich wurde
These	Deutschland hat den Krieg langfristig vorbereitet und zu einem geeigneten Zeitpunkt ausgelöst	Es gibt keine Schuldigen im Sinne eindeutiger Täter, sondern alle Verantwortlichen schlafwandelten in den Krieg

Historismus, Gesellschaftsgeschichte, Kulturgeschichte

Ganz bewusst habe ich eine doppelte Perspektive gewählt, indem ich die Gemeinsamkeiten beider Werke betone und die Unterschiede herausarbeite. Zwischen beiden Studien gibt es tatsächlich auffallende Ähnlichkeiten. Dazu zählen: der chronologische Aufbau, der Blick auf die handelnden Personen, der Verzicht auf explizite Theorien, der zentrale Fokus auf die politische Kultur, die auf den Leser abhebende Erzählabsicht. Fragt man nach den Gründen für die auffallende Gleichartigkeit, so sind sie wohl in einem Rückbezug auf den Historismus zu finden. „Personen machen Geschichte", diese Annahme liegt beiden Darstellungen in mancher Hinsicht zugrunde. Insofern bedarf es aus der Sicht beider Autoren auch keiner Diskussion sozial- oder kulturwissenschaftlicher Theorien.

Einordnung der Monographien

Wenn ich Fritz Fischer und Christopher Clark als Erben des Historismus kennzeichne, dann spitze ich bewusst zu. Der Historismus war ein geschichtswissenschaftlicher Ansatz, der dem 19. Jahrhundert zugehört und die große Persönlichkeit und die großen Ideen als Verkörperung der Möglichkeiten einer Epoche in den Mittelpunkt der Argumentation stellte. Der freie Wille, die geniale Zukunftsahnung, die mutige Tat interessierten, auch das Scheitern der allzu Waghalsigen, Zögerlichen oder Unfähigen. Als Romanze, als Tragödie, als Satire erzählten die Historiker die Geschichte der Menschen, Nationen und Staaten, immer gut lesbar, immer als Ereignis- und Geschehensablauf, so wie es auch die hier vorgestellten Autoren vorführen.[51] Andererseits verbindet Fritz Fischer seine an Personen interessierte Darlegung mit Perspektiven der Historischen Sozialwissenschaft (Junkertum, Großindustrie, Ideologie der Russlandfeinschaft etc.), und Christopher Clark erläutert dem Leser immer wieder seine kulturhistorisch fundierte Interpretation der Quellen. Insofern durchbrechen beide das historistische Narrativ, führen den Leser deutlich darüber hinaus.

Welche Konsequenzen hat das Nebeneinander von „Historismus und Gesellschaftsgeschichte", von „Historismus und Kulturwissenschaft"? Die Überlagerung verschiedener Erzählstrategien – jene des Historismus, der Gesellschaftsgeschichte, der Kulturgeschichte also – führt zu auffälligen Brüchen. So fügt Fischer seiner Erzählung immer wieder analytisch gehaltene Abschnitte hinzu oder nimmt kritisch zu seinen historiographischen Gegenspielern Stellung. Clarks aufgeklärter Elder-Statesman-Blick auf die mentalen Verstrickungen der Zeit vor dem Kriegsausbruch 1914 wirkt erzähltechnisch homogener. Freilich hat seine Entscheidung für mehr Narration und Orientierung an Problemen der Gegenwart den Nachteil, dass die dichte Beschreibung hin und wieder zu kurz gerät. Das Andere, das Ferne, das Fremde erscheint dem heutigen Leser gelegentlich allzu vertraut. Zugespitzt formuliert, könnte man behaupten, im Bemühen, die Gegenwart der Vergangenheit herauszuarbeiten, geht das erklärungsbedürftige vergangene Fremde verloren.

Wenn Fritz Fischer den deutschen Imperialismus für den Kriegsausbruch verantwortlich macht, dann spiegelte sich darin der Aufbruch der 1960er Jahre. Als Anklageschrift gegen das reaktionäre, rassistisch-nationalistische Deutschland ist seine Studie angelegt. Hierfür zieht er die Quellen als Beweismittel heran. Christopher Clark reflektiert dagegen die zeitgenössische Beunruhigung über eine Welt, die zwar technisch einen zivilisatorischen Höhepunkt erreicht hat, aber kulturell auseinanderfällt, und die ihre Fähigkeit zum gegenseitigen Verstehen und friedlichen Miteinander verloren hat. Aus der Lektüre der Quellen treten deutlich die Gefahren einer Welt hervor, so Clark, die sich als dialogunfähig erweist, unfähig war, ihre „Meistererzählungen", ihre Weltdeutungsnarrative, immer wieder in Frage zu stellen. Clark erzählt insofern

---

51 *Hayden White*, Metahistory. Die historische Einbildungskraft im 19. Jahrhundert in Europa. Frankfurt/M. 1994.

keine Geschichte von Schlafwandlern, sondern viel eher eine Geschichte von Narzissten, die nur dem eigenen Bild und der eigenen Weltwahrnehmung Bedeutung beimaßen.

Jürgen Angelows „Der Weg in die Urkatastrophe" (2010). Strukturanalyse

Jürgen Angelows 2010 als Lehrbuch angekündigte Studie „Der Weg in die Urkatastrophe"[52] fand bei weitem nicht jene Aufmerksamkeit, die Fritz Fischers „Krieg der Illusionen", 1969, und Christopher Clarks „Sleepwalkers", 2012, hervorriefen. Dabei offeriert Angelow eine durchaus pointierte Interpretation der Kriegsursachen und setzt sich mit seinen kultur- und politikwissenschaftlich unterfütterten Deutungen von bisherigen Darstellungen ab. Im Kern hat Angelow einen langen Essay vorgelegt, alles andere als ein leicht verständlicher Abriss für Studierende, wie der Text auf dem Einbandrücken reklamiert. Und natürlich, er schreibt weit weniger elegant als Clark und weit weniger pointiert als Fritz Fischer. Das mag die Rezeption erschwert haben. Zudem erschien der Band aus verlagstechnischer Sicht deutlich verfrüht, so dass das 208 Seiten umspannende Werk während des 100jährigen Gedenkjahres nur selten rezensiert wurde. Eine Chronik fehlt. Das Literaturverzeichnis ist kurz gehalten. Statt Fußnoten findet der Leser Endnoten, aber auch die sind spärlich gehalten. Das alles deutet auf eine eher reflektierende denn erzählende Darstellung hin.

Ein langer Essay

Fritz Fischers Buch faszinierte die Zeitgenossen, weil es klar Position bezog, die Schuldigen anklagte. Christopher Clark erzählt dem interessierten Publikum von menschlichem Versagen auf allen Seiten und wie es wohl gewesen sein könnte. Jürgen Angelow bietet dem Leser eine distanzierte Strukturanalyse. Bereits die Überschriften in der Gliederung verdeutlichen seinen Zugang. Da unterteilt Angelow beispielsweise das vierte Kapitel („Das europäische System im Frühjahr 1914") in die Abschnitte: „Ordnung" (gemeint ist die „Überlagerung von rudimentärem Völkerrecht, Konzert der Großmächte, einzelstaatlichen Aktionen, sich verhärtenden Bündnissystemen, Rückwendung des Imperialismus nach Europa, Aufbegehren der

---

52 *Angelow*, Urkatastrophe (wie Anm. 25).

neuen kleinen Nationalstaaten gegen die Bevormundung durch die Großmächte), „Legitimität" (Schwinden monarchischer Solidarität, Aufwertung der Nationsidee nicht zuletzt über die Medien, Verlust der Legitimation großer imperialer Ordnungen auf dem europäischen Kontinent, Furcht vor dem Zusammenbruch der alten multiethnischen Reiche, d.h. des Osmanischen Reichs, Russlands und Österreich-Ungarns), „Wohlergehen" (weltwirtschaftliche Verflechtung als Chance und als Konflikterfahrung).

Wie die anderen bereits ausführlich vorgestellten Autoren hat Jürgen Angelow in dem vorgestellten Band die Summe vieljähriger Forschungen zusammengefasst. Bereits in seiner Habilitation – zehn Jahre zuvor – hatte er die Politik des Zweibundes ausführlich analysiert. Als Zwiespalt zwischen Kalkül und Prestige erschienen ihm hier die Handlungsalternativen.[53] Und ganz ähnlich argumentiert er auch in seiner Studie zum Ersten Weltkrieg.[54]

Zusammengefasst beschreibt Angelow eine Welt im Umbruch. Sie habe ihre alten Gewissheiten verloren und das Zukunftsvertrauen eingebüßt. Ehrvorstellungen und rationales Kalkül gleichermaßen leiteten das Verhalten. Machbar schien die Welt zu sein – machbar allerdings auch für die bisherigen Randstaaten der Geschichte (Serbien, Rumänien, Bulgarien etc.). Auf die verbreitete Unsicherheit, wie die Welt zu beurteilen sei, auf die Ungewissheit, ob die eigene Machtposition in der Zukunft zu halten sei, reagierten die Verantwortlichen mit Härte und Risikobereitschaft. Die Bündnisse festigten damals ihre Strukturen und erschwerten Kompromisse, die über die Allianzstrukturen hinausgingen.

Der Krieg als Folge von Ungleichzeitigkeit

Gleichzeitig schien die Welt immer enger zusammenzuwachsen. Diplomaten diskutierten die Grundlagen für eine internationale Rechtsordnung. Die Beziehungen zwischen Berlin, Wien und London waren so gut wie selten zuvor.

An Krieg mochte man nicht ernsthaft denken. Die Zerstörungskraft moderner Armeen übertraf alles bisher Erlebte. Und doch spielten manche – hohe Militärs, rechte Politiker, reaktionäre Intellektuelle – mit dem Gedanken an den Krieg, weil sie die Widersprüche der Zeit nicht mehr auszuhalten vermochten. Mit „beängs-

---

53 *Jürgen Angelow*, Kalkül und Prestige. Der Zweibund am Vorabend des Ersten Weltkrieges. Köln 2000.
54 *Angelow*, Urkatastrophe (wie Anm. 25).

tigender Deutlichkeit" offenbarte „die Julikrise" die für die Zeit so charakteristische „Ungleichzeitigkeit"[55]. Vieles traf da aufeinander: abgehobene Politiker- und Diplomatensprache, neuer Nationalismus, stereotype Deutungen der Welt, Politikgestaltung durch persönliche Netzwerke, Kult der Geheimhaltung und eine über Zeitungen forcierte Öffentlichkeitsarbeit.[56] „Irritierende strukturelle Gegenläufigkeiten", bilanziert Angelow, gingen mit individuellem „Versagen" während „der Julikrise Hand in Hand."[57]

Um mir den Argumentationsgang von Angelow genauer vorzuführen, fasse ich den Beschluss, sein Inhaltsverzeichnis umzustellen, die wichtigsten Aussagen thesenartig zusammenzufassen und in einer neuen „Gliederung" zusammenzuführen:

Geschichtswissenschaft als Strukturanalyse

Das ursprüngliche Inhaltsverzeichnis bot dem Leser eine deskriptiv konzipierte Themenübersicht[58]:

1 Einleitung	7
2 Der Weg in den Krieg	9
Forschungsstand und Problemstellung	9
Krieg und Kriegsgründe	16
Bündnisse, Ententen und Annäherungsprojekte	24
Probleme des Kriegsausbruchs	26
3 Die Voraussetzungen diplomatischen Handelns	31
Personen und Netzwerke	31
Stil und Arbeitsweise der Diplomatie	38
Presse und Zerrbilder	44
Das britische Deutschlandbild	46
Das deutsche Russlandbild	52
4 Das europäische System im Frühjahr 1914	57
Ordnung	58
Legitimität	63
Wohlergehen	67
5 Südosteuropa als Konfliktregion	72
Eigensinnige und militarisierte Regionalmächte	72
…	

---

55 Ebd., 165.
56 Ebd.
57 Ebd., 167.
58 Ausschnitt aus der Gliederung Angelows, ebd.

Die von mir verfasste Gliederung zielt dagegen darauf ab, den Argumentationsgang herauszuarbeiten:

1 **Forschungsansätze**
 1.1 Akteursblickwinkel (Fritz Fischer, John Röhl)
 1.2 Gesellschaftliche Strukturen (Hans-Ulrich Wehler, Wolfgang J. Mommsen)
 1.3 Geopolitik der Staaten und Politik der Kabinette (Ludwig Dehio, Egmont Zechlin, Karl Dietrich Erdmann, Andreas Hillgruber, Klaus Hildebrand)
2 **Kulturgeschichte der Kriegsauslösung**
 2.1 Das Attentat vom 28. Juni 1914
  2.1.1 Mögliche Reaktionen
   2.1.1.1 „Lektion"
   2.1.1.2 Lokaler Krieg
   2.1.1.3 Großer Krieg
  2.1.2 Akzeptierte Kriegsgründe
   2.1.2.1 Ehre
   2.1.2.2 Disziplinierung eines anmaßenden Emporkömmlings
   2.1.2.3 Kampf zwischen „zivilisierten" und „primitiven" Völkern
   2.1.2.4 Sicherung des „status quo"
   2.1.2.5 Aufrechterhaltung der „europäischen Rechtsordnung"
   2.1.2.6 Nationalitätenprinzip
   2.1.2.7 Selbstverteidigung
 2.2 Mentale Dispositionen
  2.2.1 Zeitalter der Nervosität und der Verhärtung von Einstellungsmustern
   2.2.1.1 Ehrdenken als Grundlage bürgerlich-aristokratischen Handelns
   2.2.1.2 Ablehnung von Kompromissen und die Bewunderung des Machtmenschen
  2.2.2 Widersprüche des Großmachtdenkens
   2.2.2.1 Großmachtdenken als souveränes aristokratisches Handeln
   2.2.2.2 Großmachtdenken als Denken in der Logik von Kompensationen

2.3 Voraussetzungen diplomatischen Handelns – veränderte Systemarchitektur
    2.3.1 Alternative Handlungsmöglichkeiten
        2.3.1.1 Internationales Parkett
        2.3.1.2 Traditionelle Großmachtpolitik
        2.3.1.3 Einzelstaatliche Politik
        2.3.1.4 Unsicherheit über angemessene Ebene des politischen Handelns
    2.3.2 Verlust der Vorstellung vom europäischen Mächtekonzert als dem Garanten von Verträgen, Zivilisation und Recht
    2.3.3 Idee des Ausgleichs allerdings auch während des Imperialismus
        2.3.3.1 Zumindest für Großbritannien, Frankreich, Italien, Russland
        2.3.3.1 Deutschland ausgenommen
    2.3.4 Neue Generation von Diplomaten, die mehr als zuvor in der Logik des Nationalstaates denken und im Kult der Willenskraft aufgewachsen sind
    2.3.5 Junge Nationalstaaten Südosteuropas verweigern sich dem klassischen Spiel von imperialem Ausgleich und Großmächtepolitik
    2.3.6 Legitimationsprobleme
        2.3.6.1 Legitimitätsverlust monarchischer Solidarität
        2.3.6.2 Legitimitätsverlust der alten multiethnischen Reiche
        2.3.6.3 Fehlende Legitimation für eine stärkere internationale Ordnung
    2.3.7 Kommunikationsdefizite
        2.3.7.1 Geheimdiplomatie, Bluff und vollendete Tatsachen als Instrumente der Außenpolitik um 1900
        2.3.7.2 Gleichzeitigkeit von diplomatisch-aristokratischer Sprache und Willen zur robusten Durchsetzung nationaler Ziele
2.4 Verfestigung der Bündnisse
3 Systemstrukturen
3.1 Verschiebung des Machtgleichgewichts

        3.1.1 Westwendung Russlands
        3.1.2 Verfestigung der Triple Entente, Schwächung der Mittelmächte
        3.1.3 Veränderung des militärischen Machtgleichgewichts
            3.1.3.1 Rüstungswettlauf – zunehmendes Ungleichgewicht zuungunsten der Mittelmächte
            3.1.3.2 Juli 1914 – Zeitfenster für einen erfolgreichen Krieg auf beiden Seiten der Bündnissysteme
    3.2 Relative Autonomie der Militärs in Deutschland und Österreich
            3.2.1.1 Wilhelm II. als oberster Kriegsherr
            3.2.1.2 Kommunikationsdefizit zwischen Militärs und Regierung
            3.2.1.3 Militärplanungen ohne Berücksichtigung politischer Implikationen
        3.2.2 Illusion eines kurzen Krieges

4 Krisenpolitik
    4.1 Fehlverhalten aller Mächte
        4.1.1 Deutschland – Unfähigkeit zu einer rationalen Politikgestaltung
            4.1.1.1 Mehrfacher Strategiewechsel, Fehlurteile, Risikopolitik
            4.1.1.2 Russophobie – Wahrnehmung Russlands als unterlegen und barbarisch, zugleich als Koloss und als übermächtige Gefahr
        4.1.2 Russland – Politik slawischer Solidarität statt klassische Großmachtpolitik und riskante Mobilmachung
        4.1.3 Frankreich – Bündnispolitik und Blankoscheck für Moskau anstelle von Deeskalation
        4.1.4 London – Politik doppelten Bodens und der Halbheiten
            4.1.4.1 Dreiviertel Entenetepolitik – ein Viertel Versuch eines Ausgleichs
            4.1.4.2 Antideutsche Stimmung in der Presse
        4.1.5 Österreich-Ungarn – Krieg oder Untergang

4.2 Vier Phasen der Julikrise
    4.2.1 Verhaltenes Agieren und Versuch, die Krise zu lokalisieren (28. Juni bis 7. Juli 1914)
    4.2.2 Äußere Untätigkeit und dramatische Verschärfung der Krise durch das Habsburgerreich (07. Juli bis 23. Juli 1914)
    4.2.3 Krisenmanagement bei verengten Spielräumen. Verantwortungsloses Verhalten der Hardliner in Österreich-Ungarn, Deutschland und Russland (24. Juli – 30 Juli 1914)
        4.2.3.1 St. Petersburg: Doppelbödige Politik: Deeskalation und militärische Option gleichzeitig
        4.2.3.2 Wien: Machtrausch der Falken
        4.2.3.3 Berlin: Intrigen gegen die mäßigenden Kräfte
        4.2.3.4 Suche nach der geeigneten Verhandlungsebene
        4.2.3.5 Zeitmangel
    4.2.4 Letzte fruchtlose Versuche, den Krieg zu verhindern (30. Juli bis 4. August)
        4.2.4.1 Sabotage der letzten deutschen Vermittlungsbemühungen durch Heinrich von Tschirschky (deutscher Botschafter in Wien) und Leopold Graf Berchtold (österreichisch-ungarischer Außenminister)
        4.2.4.2 Verschärfung der Krise durch russische Generalmobilmachung
        4.2.4.3 Erfolgreiche Stilisierung Russlands zum Aggressor gegenüber der deutschen Öffentlichkeit
        4.2.4.4 Eigenmächtigkeit der deutschen Militärs, Dynamik des Aufmarschplanes, fehlende militärische Koordination zwischen Berlin und Wien

Für den Leser mag die obige „Gliederung" wenig aufschlussreich sein. Mir hilft sie, die komplexe Darlegung Angelows als geschlossene Argumentationskette zu durchschauen: Angelow beginnt mit einem kurzen Forschungsaufriss. Dabei unterscheidet er drei historiographische Schulen: eine eher akteursorientierte Perspektive (Bethmann Hollweg, Wilhelm II., Moltke etc.), eine eher gesellschaftsgeschichtlich orientierte Darstellungsweise und einen die Geopolitik und das internationale System in den Fokus stellenden Erklärungsversuch. Angelow selbst erprobt anschließend einen vierten Zugriff, der so bisher noch nicht systematisch vorgeführt wurde. Ihm geht es um eine Kulturgeschichte der Kriegsauslösung. Deshalb fragt er danach, wie Österreich-Ungarn legitimerweise auf das Attentat vom 28. Juni 1914 hätte reagieren können. Drei Handlungsalternativen standen aus Sicht einer Großmacht, wie es das Habsburger Reich war, zur Verfügung: eine rasche „Lektion", ein lokaler Krieg oder, falls notwendig, der große Krieg. Was indes für Wien nicht in Frage kam, war eine rein politische Antwort oder ein Schiedsgerichtsverfahren, das Serbien als gleichrangige Macht anerkannt hätte. Aber welche Kriegsgründe kannte das „Völkerrecht" um 1900 als legitim an? Das Dilemma für Wien bestand darin, dass Krieg aus höchst widersprüchlichen Motiven zu rechtfertigen war. Noch gab es die Vorstellung einer legitimen Verteidigung des „status quo", des berechtigten Eingreifens der traditionellen Großmächte gegen anmaßende Emporkömmlinge. Gleichzeitig aber unterstützte die Rechtsordnung die Kräfte der Bewegung, wenn etwa das Nationalitätenprinzip als Kriegsanlass akzeptiert wurde. Altes und Neues überlagerten einander. Höchst widersprüchliche Weltsichten trafen aufeinander. Weil klare Orientierungsmuster fehlten, weil eine Vielzahl konträrer Handlungsweisen, je nach kulturellem Referenzsystem, möglich war, war der Erste Weltkrieg mehr als nur die Folge einer verfehlten Diplomatie

Gliederung statt Nacherzählung

2.4 Der Nutzen systematischen Einlesens

Welchen Nutzen hat mir das systematische Einlesen gebracht? Rein formal weiß ich jetzt, wo ich nachschlagen werde, wenn ich Einzelheiten vertiefen möchte. Das Finden der passenden Literatur bereitet keinerlei Schwierigkeiten mehr. Ich kann unterschiedliche

Texttypen auseinanderhalten. Und ich habe verstanden, warum es so wichtig ist, mehrere Lesemethoden zu beherrschen. Bei einem thesenorientierten Text wie dem Fritz Fischers gehe ich ganz anders vor als bei dem erzählenden Werk von Christopher Clark und wieder anders werde ich bei einem eher analytischen Ansatz wie dem von Jürgen Angelow verfahren.

Wenn wir genauer hinschauen, dann haben wir zugleich Modelle für gutes Schreiben kennengelernt. Die Gliederung sollte aussagekräftig sein. Aber je nach Argumentationsverfahren wird das nicht immer gelingen:

1. Bei einer eher erzählend angelegten Darlegung haben die Kapitelüberschriften dieselbe Funktion wie bei einem Roman. Sie orientieren über den Ort, an dem etwas stattfindet, sie nennen ein Ereignis, das den Geschehensablauf verändert hat. Sie markieren Stationen in einem Geschehensablauf.
2. Steht dagegen die Argumentation im Vordergrund, so bieten Gliederungen die Möglichkeit, den Argumentationsgang vorzuführen, Zusammenhänge zu verdeutlichen.
3. Bei Handbüchern wiederum dienen die Gliederungen dem schnellen Nachschlagen von Sachverhalten. Deshalb sind die Inhaltsverzeichnisse in den Handbüchern sachlich und eher beschreibend konzipiert.

Wissenschaftliche und journalistische Texte

Der Erste-Weltkriegs-Artikel der Bayerischen Landeszentrale für politische Bildungsarbeit schien mir besonders verständlich verfasst und gut formuliert. Dort weiß der Leser bereits mit Beginn eines jeden Absatzes, wovon der jeweilige Abschnitt handelt. Fettgedruckte Textteile dienen als zusätzliches Hilfsmittel für die Lektüre. Nun richtet sich der Text der Landeszentrale an ein breites Publikum. Deshalb hat ihn eine Redaktion auf Verständlichkeit hin überprüft und korrigiert („Redaktion Bayerische Landeszentrale für politische Bildungsarbeit", oben im Impressum). Wissenschaftliche Texte dagegen werden von einem einzelnen Autor verfasst und verantwortet. Er prägt seinen Schriften den Stempel auf, viel stärker als dies bei Publikumsschriften der Fall ist. Auch fehlen in wissenschaftlichen Publikationen Lektürehilfen, weil der zusätzliche Aufwand nicht notwendig erscheint und der Leser sie auch als Bevormundung wahrnehmen könnte. Zusammenfassend: Wissenschaftliche Texte sind vielfach schwer zu lesen,

1. weil sie ein Fachpublikum ansprechen,
2. weil sie als Arbeitsgrundlage dienen sollen, nicht zur Unterhaltung gedacht sind, schließlich,
3. weil sie dem Autor das Wort geben und ihm auch das Wort lassen, ohne Lektorat, ohne Korrektur durch Spezialisten, die gelernt haben, wie man verständlich schreibt.

Von vielen anderen Wissenschaften unterscheidet die Historiographie sich dadurch, dass sie Fachpublikum und breite Öffentlichkeit gleichermaßen ansprechen will. Deshalb lohnt es für Historiker, Zeit zu investieren und Arbeit aufzubringen, damit am Schluss lesbare und verständliche Texte vorliegen. Darauf wird zurückzukommen sein. *Geschichtswissenschaftliches Schreiben*

Was ist mir noch aufgefallen? Das gründliche Einlesen hat mich auf jeden Fall inhaltlich weitergebracht. Mir sind die handelnden Personen geläufig geworden. Ich kenne ganz allgemein die innen- und außenpolitische Konstellation der beteiligten Staaten 1914. Ich habe eine Idee von den Konflikten gewonnen, die dem Ersten Weltkrieg vorausgingen und die das Denken der Politiker so sehr geprägt haben. Auch habe ich ein Gespür für das Zeitklima gewonnen, für die auffallenden Widersprüche zwischen traditionellen Mentalitäten und der Faszination für das Neue, zwischen Zukunftshoffnung und tiefstem Pessimismus.

Aufgefallen ist mir auch, wie unterschiedlich die Autoren an das Thema der Ursachen des Ersten Weltkrieges herangegangen sind, einmal als Beweisführung für die moralischen Niederungen deutscher Geschichte, das andere Mal als Erzählung vom Scheitern europäischer Politiker, dann wieder als Strukturanalyse einer Epoche. Zudem vertreten die Autoren einander zum Teil widersprechende Thesen. *Differierende Erzählformen*

Offensichtlich ist es Zeit, mir die verschiedenen Argumentationslinien der Forschung verständlich zu machen und einen komprimierten Forschungsüberblick anzufertigen.

3 Überblick gewinnen

Schreiben bedeutet harte Arbeit – jedenfalls für mich und vor allem dann, wenn ich nicht weiß, was ich genau schreiben möchte. Erfahrungsgemäß gelingt mir das Schreiben viel leichter, wenn ich den Arbeitsprozess in möglichst viele Einzelschritte aufteile und am Schluss das Ergebnis meiner Untersuchungen bis ins Einzelne geklärt ist. Wenn ich auf diese Weise den Schreibprozess gut vorbereitet habe und feststeht, was ich an welcher Stelle und mit welchem Fokus behandeln möchte, kann ich mich ganz ausschließlich auf das Formulieren konzentrieren, und damit darauf, dem Leser oder der Leserin verständlich zu machen, welche Sachverhalte meine Argumentation stützen.

3.1 Exzerpte als Mittel der Aneignung und Distanzierung

Für das Durchdringen komplexer Sachverhalte fertige ich generell Exzerpte an (wörtliche Zitate, Notizen, Zusammenfassungen) und ergänze diese Aufzeichnungen mit kurzen Notaten meiner eigenen Überlegungen. Früher (d.h. bis etwa 1995) habe ich Zettel angefertigt und an Kartonbögen angeheftet, die ich nach vier verschiedenen Gesichtspunkten in unterschiedlichen Aufbewahrungskästen eingefügt habe: chronologisch, alphabetisch (Personen, Begriffe etc.) und systematisch (entsprechend dem Argumentationsgang meines späteren Textes), schließlich gab es noch einen vierten Zettelkasten für das Literaturverzeichnis. Jedem Zettel, der in dem Kasten mit meiner späteren Argumentation eingefügt war (Systematik), habe ich einen Kurztext vorangestellt, der die Kernpunkte der Notiz in meinen Worten zusammenfasste. Außerdem waren meine Zettel mit Textmarkern bunt bemalt. Das half mir, mich vom Gelesenen immer mehr zu lösen, mich auf das Wesentliche zu konzentrieren und die eigene Fragestellung den Ursprungstexten aufzuzwingen. Auch musste ich meine Exzerpte nicht immer wieder von vorne bis hinten durcharbeiten. Ein Blick auf die Zusammenfassung und die markierten Stellen genügte oftmals. Schließlich zwang mich das permanente Einordnen meiner Zettel in die Kästen dazu, meine Argumentation zu überdenken, Lücken systematisch zu schließen und auch rechtzeitig mit

Umwandlung fremder Wörter zu eigenen Texten

der Recherche aufzuhören, wenn ich genug Material gesammelt hatte.

Schon vor 1995 experimentierte ich parallel mit verschiedenen Möglichkeiten, die mir der Computer eröffnete: Am einfachsten ist es sicherlich, die Exzerpte in eine, die Argumentationsstruktur vorwegnehmende, fein unterteilte Textverarbeitungsdatei einzuordnen (durch Nutzen der Gliederungsfunktion). Allerdings verändert sich eine Gliederung im Laufe der Recherche mehrmals, was mich immer wieder dazu gezwungen hat, die Exzerpte an andere Stellen zu kopieren. Deshalb habe ich diese Herangehensweise nur für kleinere Aufsätze gewählt. Klassische (relationale) Datenbanksysteme haben den Nachteil, dass sie für Nicht-Informatiker recht kompliziert sind und ohne Programmieraufwand eher schlecht mit Texten unterschiedlicher Länge und Struktur umgehen können. Deshalb arbeite ich heute mit einem speziell auf die Forschung ausgerichteten Wissensmanagementsystem. Es heißt Citavi[59], doch vergleichbare Leistungen bieten auch andere Computerprogramme (z.B. Litlink).

Citavi ist zum einen als ein Literaturrecherche- und -verwaltungsprogramm zu nutzen (was an dieser Stelle nicht weiter diskutiert werden soll) und dient zum anderen als ein Wissensmanagementsystem, d.h., alle meine Exzerpte und Notizen verfasse ich in Citavi.[60] Sie lassen sich durch die Schlagwort- und Volltextsuche später rasch wiederfinden, wie ich gleich zeigen werde. Das ist bereits ungemein praktisch.

Darüber hinaus leitete Citavi zu einem strukturierten Forschen an. Jede „Karteikarte für Zitate" enthält Felder zur Seitenangabe. (Woher stammt das Zitat?) Das Feld Notations-„Typ" erwartet von mir, festzuhalten, ob ich einen Kommentar anfertige, einen Text zusammenfasse oder wörtlich zitiere. Unter Kernaussage beschreibe ich das Dokument knapp und präzise. Später kann ich dann alle Kernaussagen – von mir entsprechend angeordnet oder automatisch sortiert – in einem Fenster hintereinander lesen. Der Texteditor bietet mir alle Möglichkeiten der üblichen Textauszeichnung (kursiv, fett, farbig, unterschiedliche Zeichengröße), so wie bei

Textanalyse durch Wissensmanagement

---

[59] www.citavi.de (28.9.2015).
[60] Die bibliographischen Angaben aus der Literaturverwaltung übernimmt Citavi dabei automatisch.

einer Textverarbeitung, so dass ich meine Notizen mit zusätzlichen Lesehilfen versehen kann.

Ein Beispiel mag den Sachverhalt verdeutlichen: Zu Fritz Fischers „Krieg der Illusionen" habe ich eine zeitgenössische Rezension von Gerald D. Feldman gefunden[61], die JSTOR als PDF leicht greifbar macht. Ich habe die Rezension in Citavi hineinkopiert und markiert:

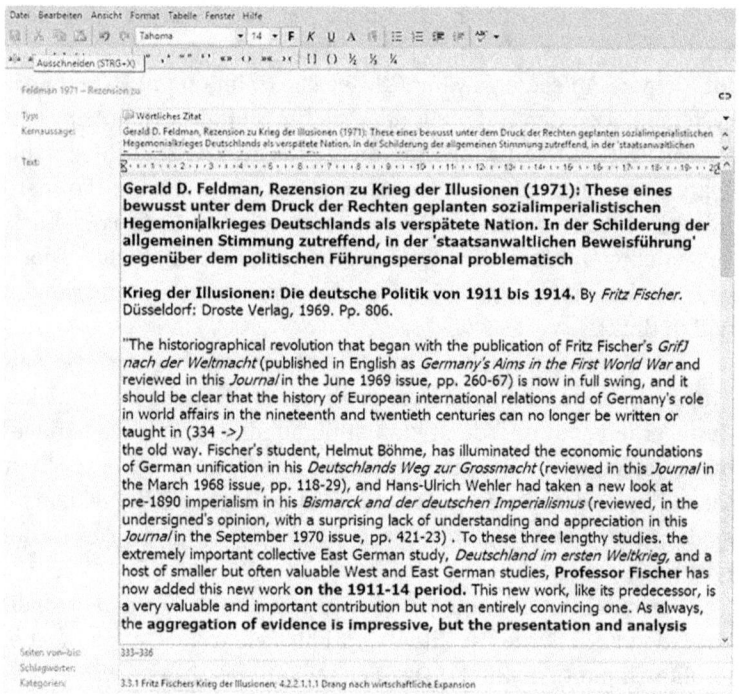

Abbildung 7: Screenshot des Citavi-Eintrages zu einer Rezension zu Fischer, Krieg der Illusionen.

---

[61] Journal of Modern History 42, 1971, 333–336

3.2 Überschriften formulieren, gliedern, einordnen, um den eigenen Gedankengang zu präzisieren

Mit dem Einordnen der Exzerpte in die vorläufige Gliederung meiner Studie beginne ich schon beim Einlesen, weil ich sonst den Überblick verliere und die Zusammenhänge nicht erkenne. Da Gliederungen in Citavi jederzeit veränderbar sind, Ergänzungen immer möglich und Umstellungen nur wenige Klicks erfordern, ist das kein Problem.

Zuordnendes Lesen

Meine Gliederung zum vorliegenden Abschnitt sieht in Citavi z.B. wie folgt aus:

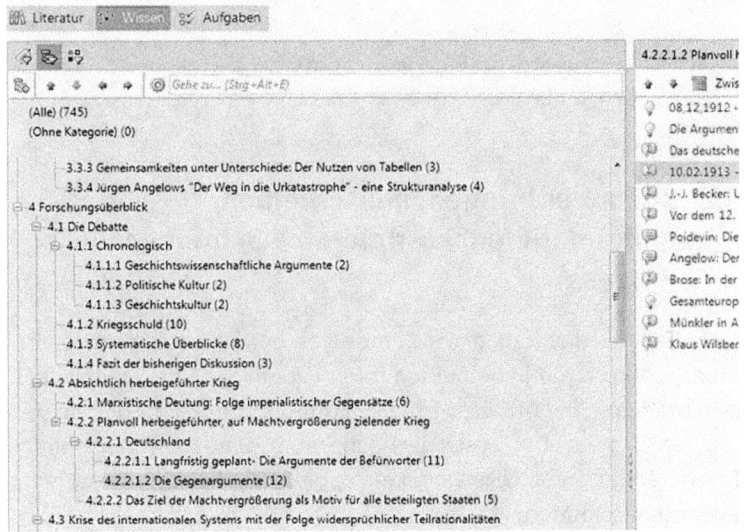

Abbildung 8: Screenshot der Grobgliederung in Citavi

Nach meiner Erfahrung hilft die Grobgliederung, wie oben vorgeführt, um erste Sicherheit zu gewinnen und den Argumentationsgang zu überblicken. Für das Schreiben selbst brauche ich noch mehr Unterstützung. An einem Beispiel sei vorgeführt, wie ich im Einzelnen vorgehe. Unter „Gegenargumente" sind 12 Einträge zu finden. Ich lese diese 12 Einträge durch, merke, dass dort ganz unterschiedliche Gesichtspunkte thematisiert sind und erweitere deshalb „4.2.2.1.2 Die Gegenargumente" um mehrere Unterpunkte.

Feingliederung

Danach sortiere ich meine Notizen an die entsprechenden Stellen. Durch das Formulieren der neuen Gliederungsüberschriften, durch das Zuordnen der Notizen präzisiere ich meine Gedanken und weiß am Schluss recht genau, was ich aussagen möchte.

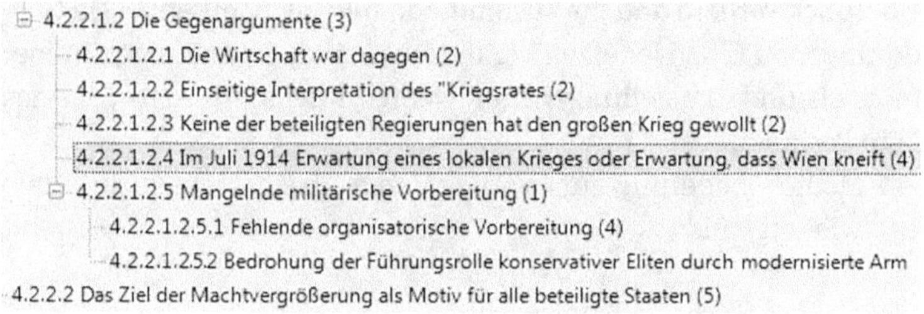

```
⊟ 4.2.2.1.2 Die Gegenargumente (3)
    4.2.2.1.2.1 Die Wirtschaft war dagegen (2)
    4.2.2.1.2.2 Einseitige Interpretation des "Kriegsrates (2)
    4.2.2.1.2.3 Keine der beteiligten Regierungen hat den großen Krieg gewollt (2)
    4.2.2.1.2.4 Im Juli 1914 Erwartung eines lokalen Krieges oder Erwartung, dass Wien kneift (4)
⊟ 4.2.2.1.2.5 Mangelnde militärische Vorbereitung (1)
    4.2.2.1.2.5.1 Fehlende organisatorische Vorbereitung (4)
    4.2.2.1.2.5.2 Bedrohung der Führungsrolle konservativer Eliten durch modernisierte Arm
  4.2.2.2 Das Ziel der Machtvergrößerung als Motiv für alle beteiligte Staaten (5)
```

Abbildung 9: Screenshot der Feingliederung in Citavi

3.3 Zu Papier bringen, neuschreiben, umformulieren, korrigieren – Schreiben als Prozess

Gute Texte – das haben wir gerade gesehen – kennzeichnet eine klare Struktur. Sie haben einen roten Faden. Sie sind verständlich geschrieben. Sie enthalten präzise Formulierungen, und – sie vermeiden Längen. Der Leser darf sehr wohl dem Textfluss atemlos folgen, er darf beim Lesen stocken, er darf heimlich mitdiskutieren, aber nicht ermüden,

Kritik der Wissenschaftssprache — Viele Studierende beginnen ihre Hausarbeiten an der Universität, indem sie versuchen, möglichst „wissenschaftlich" zu schreiben.[62] Für sie meint dies: lange Sätze zu basteln, die Akteure zum Opfer zu machen (Passiv statt Aktiv), jedem Verb gründlich zu misstrauen und auf die unerschütterliche Kraft „generalisierender Substantive" zu setzen, am besten in der Form „aufgeblasener

---

[62] Inzwischen gibt es zahlreiche Lehrwerke, die die Studierenden an das wissenschaftliche Schreiben heranführen. Einen kommentierten Überblick bietet etwa die Universität Düsseldorf: www.zsu.hhu.de/schluesselkompetenzen/skills-portal/wissenschaftliches-schreiben.html (28.6.2016).

Fremdwörter" („ambivalente Interpretationskontingenz"[63]). Darüber hinaus helfen Adjektive, schwache Begriffe doch noch zu präzisieren („weißes Pferd" statt „Schimmel)". Adjektive lassen sich steigern, zur Not indirekt: („sehr besonders interessant)". Ein „schönes" Beispiel für einen „wissenschaftlichen" Text bietet der folgende Satz aus einem fachwissenschaftlichen Abstract: „Die Debatte um gestufte Studiengänge (Bachelor/Master) weist gravierende Defizite bezüglich der inhaltlichen Gestaltung solcher Studiengänge auf, während in formaler Hinsicht bislang vor allem Unübersichtlichkeit erzeugt wird." (Zeitschrift für Erziehungswissenschaften). Der zitierte Satz enthält alle Elemente „wissenschaftlicher Sprache". Er ist zu lang geraten. Er bietet keine präzise Information. Hauptwörter werden zu Schwachwörtern degradiert. Präpositionen binden die Nomen nur mühsam zusammen („Debatte um", „Defizit bezüglich"). Fremdwörter steigern die Unverständlichkeit. Hilfsverben stützen die zerbrechlichen Sachwörter, nur, damit der Satz irgendwie noch ein Ende findet. („Die Debatte weist gravierende Defizite auf") Gelehrt soll das alles klingen – aber es ist einfach nur unverständlich – und schlechtes Deutsch dazu.

Kurz: Mit dem „wissenschaftlichen Schreiben" beginnt alles „Unheil". Erstens sind die wenigsten Wissenschaftler begnadete Schreiber (mich eingeschlossen) und taugen daher kaum als Vorbild. (Während meiner Dissertation habe ich immer wieder in Golo Manns „Geschichte des 19. Jahrhundert"[64] geblättert, wenn ich einmal nicht weiterkam. Dort fand ich dann Anregungen, wie etwas ansprechend formuliert werden kann.) Zweitens richten sich wissenschaftliche Texte zumeist an Fachleute, denen die Autoren zu Recht Lesearbeit und etwas guten Willen abverlangen dürfen. Drittens: Fächer wie Chemie, Mathematik, ja, selbst die Rechtswissenschaften benutzen eine eigene Terminologie, verfügen über eine

Die Sprache der Geschichtswissenschaft

---

[63] Wer sich für solche oder andere sprachliche Entgleisungen interessiert und wissen möchte, wie ein Autor es besser machen kann, greife zu: *Wolf Schneider*, Deutsch für Profis. Wege zum guten Stil. 18. Aufl. München 2001. Gekauft habe ich mir das Vorgängerwerk, als ich meine Dissertation schrieb. Vermutlich war es eine der besten Investitionen in meinem Leben: Ders, Deutsch für Profis. Handbuch der Journalistensprache – wie sie ist und wie sie sein könnte. Hamburg. 4. Aufl. 1983.
[64] *Golo Mann*, Deutsche Geschichte des neunzehnten und zwanzigsten Jahrhunderts. Frankfurt/M. 1958.

eigene Sprache, verwenden vorgegebene Textmuster. Das gilt nun aber nicht für die Historiographie, jedenfalls nicht für die allgemeine Geschichtswissenschaft. Eine Geschichtswissenschaft, die strukturelles und menschliches Versagen in der Vergangenheit kritisch aufzeigt (so wie Fritz Fischer), eine Geschichtswissenschaft, die momentgebundenes menschliches Handeln und Denken beschreibt und analysiert (sowie Christopher Clark), eine Geschichtswissenschaft, die für ein breiteres Publikum eine Zeitepoche vorstellt (so wie Jürgen Angelow), muss „alltags-schriftsprachlich" formulieren.

Die Nähe zur guten „Schriftsprache" hat Vorteile und Nachteile. Der größte Nachteil besteht darin, dass geschichtswissenschaftliche Aussagen an das Schrift-Sprachvermögen gebunden sind. Historiker müssen ihre Muttersprache beherrschen. Eine Untermenge genügt nicht. (Deshalb ist es sehr viel schwieriger, geschichtswissenschaftliche Texte in einer Fremdsprache zu publizieren als in der Mathematik.) Der Vorteil liegt darin, dass sich leicht überprüfen lässt, wieweit ein Text den Anforderungen der Leser entspricht. Ich selbst bitte beispielsweise meine Frau, schwierige Abschnitte zu lesen, weil sie als Nichthistorikerin kompetent urteilen kann, ob der Text verständlich geschrieben ist und sich flüssig lesen lässt.

Eigene Sprache und Sprache des Lesers

Was am Schluss als fertiges Manuskript vorliegt, hat mit dem ersten Entwurf einer Seite bei mir häufig wenig zu tun. Von der Sprache, die allein mir verständlich ist, zur Sprache, die hoffentlich von möglichst vielen Lesern als angenehm und nachvollziehbar empfunden wird, ist ein langer Weg. Immer wieder formuliere ich beim Schreiben Sätze neu, füge Elemente ein, lösche Teile, die einfach nicht funktionieren wollen. Bewährt hat sich, regelmäßig Pausen einzulegen. Danach kann ich den Text unbelastet durchlesen und die Schwächen klarer erkennen. Wenn etwas fertiggestellt ist, überarbeite ich die entsprechenden Abschnitte am nächsten Tag, korrigiere Rechtschreib- und Kommafehler, verändere ganze Satzteile. Und so geht es Tag um Tag weiter: Schreiben, neuschreiben, umformulieren, korrigieren – bis alles inhaltlich stimmt, bis alles auch sprachlich so gestaltet ist, dass ich mir den Text ohne Stocken laut vorlesen kann. Gelegentlich bin ich deshalb ganz heiser.

Freilich, das Vorlesen hat auch Nachteile. Ich höre nämlich meinen Text, lese ihn nicht mehr. So fehlen manchmal ganze Wörter, die ich mir laut vorlese, die aber im Dokument gar nicht vorkommen, Rechtschreib- und Kommafehler übersehe ich. Auch da hilft nur, am nächsten Tag, in der nächsten Woche, wenn ich Abstand gewonnen habe, alles noch einmal zu überprüfen. Die Rechtschreib- und Grammatikfunktion meiner Textverarbeitung erleichtert vieles, jedenfalls dann, wenn ich bewusst auf die unterkringelten Wörter und Satzteile achte. Doch alles findet sie natürlich auch nicht. Am besten ist es, wenn ich meinen Text nach einer längeren Zeit noch einmal intensiv durcharbeite. Dann merke ich, ob ich schlüssig argumentiert habe, ob alles verständlich formuliert ist, ob der Rhythmus stimmt. Und falls ich stocke, muss ich auf jeden Fall etwas ändern.

4 Die Deutungsansätze überblicken

Forschungsberichte

Wenn ein Thema wie das der „Ursachen des Ersten Weltkrieges" in vielen Tausend Veröffentlichungen ausführlich beschrieben und systematisch analysiert wurde, dann kann kein Historiker die gesamte Forschung überblicken. Daher gibt es bereits zahlreiche Forschungsberichte, die die wichtigsten Ansätze vorstellen und die Entwicklung der Forschung seit 1918 untersuchen.

4.1 Erste Übersicht

Im Kern geht es darum, die Debatten und ihre Geschichte vorzustellen, politische und kulturelle Kontexte zu analysieren, Blickwinkel herauszuarbeiten, Argumente nachzuvollziehen. Schon diese kurze Aufstellung zeigt, dass Forschungsberichte nach ganz unterschiedlichen Kriterien aufgebaut sein können. Zu unterscheiden sind generell zum einen chronologisch angelegte Forschungsberichte und zum anderen systematisch bestimmte Themenfelder erörternde Darlegungen. Jede chronologisch verfahrende Übersicht, aber auch jede systematisch argumentierende Reflexion hat wiederum eine eigenständige Perspektive auf den Forschungsstand.

Zahlreiche Forschungsberichte und deren Fragestellungen

Weil das alles so kompliziert ist, entschließe ich mich, einige Forschungsberichte zu inspizieren und deren Leitperspektiven herauszuarbeiten:
1 Chronologisch
   1.1 Berühmte Historiker und ihre Argumente

John W. Langdon

John W. Langdon, *July 1914. The Long Debate 1918 to 1990* (1991).[65] Langdons Überblick ist bereits 25 Jahre alt, aber überhaupt nicht veraltet. Er arbeitet den Ursprung der Kontroversen 1919 heraus (Kriegsschulddebatte). Im Mittelpunkt stehen indes die Werke einzelner Historiker („Revisionists": Alfred von Wegerer, Harry Elmer Barnes,

---

65 *John W. Langdon*, July 1914 (wie Anm. 2).

Sidney Bradsha Fay. „Antirevisionists": Hermann Kantorowicz, Pierre Renouvin ...). Wer Luigi Albertinis dreibändiges Standardwerk (1942–1943) kennenlernen, die Quellengrundlagen, den Aufbau, die Thesen verstehen möchte, wer die Historikerdebatte um Fritz Fischers „Griff nach der Weltmacht" (1961) nachvollziehen will, der sollte unbedingt Langdons Forschungsaufriss in die Hand nehmen.

1.2 Historiographie und politische Kultur

Annika Mombauer, *The Origins of the First World War*[66], hat 2002 ein ganz ähnliches Werk vorgelegt. Da es elf Jahre später erschien, führt es die Forschung näher an die Gegenwart heran. Gleichzeitig verschiebt Mombauer den Fokus der Darstellung. Richtete sich das Interesse von Langdon auf die Argumentationsstruktur, diskutierte er die Forschungskontroversen entlang einzelner methodischer Grundannahmen und Schlüsselthesen in den jeweiligen Werken, so fragt Mombauer nach dem historischen Kontext für die Großdarstellungen und die sich daran anschließenden Debatten.

Annika Mombauer

1.3 Kriegsschulddebatte

Auf den neuesten Stand gebracht hat Mombauer ihre Übersicht in einem Aufsatz für die Bundeszentrale für politische Bildung: *Julikrise und Kriegsschuld*[67] (2014). Entschiedener noch als in ihrem längeren Aufriss fokussiert sie ihre Darstellung auf die Kriegsschulddebatte. Nur wenige Seiten stehen zur Verfügung. So werden die zentralen Thesen der Standardwerke referiert. Auf einzelne Forschungsfragen, methodische Zugriffe und Interpretationsangebote kann Mombauer an dieser Stelle indes nicht eingehen.

1.4 Geschichtskultur I: Historiographische Paradigmen, Themenfelder, nationale Erinnerungsstränge

Jay Winter und Antoine Prost, der eine ein ausgewiesener amerikanischer Kulturhistoriker (Yale University), der

Jay Winter und Antoine Prost

---

[66] *Annika Mombauer*, The Origins of the First World War. Controversies and Consensus. London 2002.
[67] *Annika Mombauer*, Julikrise und Kriegsschuld. Thesen und Stand der Forschung, in: Aus Politik und Zeitgeschichte 16–17, 2014, www.bpb.de/apuz/182558/julikrise-und-kriegsschuld-thesen-und-stand-der-forschung?p=all (6.5.2015).

andere ein brillanter französischer Sozialhistoriker und Bildungsreformer, haben die Forschungen zum Ersten Weltkrieg (nicht nur zu den Kriegsursachen also) in einer höchst anspruchsvollen dreidimensionalen Matrixstruktur vorgestellt.[68] Sie unterscheiden drei Etappen der Geschichtsschreibung (Historismus, Sozialgeschichte, Kulturgeschichte), sieben Themenfelder („Politicians and Diplomats: Why War and For What Aims"; „Generals and Ministers: Who Commanded and How?" „Soldiers: How Did they Wage War?" etc.) sowie vier nationale Kontexte (Deutschland, Frankreich, Großbritannien, USA). Erst in jüngster Zeit, so das Ergebnis, nähern sich die Geschichtskulturen und damit die Historiographien einander an.

1.5 Geschichtskultur II: Generationen

In einem Aufsatz für „1914–1918 online" hat Jay Winter den im Forschungsbericht von 2005 gewählten Zugriff aktualisiert.[69] Geschichtsschreibung, und damit meint Winter nicht allein die professionelle Geschichtsschreibung, reagiere auf das politische, soziale, kulturelle und mediale Umfeld einer Zeit. Dementsprechend unterscheidet er jetzt zwischen vier Generationen: „(1) The Great War Generation; (2) Fifty Years On; (3) The Vietnam Generation; (4) The Transnational Generation." Die Rezeption der geschichtswissenschaftlichen Studien interessiert ebenso wie die zugrundeliegenden Monographien und filmischen Darstellungen. Auffallend ist, wie die immer größere zeitliche Distanz zu den Kriegsereignissen und das Erleben einer medial eng verbundenen westlichen Welt es heute möglich machen, ganz ähnliche Fragen an die Vergangenheit zu stellen. Bezogen auf mein Thema, die Kriegsursachen, lautet das Fazit, dass an die Stelle klassischer Diplomatiegeschichte inzwischen eine Gesellschafts- und

---

[68] *Jay Winter/Antoine Prost*, The Great War in History. Debates and Controversies, 1914 to the Present. Cambridge 2005.
[69] *Jay Winter*, Historiography 1918–today. in: 1914–1918 online. International Encyclopedia of the First World War, 2015, encyclopedia.1914–1918-online.net/article/historiography_1918-today (30.5.2015).

Kulturgeschichte internationaler Beziehungen getreten ist.

2 Systematisch
2.1 Strukturelle Ursachen

Überraschenderweise habe ich keinen monographischen Forschungsbericht gefunden, der die gegenwärtige Diskussion entlang systematischer Gesichtspunkte entwickeln und die verschiedenen Argumentationsstränge idealtypisch herausarbeiten würde. Am ehesten entsprach meinen Erwartungen ein Abschnitt in Jörn Leonhards „Die Büchse der Pandora" (2014).[70] Leonhard diskutiert auf etwa neun Seiten die strukturellen Bedingungsfaktoren für den Ersten Weltkrieg: den Hochimperialismus, den Nationalismus, den Militarismus, die internationale Staatenordnung und die Geheimdiplomatie, die imperiale Ableitung von Konflikten an die südosteuropäische Peripherie, die Krisenverdichtung vor 1914 und deren mentalen Auswirkungen, die Asymmetrie von modernen Techniken der Gewalt und deren internationalen Einhegung, die Überlagerung der Konflikte im Balkanraum.

Jörn Leonhard

2.2 Im Reich des Absurden

Während Leonhard die Hintergründe für den Ersten Weltkrieg systematisch auflistet, unterscheidet Stig Förster zwischen lang- und kurzfristigen Bedingungsfaktoren, führt die entsprechenden Forschungsergebnisse vor, kommt – im Unterschied zu Leonhard – aber zu dem Schluss, dass der Weltkrieg überflüssig gewesen sei, dass er vermeidbar war, dass er nicht gewollt war. Trotz imperialer Rivalitäten, trotz Rüstungswettlauf, Krisenhäufung, verbreitetem Misstrauen, Sozialdarwinismus, gesellschaftlicher Krisenerfahrung, auch trotz Verhärtung der Bündnissysteme gab es friedensbewahrende Alternativen. Selbst in Deutschland finden wir – gerade im Wirtschaftsbereich – einflussreiche Befürworter einer rein ökonomischen Expansionspolitik. Der Weltkrieg sei, so Stig Förster, nicht Ergebnis „zielorientierter Entscheidungsprozesse" gewesen. „Vielmehr bewegten sich die Männer, die den Krieg schließlich

Stig Förster

---

70 *Jörn Leonhard*, Die Büchse der Pandora (wie Anm. 16), 74–82.

herbeiführten, in einem Reich des Absurden".[71] Damit legt Stig Förster, der sicherlich zu den besten Kennern der Weltkriegsforschung gehört, eine doch überraschende Erklärung vor.

Zusammenfassend: Tatsächlich scheint es sich zu lohnen, die Argumente zu bündeln und die verschiedenen Erklärungsvarianten in verdichteter Form vorzuführen, so, wie ich es gleich anstrebe. Denn nur auf diesem Wege wird es mir möglich sein, einzelne Forschungsthesen und spezifische methodische Herangehensweisen kennenzulernen.

Ergebnisse und Lücken

Worauf sollte ich nach Durchsicht der vorliegenden Berichte unbedingt achten?
1. Offensichtlich ist ein gesamteuropäischer Blick erforderlich, eine transnationale Perspektive, denn die neuere Wissenschaft hat ihre Erkenntnisse gerade durch das Überschreiten der nationalen Horizonte gewonnen.
2. Die Differenzierung zwischen Struktur und Prozess, zwischen „causes ultimes" und „causes profondes", zwischen Ursachen und Anlässen ist wichtig, wirkt aber in mancher Hinsicht allzu mechanisch. Selbst das Statische unterlag dem Wandel. Deshalb hat die neuere Forschung den Blick vor allem auf die Dynamik des Geschehensablaufs gerichtet.
3. Die Beantwortung der Kriegsschuldfrage ist erforderlich. Aber sie stellt doch nur einen Aspekt der umfassenderen Frage dar, ob der Krieg bewusst herbeigeführt wurde, ob er aus einer Summe von Fehlkalkulationen resultierte, ob die Politiker in der Situation von 1914 überfordert waren und ob nicht eine geschicktere Politik einzelner Verantwortlicher den Kriegsausbruch hätte verhindern können.

---

71 *Stig Förster*, Im Reich des Absurden. Die Ursachen des Ersten Weltkrieges, in: Bernd Wegner (Hrsg.), Wie Kriege entstehen. Zum historischen Hintergrund von Staatskonflikten. Paderborn 2000, 211–252, 213.

4. Als Geschichte von Menschen hat die neuere Forschung die Kriegsursachen beschrieben: von Politikern, die miteinander in Verbindung standen, durch Mittelsmänner in Kontakt traten, über Briefe kommunizierten, mit Hilfe von Telegrammen Weisungen gaben und Meinungen austauschten. Sie betrieben Außenpolitik als Spiel um Einfluss, Macht und Prestige. Dazu bedienten sie sich einer breiten Palette von Mitteln: der Bündnissysteme, der Presse, der Rüstung, der Spionage, des Bluffs, als letzte Option: auch des Krieges. Zwischen dem, was sie erwarteten, was sie bezweckten und was sie bewirkten, bestand eine erhebliche Differenz. Dass viele der neuen Bücher so umfangreich geraten sind, hat gute Gründe.

Angesichts dieser Herausforderung entscheide ich mich zu einer durch und durch pragmatischen Lösung. Meine Forschungsübersicht soll die zentralen „Diskursstränge" in wenigen, dazu höchst konventionell geschnittenen Unterkapiteln vorstellen und die Hauptthesen der Forschung bündeln:
1. Ein (von Deutschland) absichtsvoll herbeigeführter sozialimperialistischer Krieg.
2. Der August 1914 als Resultat fundamentaler Ungleichzeitigkeiten des internationalen Systems.
3. Systemische Irrationalität als Folge von inneren Konflikten und Modernisierungsbrüchen in den beteiligten Staaten.
4. Der Weltkrieg als Resultat spezifischer Mentalitätsstrukturen um 1910.
5. Überforderung der Entscheidungsträger im Juli 1914.

4.2 Ein (von Deutschland) absichtsvoll herbeigeführter sozialimperialistischer Krieg

Fritz Fischers Thesen, wonach Deutschland den Krieg systematisch geplant habe, habe ich mir beim Einlesen schon vor Augen geführt. Unterstützung fand er bei John Röhl und manchen anderen.

So lohnt es auf jeden Fall, die Argumentation noch einmal kurz zu rekapitulieren.

Argumente

Als entscheidende Faktoren der deutschen Expansionspolitik nennt Fritz Fischer: die verspätete, aber schnelle Modernisierung des Deutschen Reiches; das Überleben der alten Eliten; die Herausforderung durch die Sozialdemokratie; den Versuch einer sozialimperialistischen Politik; das wirtschaftlich motivierte Ausgreifen nach Mitteleuropa; die Kennzeichnung Russlands als Feind deutscher Kultur; die verhängnisvolle Rolle Wilhelms II. und der Kriegspartei; den Entschluss im Dezember 1912, alles für einen großen Krieg im Sommer 1914 vorzubereiten; die Entscheidung, das Attentat gegen Franz Ferdinand tatsächlich als „casus belli" zu benutzen, um dadurch Österreich-Ungarn als willfährigen Partner für den deutschen Hegemonialkrieg zu gewinnen.

Gegenpositionen und Bilanz

Bilanz der Forschung nach 50 Jahren Fischer-Debatte

Fritz Fischers Studien brillieren durch ihre argumentative Geschlossenheit und logische Stringenz. Zweifelsohne hat er durch die Verbindung von Innen- und Außenpolitik und durch seine Quellennähe Standards gesetzt, so manche Perspektiven verändert. Dennoch, nach über fünfzig Jahren, gilt seine These einer langfristig vorbereiten Auslösung des Krieges als überspitzt:

- Die Wirtschaft setzte auf Handel statt auf Krieg. Denn der große Krieg musste alles zerstören, worauf der moderne Kapitalismus aufbaute: Kapital, Arbeit, Wissen, international agierende Netzwerke.[72]
- Die Presse berichtete viel bunter, viel entspannter über Deutschlands Rolle in der Welt als von Fritz Fischer unterstellt.[73]

---

[72] *Raymond Poidevin* (Hrsg.), Les origines de la première guerre mondiale. Paris 1975, 9; *Werner Plumpe*, Eine wirtschaftliche Weltmacht? Die ökonomische Entwicklung Deutschlands von 1870 bis 1914, in: Bernd Heidenreich/Sönke Neitzel (Hrsg.), Das Deutsche Kaiserreich 1890–1914. Paderborn 2011, 39–60.

[73] *Dominik Geppert*, Die Presse als Kriegstreiber? Medien und Diplomatie vor dem Ersten Weltkrieg, www.historikerdialog.eu/sites/historikerdialog.eu/files/content/files/Lecture%20Geppert%20Antwerpen%2023%20April%202012.pdf (20.6.2015).

- Die Zusammenkunft Wilhelms mit seinen Militärberatern im Dezember 1912 (der Kriegsrat) spiegelte das aufgewühlte Klima um den Kaiser, aber es fehlen Beweise für einen direkten Zusammenhang zwischen dem Treffen von 1912 und der Julikrise 1914.[74]
- Keine der beteiligten Regierungen, so das Credo vieler Historiker, wollte wirklich den großen Krieg, strebte ihn bewusst an. Die Reichsleitung setzte auf eine Lokalisierung des Konflikts zwischen Österreich und Serbien, vermutete indes, dass Wien viel zu kraftlos sei, um „Belgrad wirklich zur Räson zu rufen".[75]
- Weder die deutsche, noch irgendeine andere Armee in Europa war auf den großen Krieg vorbereitet. Selbst bei den Munitionsbeständen herrschte Mangel.[76]
- Schließlich gab es einen fundamentalen Zielkonflikt deutscher Politik, den Fritz Fischer in seiner Darlegung ausklammert. Die Bewahrung der Vorrangrolle für die alten Eliten ließ sich mit einer aktiven Kriegspolitik nicht vereinbaren. Sofern nämlich der Krieg wirklich das letzte Ziel deutscher Politik war, schien er nur als moderner Krieg denkbar, und das bedeutete: Stärkung der Position von technisierter Infanterie, Artillerie und Luftwaffe auf Kosten der Kavallerie und damit der Stellung des alten Adels.[77]

---

74 S.u.
75 *Jürgen Angelow*, Schritt aus der Zivilisation. Forschungen, Fragestellungen und Neudeutungen zum Kriegsausbruch von 1914, in: Heidenreich/Neitzel (Hrsg.), Deutsche Kaiserreich (wie Anm. 72), 189–200, 193.
76 *Anscar Jansen*, Der Weg in den Ersten Weltkrieg. Das deutsche Militär in der Julikrise 1914. Marburg 2005.
77 *Eric Dorn Brose*, The Kaiser's Army. The Politics of Military Technology in Germany during the Machine Age, 1870–1918. Oxford 2001; *Münkler*, Große Krieg (wie Anm. 15), 67.

4.3 Der August 1914 als Resultat fundamentaler Ungleichzeitigkeiten des internationalen Systems

Das Gegenmodell zu Fritz Fischers Deutung eines bewusst herbeigeführten europäischen Krieges verweist auf die innere Dynamik globaler gesellschaftlicher Ordnung und des internationalen Systems. In einem 2007 erschienenen Aufsatz hat mein Aachener Kollege, der Soziologe Thomas Kron, den Ersten Weltkrieg als Ergebnis spezifischer sozialer Strukturen beschrieben. Genauer analysiert er ihn als Resultat eines offenen dynamischen Systems, das chaotische Züge ausgebildet habe und in dem selbst ein kleiner Anlass große Wirkung erzeugen konnte.[78]

Selbstorganisierte Kritikalität

Krieg als Lawine?

Zu den Voraussetzungen des Krieges zählten ein dichtes Netz von sozialen Wechselwirkungen, ein permanenter „Energieeintrag" (der Kampf um Macht, das Streben der deutschen Politik nach einer Weltmachtrolle etc.), aber auch die Häufung von Krisen vor dem August 1914. Mit dem Modell der „selbstorganisierten Kritikalität" könne man den Kriegsausbruch und die sich daraus ergebenden nicht-intendierten und nicht-vorhergesehenen Folgen des Ersten Weltkrieges sehr gut erklären. Zwischen Ursache und Wirkung bestünde in „kritikalen Systemen" nur ein schwacher, im Einzelnen nicht vorhersehbarer Zusammenhang. Daher sei es müßig zu untersuchen, ob der Krieg intendiert gewesen sei, rational geplant oder „als Option überhaupt in Betracht gezogen wurde." „Mit dem Konzept der selbstorganisierten Kritikalität" könne man zeigen, „dass die ständige Produktion von Energie (Macht) in ein eng-gekoppeltes System (von Staaten) zu positiven Rückkopplungen führten, die durch ein bestimmtes ‚geschichtliches Sandkorn' (das Attentat) eine ‚Lawine kriegerischer Handlungen' von unvorstellbarer – und offensichtlich unvorhersehbarer – Größe auslöste."[79]

---

[78] *Thomas Kron*, Die Physik des sozialen Wandels, in: Hamburger Review of Social Sciences 2, 2007, 1–30.
[79] Ebd., 23.

Wenig sei notwendig gewesen, so lässt sich Thomas Krons Argument zusammenfassen, um den Krieg heraufzubeschwören. Er lag in der Luft. Wenn er nicht im August 1914 ausgebrochen wäre, dann später. Das Machtungleichgewicht zwischen dem aufstrebenden Deutschland, dem auf Rückgewinnung seiner alten Stellung abzielenden Russland und den westlichen Großmächten zwang zur Systemanpassung, die nach vielen Jahren der Konfliktlösung unterhalb der Kriegsschwelle nur über einen großen militärischen Konflikt zu erreichen war. Destabilisierend wirkte dabei nicht allein die Machtdifferenz zwischen den Staaten. Für Unruhe sorgten auch die Bemühungen, neuartige völkerrechtliche Strukturen zu schaffen (Haager Friedenskonferenzen 1899/1907). Beides, das Ungleichgewicht der Macht und die verschwommenen Zukunftsaussichten, steigerte die „Kritikalität" des internationalen Systems.

Historiker, so weiter Thomas Kron, könnten einige wichtige Fragen nicht befriedigend beantworten: Etwa: Warum hat gerade die Ermordung des Erzherzogs Franz Ferdinand den Krieg ausgelöst, nicht bereits eine der vielen Krisen zuvor, die deutlich mehr Konfliktpotential aufwiesen? Oder: Warum haben so wenige Menschen den Krieg 1914 kommen sehen? Wer im Sommer 1914 vor Ende Juli die Zeitungen aufschlug, war auf das Kommende tatsächlich kaum vorbereitet, gleichgültig in welcher Stadt, gleichgültig in welchem Land er lebte. Wenn Historiker also beide Fragen offen lassen müssen (warum Juli 1914 und warum haben so wenige Menschen im Sommer 1914 den Krieg erahnt), dann spricht vieles, so Thomas Kron, für die „Physik des sozialen Wandels", dann wäre der Erste Weltkrieg nur zufällig mit dem Juli 1914 verbunden.

Dynamik menschlicher „Ideen"

Am Ende des Buches werde ich beide Fragen von Thomas Kron aufgreifen und aufzuzeigen versuchen, dass Historiker inzwischen sehr wohl Antwort geben können. Der Erste Weltkrieg, so meine Überlegung, war nicht das unvermeidliche Ergebnis eines langfristig gegebenen kritikalen „Zustandes des sozialen Systems", sondern das Resultat einer spezifischen, durch das Attentat auf Franz Ferdinand ausgelösten Systemkrise eigener Art (Identitätsbedrohung, Wandel von der Handlungslogik der Diplomatie zur Handlungslogik der Ehre, Zeitnot). Ohne den Mord an Franz Ferdinand, ohne die spezifische „Zeitnot" der Julikrise, wäre es wahrscheinlich nicht zum Ersten Weltkrieg gekommen.

Zunächst seien zwei weitere Überlegungen zur „Kritikalität" sozialer Systeme aufgegriffen. Beide erinnern in ihrer Begrifflichkeit an den Historismus, der damit „systemtheoretisch" rehabilitiert wird. So vergleicht Thomas Kron das „besondere Sandkorn" mit der „großen Persönlichkeit", die das historische Geschehen vorantreibt. Zudem verweist er auf die Bedeutung von „Ideen". Sie verursachten die Dynamik, trieben sie voran, seien Ursache permanenten sozialen Wandels. Kurz, es seien die „Ideen", die die Kritikalität hervorriefen. Letztlich überstiegen der permanente Systemwandel, die durch das zunehmende Machtgefälle hervorgerufenen Spannungen jene Fähigkeiten, die die Verantwortlichen im Laufe der Zeit zur angemessenen Deutung ihrer sozialen Umgebung erworben hatten. Die Welt ließ sich nicht mehr auf einfache Begriffe bringen. Die Kreativität der Menschen, die immer neuen Konstellationen im internationalen Gefüge überstiegen die Verarbeitungskapazität vieler Beteiligter.

Systemwandel, Machtdenken und pathogene Lernprozesse

„Machtgefälle", „Perzeption", „Ideen" sind tatsächlich Konzepte, die die neuere Geschichtswissenschaft in ihr Erklärungsrepertoire verstärkt aufgenommen hat, wie wir gleich sehen werden. Um 1890 trat das internationale Beziehungsgefüge aus der Logik des Bismarckschen Systems heraus. Die transnationalen Beziehungen wurden immer komplizierter, weil nun nicht mehr allein Europa, sondern die ganze Erde ins Blickfeld geriet. Der europäische Erfahrungshintergrund erwies sich als ungenügend, um die Welt zu verstehen. Aufgeteilt war die Erde zwischen den alten großen Kolonialmächten (England, Frankreich, Russland), die das Monopol für sich beanspruchten. Die neuen aufstrebenden Staaten (Deutschland, Italien) erschienen in dieser Lage wie Spielverderber, die höchst ambitionierte, ja unangemessene Forderungen stellten. Gleichzeitig wirkte es so, als ob die alten, multiethnischen Imperien Europas ihrem Ende zustrebten (Österreich-Ungarn, Osmanisches Reich, in mancher Hinsicht auch Russland).

Zunehmende internationale Unsicherheit

Paul W. Schroeder, der skeptische Analytiker des internationalen Systems um 1900, hat Delcassés Frankreich dafür verantwortlich gemacht, dass die Politik in Wien den Eindruck gewinnen musste, auf der Verliererstraße zu stehen. An die Stelle von Mächtegleichgewicht und Kompensation entstand seit 1898 ein System, das „Pferdediebe honorierte". Théophile Delcassé, sieben Jahre lang Außenminister in Paris, wandelte bereits zu Amtsbeginn 1898 das französisch-russische Bündnis grundlegend um. Ursprünglich konzipiert als ein Defensivsystem, stand der Zusammenschluss zwischen Paris und St. Petersburg zunehmend für eine Offensivallianz, die systematisch die Position Österreich-Ungarns (und damit auch Deutschlands) untergrub. Der Balkan wurde immer mehr zum russisch-französischen Einflussgebiet.[80]

Andere Erklärungsansätze richten den Fokus auf das Wilhelminische Reich. Das habe dem Spiel um Macht und Einfluss auf der Welt eine neue, eine unberechenbare, eine aggressive Note gegeben. Als die deutsche Politik ihren Platz an der Sonne im internationalen System ostentativ einforderte (ab 1897), geriet das Beziehungsgefüge der Staaten untereinander in Unordnung, wurde das bis dahin etablierte System der Großmächte aus seinen Fugen gerissen.[81]

Beide Argumente führen zum selben Ergebnis, dass die Welt um 1900 in Bewegung geraten war und es für alle Seiten ums Ganze ging. Die alten Vorstellungen vom europäischen Mächtekonzert als dem Garanten von Zivilisation und internationaler Rechtsordnung griffen nicht mehr. Das Vertrauen auf angemessene Kompensationen als Mittel des Machtgleichgewichts und gegenseitiger Anerkennung ging verloren.[82]

In dieser Situation kamen Politiker in allen am Konflikt beteiligten Hauptstädten zu dem Schluss, dass das eigene Entgegenkommen gegenüber den anderen Staaten in den letzten Jahren nur Nachteile gebracht habe:[83]   *Negative Lernprozesse*

1. Die Berliner Bilanz konnte in diesem Zusammenhang auf die erste und zweite Marokkokrise verweisen, auf die Balkankriege, die die Position des Habsburger Reiches als Verbündeten geschmälert hatten, auf die im Vergleich zu den Ententemächten verzögerte Aufrüstung, auf die Liman-von-Sanders-Krise

---

80 *Paul W. Schroeder*, Stealing Horses to Great Applause. Austria Hungary's Decision in 1914 in Systemic Perspective, in: Holger Afflerbach/David Stevenson (Hrsg.), An Improbable War? The Outbreak of World War I and European Political Culture before 1914. Oxford 2007, 17–42.
81 So etwa *Fischer*, Krieg der Illusionen (wie Anm. 23).
82 *Angelow*, Urkatastrophe (wie Anm. 25).
83 *Clark*, Sleepwalkers (wie Anm. 12); *Otte*, July Crisis (wie Anm. 8), 505–509; *William Mulligan*, The Origins of the First World War. Cambridge 2010.

(1913/14), als Berlin dem Druck aus St. Petersburg nachgab. Auch die Verhandlungen mit Großbritannien hatten die deutsche Position kaum verbessert.[84]

2. Der österreichisch-ungarische Botschafter in St. Petersburg sah es ganz ähnlich. Die deutsche Diplomatie habe gegenüber Russland immer wieder zurückgesteckt – auf Kosten Wiens.[85] Dieselbe negative Bilanz zog Berchtold mit Blick auf die eigene Serbienpolitik: Eine ungewöhnliche Langmut habe Wien ausgezeichnet, die schlecht vergolten worden sei. Serbien habe sein Territorium in den letzten Jahren mehr als verdoppeln können. Das sei, so die Interpretation, anscheinend noch nicht genug. Belgrad missachte die Beschlüsse der Großmächte. Es halte an seinen Aspirationen fest, die alle auf Kosten des Habsburger Reiches gingen.[86] Wenn nun aber nicht einmal die Großmächte in der Lage waren, Serbien zurückzuhalten, was konnte man dann noch tun?

3. Für die russische Politik war die Grenze des Nachgebens erreicht. In der bosnischen Annexionsfrage 1908 sah St. Petersburg sich systematisch von Wien getäuscht, obwohl der damalige Außenminister Alexander Iswolski den entscheidenden Fehler begangen hatte. Zwar hatte die Liman-von-Sanders-Krise noch einmal entschärft werden können, doch aus russischer Sicht hatte St. Petersburg keine angemessene Satisfaktion erhalten. Am 27. Juli 1914, auf dem Höhepunkt der Julikrise, erläuterte Außenminister Sergej Sasonow: Russland habe in der letzten Zeit immer wieder nachgegeben. Es werde geradezu als

---

84 *Konrad Canis*, Internationale Stellung und Außenpolitik Deutschlands vor dem Ersten Weltkrieg, in: Heidenreich/Neitzel (Hrsg.), Deutsche Kaiserreich (wie Anm. 72), 177–187.
85 *Otte*, July Crisis (wie Anm. 8), 46.
86 20.7.1914, Berchtold an Szápáry, in: Imanuel Geiss (Hrsg.), Juli 1914. Die europäische Krise und der Ausbruch des Ersten Weltkrieges. München 1986, 131; *Alma Hannig*, „Wer uns kränkt, den schlagen wir nieder". Die Wiener Tagespresse in der Julikrise 1914, in: Georg Eckert/Peter Geiss/Arne Karsten (Hrsg.), Die Presse in der Julikrise 1914. Die internationale Berichterstattung und der Weg in den Ersten Weltkrieg. Münster 2014, 21–42, 26 f.; *Manfried Rauchensteiner*, Der Erste Weltkrieg und das Ende der Habsburgermonarchie 1914–1918. Wien 2013, 96.

dekadent erachtet und ins zweite Glied zurücktreten müssen, wenn es nicht entschlossen die eigene Position verteidige.[87]
4. Die französische Presse und die Pariser Politik verstanden die russische Sichtweise nur zu gut und inkorporierten sie in die eigenen Narrationen. Petersburg und mit ihm sein französischer Bündnispartner, hieß es, hätten in den letzten Jahren immer wieder zurückgesteckt. Es sei Zeit, Stärke zu beweisen.[88]
5. Dass serbische Politiker Österreich-Ungarn als Hauptgegner für die nationalen Aspirationen wahrnahmen, ist leicht nachzuvollziehen.[89] Der serbisch-ungarische Zollkrieg 1906 sowie die Annexion Bosnien-Herzegowinas (1908) wurden in Belgrad ebenso als Affront gewertet wie der erzwungene Rückzug serbischer und montenegrinischer Truppen aus Albanien (1913). Zwar bedurfte das Land nach dem Zweiten Balkankrieg erst einmal etwas Ruhe, doch im Sommer 1914 war Wahlkampf. Da durften die Verantwortlichen keine Schwäche zeigen.
6. Nur die britische Politik betrachtete das Geschehen mit einer gewissen Gelassenheit. Deshalb fiel London im Juli 1914 die Rolle eines ausgleichenden Vermittlers zu.

Letztlich, so die Erzähllogik des vorgestellten Forschungsstranges, hatten die negativen Lernprozesse zur Folge, dass viele Verantwortliche in den Hauptstädten es aufgegeben hatten, dicke Bretter zu bohren, und aus der Überzeugung heraus handelten, jedes Nachgeben, jedes Eingehen auf die Gegenseite provoziere unkalkulierbare Risiken, Unwägbarkeiten, die sogar die Kriegsgefahr übertrafen.

Aus sozialpsychologischen Studien wissen wir, dass Lernprozesse, die unter Angst ablaufen, die Bereitschaft verringern, Alternativen zu erproben und neue Wege zu erkunden. Dazu kommt, dass in Stresssituationen häufig Gewalt als das einzig sinnvolle und rasche Mittel der Konfliktlösung wahrgenommen wird. Aus dieser Sicht wäre dann der Erste Weltkrieg die Folge negativen, furcht-

Gewalt als Ausweg – die Gründe

---

[87] *Georg Eckert/Peter Geiss/Arne Karsten*, Krisenzeitungen nach Sarajevo. Wechselwirkungen zwischen Presse und Politik, in: dies. (Hrsg.), Presse in der Julikrise (wie Anm. 86), 7–19, 10.
[88] *Peter Geiss*, „Das unsterbliche Frankreich, der Soldat des Rechts". Französische Zeitungen in der Julikrise 1914, in: Eckert/Geiss/Karsten (Hrsg.), Presse in der Julikrise 1914 (wie Anm. 86), 83–112, 96 f.
[89] *Mombauer*, Europas Weg (wie Anm. 11), 64.

besetzten Lernens. In allen fünf Hauptstädten (Berlin, Wien, St. Petersburg, Paris, Belgrad) wäre vor 1914 die Fähigkeit abhanden gekommen, angemessen und in diplomatischem Ton zu reagieren.

Wenn diese Deutung zutrifft, muss gefragt werden, warum die Außenpolitiker um 1914, warum die Militärs ihr stolzes Selbstbewusstsein verloren hatten, das sie um 1900 noch reichlich auszeichnete? Warum sahen die Verantwortlichen während der Julikrise mit so viel aggressivem Pessimismus in die Zukunft? Die Forschung hat hierzu eine ganze Reihe von Argumenten vorgelegt.

Am Beginn fast aller Erzählungen steht die veränderte außenpolitische Konstellation nach 1897/98. Noch 1877, während des Krimkrieges, hatten die Großmächte ihre Interessen kurzfristig definiert und ad hoc Allianzen gebildet. Selbst das außenpolitische System Bismarcks beruhte auf immer wieder neu auszuhandelnden und revidierbaren, defensiv konzipierten Bestrebungen zum Interessenausgleich. Dieses System bot keine langfristige Sicherheit, und es erforderte erheblichen diplomatischen Einsatz und viel Geschick, um zum Ziel zu gelangen. Sein Ende fand es um 1897. In den Folgejahren entwickelte sich ein deutlich einfacher strukturiertes bipolares System von Bündnissen, das weit weniger Freiraum ließ und sehr viel aggressiver der Interessendurchsetzung diente. „Der Preis für die Sicherung des ‚status quo' bestand darin, dass das internationale System an Flexibilität einbüßte", so hat Jörn Leonhard die Konsequenzen beschrieben.[90] Die Krisenbereitschaft nahm zu, weil die Bündnisse die Interessenabwägung vereinfachten und die Konfliktstrukturen weitaus übersichtlicher angelegt waren als zuvor. Zugleich ging die Fähigkeit zum Ausloten von Kompromissen und zum Interessenausgleich verloren.

Als natürliche Folge der veränderten außenpolitischen Konstellation seit 1897/98 hätten die Außenpolitiker und die Öffentlichkeit den Sachverhalt bewerten können – und als eine Einladung zu einem kalkulierbaren Spiel um Einfluss und Macht. Voraussetzung dazu wäre gewesen, dass die Bündnisse fest zusammengehalten hätten und die Zukunft sicher vorgezeichnet gewesen wäre. Aber weder Paris war der Unterstützung durch St. Petersburg sicher, noch vertraute Berlin der Kraft und der Kooperationswilligkeit Wiens. Italien pendelte zwischen den Bündnissystemen hin

Unsichere Allianzen

---
90 *Leonhard*, Büchse der Pandora (wie Anm. 16), 47.

und her, obwohl es vertragsgemäß zu den Mittelmächten gehörte. London vermied auf diplomatischem Feld lange Zeit jede enge Verpflichtung, während die Militärs der Entente ihre Strategien bereits eng aufeinander abstimmten. Kurz, die Angst vor der Zukunft hatte ganz konkrete, ganz politische Ursachen. Die verbliebene Unsicherheit, die Aussicht, in absehbarer Zeit ohne Verbündete dazustehen, veranlasste alle Hauptstädte, dem eigenen Allianzpartner eng beiseite zu stehen, um jeden Gesichtsverlust zu verhindern.

Zusätzliche Unruhe erzeugte die immer engere wirtschaftliche Verzahnung der Staaten untereinander. Sie durchbrach die Logik nationaler Volkswirtschaften, spaltete die Wirtschaft zwischen einem nationalen und einem exportorientierten Flügel auf.

<small>Globale Kooperation als Ursache von Zweifeln</small>

Das Versprechen des Imperialismus bestand darin, einen ausreichend großen Teil der Welt exklusiv zu beherrschen, um hierdurch wirtschaftliche und politische Sicherheit in der Zukunft zu gewinnen. Um 1900 geriet der Imperialismus in die Krise. Das liberale System erwies sich als durchaus erfolgreiches Gegenmodell. Es garantierte Chancen zur Expansion, indem es die Metropolen miteinander verzahnte, die internationale Konkurrenz auf den lokalen Märkten akzeptierte und im Gegenzug versprach, den Wohlstand für alle durch Nutzung komparativer Vorteile zu mehren. Freilich setzte das liberale System der Politik damit auch klare Grenzen. In einer Phase der Demokratisierung verlangte es von den Regierungen, ihren Einfluss auf die Wirtschaft einzuschränken. In einer Zeit der landwirtschaftlichen Krisen erforderte es, den Interessen der alten Eliten offensiv zu begegnen. Und in einer Epoche des Großmachtdenkens und der Bündnisse gebot es außenpolitische Selbstbescheidung und Kooperationswillen. Kein Wunder, dass die Nervosität ob der Unsicherheit, wohin die Reise gehe, zunahm.[91]

Dieselbe zwiespältige Bilanz hatten die Bemühungen, den Krieg einzuhegen und die internationale Rechtsordnung zu stärken. 1899 und ein zweites Mal 1907 spielten die Delegierten der Haager Friedenskonferenzen verschiedene Modelle einer neuen internationalen Rechtsordnung durch, ohne freilich zu fertigen Lösungen vorzudringen. Fragt man nach den Gründen des Scheiterns, so tra-

---

91 *Angelow*, Urkatastrophe (wie Anm. 25), 40–43; *Friedrich Kießling*, Gegen den ‚großen' Krieg? Entspannung in den internationalen Beziehungen, 1911–1914. München 2002.

fen ganz unterschiedliche Sichtweisen und Leitlinien aufeinander: traditionelles außenpolitisches Denken, divergierende Vorstellungen von Souveränität (monarchisch, national begründet, demokratisch legitimiert), die Angst vor einer Auflösung der Blocksysteme, die scheinbare Anonymität internationaler Rechtsordnung.[92]

Angesichts solch verbreiteter Unsicherheit, angesichts zahlreicher weiterer Unwägbarkeiten, weil das Do-ut-des nicht mehr funktionierte (zweite Marokko-Krise, 1911) und da die Grenzen in Europa tatsächlich kriegerisch neu gezogen wurden (Balkankriege, 1912/13), investierten die europäischen Großmächte immer höhere Summen in die Aufrüstung ihrer Landstreitkräfte. Dabei war die Schlagkraft der Truppen nur schwierig miteinander zu vergleichen. Zählte die reine Quantität, also die Anzahl der Soldaten? Die technische Ausrüstung? Die Ausbildungsqualität? Die Moral? Handelte es sich um einmalige Investitionen? Oder standen sie am Anfang einer ganzen Epoche hoher Militärausgaben? Waren die nationalen Öffentlichkeiten über längere Zeit wirklich bereit, immer mehr Geld in die Rüstung zu stecken und lange Dienstzeiten für ihre jungen Männer zu akzeptieren? Als die Reichsregierung direkte Steuern zugestand, unterstützten selbst die Sozialdemokraten (wenn z.T. auch widerwillig) de facto den Aufrüstungskurs.[93] Sie blieben nicht allein. Denn die französischen Radikalen handelten ebenso. Nach zähem Ringen „einigten" sich rechte und linke „Mitte" in Paris auf progressive Steuersätze und eine dreijährige Dienstzeit (1909–1914).[94]

Rüstungswettlauf

---

92 *Angelow*, Urkatastrophe (wie Anm. 25), 44.
93 *Gerd Fesser*, Je eher, desto besser. Sehenden Auges in die Katastrophe des Ersten Weltkriegs: Im viel beschworenen Jahr 1913 wird in Berlin der finale Aufrüstungsschub beschlossen, in: Die Zeit, 7.3.2013, www.zeit.de/2013/11/Kaiserreich-1913-Aufruestung-Erster-Weltkrieg/komplettansicht (1.10.2015).
94 Les origines de l'impôt sur le revenu, fiscafrance.free.fr/ir.htm (1.10.2015); *Michel Leymarie*, De la Belle Epoque à la Grande Guerre. 1893–1918. Le triomphe de la République. Paris 1999, 175–177.

Tabelle 2: Vergleich der realen Belastungen aus Rüstungsausgaben 1911 bis 1913 (Großbritannien = 100)[95]

	1911	1912	1913
Großbritannien	100	100	100
Frankreich	138	130	149
Deutschland	96	96	122
Italien	100	125	158
USA	35	29	30
Russland	132	138	160

Aus deutscher Sicht geriet das Rüstungsgleichgewicht zunehmend in die Schieflage. Noch im ersten Jahrzehnt des 20. Jahrhunderts hatte Berlin eine riskante Strategie gegenüber Russland verfolgen können, weil es wusste, dass das Zarenreich nach dem japanisch-russischen Krieg zu einem Gegenschlag unfähig sein würde. Die Rüstungsspirale bevorteilte inzwischen jedoch die Entente. Rascher als erwartet gewann Russland seine Schlagkraft zurück. Frankreich erlebte Jahre des Militarismus und verlängerte die Dienstzeit seiner Soldaten auf drei Jahre (1913). Die kleinen Balkanstaaten verfügten über eine militärische Kraft, die inzwischen nicht mehr zu vernachlässigen war. Das gehörte zu den bitteren Lehren der Balkankriege (1912/13). Deutschland und Österreich gerieten immer mehr ins Hintertreffen, obwohl auch Berlin in Rüstung investierte. So jedenfalls interpretierten es viele der außenpolitisch Interessierten in den mitteleuropäischen Metropolen. Nur noch wenig Zeit blieb aus Sicht Berliner Kreise, um einen eventuellen Krieg „erfolgreich" durchzustehen. Gleichzeitig verhärtete sich die russische Position, weil die Militärs inzwischen glaubten, anders als 1908/9 (bosnische Annexionskrise), nicht mehr vor einem deutschen Ultimatum zurückweichen zu müssen.[96]

---

[95] *Leonhard*, Büchse der Pandora (wie Anm. 16), 41.
[96] *Angelow*, Urkatastrophe (wie Anm. 25), 98–101; *David G. Herrmann*, The Arming of Europe and the Making of the First World War. Princeton 1996; *Rauchensteiner*, Erste Weltkrieg (wie Anm. 86), 55; *Clark*, Sleepwalkers (wie Anm. 12), 217.

Tabelle 3: Die Kriegsstärke der Dreibundstaaten und der Tripelentente im Jahr 1911[97]

	Armeekorps	Divisionen	Gesamtstärke
Deutschland	26	90,0	3.479.000
Österreich-Ungarn	16	73,5	2.025.000
Mittelmächte gesamt	42	147,5	5.504.000
Italien	12	37,0	1.200.000
Dreibund gesamt	54	184,5	6.704.000
Frankreich	21	70,0	3.348.000
Russland	37	137,0	3.750.000
Zweibund gesamt	58	207,0	7.098.000
England		7,0	350.000
Tripelentente gesamt	58	214,0	7.448.000

David Herrmann, der eine umfangreiche Studie zum Rüstungswettlauf in Europa vor 1914 angefertigt hat („*The Arming of Europe*", 1996), spricht von der Furcht „that [the] ‚windows of opportunity for victorious wars' were closing". „If Archduke Franz Ferdinand had been assassinated in 1904 or even in 1911, Herrmann speculates, there might have been no war. It was ... ‚the armaments race ... and the speculation about imminent or preventive wars' that made his death in 1914 the trigger for war."[98]

<small>Überforderung durch geopolitischen Strukturbruch</small>

Der Rüstungswettlauf hatte viele Ursachen, aber zwei Gründe waren besonders wichtig: zum einen die veränderte geopolitische Konstellation seit 1904/5 und zum anderen der gleichzeitig beobachtbare radikale Wandel in den außenpolitischen Umgangsformen der Staaten Europas miteinander. An die Stelle des Do-ut-des, des Gebens und Nehmens im europäischen Mächtekonzert, des Miteinanderverhandelns, trat ein kompromissloser, ausschließlich am Eigennutz orientierter, national motivierter Imperialismus.

Nicht Deutschland und Österreich-Ungarn veränderten die geopolitische Großwetterlage, sondern Großbritannien und Russland. Am 8. April 1904 kamen England und Frankreich zu einem Interessenausgleich (entente cordiale). Und am 31. August 1907 grenzten das Britische Empire und das Zarenreich ihre jeweiligen

---

[97] *Angelow*, Urkatastrophe (wie Anm. 25), 99.
[98] Hier zitiert nach: Wikipedia, Causes of World War I, en.wikipedia.org/wiki/Causes_of_World_War_I (4.6.2015).

Einflusssphären in Zentralasien ab (Vertrag von St. Petersburg). Damit reagierte Großbritannien auf die seit langem beobachtbare imperiale Überbeanspruchung und gab seine klassische Neutralitätspolitik in Europa auf. Weil Deutschland als Kolonialmacht wenig zählte, hatte es kaum realistische Chancen, bei diesem Revirement mitzuspielen.

<small>Imperiale Überanspruchung Großbritanniens</small>

Unter den Folgen des Systemwandels litt vor allem Österreich-Ungarn, so Paul W. Schroeder.[99] Es hatte seine politische Zukunft wegen der Niederlage im preußisch-deutschen Krieg von 1866 im Balkanraum gesucht. Die Gründung der österreichisch-ungarischen Doppelmonarchie 1867 sicherte noch einmal eine gewisse Machtstellung in Südosteuropa. Dort hielt das Habsburger Imperium lange Jahre Russland den Rücken frei. Als aber 1905 das Zarenreich eine bittere Niederlage gegen das moderne Japan einstecken musste, änderte St. Petersburg seine geopolitische Ausrichtung. Nachdem der Osten verschlossen war, zielte die russische Expansion auf den Westen, auf den Balkan, auf die Dardanellen, auf das Osmanische Reich – und auf Österreich-Ungarn, das zum Untergang verdammt schien.

<small>Österreich-Ungarn als „Opfer"</small>

> From 1907 on, this struggle to control the European balance came to focus, again partly through natural developments and partly by design, on the most explosive part of Europe with its most intractable problems, the Balkan peninsula. It thus targeted Europe's most vulnerable and exposed great power, Austria-Hungary. This completed the cycle of change in the nature of European politics over several decades. First an imperialist ethos accompanied European politics; then it invaded it and came to pervade it and replace the older one; then the game itself was transferred back to Europe, with control of the European system for security and survival becoming its essential stake; and finally that contest was concentrated on Europe's most dangerous and vulnerable point. This long process, like a poisonous snake circling back upon itself and sinking its fangs into its own tail, made Austria-Hungary's decision in 1914 a rational choice and response to its situation.[100]

Als rational bezeichnet Paul W. Schroeder also die österreichisch-ungarische Reaktion auf das Attentat 1914. Der Habsburger Staat wurde immer mehr herausgedrängt aus dem internationalen Spiel,

---

99 *Schroeder*, Stealing Horses (wie Anm. 80).
100 Ebd., 26.

weil er Opfer imperialer Machtausdehnung wurde, weil es für ihn keine Sicherheitsgarantien mehr gab, keine Anerkennung als legitimer Mitspieler des europäischen Systems. Im Balkan trafen alle widersprüchlichen Interessen und Perzeptionen aufeinander: die Aspirationen der alten Imperien (Russland, Österreich-Ungarn, Osmanisches Reich), die Wahrnehmung des Zusammenbruchs der alten Mächte, der Wille der Wirtschaftsimperien (Frankreich, Deutschland), irredentistische Nationalismen, neuartige Pannationalismen und gefährliche Arrondierungsbestrebungen.

Weit weniger Verständnis für Österreich-Ungarn zeigt Jürgen Angelow in seiner Habilitationsschrift (*„Kalkül und Prestige. Der Zweibund am Vorabend des Ersten Weltkrieges"*, 2000), nicht zuletzt, weil das Habsburger Reich es in fünf Jahrzehnten nicht fertigbrachte, innenpolitische Reformen und außenpolitische Gestaltung zur Deckung zu bringen.[101] Angelow unterscheidet zwischen einer Phase eher zurückhaltender Außenpolitik bis 1907/8 und einer stärker offensiven Ausrichtung in den Jahren danach. Doch auch er charakterisiert das Wiener Bestreben, das Geschehen auf dem Balkan aktiv mitzugestalten, als einen defensiv motivierten Imperialismus, weil das Habsburger Reich von außen in immer größere Schwierigkeiten gebracht wurde.

Russland seinerseits ging es darum, die Niederlage von 1905 vergessen zu machen. Und da sah die Bilanz 1914 keinesfalls eindeutig aus: Verloren hatte Petersburg nach dem Zweiten Balkankrieg den Zugriff auf den bulgarischen Nachbarstaat. Dank geschickter außenpolitischer Manöver hatten Berlin und Wien der russischen Führung herbe diplomatische Niederlagen beigebracht, gerade im so wichtigen südosteuropäischen Raum (Annexion Bosnien-Herzegowinas, Albanien, verbesserte Beziehungen zu Bulgarien). Nur der Zugriff auf Serbien und die jüngsten Territorialgewinne für den Balkanstaat 1912/13 konnten als positive Erträge der 1906/7 erfolgten Westwendung und des Panslawismus gelten. Mit dem österreichisch-ungarischen Ultimatum an Serbien vom 23. Juli 1914 gab Wien zu erkennen, dass es die Uhr zurückdrehen und Serbien dem eigenen Einflussbereich zuschlagen wollte. Doch damit wäre jeder russische Gewinn verloren gewesen. Zusätzliche Brisanz erhielt die Konfrontation, weil nicht mehr nur die Interessen kol-

Negative Bilanz Russlands

---

[101] *Angelow*, Kalkül und Prestige (wie Anm. 53).

lidierten, sondern die geographische Konstellation den Gegensatz noch verschärfte. Vor 1900 hatten Pufferstaaten die Kontrahenten voneinander getrennt. Jetzt endete die russische Einflusssphäre in Südosteuropa unmittelbar an der Grenze des Habsburger Reiches.[102]

Aus deutscher Sicht sah die geopolitische Bilanz nicht weniger komplex aus: England und Frankreich verweigerten dem wirtschaftlich aufsteigenden Deutschen Reich „seinen Anteil" an der Welt. Die Balkankriege schwächten die Position Österreich-Ungarns. Immerhin ließen die jüngsten Unterredungen mit London auf eine Entspannung im deutsch-englischen Verhältnis hoffen. Der Hauptgegner in dieser Lage schien Russland.[103] Es reklamierte eine Schutzrolle für die orthodoxen Gläubigen im südosteuropäischen Raum und strebte sogar an, auf Rumänien Einfluss auszuüben, obwohl dessen König ein Hohenzollernfürst war. Der Panslawismus brachte das Aufleben eines gefährlichen Nationalismus, der Österreich-Ungarns Stellung von innen heraus unterminierte. Russlands Ausgreifen nach Südosteuropa behinderte zudem die deutschen Aspirationen auf einen eigenen mitteleuropäischen Wirtschaftsraum. Aus Sicht von Konrad Canis, bis 2003 Historiker an der Humboldt-Universität in Berlin, befand sich die deutsche Politik 1914 in einer Zwangslage, weil sie die Gleichberechtigung weder durch eine Politik der Entspannung noch durch eine Politik der Stärke zu erreichen vermochte.[104]

„Einkreisung" Deutschlands

Dass „Serbien" das Feuer anfachte, war kein Zufall. Genauer waren es die Bilder, die die Politiker von Serbien entwarfen, welche das europäische Haus in Brand setzten. Aus russischer Sicht war Serbien ein aufstrebender Staat, eine erfolgreiche Militärkraft, das selbstverständliche Zentrum aller Südslawen, orthodoxe Brudernation, natürliche Einflusszone, panslawistische Submetropole des russischen Imperiums, vor allem aber: unschuldiges Opfer Wiener Anschuldigungen. Für die französische Öffentlichkeit zählte zu-

Serbien als „unberechenbares Glied" im System

---

102 *Angelow*, Urkatastrophe (wie Anm. 25), 21f.
103 *Stefan Kestler*, Betrachtungen zur kaiserlich-deutschen Rußlandpolitik. Ihre Bedeutung für die Herausbildung des deutsch-russischen Antagonismus zwischen Reichsgründung und Ausbruch des Ersten Weltkrieges, 1871–1914. Hamburg 2002.
104 *Konrad Canis*, Der Weg in den Abgrund. Deutsche Außenpolitik 1902–1914. Paderborn 2011.

sätzlich zur generellen Sympathie den russischen Positionen gegenüber[105] das eigene kulturelle Engagement im Balkanstaat und die nicht ganz unbedeutenden finanziellen Investitionen.

Wien und Berlin entwickelten da eine ganz andere Vorstellung von dem Land: Jede Ordnung fehle dort, jede Vornehmheit, jede Disziplin. Hort der Gewalt sei Serbien, Zentrum eines wilden Nationalismus, der keinerlei Grenzen kenne. Königsmörder machten dort politische Karriere, gründeten Geheimbünde und stachelten Terrorakte in den Nachbarstaaten an. Eine Räuberbande sei Serbien, meinte Wilhelm II., kein Staat im europäischen Sinne.[106] Aus Wiener Perspektive hatte St. Petersburg Serbien durch wilde Machenschaften dem eigenen Einflussbereich beraubt. Das galt es zu revidieren.

Christopher Clark hat diese unterschiedlichen Sichtweisen auf Serbien mit der komplexen Struktur des Landes erklärt.[107] Als einen „failed state" müsste man Serbien um 1914 in vieler Hinsicht charakterisieren. Ein funktionsfähiges politisches System und eine funktionierende Verwaltung fehlten. Für die jungen, dynamischen Männer, die das Bildungssystem und die Armee hervorbrachten, gab es kaum verlässliche gesellschaftliche Aufstiegswege. Nur ein aggressiver, expansiver Nationalismus hielt alles zusammen. Dabei verstrickte sich das Land immer mehr in argumentative Widersprüche. Es forderte im Namen der Selbstbestimmung den Zusammenschluss aller Südslawen, wollte aber die Selbstbestimmung von Kroaten, Bosniern usw. nicht anerkennen. Es verlangte Reformen im Habsburger Reich. Aber die Nationalisten fürchte-

---

105 31.1.1913, Cartwright (englischer Botschafter in Wien) an Nicolson (ständiger Unterstaatssekretär im Foreign Office): „Serbien wird eines Tags die europäischen Völker hintereinanderbringen (set Europe by the ears) und auf dem Festland einen allgemeinen Krieg herbeiführen, und wenn die französische Presse die serbischen Bestrebungen auch weiterhin so ermutigt wie während der letzten paar Monate", in: *Winfried Baumgart* (Hrsg.), Die Julikrise und der Ausbruch des ersten Weltkrieges 1914. Auf der Grundlage der v. Erwin Hölzle herausgegebenen. Quellen zur Entstehung des Ersten Weltkrieges. Internationale Dokumente 1901–1914. Für den Studiengebrauch bearbeitet von Winfried Baumgart. Darmstadt 1983, S. 15.
106 24.7.1914, Marginalien Wilhelms II. zu einem Telegramm Lichnowkys and Jagow, in: *Geiss* (Hrsg.), Juli 1914 (wie Anm. 86), 169.
107 *Clark*, Sleepwalkers (wie Anm. 12), 3–64.

ten nichts mehr, als dass Franz Ferdinand den Slowenen, Kroaten und Bosniern tatsächlich umfassende politische Rechte zubilligte. Dann nämlich hätte Serbien seinen Nimbus als slawisches Zentrum verlieren können und alle Blicke wären auf das Habsburger Reich gefallen. Ohne Zweifel hielt Serbien die Flagge nationaler Souveränität hoch. Gerade während der Julikrise spielte das Schlagwort eine wichtige Rolle. Doch gleichzeitig annektierte Belgrad das vorwiegend von Albanern bewohnte Kosovo. Und es marschierte in Albanien ein, um für sich einen Adriahafen zu erobern. So war Serbien alles gleichzeitig: russische Peripherie, souveränes Königreich, nationales Zentrum, gescheiterter Staat, eigenständiger imperialer Akteur.

Keine andere Region war zwischen den Großmächten in Europa so umstritten wie der Balkanraum. Nur Großbritannien verfolgte dort keine fundamentalen Interessen, sieht man einmal davon ab, dass die Dardanellen dauerhaft russischer Verfügungsgewalt entzogen bleiben sollten.

Balkanisierung der Großmächtepolitik

Der Zusammenbruch des europäischen Teiles des Osmanischen Reiches (1908–1912/13) ließ ein Vakuum entstehen, das viele Staaten aufzufüllen suchten. Und mit Serbien gehörte ein Land zu den Profiteuren des Neuzuschnitts in Südosteuropa (erster und zweiter Balkankrieg), das alle Konflikte wie in einem Brennglas zusammenführte. Mehr noch: Weil Bulgarien und Serbien, zwei „slawische Bruderstaaten", einen kaum lösbaren territorialen Streit miteinander austrugen, versuchte Außenminister Sasonow den Konflikt dadurch zu lösen, dass er die serbischen Expansionsphantasien in eine andere Richtung lenkte: Das wahre gelobte Land liege nicht im Osten, sondern im Westen, sei in den angrenzenden habsburgischen Regionen zu finden.[108]

Eigentlich wollte St. Petersburg 1914 nur Ruhe und Sicherheit in Südosteuropa haben, genauso wie Wien. Weil indes alles in Bewegung geraten war, sollte ein gewisses forsches Auftreten die allzu eigenständigen Kräfte an Russland binden und die Unruhe eindämmen. Doch die neuen Nationalstaaten Südosteuropas verweigerten die zugedachte Rolle, spielten das klassische Spiel von imperialem Ausgleich und Großmächtepolitik nicht mit. Als ehrgeizige, selbstbewusste Akteure eroberten sie die Bühne der Weltgeschichte und

---

108 Ebd., 349 f.

machten dadurch alles noch viel komplizierter, überforderten die Politik und die Politiker der alten multiethnischen Imperien.

Dazu kamen die inneren Widersprüche der russischen Politik. Denn zum einen verfolgte das Zarenreich klassische imperiale Großmachtaspirationen. Hierbei ging es darum, einen höchst heterogenen Raum von Wladiwostok bis Kischinew auf ein Zentrum hin zu organisieren. Der Zar, der Monarch, St. Petersburg dienten als Bindeglied für ganz unterschiedliche Völker und Ethnien. Zum anderen setzte das Zarenreich auf die Karte slawischer Solidarität und damit auf die Idee kultureller Nähe und natürlicher Verbundenheit der Slawenvölker untereinander, mit den Russen und Russland als Mittelpunkt. Drittens erfasste Russland ein nationalistisches Fieber, das öffentliche Aufwallungen provozierte und eine prestigeheischende nationalstaatliche Politik einforderte.

Blankoschecks für eine „harte Serbienpolitik"

Als es im Juli 1914 zum Schwur kam, setzten drei verschiedene „Blankoschecks" – der eine für Österreich, der andere für Russland und der dritte für Serbien – eine Dynamik frei, die nicht mehr aufgehalten werden konnte. Alle Zusagen betrafen die jeweilige Politik gegenüber Belgrad. Da war erstens die Zusage Berlins, dass Wien gegenüber Serbien vollkommen freie Hand haben solle, da war zweitens der wiederholte Blankoscheck der französischen Diplomatie für St. Petersburg, wonach ein Konflikt um Serbien den *casus foederis* bedeute, und da gab es drittens einen Blankoscheck Petersburgs für Belgrad, wonach das Land keine Forderungen annehmen müsse, die die serbische Souveränität fundamental verletze.[109]

Die stark außenpolitisch argumentierende Richtung der Forschung zu den Ursachen des Ersten Weltkrieges glaubt daher, genügend Hinweise zu besitzen, dass tatsächlich die Eigendynamik des internationalen Systems den Krieg verursacht habe.

Ein letzter Baustein der Argumentation fehlt indes noch: Die Erklärung dafür, dass die diplomatischen Friedensinitiativen vom Ende Juli 1914 scheiterten, obwohl sie – so die Erzähllogik – durchaus ernsthaft gemeint waren. Zwei Gründe gelten in diesem Zusammenhang als ursächlich: erstens das Fehlen eines erprobten und

---

[109] *Leonhard*, Büchse der Pandora (wie Anm. 16), 95–99.; *Becker*, L'année 14 (wie Anm. 17), 84 f.; *Angelow*, Urkatastrophe (wie Anm. 25), 120–129.

verlässlichen Verhandlungsfeldes, zweitens die Zwänge militärischer Planung.[110]

Das österreichisch-ungarische Ultimatum vom 23. Juli 1914 unterbrach die Ruhe, die sich, so wie immer im Sommer, über die Hauptstädte gelegt hatte. Seither glühten die Telegrammleitungen zwischen den europäischen Metropolen. Die Diplomaten verhandelten, tauschten ihre Meinungen aus, referierten die Standpunkte ihrer Regierungen, drängten auf Entgegenkommen. Aber seit der zweiten Marokkokrise fehlten starke und allseits akzeptierte Mechanismen zur Konfliktlösung[111]: *(Überlagerung diskreditierter und unerprobter Handlungsebenen)*

1. In Südosteuropa – das haben wir oben schon gesehen – funktionierten die Regeln klassischer Großmachtpolitik nicht mehr: Das „Quod licet iovi, non licet bovi"[112] hatte in der Vergangenheit für eindeutige Machtverhältnisse gesorgt. Nun aber widersprachen die kleinen Staaten der Logik eines Systems, das ihnen weniger Rechte zubilligte als den großen Staaten. Sie wollten keinen „unterwürfigen" Respekt mehr erweisen und sich auch sonst keinerlei Eingriffe in die Souveränität gefallen lassen.
2. Ebenso verbraucht schien die alte Konferenzdiplomatie zu sein, jedenfalls aus Sicht der deutschen und der österreichischen Außenpolitik. Die Konferenzergebnisse der letzten Jahre hatten die Mittelmächte systematisch benachteiligt, sie die Übermacht der Ententemächte bitter spüren lassen. Deshalb konnten und wollten die Politiker in Berlin und Wien diesen Weg nicht noch einmal beschreiten. Außerdem ging es beim Mord an Franz Ferdinand ganz offensichtlich um etwas anderes als die üblichen Grenzkonflikte im peripheren Raum, für die Kompromisse durchaus zu finden waren. Doch welche Kompromisse hätte Wien gegenüber Serbien eingehen sollen, ohne seinen Großmachtstatus zu verlieren?
3. Dagegen waren neue Ordnungsinstrumente allenfalls in Ansätzen zu erkennen. Noch besaßen sie keine Wirkkraft, waren reichlich unerprobt, so wie jene Regelungen, die die Haager Friedenskonferenzen verabschiedet hatten. Im Juli 1914 vertrau-

---

110 Hierzu ausführlich unten S. 131–158
111 In Anlehnung an *Angelow*, Urkatastrophe (wie Anm. 25), 18–71.
112 „Was dem Jupiter erlaubt ist, ist dem Ochsen (noch lange) nicht erlaubt".

ten jedenfalls weder Wien noch Berlin einer Schiedsgerichtsbarkeit oder anderen Formen internationaler Rechtsprechung.
4. Wilhelm II. und Nikolaus II., der deutsche Kaiser und der russische Zar, appellierten angesichts dieser verzweifelten Situation Ende Juli 1914 an die monarchische Solidarität, an ihre Sympathien zueinander, an die Tradition der Heiligen Allianz und die Kraft familiärer Bindungen (Wilhelm II. und Nikolaus II. waren Verwandte dritten Grades). Tatsächlich bewirkten die beschwörenden Willy-Nicky-Telegramme (29. 7.–1. 8. 1914) einen kleinen Aufschub der russischen Mobilmachung. Den Krieg verhinderten sie nicht, weil die Kommunikation über Eilschreiben das persönliche Treffen nicht ersetzen konnte, weil das gegenseitige Misstrauen schon allzu groß war, weil die nationale Ehre auf dem Spiel stand und weil die Militärs in ganz anderen Zeitlogiken planten und handelten.

Verhinderte Autokraten, schwache Kaiser, militärische Zwänge

Auf die Folgen der verschiedenen Mobilmachungsschritte werde ich in einem späteren Abschnitt eingehen. Zunächst halte ich fest, dass weder Wilhelm II. noch Nikolaus II. Monarchen (Alleinherrscher) im alten Sinne waren. Ihre „Schuld", ihre „Tragik" lag gerade darin, dass sie keine Autokraten mehr „sein konnten", ihnen die selbständige Entscheidung über die Politik versagt blieb. Vielleicht hätte der Krieg vermieden werden können, wenn sie tatsächlich die Geschicke hätten allein bestimmen können. Im Mischsystem des 19. Jahrhunderts (letztlich auch in Russland, trotz der Machtbefugnisse Nikolaus' II.) waren sie zu schwach, um das Verhängnis aufzuhalten, und zu stark, um eine Rationalisierung der Politik zu ermöglichen. Sie entschieden mit in der Außenpolitik und der Militärpolitik, ohne die vollkommene Verantwortung tragen zu müssen. Bei ihren Stellungnahmen und Entscheidungen folgten sie vorwiegend ihrem „Bauchgefühl", betrachteten die Welt in Stereotypen, erklärten Gegensätze in einem einfachen Freund-Feind-Schema und fachten die Emotionen immer wieder an. Dennoch wäre es falsch, beide für den Krieg verantwortlich zu machen, weil sie tatsächlich den Frieden wollten und die Deeskalation anstrebten. Doch ihnen fehlte das Durchsetzungsvermögen, der Wille, die Kraft, ihren Militärs Einhalt zu gebieten.[113] Am Schluss blieben nur

---

113 *Clark*, Sleepwalkers (wie Anm. 12), 175–189.

wenige Stunden übrig, um eine Lösung aus der verhängnisvollen Lage zu finden. Der militärische Aufmarsch zwang dem Geschehen seine eigene zeitliche Logik auf.

Deutungskraft und offene Fragen

Man kann den Ausbruch des Ersten Weltkrieges erklären ohne Rückgriff auf umfassende gesellschaftswissenschaftliche Theorieansätze, ohne Verweis auf wirtschaftliche Interessenkonstellationen, ohne Bezug zu nehmen auf Parteiensysteme, ohne intensive Presseauswertung. Das ist das Credo des gerade vorgestellten Erklärungsansatzes. Es genüge vollkommen, den reichlich überlieferten außenpolitischen Schriftwechsel zu verfolgen und das Handeln von etwa hundert einflussreichen Personen in den Blick zu nehmen.[114] Eine spezifische Ungleichzeitigkeit des internationalen Systems, eine daraus resultierende überbordende Dynamik habe das Beurteilungsvermögen und die Handlungsfähigkeit der verantwortlichen Politiker überfordert. Weil so wenig Personen in die Entscheidung eingebunden waren, hatte Kontingenz, hatte der Zufall eine viel größere Bedeutung als bei anderen historischen Sachverhalten: „A decision for war made by individuals, by a small coterie, means that contingency is very likely. Misinformation, weak nerves, ego strength, misjudgment of intentions, misjudgment of consequences, and difficulties in timing are inherent in the process. Put differently, diverse choices are easy to imagine."[115]

Tatsächlich kann der besprochene Deutungsansatz vieles von dem erklären, was erklärt werden muss: die erhöhte Krisenanfälligkeit im Sommer 1914 (negativer Lernprozess, Rüstungswettlauf, Balkanisierung der Konfliktlage, Blankoschecks), das Scheitern der Friedensbemühungen in den letzten Stunden (Fehlen angemessener Handlungsebenen, Zeitnot), die spezifische Mischung von rationalem Kalkül, Fatalismus und Panik (Gefühl der Ausweglosig-

---

114 *Richard F. Hamilton/Holger H. Herwig*, World Wars. Definition and Causes. in: dies. (Hrsg.), The Origins of World War I. Cambridge 2003, 12–15; dies, Decisions for War, 1914–1917. Cambridge 2004, 6–8.
115 Ebd., 15.

keit und die Suche nach einer klaren und raschen Lösung durch Gewaltanwendung).

Andererseits muss der Erklärungsansatz doch immer wieder auf gesellschaftliche Kontexte zurückgreifen, die unterschiedliche Struktur der politischen Systeme in den beteiligten Staaten für die Interpretation berücksichtigen. Verhängnisvoll wirkte sich insbesondere das Fehlen offener Diskursräume aus, die eine Versachlichung der Politik erzwungen hätten. Der Erste Weltkrieg, so ist festzuhalten, hatte auch eminent gesellschaftliche Ursachen. Diese beschreibt der dritte Erklärungsansatz, den ich mir im Folgenden verständlich machen möchte.

Grenzen des außenpolitischen Erklärungsansatzes

4.4 Systemische Irrationalität als Folge von gesellschaftlichen Konflikten und Modernisierungsbrüchen

Wahrscheinlich ist Volker Berghahn nicht der erste, der den ungeordneten Kampf zwischen den „Falken" und den „Tauben" in den europäischen Hauptstädten für den Kriegsausbruch verantwortlich gemacht hat.[116] Sein Bild scheint mir indes sehr einleuchtend. Zwei Lager trafen aufeinander, die unterschiedliche Weltwahrnehmungen hatten und mit Misstrauen einander begegneten. Die „Falken" setzten auf militärische Konfrontation. Sie glaubten, nur so die Machtstellung im Innern und nach außen bewahren zu können. Dem Krieg schrieben sie eine reinigende Kraft zu. Die „Tauben" setzten auf diplomatische Erfolge, sofern möglich. Allerdings waren auch sie zu höchst risikoreichen Manövern bereit, weil sie hofften, dass die gegnerischen Mächte die große Konfrontation vermeiden würden. Bis zur Julikrise behielten die „Tauben" die Oberhand, da in der Sicht einflussreicher politischer Kräfte der große Krieg keine „rationale" Option zur Lösung der außen- und gesellschaftlichen Probleme darstellte.

„Falken" und „Tauben"

---

[116] *Volker Berghahn*, Der Erste Weltkrieg. München 2003, 32. Tatsächlich finden wir eine ähnliche Unterscheidung schon bei *Fischer*, Krieg der Illusionen (wie Anm. 23).

Krise staatlicher Entscheidungsprozesse

Im Juli 1914 änderten sich die Kräfteverhältnisse: Die „Tauben" glaubten, ihr Spiel noch weiter ausreizen zu können, und gleichzeitig drängten die „Falken" ihre Logik dem Spiel immer mehr auf. Da machte sich bemerkbar, dass Politik inzwischen etwas ganz anderes bedeutete als das sinnvolle Streiten um gute Lösungen. Ums Ganze ging es, um Lebensentwürfe, um Zivilisation, um Machterhalt. Nur noch schwarz und weiß gab es. Ein gemeinsames Forum für die Formulierung politischer Ziele, Strategien, Taktiken fehlte in den meisten Staaten. Vielmehr erfolgte die Politikgestaltung auf ganz verschiedenen Akteursebenen. Die politisch Verantwortlichen und ihre Untergebenen stritten um die richtige Vorgehensweise nicht selten auf eigene Faust und als Einzelkämpfer.

Cliquen, einzelne Personen beeinflussten die Politik, sahen sich selbst als die wahren Vertreter ihrer Nation, verstrickten sich mit großer Leidenschaft in aufreibenden Kämpfen gegeneinander. Fragen wir nach den Folgen, so konnte daraus wenig anderes entstehen als eine Ansammlung von Untergangsszenarien, Irrationalismen, Verfolgungsängsten und Allmachtsphantasien.

Mangelnde Koordination

In den (konstitutionellen) Monarchien des ausgehenden 19. Jahrhunderts war die verfassungsmäßige Stellung des Staatsoberhaupts höchst kompliziert. Am Beispiel Russlands und des Deutschen Reiches habe ich den Sachverhalt sowie die sich draus ergebenden Konsequenzen bereits verdeutlicht. In Österreich-Ungarn sah die Konstellation kaum anders aus. Um ihre Macht zu bewahren, riefen die Monarchen die Verantwortlichen in Einzelgesprächen zu sich, bekundeten ihre Meinung, gaben Anweisungen.[117] Weil eine Abwägung aller Gesichtspunkte unterblieb, eine allen Beteiligten verbindliche Absprache fehlte, blieb vieles unsicher, inkohärent, zwiespältig. Die zuständigen Minister verloren das Gefühl für Verantwortung, wurden zu Anwälten ihrer Sache, während sie die eigentliche „Entscheidungskompetenz" beim „Souverän" wähnten. Gegebenenfalls missachteten sie die kaiserliche Anordnung, setzten auf die Zukunft und darauf, dass Kontrollmöglich-

Strukturverwerfungen der konstitutionellen Monarchien

---

[117] *Clark,* Sleepwalkers (wie Anm. 12), 175–189.; *Hans Werner Scheidl,* 1914: „Franz Joseph wollte den Krieg", in: Die Presse, Bericht über Presseinterview mit Manfried Rauchensteiner, (3.10.2015).

keiten fehlten. Eine Koordination von Außen- und Militärpolitik unterblieb. Die Ressortleiter, die Diplomaten, die Botschafter, die Militärs trieben ihr eigenes Spiel.

Man könnte meinen, in den parlamentarischen Staaten (Frankreich, Großbritannien) wären die Voraussetzungen für eine rationale Politikgestaltung besser gewesen. Aber gerade die Außenpolitik wurde auch hier zum Spielfeld kleiner abgeschlossener Cliquen, so dass eine Gesamtkoordination auf Regierungsebene scheiterte.[118] In Frankreich bestimmten wenige Familiennetzwerke die Außenpolitik (Herbette, de Courcel, de Margerie). Sie besetzten alle wichtigen Posten in der Zentrale und in den bedeutsamen Botschaften Europas. Ihre herausgehobene Stellung erlaubte ihnen zudem ein geschicktes Spiel auf der Klaviatur der Zeitungen und Zeitschriften. Eine Rückbindung an die Gesamtpolitik fehlte indes, umso mehr, da wegen der turbulenten politischen Atmosphäre in Frankreich die Außenminister seit 1905 immer nur kurz im Amt blieben.[119]

In England sah es auch nicht besser aus, obwohl Grey das Ministerium seit 1908 leitete: Die alten, erfahrenen Diplomaten waren auf weniger einflussreiche Posten abgeschoben worden. Neue junge Kräfte, die durch Intrigen und persönliche Netzwerke ins Foreign Office eintraten, eroberten die Schaltzentralen der Macht. Sie alle einte ein entschlossener Antigermanismus und der Wille, die außenpolitischen Karten bis zum Letzten auszureizen. Das hatte zum Teil persönliche Gründe, zum Teil unmittelbar politische Ursachen, denn die neue britische Außenpolitik an der Seite Frankreichs und Russlands bedurfte eines veränderten Narrativs, das den Verlust an außenpolitischer Freiheit und das eingegangene Risiko der offenen Bündnispolitik begründete. Da bot sich eine Speerspitze gegen das Deutsche Reich als scheinbar unberechenbarer Aufsteiger im internationalen System für so manchen Propagandacoup an.[120]

---

[118] *Clark*, Sleepwalkers (wie Anm. 12), 190–219, 313; *Stefan Schmidt*, Frankreichs Außenpolitik in der Julikrise 1914. Ein Beitrag zur Geschichte des Ausbruchs des Ersten Weltkrieges. München 2009, 25; *Zara S. Steiner/Keith Neilson*, Britain and the Origins of the First World War. 2. Aufl. Basingstoke 2003.
[119] *Clark*, Sleepwalkers (wie Anm. 12), 190–196, 219, 303–319.
[120] Ebd., 200–209.

Welchen Schaden die Eigenmächtigkeiten herausgehobener Akteure hervorrufen konnten, wenn sie allzu selbstbewusst die Politik beeinflussten, bewies die Julikrise. Da torpedierte etwa der deutsche Botschafter in Wien, Heinrich v. Tschirschky, die Deeskalationsbemühungen der Berliner Zentrale Ende Juli 1914.[121] In St. Petersburg fachte zur selben Zeit Maurice Paléologue, der französische Botschafter, das Kriegsfeuer kräftig an, ohne auch nur Rücksprache mit Paris zu nehmen.[122]

Für die Militärs galt dasselbe wie für die Diplomaten.[123] In Deutschland, in Österreich-Ungarn fühlten sie sich dem Kaiser verpflichtet – und waren tatsächlich nur ihm unterstellt. Eine intensive Rückbindung an die Politik unterblieb. Gleichzeitig betrachteten sie sich als Fachleute, die – wie in Russland – gegebenenfalls sich sogar dem kaiserlichen Votum widersetzten. In Frankreich und England unterlag die Armeeführung weit stärker der politischen Kontrolle. Aber auch hier handelten sie eigenmächtig, wandelten die Entente zu einem regelrechten Militärbündnis um.[124]

Zugespitzt formuliert, war Außenpolitik um 1914 einer der wenigen Bereiche, wo noch wirklich „Politik" getrieben wurde, wo „richtige" Entscheidungen möglich waren, frei von den so mühsamen Zwängen umfassender Rechtfertigung, wie es die Innenpolitik verlangte. Außenpolitik stand für Macht und für Einfluss, für Entscheidungsbefugnis: „große Politik" für „große Männer". Deshalb zog die Außenpolitik so magnetisch Teile des Adels und des tatenorientierten Bildungsbürgertums an. Die Diplomaten beobachteten viel, planten viel, spekulierten viel, manövrierten viel. Ein sozialer Raum für die systematische Entwicklung unterschiedlicher Szenarien, unterschiedlicher Strategien, für das rationale Abwägen von Sachverhalten und Alternativen fehlte jedoch. Die Ministerräte in Russland und in Österreich-Ungarn hatten in der Vergangenheit diese Funktion teilweise übernommen, aber sie verloren ihr kritisches Potential durch das Einwirken der Monarchen und durch das Herstellen eines Klimas von „jetzt oder nie".

Große Politik Tatwilliger

---

121 *Angelow*, Urkatastrophe (wie Anm. 25), 156–160.
122 *Schmidt*, Frankreichs Außenpolitik (wie Anm. 118), 25.
123 *Richard F. Hamilton/Holger H. Herwig*, War Planning 1914. Cambridge 2010.
124 *Clark*, Sleepwalkers (wie Anm. 12), 222–224.

Vertrauen in die gegnerische Seite, in die „feindliche" Großmacht fehlte. Noch gab es keine Diplomatenflugzeuge, kein rotes Telefon oder die Möglichkeit zu einer Videoschaltung, um auf persönlicher Ebene Konflikte zwischen den Staatsmännern auszutragen, gegenseitiges Verständnis zu wecken und Vertrauen herzustellen. Die so wichtige Krisendiplomatie von Ohr zu Ohr, von Angesicht zu Angesicht war vor dem Ersten Weltkrieg schlicht nicht in einem uns heute vertrauten Sinne realisierbar. Zwischen dem Gedankenaustausch der Außenminister und Staatsoberhäupter untereinander stand in der Regel ein geschriebener Text – und – der in die fremde Hauptstadt entsandte eigensinnige Botschafter, der die Note verbindlich interpretierte. „Je heftiger die Krise", so hat Verena Stella den Sachverhalt charakterisiert, „desto mehr schien sich die Diplomatie aus der Öffentlichkeit zurückzuziehen. Die Juli-Krise 1914 stellte sich so nicht zuletzt als Ergebnis ausbleibender Bemühungen um Kommunikation dar." Bedurfte „ein Kriegseintritt" üblicherweise der persönlichen „Mitteilung und" war damit „eine Angelegenheit ‚von Angesicht zu Angesicht'", so „fand die Kriegserklärung an Serbien als ‚Diplomatie ohne Diplomaten' statt."[125]

Fehlen einer angemessenen Infrastruktur

Wenn schon nicht die Solidarität der Monarchen eine vertrauensvolle Konfliktlösung möglich machte, dann hätte eine präzise Informationslage vielleicht das gegenseitige Vertrauen erhärten können. Aber Politik im Juli 1914 meinte das Stochern im Nebel. Gewiss, es gab Zeitungen. Sie waren offizielle Verlautbarungsorgane, Meinungsblätter, Skandaljournallien, Nachrichtenanzeiger, Welterklärer. Sie boten einen Einblick in Stimmungen. Aber sie durchbrachen nicht die Logik der Geheimdiplomatie. Deshalb blühte die Spionage, doch sie vermehrte eher die Unsicherheit als die Zuversicht. Militärnachrichtenzentralen gab es. Sie sahen überall Gefahren. Politische Geheimdienste, die umfassend Material sammelten und bewerteten, die möglichst viele Informationen bündelten und entsprechend nachvollziehbarer Kriterien beurteilten, sie gab es noch nicht. Die geheime Information über ein englisch-russisches Flottenabkommen, Juni 1914, erschütterte das Vertrauen Bethmann Hollwegs in die angestrebte Kooperation mit London unter ande-

---

[125] *Verena Steller*, Diplomatie von Angesicht zu Angesicht. Diplomatische Handlungsformen in den deutsch-französischen Beziehungen 1870–1919. Paderborn, München 2011, S. 487.

rem deshalb, weil einordnende Bewertungen und notwendige Hintergrundinformationen fehlten.[126] Nicht Zuversicht und Kriegsbegeisterung leitete die Entscheidungsträger, sondern Verzweiflung und Unsicherheit.[127]

Überlagerung von Tradition und Moderne. Die Ursachen der aggressiv-imperialen Diplomatie um 1900

Als Krise der Staatlichkeit um 1914 lassen sich die beschriebenen Sachverhalte charakterisieren, als Folge der unvollendeten Herausbildung rationaler Administration und parlamentarischer Rückbindung der Außenpolitik. Allgemeiner formuliert resultierte der Erste Weltkrieg aus einer Krise der klassischen Moderne, wodurch auf vielen Ebenen der Zivilisationsbruch erst möglich wurde, so jedenfalls die These der angesprochenen Forschungsrichtung.

Zwei Ansätze, die den Sachverhalt gut erläutern, will ich genauer vorführen. Im einen Fall geht es darum, die Verhärtungen des diplomatischen Dienstes in den Jahren nach 1870 sozialgeschichtlich zu erklären. Im zweiten Fall geht es darum, den Zusammenhang von gesellschaftlichen Konfliktlagen und Hinwendung zu einer aggressiven Außenpolitik herauszuarbeiten.

In einem anregenden Aufsatz zu den kollektivbiographischen, generationellen Hintergründen der europäischen Diplomatie zwischen 1871 und 1914 schildert Sönke Neitzel den Wandel der Weltwahrnehmung deutscher Diplomaten von den „Bismarckianern" (geboren 1820–1840), die dem Reich jegliche Weltmachtrolle absprachen, Außenpolitik als Stabilisierungspolitik verstanden und der Kolonialpolitik skeptisch gegenüberstanden, bis hin zu den „jungen Wilden" der Jahre vor dem Ersten Weltkrieg (geboren

„Generationenbruch"

Bismarckianer

---

126 *Herfried Münkler*, Der Reichskanzler war kein verantwortungsloser Hasardeur, in: Frankfurter Allgemeine Zeitung, 8.7.2014, 13.
127 Für Deutschland hat Mark Hewitson den „Revisionisten" vorgehalten, und dazu zählt er auch Annika Mombauer oder Wofgang Mommsen, sie würden die aggressive, selbstbewusste Ausrichtung der deutschen Politik verkennen: „German leaders risked military conflict in July 1914 not out of weakness and despair, but from a long-established position of strength." *Mark Hewitson*, Germany and the Causes of the First World War. Oxford 2004, 236. Allerdings kann ich das Argument aufgrund meiner Quellenkenntnisse nicht nachvollziehen.

1866–1880). Dazwischen lagen zwei weitere Alterskohorten, die „frühen Imperialisten" (geboren 1841–1852) und die „Wilhelminer"

Frühe Imperialisten (geboren 1853–1865). Die „frühen Imperialisten" stiegen nach 1890 in Schlüsselpositionen auf, gestalteten Außenpolitik aus einem Schwarz-Weiß-Denken heraus, begehrten für Deutschland Weltgeltung. Doch noch erachteten sie Krieg als Mittel der Politik, nicht als naturgegebene Notwendigkeit der Politik. Die „Wilhelminer" betrachteten Bismarck als Übervater, betonten, dass Deutschland alles daran setzen müsse, in die Liga der Weltreiche (England,

Wilhelminer Russland, USA) aufzusteigen. Wirtschaftskonflikte erwarteten sie, und sie plädierten für eine starke Armee. Doch eine strategische Vision fehlte ihnen. Die „jungen Wilden", die in den Jahren nach 1905 ersten Einfluss gewannen, verherrlichten die Tat, sahen Deutschland zur Expansion gezwungen und betrachteten den Krieg als unvermeidlich, um einen Statusverlust für das Deutsche Reich zu verhindern. Sie verurteilten die scheinbare Tatenlosigkeit des Reiches.

Junge Wilde Diese Generation junger Tatmenschen übernahm die Vorstellung vom Wettkampf der Nationen von ihren Altersvorgängern. „Im Verlauf der transgenerationellen Weitergabe (ein zentraler Begriff für die Argumentation – A.H.[128]) verschärfte sich der Diskurs" jedoch, „da die Wilhelminer und vor allem die Alterskohorten nach ihnen schon als junge Erwachsene von den Debatten über die imperialistische Machtentfaltung des Reiches nachhaltig geprägt wurden."[129] Der Diplomatie gaben sie keine Chance mehr, sondern setzten ganz eindeutig auf einen rechtzeitig begonnenen Krieg gegen Frankreich, der eine weitere Expansion des Deutschen Reiches ermöglichen sollte.

Was sich so klar für Deutschland abzeichnet, ist ähnlich für Großbritannien, Österreich-Ungarn und Russland zu beobachten:

---

128 Vgl. *Gabriele Rosenthal*, Zur interaktionellen Konstitution von Generationen. Generationenabfolgen in Familien von 1890 bis 1970 in Deutschland, in: Jürgen Mansel (Hrsg.), Generationen-Beziehungen. Austausch und Tradierung. Opladen 1997.
129 *Sönke Neitzel*, Diplomatie der Generationen? Kollektivbiographische Perspektiven auf die internationalen Beziehungen, 1871–1914, in: Historische Zeitschrift 296, 2013, 84–113, 105.

„In England gehörte die „außenpolitische Elite der ‚Limps'[130] zur gleichen Alterskohorte wie die Wilhelminer. Zwischen 1853 und 1865 geboren, wurden sie als junge Erwachsene von den Schriften Darwins[131], Seeleys[132], Froudes[133] und dem beginnen Hochimperialismus der 1880er Jahre nachhaltig geprägt. Obgleich sie eine fundiertere Ausbildung genossen und weiter gereist waren als ihre deutschen Altersgenossen sowie in der transparenten Binnenkultur des Diplomatic Service arbeiteten, bildeten sich bei ihnen ganz ähnlich verengte ‚images' heraus. Lange bevor die Edwardians [1901–1910/19] an die Schaltstellen der Macht gelangten, waren sie zu der Überzeugung gelangt, mit der Außenpolitik Gladstone'scher Prägung brechen zu müssen."[134]

In Wien kamen junge Diplomaten ans Ruder, die, wie Alexander Graf Hoyos, einer robusten Interessenpolitik das Wort redeten, vor allem auf dem Balkan agieren wollten und auch ein militärisches Einschreiten nicht ausschlossen.[135] Nur die französische Diplomatie scheint aus dem vorgestellten Erklärungsmuster herauszufallen. Doch enthielt die Fixierung auf das Kolonialreich und das scheinbar so übermächtige Deutsche Reich ein erhebliches Potential für „irrationale Selbst- und Fremdbilder",[136] die transgenerationell weitergetragen wurden und nach 1911 zusätzlich an Bedeutung gewannen.

Was die Diplomatie vor dem Ersten Weltkrieg demnach auszeichnete, war eine gewisse sozialdarwinistische Weltwahrnehmung, eine verbreitete Ungeduld, die Faszination für die Tat und eine bezeichnende Redefinition des eigenen Aufgabenbereichs. Nicht mehr das Bemühen um Ausgleich und die Bewahrung des europäischen Gefüges standen im Mittelpunkt der Selbstverortung, sondern der autistische Blick auf die Belange der eigenen Nation.

Autistischer Blick auf die eigene Nation

---

130 Liberal Imperialists – A.H.
131 Charles Darwin, Evolutionstheoretiker, Begründer der Theorie „natürlicher Selektion".
132 John Robert Seeley, Historiker, beschrieb die Expansion Englands als zivilisatorischen Auftrag.
133 James Anthony Froude, ebenfalls Historiker, war einer der führenden Förderer des Empire-Gedankens.
134 Ebd., 108 f. Gladstone setzte als Liberaler der prestigeorientierten Außenpolitik der Konservativen einen dezidiert moralisch orientierten, zögerlichen Imperialismus entgegen.
135 *Angelow*, Urkatastrophe (wie Anm. 25), 35.
136 *Neitzel*, Diplomatie der Generationen (wie Anm. 129), 110.

Edward Grey, der englische Außenminister, sprach beispielsweise kein Französisch, was früher durchaus zu erwarten gewesen wäre, und Paul Cambon, der langjährige französische Botschafter in London, weigerte sich Englisch zu lernen, weil er glaubte, nur in Französisch sei es möglich, Argumente in ihrer ganzen Rationalität zu entfalten.[137]

Kurz, eine exklusive soziale Selbstrekrutierung und spezifische Generationenerfahrungen erklären recht gut, warum die Fähigkeit zum Denken und Handeln in der Logik des europäischen Mächtekonzerts verlorenging und stattdessen der Blick sich auf die Nation verengte. Als Überlebenskampf imaginierten die „jungen Wilden" die Außenpolitik und sie faszinierte die große Tat. Mit den Wilhelminern teilten sie in Deutschland die Überzeugung eines Niederganges deutscher Politik seit der selbstbewussten Strategie Bismarcks.

Heinrich von Tschirschky und Bögendorff, der deutsche Botschafter in Wien, Wilhelminer, entstammte einer adeligen Hochbeamtenfamilie, war 1906 bis 1907 selbst Staatssekretär im Auswärtigen Amt gewesen und fürchtete, sein Ansehen zu verlieren, als er, nachdem er anfangs Zurückhaltung gegenüber Serbien angemahnt, dann im Juli den deutschen Blankoscheck vertreten hatte, Ende des Monats eine erneute Kehrtwende machen und Wien zur Mäßigung raten sollte. Das widersprach offenbar gleichermaßen seiner politischen Option für eine entschiedene Risikopolitik als auch seinem Ehrgefühl als selbständig handelnder, adeliger Diplomat.[138]

Ungelöste gesellschaftliche Modernisierungskonflikte als Grund für eine verhärtete Außenpolitik

Nun agierten die Diplomaten Ende des 19., Anfang des 20. Jahrhunderts gerade nicht mehr in einem öffentlichkeitsfreien Raum. Längst hatte die „große Politik der Kabinette" ausgedient und besaß die Außenpolitik auch eine innenpolitische Dimension. Der amerikanische Historiker Arno J. Mayer hat in einem vielzitierten

---
137 *Clark*, Sleepwalkers (wie Anm. 12), 193.
138 *Angelow*, Urkatastrophe (wie Anm. 25), 120 f.

Aufsatz zu den „*Domestic Causes of the First World War*" (1967) diesen Punkt angesprochen und darauf verwiesen, dass alle am Konflikt beteiligten Staaten um 1910 innenpolitische Krisen durchliefen, ausgelöst durch Industrialisierung und Demokratisierung. Das politische System spreizte sich zu den Rändern aus, mit der Folge politischer Instabilität und einer Öffnung der Regierungen gegenüber dem nationalistischen Druck der extremen Rechten. Deren Militanz versprach eine Reintegration der Gesellschaft unter der Fahne einer kriegsbereiten Nation.[139] Später haben die „Gesellschaftshistoriker" Mayers Argumentation aufgegriffen, ohne freilich die zugespitzte These eines „konterrevolutionären Krieges" zu übernehmen.

Folgen wir der Darstellung von Wolfgang Mommsen und Dittmar Dahlmann, der eine ein ausgewiesener Fachmann der europäischen Geschichte im 19. Jahrhundert, der andere Russlandspezialist, so erlebte die russische Gesellschaft in den Jahren zwischen 1905 und 1914 einen dramatischen Modernisierungsschub. Die traditionell deutschfreundliche Hocharistokratie wurde politisch an den Rand gedrängt, während das nach Frankreich ausgerichtete Großbürgertum von der raschen Industrialisierung und dem Rüstungsboom profitierte. Die Intelligenz entdeckte den Nationalismus. Die Arbeiter streiken. Die Bauern protestierten, weil die Stolypinschen Reformen schnell an ihre Grenzen stießen. Die Wahlen zur Duma 1912 bewiesen die innere Zerrissenheit.[140] Zunehmend sah sich die zarische Regierung von einer „nationalistisch gesinnten ,Öffentlichkeit' politisch unter Druck gesetzt und zu außenpolitischen Erfolgen verdammt."[141] Zwischen 1905 und 1917 diskutierte der Zarismus jene Alternativen, die ihm noch offen standen: Ein

<small>Russland</small>

---

139 *Arno J. Mayer*, Domestic Causes of the First World war, in: Leonard Krieger/Fritz Richard Stern (Hrsg.), The Responsibility of Power. Historical Essays in Honor of Hajo Holborn. Garden City 1967, 286–300. In einem später erschienen Buch hat Arno J. Mayer den starken Einfluss vormoderner Gruppen in der europäischen Gesellschaft für die Krise des Ersten Weltkrieges verantwortlich gemacht, fand aber für diese Zuspitzung nur wenig Rückhalt: ders., Adelsmacht und Bürgertum. Die Krise der europäischen Gesellschaft 1848–1914. München 1988.
140 *Dittmar Dahlmann*, Rußland, in: Hirschfeld/Krumeich/Renz/Pöhlmann (Hrsg.), Enzyklopädie Erster Weltkrieg (wie Anm. 32), 87–96.
141 *Wolfgang Mommsen*, Großmachtstellung und Weltpolitik. Die Außenpolitik des Deutschen Reiches 1870 bis 1914. Frankfurt/M. 1993, 294.

Bündnis mit der bürgerlichen Öffentlichkeit hätte eine umfassende Agrarreform und Veränderung der Besitzverhältnisse zuungunsten des Adels bedeutet. Darauf wollte und konnte man sich nicht einlassen. Die von oben durchgesetzten Reformen Stolypins, die zweite Option also, wirkten nicht oder jedenfalls nicht schnell genug – „und so trieb der Zarismus [...] auf die dritte Lösung zu. [...] Eine aggressive Außenpolitik und ein siegreicher Krieg sollten das System stabilisieren"[142]

Österreich-Ungarn

Dass die militärische Unterwerfung Serbiens vor allem dem Zweck diente, den inneren Zusammenhalt Österreich-Ungarns zu festigen, glaubten selbst die Zeitgenossen. So berichtete der sächsische Geschäftsträger in Berlin von der Stimmung im Auswärtigen Amt: Unterstaatssekretär Zimmermann sei der Überzeugung, dass ein energisches Vorgehen gegen Serbien „das Prestige Österreich-Ungarns nach außen, insbesondere den Balkanvölkern gegenüber" festigen werde. Ein entschlossenes Vorgehen sei geeignet, „die innere Zersetzung der Monarchie wenigstens für einige Zeit aufzuhalten."[143] Auch die österreichischen Politiker selbst sahen die Zeit gekommen, den innen- und außenpolitischen „Verfall" mit einer dramatischen Aktion aufzuhalten. Eine Demonstration blutiger Entschlossenheit sollte allen zentrifugalen Kräften Einhalt gebieten und die Großmachtrolle befestigen. Endlich müsse etwas geschehen, „glaubten nicht nur [die] Außenpolitiker und ‚Präventivkrieger', sondern viele und vor allem Intellektuelle", so Manfried Rauchensteiner, der ein Standardwerk zu Österreich-Ungarn im Ersten Weltkrieg vorgelegt hat. „Jene noch zu beschreibende Stimmung in der Julikrise 1914, in der die Geistigkeit Europas mit wenigen Ausnahmen den Krieg begrüßte, und zwar nicht nur aus nationalen, sondern aus grundsätzlichen Erwägungen heraus, war in Österreich-Ungarn in hohem Maß vorhanden."[144] Die inneren Konflikte, die nationalen Gegensätze, die sozialen Widersprüche stachelten immer wieder Unruhen an, provozierten Revolten. Die Gendarmerie und die Armee schlugen sie ebenso regelmäßig nie-

---

142 *Hans-Heinrich Nolte*, Kleine Geschichte Rußlands. Ditzingen 1998, 161.
143 17.7.1914, Biedermann (sächsischer Geschäftsträger Berlin) an Vitzthum (Sächsischer Staatsminister für auswärtige Angelegenheiten), in: *Geiss* (Hrsg.), Juli 1914 (wie Anm. 86), 101.
144 *Rauchensteiner*, Erste Weltkrieg (wie Anm. 86), 18.

der. Und so hatte sich die Öffentlichkeit an die Anwendung von Gewalt und einen autoritären Regierungsstil zur Lösung der politischen Probleme gewöhnt. „In den Handlungen der österreichischen Verantwortlichen [...] spiegelte sich die Überzeugung, von Gegnern, ja Feinden partiell eingekreist und überall verwundbar zu sein sowie nur mehr der Auflösung entgegenzudämmern. Die Morde von Sarajevo waren eine Demütigung gewesen. Doch es war der Umstand der faktischen Unregierbarkeit, der dann mitspielte, und die Hoffnung, dem allen ein Ende setzen zu können, die dann den Entschluss zum Krieg nach sich zogen."[145]

Die politische Elite Deutschlands war dagegen fasziniert vom Aufstieg ihres Landes zur Industriemacht. Sie erwartete entsprechende außenpolitische Gewinne und sah sich immer mehr enttäuscht. Statt mitzuspielen auf Weltmachtebene, statt einen Platz an der Sonne zu erobern, war sie scheinbar eingekreist zwischen dem „revanchistischen Frankreich" und einem „aggressiven Russland". Im Innern unterstand sie dem Druck umfassender Demokratisierung und Forderungen nach einer sozial gerechteren Politik, während gleichzeitig die Vormachtstellung der traditionellen Führungsgruppen bewahrt werden sollte. Ohne fundamentale Eingriffe in das Steuersystem, die vor allem die Privilegien der Begüterten treffen würden, konnte der Rüstungswettlauf nicht fortgesetzt werden. In dieser Situation optierten Reichskanzler Bethmann Hollweg und Generalstabschef Moltke für unterschiedliche Strategien (Risikopolitik auf der einen Seite, Präventivkriegspolitik auf der anderen Seite). Doch beide Herangehensweisen hatten dasselbe Ergebnis: „Der Krieg", so Wolfgang Mommsen, war „das Resultat des machiavellistischen Kalküls einer kleinen, innerlich bereits überlebten Führungsschicht, welche in einer kritischen weltpolitischen Situation leichtfertig und mit zu hohem Einsatz gespielt hatte, weil sie hoffte, auf diese Weise ihre eigene geschwächte Machtstellung stabilisieren zu können."[146] Ähnlich hat Hans-Ulrich Wehler den Sachverhalt geschildert,[147] während Heinrich August Winkler noch

Deutschland

---

145 Ebd. 122.
146 *Mommsen*, Großmachtstellung (wie Anm. 141), 321.
147 *Hans-Ulrich Wehler*, Deutsche Gesellschaftsgeschichte. Von der Deutschen Doppelrevolution bis zum Beginn des Ersten Weltkrieges 1849–1914. München 1995, 1152–1168.

näher an Fritz Fischer heranrückt. „Es gab eine Kriegspartei in der öffentlichen Meinung Deutschlands und an der Spitze des Reiches. Nicht nur alldeutsche, konservative und nationalliberale, sondern auch katholische Zeitungen sprachen im Frühjahr 1913 im Sinne des Kaisers vom unausweichlichen Rassenkrieg zwischen Germanen und Slawen."[148] „Für die radikaleren Kräfte der militärischen, politischen und publizistischen Kriegspartei war die Hoffnung auf einen großen Krieg der eigentliche Grund, Wien zur Härte gegenüber Belgrad anzutreiben."[149] Moltke als Vertreter der militärischen Kriegsfronde erachtete den Zeitpunkt 1914 angesichts des Rüstungswettlaufs für vergleichsweise günstig. Die zivile Kriegspartei betonte die Chance, die inneren Verhältnisse zu konsolidieren. Und der Kanzler war Pessimist, der zunehmend die Argumentation der Militärs übernahm. Sein Schreiben an Wien vom 30. Juli 1914, in dem er Berchtold aufforderte, auf die Vermittlungsvorschläge Greys einzugehen, um damit den Frieden zu bewahren, sollte, so die Überlegung von Winkler, Imanuel Geiss und anderen, nur dem Zweck dienen, Russland den schwarzen Peter für den Kriegsbeginn zuzuspielen.[150]

Großbritannien

Am wenigsten hat die britische Politik dem Krieg zugearbeitet. Jedenfalls gab es dort keine dezidierte Kriegspartei, obwohl auch hier vereinzelt konservative Stimmen zu hören waren, wonach ein Krieg die britische Gesellschaft stabilisieren und die soziale Revolution verhindern würde.[151] Die Suffragetten protestierten. Irland forderte Unabhängigkeit. Die Labour Party war auf dem Vormarsch. Die Wirtschaft litt unter Streiks, trotz der Sozialreformen in den letzten Jahren. Auch die britische Gesellschaft befand sich in einem dramatischen Umbruch. Was bisher als gewiss betrachtet wurde, als geradezu in Stein gemeißelt, galt offensichtlich für die Zukunft nicht mehr. Im Unterschied zu den autokratischen Regierungen des Kontinents stellte sich die englische Regierung den offenen gesellschaftlichen Fragen. Manches indes war auch bei

---

148 *Heinrich August Winkler*, Deutsche Geschichte vom Ende des Alten Reiches bis zum Untergang der Weimarer Republik. Bonn 2000, 327.
149 Ebd., 330.
150 Ebd., 330 f.
151 *Geoffrey R. Searle*, A New England? Peace and War, 1886–1918. Oxford 2004, 517.

größter Reformbereitschaft nicht sofort und einfach lösbar. Neue Technologien erschütterten das vertraute Gefühl militärischer Sicherheit und damit über Jahrhunderte verbürgte Gewissheiten: U-Boote konnten unbemerkt die Küste erreichen bzw. große Schlachtschiffe versenken; Flugzeuge würden in der Lage sein, die Insel in wenigen Minuten zu attackieren; das Funkwesen ermöglichte bereits jetzt das Überschreiten riesiger Räume. Zeitweise entfachte die englische Presse eine geradezu panische Angst vor der deutschen Invasion, den deutschen Schiffen, den Zeppelinen, den Spionen. Überraschenderweise blieb die Mehrheit der Regierungsmitglieder von dieser Manie unbeeindruckt.[152]

Auch die Forschungen zu Frankreich haben die Frage nach den Grundlagen für den Kriegseintritt zwiespältig beantwortet. So verweist Jens Ivo Engels im Anschluss an entsprechende Studien auf die rein außenpolitischen Motive Poincarés. Das Land habe in der Julikrise keine eigenen Interessen verfolgt. Frankreich trat „allein deshalb in den Krieg ein, um seinen Allianzpartner Russland zur Seite zu stehen."[153] Ganz anders hat Wilfried Loth den Forschungsstand zusammengefasst. Wie viele andere Historiker betont er die Spaltung der französischen Gesellschaft in den Vorkriegsjahren, eine Spaltung zwischen revolutionären Syndikalisten, antimilitaristischen Sozialisten und der Regierungsmehrheit, die „zur Kraftprobe mit dem Deutschen Reich bereit" war.[154] Tatsächlich unterlagen die bürgerlichen Kräfte dem Druck einer neuen, extrem nationalistischen Bewegung um Georges Sorel, Charles Maurras und Charles Péguy. Den Nationalisten misslang zwar ein Ausgreifen in die breite Provinz, doch sie beeinflussten immer stärker das politische und intellektuelle Klima in Paris und im Osten Frankreichs. „Angesichts der geringen Dynamik der französischen Industrialisierung" war die „republikanischen Synthese" zwar noch nicht gefährdet. Doch versicherte Poincaré 1913: „Ein Volk kann nur dann in Frieden leben, wenn es sich stets kriegsbereit hält".[155]

Frankreich

---

152 Ebd., 504–517.
153 *Jens Ivo Engels*, Kleine Geschichte der Dritten Französischen Republik. 1870–1940. Köln 2007, 114.
154 *Wilfried Loth*, Geschichte Frankreichs im 20. Jahrhundert. Stuttgart 1987, 18.
155 *François Caron*, Frankreich im Zeitalter des Imperialismus, 1851–1918. Stuttgart 1991, 583.

Die gesellschaftliche Stimmung in Europa beförderte in der Summe eine Bekundung von Stärke, Entschlossenheit, Widerstandswillen, Offensivkraft. Sie machte Kompromisse durch die Herrschenden immer schwieriger. Und sie begünstigte eine irrationale außenpolitische Flucht aus den allzu komplexen Zwängen der Gegenwart.

Europa im sozialen Umbruch und die Folgen für Diplomatie, Staat und Gesellschaft. Stärken und Schwächen des gesellschaftsgeschichtlichen Ansatzes

Fassen wir zusammen: Seit 1890 war Europa nicht mehr der alte Erdteil, das bürgerliche, das gemäßigte Europa. Soziale Konflikte erschütterten den Kontinent. Die Arbeiter streikten nicht mehr spontan, in kleinen Gruppen, in den Städten, auf den einzelnen Betrieb konzentriert, sondern organisiert, durch Gewerkschaften angeleitet. Interessenverbände entstanden jetzt überall, und sie setzten die Politik unter Druck. Sie verwendeten dazu ganz neue Taktiken der Einflussnahme, der Propaganda, des unmittelbaren finanziellen Drucks. Zudem übernahmen jetzt die Rechten die Straßenagitation der Linken. Die „Camelots du roi" in Frankreich, die Jugendorganisation der „Action française", erprobte neuartige Kampfmethoden, die Politik als Gewaltform thematisierten. Und obgleich sie nur eine kleine Gruppe repräsentierten, erregten sie viel Aufmerksamkeit.

Europa im Umbruch der klassischen Moderne

Den Umbruch der klassischen Moderne[156] erlebten die Gesellschaften Europas als Zeiten des Aufbruchs, als Jahre ungeahnter Möglichkeit der Selbstentfaltung, aber auch als eine Epoche der Erschütterung sozialer Ordnung und des Verlustes vertrauter Gewissheiten. Immer weiter differenzierten sich die Gesellschaften aus. Sie wurden dadurch immer komplexer. An die Stelle hierarchischer Ordnung traten funktionale Aufgabenteilungen. Die Ingenieure verdrängten selbst in der Armee die adeligen Offiziere. Als Gegensatz von Gemeinschaft und Gesellschaft hat Ferdinand Tönnies zeitgenössisch den Sachverhalt beschrieben.[157]

---

156 So *Detlev Peukert*, Die Weimarer Republik. Krisenjahre der Klassischen Moderne. Göttingen 1987.
157 *Ferdinand Tönnies*, Gemeinschaft und Gesellschaft. 2. Aufl. Berlin 1912.

Auf vier Ebenen hat die Geschichtswissenschaft den gesellschaftlichen Umbruch der Jahre um 1900 als für den Ersten Weltkrieg verantwortlich thematisiert. Da waren erstens die unklaren Entscheidungsstrukturen in den Hauptstädten Europas, Resultat der „unabgeschlossenen Modernisierung" des Staatsapparates. Vor allem in den Staaten mit (konstitutionell-)monarchischer Ordnung fehlten präzise Kompetenzabgrenzungen. Zu den Folgen zählten eine durchgängige Frustration aller Beteiligten, weil Argumente kaum zählten, mangelnde Transparenz, eine auffallende Inkohärenz der Politik („Wilhelm der Plötzliche") und die Selbstermächtigung der einzelnen. Indes, auch in den westlichen Demokratien blieb der außenpolitische Entscheidungsprozess brüchig: Das britische Parlament thematisierte erstmals im August 1914 die verhängnisvolle Lage, als der Krieg zwischen Deutschland und Russland schon begonnen hatte. Das Kabinett verweigerte über lange Zeit eine aktive Krisenpolitik. So verblieb die ganze Verantwortung bei Edward Grey und dem Foreign Office. In Frankreich übernahm der Staatspräsident einen Teil der außenpolitischen Aufgaben. Darüber hinaus verfügte der außenpolitische Apparat traditionell über ein gehöriges Eigenleben, so dass auch hier manche Eigenmächtigkeiten und Irrationalismen möglich wurden, die zu einem späteren historischen Zeitpunkt unvorstellbar gewesen wären. Da waren zweitens die veränderten Rekrutierungswege und Sozialisationsmuster für den diplomatischen Dienst. Sie mündeten in einem Aufstieg für „diplomatische Karrieristen" und in einer Geringschätzung von Kompromissen und einem Verlust kultureller Verständnisbereitschaft. Drittens: Der gesellschaftliche Wandel in Europa erforderte soziale Reformen, die nur wenige Staaten zu realisieren bereit waren. Gekoppelt mit sozialdarwinistischen Einstellungsmustern und der Erfahrung immer schärferer außenpolitischer Gegensätze entwickelten die Herrschenden in vielen Staaten ein Gefühl der Einkreisung und der Ausweglosigkeit. Nur eine Politik der Härte versprach in dieser Konstellation das eigene Überleben – innen- und außenpolitisch. Viertens: Eine dezidierte Kriegspartei gab es freilich nur in Deutschland und in Österreich-Ungarn. Während die Alldeutschen, Generalstabschef Moltke und einige andere tatsächlich den großen Krieg mit Russland (Frankreich, England) ins Auge fassten, richtete die Kriegspartei im Habsburgerreich ihren Blick allein auf Serbien. Insofern, so das Argument des gesellschaftshistorischen Ansatzes, spiegelte

Unklare Entscheidungsstrukturen

Undiplomatische Diplomaten

Innere Modernisierungskrisen

Ausbildung von Kriegsparteien

der Erste Weltkrieg doch vor allem die Verwerfungen der deutschen Gesellschaft.

Arno Mayer hat in seinem bereits zitierten Aufsatz eingangs die Stärken des klassisch diplomatiegeschichtlichen Ansatzes herausgestellt. Gut erklären könne die traditionelle Forschung die Verhärtungen der Bündnissysteme, den Rüstungswettlauf, die Militarisierung des Denkens, die Auswirkungen der nationalistisch aufgeladenen Massenpresse; auch die von der älteren Historiographie herausgearbeiteten persönlichen Fehler der Handelnden. Selbst die schrecklichen Fehlkalkulationen eines Bethmann Hollweg oder Leopold Graf Berchtold seien schlüssig zu begründen. Indes scheitere der diplomatiegeschichtliche Ansatz, wenn es darum gehe, die generelle Kriegsbereitschaft zu erklären und darzulegen, welche innenpolitischen Ursachen dem Entscheidungsverlauf zugrunde lagen. In der Tat ergänzt der gesellschaftsgeschichtliche Ansatz die eher diplomatiegeschichtliche Perspektive um wichtige Argumente. Denn auch die Politiker, die Diplomaten, die Militärs handelten im gesellschaftlichen Raum. Die Krise der Gesellschaft schlug um in eine Krise der Politik, weil sie keine Antwort auf die Herausforderungen fand, die die Entwicklung einer funktional gegliederten Gesellschaft mit sich brachte: Forderungen nach sozialer Gleichstellung, Verlangen nach politischer Teilhabe, der Wunsch nach Autonomie.

Grenzen des gesellschaftsgeschichtlichen Ansatzes

Wie die meisten soziologischen Ansätze der 1960er und 1970er Jahre verwendet der gesellschaftsgeschichtliche Ansatz ein relativ einfaches Menschenbild. Die sozialen und wirtschaftlichen Interessen der Einzelnen stehen im Mittelpunkt. Die sozialen Gruppen werden nach ihrer Stellung innerhalb des sozialökonomischen Systems beschrieben. Handlungsmotiven außerhalb dieses Kategorienrasters wird kein „Eigensinn" zugebilligt. Sie gelten als abgeleitete Randerscheinungen, als ideologische Verbrämungen, als irrationale Reaktionen. So ist die für die damalige Zeit so ausgeprägte Suche nach angemessenen Lebensformen, nach alten und neuen sinnhaften Lebensstilen, nach individueller Anerkennung und nach selbstbestimmter Lebensweise außerhalb der dominanten Klassengesellschaft nur schwer in die Argumentation einzubeziehen.

4.5 Offene Kulturen, mentale Verhärtungen und die Erfahrung der „Schicksalsgemeinschaft". Die kulturellen Ursachen des Ersten Weltkrieges

Als Zeitalter der Nervosität hat die Kulturgeschichte die Jahre vor dem Krieg beschrieben, als Epoche des modernen Geschlechterkampfes, auch als eine Periode des Militarismus, dann wiederum als eine Zeit der Skandale, welche die neu entstandene Massenpresse kräftig anstachelte und somit das Vertrauen in die Politik erschütterte. Sozialdarwinismus und Rassismus feierten in den Jahren nach 1890 bemerkenswerte intellektuelle Erfolge. Das Klima der Zeit, so das Fazit der kulturgeschichtlichen Forschung, habe den „Sprung ins Dunkle" (Bethmann Hollweg) begünstigt. Und doch bleibt das Bild unbefriedigend, da es die Vielfalt der Wahrnehmungen und der Zugänge zur Welt unzulässig reduziert.

Nur Ausschnitte aus einem bunten Dasein

Was die Gesellschaftsgeschichte eindringlich herausgearbeitet hat, gilt auch für die kulturgeschichtliche Perspektive: Nicht der historische Fortschritt, nicht die historische Bewegung an sich, sondern die Ausdifferenzierung in so viele unterschiedliche Erscheinungsformen erzeugte das Problem. Militarismus gab es, unbestritten, aber eben auch Antimilitarismus, dezidierten Pazifismus. Die Frauenemanzipation provozierte verhärtete Männlichkeitsvorstellungen, doch ebenso verbreitet waren eine neue Weiblichkeit und eine auffallende männliche Sensibilität.

Die kulturgeschichtlichen Beiträge zu den Ursachen des Ersten Weltkriegs thematisieren insofern nur einzelne Aspekte des kulturellen Lebens vor 1914, Ausschnitte aus einem bunten, aufregenden Spektrum.

Welche Fragen stellt der kulturhistorische Ansatz? Im Kern geht es darum zu erklären, warum namhafte Teile der Öffentlichkeit Zucht und Ordnung der Freiheit vorzogen, welchen Einfluss die Presse auf das Geschehen nahm, warum die Diplomaten immer undiplomatischer wurden und weshalb ganze Gruppen 1914 fahnenschwingend in den Krieg zogen.

Schattierungen des Militarismus in Europa und die Narrativen des Krieges

Schicke Uniformen, Disziplin, ein aufregendes Leben

Wer ein „wirklicher Mann" sein wollte 1914, hatte einmal eine Uniform getragen oder trug sie. Die Erfahrung von Gemeinschaft, das Bekenntnis zu Staat und Nation, die demonstrative Teilhabe an der Macht, der Anspruch auf Ehrerbietung dem Uniformträger gegenüber, das Recht auf Anwendung von Gewalt, all das faszinierte in einer Gesellschaft, in der die klassische Männerrolle gefährdet schien. Die „natürliche Ordnung" war vielen Standesbewussten allzu schnell allzu flüssig geworden. Der Zwang zur argumentativen Rechtfertigung untergrub die Stellung der traditionellen Autoritäten. Da bot das Militär als funktionale, hierarchisch organisierte Einheit vergleichsweise sicheren Rückhalt.

Militarismus als gesamteuropäisches Phänomen

Während der Pazifismus ein links-bürgerliches Anliegen blieb, fand der Militarismus auf der rechten Seite des politischen Spektrums Zuspruch. Dabei war er kein rein preußisch-deutsches Phänomen, wie die Forschung jetzt herausgearbeitet hat, obgleich er in Deutschland besondere Blüten trug. Für Österreich-Ungarn hat Manfried Rauchensteiner von Militarismus gesprochen, wenn damit der soziale Vorrang des Militärs gemeint sei, die herausgehobene politische Stellung, die Hoffnung, die Armee könne als Basis für die staatliche Erneuerung dienen.[158] Nicht anders war die Situation in Russland: „Russland unterhielt eine stehende Armee von 1,4 Millionen Männern und trug die militärischen Ränge in die zivile Administration des Landes. Die Armee hatte sich zwar im Russisch-Japanischen Krieg als schlecht ausgebildet, schlecht ausgerüstet und kaum kampftauglich erwiesen, aber sie war ein wichtiges Instrument, um in einem Land, auf das Polizei und Justiz kaum Zugriff hatten, gewaltsam die innere Ordnung zu erzwingen. Die Wehrpflicht betrug zwanzig Jahre."[159] Selbst viele Franzosen faszinierte das bunte Spiel der militärischen Paraden und uniformierten Aufzüge, wenn auch begleitet von öffentlichem Protest. Nach der zweiten Marokkokrise hatte Frankreich unter Poincaré und Millerand ein lautstarker, gegen Deutschland gerichteter Nationalismus

---

[158] *Rauchensteiner*, Erste Weltkrieg (wie Anm. 86), 61.
[159] *Philipp Blom*, Der taumelnde Kontinent. Europa, 1900–1914. München 2008, 189.

erfasst.¹⁶⁰ Wie in Deutschland, so gab es auch in Frankreich die Überzeugung, die Armee spiegele die Größe der Nation. Darüber hinaus habe sie eine wichtige Funktion als Schule der Nation.¹⁶¹ 85 Prozent der Männer Frankreichs im wehrfähigen Alter wurden zur Armee einberufen. In Deutschland waren es 50 Prozent.¹⁶² Die Aufrüstung der Armee bedurfte propagandistischer Begleitung. Das rief die rüstungswilligen Verbände auf die öffentliche Bühne – und eine Kampagne gegen einen vermeintlichen deutschen Überfall.¹⁶³ Nur in England gab es keine Konskription. Das heißt aber nicht, dass hier das Soldatenspiel, das Spiel mit den Uniformen keinerlei Bedeutung gehabt hätte. 20 000 Oberstufenschüler der berühmtesten Public Schools nahmen an den paramilitärischen Übungen des „Officer Training Corps" teil. Viele junge Menschen schlossen sich der Pfadfinderbewegung an, die von General Robert Baden-Powell, einem britischen Kavallerie-Offizier und Helden aus der Zeit des Burenkrieges, um 1907/8 als erlebnispädagogische Jugendorganisation gegründet wurde.¹⁶⁴ Die Zeitungen schürten die Angst vor einer deutschen Invasion.¹⁶⁵

Beinahe überall in Europa waren es dieselben Institutionen, die den Militarismus voranbrachten: die Schulen, die Jugendorganisationen, die Vereine, die Militärs selbst, auch wenn im einen oder anderen Land die Schwerpunkte jeweils anders lagen.

Selbst die Narrativen des Militärischen und des Krieges bewiesen auffallende Ähnlichkeiten, wenn wir die Losungen in den beteiligten Ländern miteinander vergleichen: die Armee als Schule der Nation, der militärische Konflikt als aufregendes Planspiel, der Krieg als Errettung aus der Dekadenz der Moderne.¹⁶⁶ Überspannen

---

160 19.2.1913, Bertie an Grey, in: *Baumgart* (Hrsg.), Julikrise (wie Anm. 105), 20–12.
161 *Blom*, Taumelnde Kontinent (wie Anm. 159), 189 f.
162 www.historyhome.co.uk/europe/causeww1.htm#b (25.5.2014).
163 *Christoph Nübel*, Bedingt kriegsbereit. Kriegserwartungen in Europa vor 1914, in: Bundeszentrale für politische Bildung (Hrsg.), 100 Jahre Beginn des Ersten Weltkrieges. Bonn 2014, o. S. (www.bpb.de/shop/buecher/schriftenreihe/188383/apuz-edition-100-jahre-beginn-des-ersten-weltkriegs, 29.5.2016).
164 *Searle*, New England? (wie Anm. 151), 511 f.
165 Ebd., 504–505.
166 *Stig Förster*, Angst und Panik. „Unsachliche" Einflüsse im politisch-militärischen Denken des Kaiserreiches und die Ursachen des Ersten Weltkriegs, in:

sollte man diese Argumentation freilich nicht, weil es auch immer Gegenpositionen gab, die Linke eher auf den friedlichen Ausgleich setzte, bedeutende Teile der Wirtschaft die verbindende Macht des Handels betonten. Richtig ist aber, dass Europa 1914 das Militärische nichts wirklich Fremdes war, dass die Vorstellung der Verteidigung der Nation mit militärischen Mitteln fest im politischen Diskurs verankert war.

Wichtiger als die eben beschriebenen politisch aufgeladenen Vorstellungen waren jene Topoi, die allgemeine Erwartungshaltungen reflektierten, etwa die Vorstellung von der Unvermeidlichkeit eines Krieges in der Zukunft,[167] bei dem je nach politischem Lager die kapitalistischen Staaten gegeneinander kämpfen würden – oder aber die barbarischen und die zivilisierten Völker ihre Lebenswelt gewaltsam gegeneinander ausfochten – oder die germanischen und die nichtgermanischen Mächte die Erde unter sich aufteilten – oder ... Der Rüstungswettlauf überforderte langfristig die allermeisten Staaten. Auch das beförderte eine gewisse Endzeitstimmung.

Erwartung eines unvermeidlichen Krieges

Gleichzeitig galt ein großer Krieg den meisten Menschen doch als eher unwahrscheinlich.[168] Wer es wissen wollte, wusste nur zu gut, wie viel Leid die modernen Waffen während der Balkankriege verursacht hatten. Doch schon der nüchterne Verstand reichte vollkommen aus, um die ungeheuren Zerstörungen vorherzusehen, die die Volksheere mit ihrem modernen Vernichtungsmaterial verursachen würden.

Unwahrscheinlichkeit des Krieges

Letztlich erhöhten beide Argumentationsfiguren die Wahrscheinlichkeit eines Krieges: Wenn der Krieg in der Zukunft als unvermeidlich galt, dann rief dies einen grimmigen Fatalismus hervor, eine gleichgültige Endzeiterwartung. Zudem förderte das wiederholte Sprechen von einem endzeitlichen Krieg die Gewöh-

---

Birgit Aschmann (Hrsg.), Gefühl und Kalkül. Der Einfluss von Emotionen auf die Politik des 19. und 20. Jahrhunderts. Stuttgart 2005, 74–85; Ders., Die Armee im Ersten Weltkrieg. Die Legende vom kurzen Krieg, in: Damals, 1997, H. 8, 12–19.

167 *Wolfgang Mommsen*, Der Topos vom unvermeidlichen Krieg. Außenpolitik und öffentliche Meinung im Deutschen Reich im letzten Jahrzehnt vor 1914, in: Jost Dülffer/Karl Holl (Hrsg.), Bereit zum Krieg. Kriegsmentalität im wilhelminischen Deutschland, 1890–1914. Beiträge zur historischen Friedensforschung. Göttingen 1986, 194–224.

168 *Holger Afflerbach*, Der Topos vom unwahrscheinlichen Krieg in Europa vor 1914, in: Geschichte in Wissenschaft und Unterricht 65, 2014, 284–302.

nung an eine scharfe, gewaltbereite Rhetorik. Wenn der große Krieg gleichzeitig als eher unwahrscheinlich bewertet wurde, stärkte dies jene Kräfte, die die Politik als Pokerspiel betrachteten und glaubten, die weitaus besseren Nerven zu haben.

Aber wenn es nun doch zum Krieg kam? Wenn das Pokerspiel der Risikopolitiker scheiterte? Wie ließ sich dann ein Volkskrieg denken, der nicht alles zunichtemachte, der nicht in einen großen unkontrollierten Vernichtungsakt ausartete? Zwei Militärdoktrinen bestimmten die Planungen aller beteiligten Armeen und damit auch die Erwartungen der Öffentlichkeiten: Erstens: Eine schnelle Offensive solle helfen, den Krieg vom eigenen Territorium fernzuhalten. Zweitens: Der geplante rasche Feldzug – so die Vorstellung – werde in kurzer Zeit zum Erfolg führen. Für die letzte Annahme sprach, dass kein Krieg in Europa in den vergangenen fünfzig Jahren viele Monate gedauert hatte. Beide Argumente zusammengenommen ermöglichten einen Ausweg aus dem Dilemma von Kriegswahrscheinlichkeit und Vernichtungsgefahr: Wenn erstens der Krieg unvermeidlich war (s.o.), wenn er zweitens als großer Krieg nicht gewonnen werden konnte, dann blieb als Ausweg der rasche Präventivkrieg. Moltke argumentierte so, Conrad argumentierte ganz ähnlich, denn jetzt sah er noch die slawischen Bevölkerungsteile für das Habsburgerreich kämpfen, später indes nicht mehr.[169] Selbst der russische Kriegsminister, Wladimir Suchomlinow, meinte bereits 1912: „Es würde ohnehin zum Krieg kommen. Wir können ihn doch nicht vermeiden, und da sei es günstiger, ihn früher zu beginnen."[170] In Frankreich gab es wohl keine direkten Präventivkriegspläne, aber das Argument eines günstigen Zeitfensters, das im Juli 1914 Schlimmeres in der Zukunft verhindern werde, spielte auch dort eine Rolle: „France (like Germany) also saw a political window of opportunity in the July crisis. France feared a one-on-one war against Germany with Russia on the sidelines. Hence like Germany it preferred a war that emerged

Zeitliche Fenster für den Krieg

---

[169] 15.2.1912, Conrad an Moltke, in: Baumgart (Hrsg.), Julikrise (wie Anm. 105), 18–19.
[170] *W. N. Kokowzew*, Out of my Past. Stanford 1935, 342 ff. Zitiert in: *Egmont Zechlin*, Die Adriakrise und der „Kriegsrat" vom 8. Dezember 1912, in: ders. (Hrsg.), Krieg und Kriegsrisiko. Zur deutschen Politik im Ersten Weltkrieg. Aufsätze. Düsseldorf 1979, 115–159. 131 f.

from a Balkan crisis, since this would guarantee Russian involvement. The French therefore took a Clint Eastwood ‚Go ahead make my day' attitude in the July crisis. They did nothing to provoke the crisis, but nothing to ease it."[171]

Das Argumentationsgebäude zugunsten des Präventivkrieges beruhte natürlich auf dezidierten Annahmen, hoch problematischen dazu. Als wegen der Marokkokrise die Wellen in Berlin hochschlugen, entgegnete im September 1911 Hugo Stinnes, der Ruhrindustrielle, dem Chef der kriegsbegeisterten Alldeutschen: Deutschland bedürfe nur einiger ruhiger Jahre, um wirtschaftlich Herr in Europa zu werden.[172] Ganz ähnlich flehte Max Warburg, einflussreicher Banker und Berater Wilhelms II., den Kaiser im Juni 1914 an, er möge die russischen Rüstungsanstrengungen nicht überbewerten, allen Präventivkriegsplänen abschwören. Russland könne die Anstrengungen nicht durchhalten, sei unfähig, eine verlässliche Armee aufzubauen. England sei derzeit vollkommen mit Irland beschäftigt. Und in Frankreich werde die dreijährige Dienstzeit bereits von Teilen der Öffentlichkeit hart attackiert. In dieser Situation sei es Deutschland, das immer stärker werde, nur gewinnen könne.[173]

Kriegszuversicht durch Nationalmythos? Trotz solch guter Argumente hatten es die Gegner der Kriegsangstpolitik schwer, in der deutschen Öffentlichkeit vorzudringen. Welche Gründe waren dafür verantwortlich? Johannes Burkhardt hat argumentiert, dass ein spezifisch preußisch-deutsches Nationalnarrativ alle Vorbehalte gegenüber einer hoch-risikoreichen Kriegspolitik durchbrochen habe. Der deutsche Nationalmythos habe ein unerschütterliches Zukunftsvertrauen vermittelt. Während der letzten großen Kriege, 1756 (Siebenjähriger Krieg), 1813 („Befreiungskrieg"), 1870 (deutsch-französischer Krieg), habe Preußen immer einer Übermacht gegenübergestanden. Es habe die schlimmsten Niederlagen gemeistert und am Ende den Krieg gewonnen, weil es nicht auf den Krieg gewartet, sondern ihn rechtzei-

---

171 *Stephen Van Evera*, Causes of War. Power and the Roots of Conflict. Cornell 1999, 218.
172 *Hans-Ulrich Wehler*, Deutsche Gesellschaftsgeschichte. Bd. 3: Von der Deutschen Doppelrevolution bis zum Beginn des Ersten Weltkrieges, 1849–1914. München 1995, 1155.
173 *Niall Ferguson*, Germany and the Origins of the First World War. New Perspectives, in: Historical Journal 35, 1992, 725–752, 725 f.

tig selbst provoziert und bestimmt habe. Schließlich sei es gestärkt aus der militärischen Konfrontation hervorgegangen. So förderte das deutsche Nationalbild die Kriegsbereitschaft, ja, ließ den Krieg als Geburtsakt eines neuen, größeren, schöneren Preußen/Deutschland hervortreten. Die Bereitschaft, alles aufs Spiel zu setzen, selbst den großen Krieg zu wagen, wäre demnach ein Element, das an die deutsche Kultur gebunden wäre.[174] So überzeugend die Deutung klingt, auf der Mikroebene, auf der Ebene der unmittelbar handelnden Akteure greift die Erläuterung zu kurz. Weder Wilhelm II. noch Bethmann Hollweg waren Ende Juli 1914 davon überzeugt, dass der Krieg glorreich enden werde. „Vom Sprung ins Dunkle" sprach Bethmann Hollweg.[175] Und auch Moltke urteilte ähnlich: „Es wird ein Volkskrieg werden, der nicht mit einer entscheidenden Schlacht abzumachen sein wird, sondern ein langes, mühevolles Ringen mit einem Lande sein wird, das sich nicht eher überwunden geben wird, als bis seine ganze Volkskraft gebrochen ist, und der auch unser Volk, selbst wenn wir Sieger sein sollten, bis aufs Äußerste erschöpfen wird."[176]

Einengung der Handlungsmöglichkeiten durch nationalisierte Öffentlichkeiten?

Welchen Anteil hatte die Presse an der Krisenstimmung? Die Bilanz fällt keineswegs eindeutig aus. Mit den neuen Massenzeitungen der „Yellow Press" kam ein scharfer, polemischer, skandalisierender Ton in die Debatte hinein, fernab von den räsonnierenden Blättern der bürgerlichen Öffentlichkeit. Die Daily Mail, um ein Beispiel für England zu nennen, steigerte ihre Auflagenzahl 1906, weil sie in vielen Fortsetzungsbeiträgen eine deutsche Invasion der In-

Yellow Press

---

174 *Johannes Burkhardt*, Kriegsgrund Geschichte? 1870, 1813, 1756 – historische Argumente und Orientierungen bei Ausbruch des Ersten Weltkriegs, in: Johannes Burkhardt/Josef Becker/Stig Förster/Günther Kronenbitter (Hrsg.), Lange und kurze Wege in den Ersten Weltkrieg. Vier Augsburger Beiträge zur Kriegsursachenforschung. München 1996, 9–86.
175 *Bernd Sösemann*, Die „Juli-Krise" im Riezler-Tagebuch. Eine kritische Edition (7. Juli–15. August 1914), in: Historische Zeitschrift 219, 2014, 686–707, 693.
176 *Förster*, Angst und Panik (wie Anm. 166), 79.

sel durchspielte.¹⁷⁷ Laut, säbelrasselnd, kampfeslustig begleiteten deutsche und russische Zeitungen seit 1906 die immer schlechter werdenden Beziehungen zwischen Berlin und St. Petersburg. Bald war hier und dort von einem unvermeidlichen Kampf zwischen Germanentum und Slawentum zu lesen.¹⁷⁸ Die Zabern-Affäre¹⁷⁹ Ende 1913 verfestigte in Frankreich und Großbritannien das Stereotyp eines militaristischen, aggressiven Deutschland.¹⁸⁰ Und trotz allem, es wäre falsch, das Argument überzustrapazieren. Dort, wo die Presse relativ frei agieren konnte, waren auch leisere Töne zu hören, wurde auch ein durchaus differenzierteres Bild der europäischen Staatenlandschaft entworfen. In Krisenzeiten, gewiss dann, verfestigte die Presse die verbreiteten Vorurteile. Insofern wirkten die Medien an der geistigen Aufrüstung vor 1914 mit. Aber wenn sich die Wogen geglättet hatten, thematisierte sie auch die Vielfalt des Lebens – in Berlin, in Wien, in London, in Paris. Eine faszinierend buntscheckige Landschaft trat da zum Vorschein.

West-östliche Barbarenbilder   Gab es dennoch einen Grundton, der die Berichterstattung prägte? Die Barbaren, so könnte man die Wahrnehmung beschreiben, lebten an der östlichen Grenze des jeweils eigenen Einfluss-

---

177 *Searle*, New England (wie Anm. 151), 504–505.
178 15.3.1914, Der französische Militärattaché in Berlin, Serret, an das französische Kriegsministerium, in: *Poidevin* (Hrsg.), Les origines (wie Anm. 72), 27–28.; 16.6.1914, Bethmann Hollweg an Lichnowsky, in: *Karl Kautsky/Max Montgelas/Walter Schücking* (Hrsg.), Die deutschen Dokumente, Bd. 1. Berlin 1921, 3–5; *Evgenij Sergeev*, Das deutsche Kaiserreich aus der Sicht russischer Militärattachés (1900–1914), www.ku.de/forschungseinr/zimos/publikationen/forum/zeitgeschichte/sergeev-kaiserreich-russland/ (4.10.2015); *Margarete Busch*, Wachsende Aggressivität gegen das Wilhelminische Reich. Russische Pressestimmen von der Jahrhundertwende bis 1914, in: *Dagmar Herrmann* (Hrsg.), Deutsche und Deutschland aus russischer Sicht. Von den Reformen Alexanders II. bis zum Ersten Weltkrieg. München 2006, 239–257. *Helmut Altrichter*, „... und ganz unter dem Schweif stehen Lessing und Kant ...". Das Deutsche Reich aus russischer und sowjetischer Sicht, in: *Klaus Hildebrand/Elisabeth Müller-Luckner* (Hrsg.), Das Deutsche Reich im Urteil der großen Mächte und europäischen Nachbarn, 1871–1945. München 1995, 179–202, 188–194.
179 Innen- und außenpolitische Krise, verursacht durch Beleidigung und Übergriffe gegenüber der lokalen elsässischen Bevölkerung seitens preußischer Militärs.
180 *Frank Bösch*, Öffentliche Geheimnisse. Skandale Politik und Medien in Deutschland und Großbritannien, 1880–1914. München 2009, 322.

bereichs.[181] Die mentale Landkarte Europas besaß eine klare West-Ost-Ausrichtung. Aus britischer Sicht, aus französischer Sicht markierten die kulturellen Übergänge zu Deutschland, zu Österreich-Ungarn die Grenzen der Zivilisation, trotz aller Bewunderung für Goethe, für Schiller, für Beethoven oder Gustav Mahler. Und noch schärfer war aus Berliner oder Wiener Sicht die Differenz zu Serbien oder Russland, obwohl es ja auch hier einen Tolstoi oder einen Tschechow gab.[182]

Während die Zeitungen in England, in Frankreich, selbst in Deutschland Anfang Juli 1914 nur wenig aufgeregt über die Geschehnisse im Habsburgerreich berichteten und ebenso ausführlich den Mordprozess gegen Madame Caillaux kommentierten (die Sozialistin hatte die Verleumdung ihres Mannes, des damaligen französischen Finanzministers, blutig gerächt; sie wurde übrigens freigesprochen), brachten die Zeitungen in Serbien und in Russland reißerisch aufgemachte Kommentare, in denen sie offen mit den Mördern Franz Ferdinands sympathisierten. Selbst in Österreich-Ungarn hielten sich die angesehenen Blätter anfangs auffallend zurück,[183] um erst im Verlaufe des Julis scharfe Töne gegenüber Serbien anzuschlagen.

Im Einzelnen: Die englische Presse zeigte wenig Sympathie für die Königsmörder in Sarajevo. Der russische Außenminister beschwerte sich zu Recht, wenn er den englischen Medien vorhielt, auf Seiten Habsburgs zu stehen, zumindest bis zur Veröffentlichung des Ultimatums.[184] Die französischen Zeitungen boten im Vergleich ein viel unausgeglicheneres Bild, weil es durchaus auch

<small>Unaufgeregte englische Presse</small>

---

181 *Clark*, Sleepwalkers (wie Anm. 12), 164; *Angelow*, Urkatastrophe (wie Anm. 25), 52–56; *Gerd Krumeich*, Juli 1914. Eine Bilanz. Paderborn 2013, 187; *Thomas Lindemann*, Die Macht der Perzeption und die Perzeptionen von Mächten. Berlin 2000.
182 Vgl. zur deutschen Sichtweise: *Ralph Rotte*, Die „Ideen von 1914". Weltanschauliche Probleme des europäischen Friedens während der ‚ersten Globalisierung'. Hamburg 2001.
183 *Becker*, L'année 14 (wie Anm. 17), 56 f.
184 25.7.1914, Telegramm Buchanan an Grey, in *Geiss* (Hrsg.), Juli 1914 (wie Anm. 86), 206–207; *Becker*, L'année 14 (wie Anm. 17), 50; *Georg Eckert*, Steife Oberlippe, hängende Unterlippe, Julikrise und Kriegsbeginn in der Londoner „Times", in: Eckert/Geiss/Karsten (Hrsg.), Presse in der Julikrise (wie Anm. 86), 114.

Stimmen der Sympathie mit den Attentätern gab.[185] Doch wenn Jean Jaurès die Balkanstaaten mahnte, den rechtsstaatlichen Weg nicht zu verlassen, dann fand auch er dafür Gehör, weit über die Linke hinaus. Erst das österreichisch-ungarische Ultimatum an Serbien vom 23. Juli 1914 änderte die Stimmungslage. Die Entente sei inzwischen stark genug, um angemessen reagieren zu können, argumentierte die nationalistische Action Française. Es sei Zeit, Stärke zu beweisen, dem deutschen Offensivdrang Einhalt zu gebieten. Und der rechts-bürgerliche Figaro kommentierte: „Der Krieg? So unwahrscheinlich er Gott sei Dank noch sein mag und so fern von uns durch irgendwelche mysteriösen und wohltuenden Kräfte, sein Bild erschreckt niemanden in diesem Land. Wir sind schon seit zwei Jahren beinahe mit ihm vertraut und bereit, seinen Schrecken zu ertragen".[186] Zum selben Zeitpunkt kommentierten die deutschen Zeitungen die außenpolitische Konstellation kühl und distanziert. So urteilte die liberale Vossische Zeitung, das Ultimatum an Serbien sei zwar hart, aber doch unvermeidlich, „denn eine Großmacht, die sich nicht Respekt zu verschaffen weiß, hat als Großmacht ausgespielt".[187] Von diesem nüchternen Kalkül hatte sich Ende Juli 1914 die österreich-ungarische Presse merklich verabschiedet. Nach Überreichung des Ultimatums schwärmte sie von einem Gefühl der Erleichterung, der Empfindung unendlicher Freude, dass die schwere, die drückende Schwüle endlich beendet sei und Österreich-Ungarn wieder Lebenskraft beweise. „Bedenken über eine Ausweitung des Konfliktes wurden zwar geäußert, aber an den Fehleinschätzungen über die Haltung anderer Mächte änderte dies nichts."[188]

Wo die Presse eng mit der Politik verzahnt war, wie in Russland, wo sie sich als nationale Kampfpresse verstand, wie in Serbien, wo ein bürgerlich-räsonierendes mediales Korrektiv fehlte, wie in Österreich-Ungarn, da schränkten die Medien schon früh

---

185 *Becker*, L'année 14 (wie Anm. 17), 52–53; *Peter Geiss*, Das unsterbliche Frankreich (wie Anm. 88), 83–112.
186 Zitiert in: ebd., 97.
187 *Arne Karsten*, „Das Ultimatum ist hart, aber in dieser Härte unvermeidlich". Die Julikrise 1914 im Spiegel deutscher Zeitungen, in: Eckert/Geiss/Karsten (Hrsg.), Presse in der Julikrise 1914 (wie Anm. 86), 43–60, 54.
188 *Alma Hannig*, „Wer uns kränkt, den schlagen wir nieder". Die Wiener Tagespresse in der Julikrise 1914, in: ebd., 21–42, 37.

die Handlungsmöglichkeiten für die Politik ein. Die serbischen Blätter entschuldigten fast durchgängig die Mörder, machten das Habsburger Reich für das Attentat verantwortlich.[189] Selbst der ungarische Ministerpräsident István Tisza, der anfänglich Zurückhaltung forderte, äußerte sich über die serbischen Pressereaktionen irritiert, ebenso Maurice de Bunsen, der britische Botschafter in Wien.[190]

Sympathie mit den Mördern in Serbien

Folgen wir der Argumentation von Jörg Baberowski, so stand die russische Presse 1914 auf Sturm. Ehrgeizige Minister und Generäle glaubten, einen Krieg riskieren zu können, darin von Frankreich mehr bestärkt als zurückgehalten. Ein nationalistischer Furor erfasste die Städte, so Baberowski. Hier erreichte die Presse die Lesekundigen, die schneidigen Adeligen, die jungen Intellektuellen, die immer dieselbe Botschaft in Händen hielten: Russlands Ehre werde verletzt; die Slawen seien Opfer systematischer Unterdrückung; mit dem Feind der Slawen könne man keine Kompromisse eingehen; der Krieg bedeute Befreiung, werde die russische Gesellschaft einigen; ein Sieg stünde außer Zweifel. Die Städte trieben so bereits vor dem 1. August 1914 dem Krieg zu, während die Bauern kaum wussten, was Russland war, noch viel weniger, wo Serbien lag und warum es einen Konflikt mit Deutschland und Österreich-Ungarn gab.[191]

Aufgebrachte Medienöffentlichkeit in Russland

Es war also nicht falsch, wenn der russische Außenminister Sasonow, wenn die diplomatischen Vertreter Serbiens, wenn der österreichisch-ungarische Außenminister Berchtold argumentierten, die interessierte Öffentlichkeit würde ein außenpolitisches Nachgeben keinesfalls verzeihen. Eine friedliche Lösung hänge deshalb ganz allein vom Nachgeben der Gegenseite ab. Der eigene Handlungsspielraum sei aus innenpolitischen Gründen gleich Null.[192] Hier zeigte sich tatsächlich ein struktureller Unterschied zwischen

---

189 *Becker*, L'année 14 (wie Anm. 17), 72 f.
190 14.7.1914, Bericht Tschirschky an Bethmann Hollweg, in: *Geiss* (Hrsg.), Juli 1914 (wie Anm. 86), 93–94; *Becker*, L'année 14 (wie Anm. 17), 72 f.
191 *Jörg Baberowski*, „Der Nationalismus ist ein mächtiges Gefühl". Die russische Presse und der Ausbruch des Ersten Weltkrieges, in: Eckert/Geiss/Karsten (Hrsg.), Presse in der Julikrise 1914 (wie Anm. 86), 61–82.
192 31.7.1914, Protokoll des Gemeinsamen Ministerrates, in: *Geiss* (Hrsg.), Juli 1914 (wie Anm. 86), 325–328, 327; 30.7.1914, Telegramm, Tschirschky an Jagow, in: ebd., 313; 30.7.1914, Pourtalès an Jagow, in: ebd., 294–296, 295.

Ost und West. Nur im Osten Europas begrenzte die öffentliche Meinung die Handlungsmöglichkeiten der Politik. Die britischen Zeitungen, die französischen, die deutschen bekundeten zwar ihre Sympathie für Serbien oder begründeten ihre Antipathie gegen das Land, sie unterstützten oder kritisierten Österreich-Ungarn, aber sie zwangen der Politik keine eindeutige Position auf, erlaubten die Suche nach Kompromissen. Ganz anders stellte sich die Situation in Russland dar, in Serbien, in mancher Hinsicht auch in Österreich-Ungarn. Hier durchzogen politische Netzwerke die Medienlandschaft mehr noch als im Westen, hier schränkte die Politik selbst ihre Handlungsmöglichkeiten durch die von ihr initiierten Pressekampagnen ein, hier dominierte das Schwarz-Weiß-Denken die Berichterstattung.[193] Hier auch standen die technische Moderne (Setzmaschinen, Schnelldruck etc.) und die gesellschaftlich-medialen Traditionen (Gesinnungsjournalismus statt professioneller Journalismus) in einem viel stärkeren Gegensatz als im Westen.

Zeitalter der Nervosität

1913: Konkreter Aufbruch, diffuse Angst

Dass vor 1914 das kulturelle Leben brodelte, die Emotionen hoch schlugen, scheinbar irgendetwas in der Luft lag, ist vielfach beschrieben worden. Zwei vielbeachtete Werke haben jüngst das Jahr 1913 in den Mittelpunkt ihrer Beobachtung gestellt und ein eindringliches Zeitporträt angefertigt: Florian Illies: 1913. „Der Sommer des Jahrhunderts"[194] und Charles Emmersons: „1913. In Search of the World Before the Great War"[195] schildern eine Welt im Aufbruch, fasziniert von den globalen Horizonterweiterungen, mitgerissen von den Tabuüberschreitungen, die die Moderne hervorbrachte. Berlin rühmte sich, an der Spitze der Welt zu stehen, „Elektropolis", während gleichzeitig der Kaiser seinen Offizieren verbot, in Uniform Tango zu tanzen. Soviel Aufbruch, so viel Fortschrittsdenken war nie! Soviel Lust, das Weltende zu imaginieren, allerdings ebenso! „Todessehnsucht, Untergang und

---

[193] So vor allem *Baberowski*, Der Nationalismus (wie Anm. 191).
[194] *Florian Illies*, 1913. Der Sommer des Jahrhunderts. Frankfurt/M. 2012.
[195] *Charles Emmerson*, 1913. In Search of the World before the Great War. New York 2013.

Verderben lauerten hinter beinahe jeder Ecke", hat Thomas Weber Florian Illies Werk zusammengefasst: „Emil Nolde[196] begegnet im Pazifik ‚einer Kultur im Augenblick ihres Untergangs'. Wiener Künstler geben sich der Lust an Selbstvernichtung hin, Sigmund Freud ist so deprimiert wie nie zuvor, C. G. Jung[197] kommen im Traum apokalyptische Visionen, Franz Kafka hat Gewaltphantasien, und der Augsburger Pennäler Bertolt Brecht sinniert über den Heldentod. Ludwig Meidner[198] malt brennende Städte und Landschaften, aufgebrochen durch Bomben und Krieg. Oswald Spengler[199] sieht sowieso überall den Untergang des Abendlands, und Thomas Mann offenbart in dem Jahr, in dem ‚Tod in Venedig' erscheint, dass sein ‚ganzes Interesse immer dem Verfallen' gegolten habe." Friedrich von Bernhardi[200] veröffentlichte 1912 sein Buch „Deutschland und der nächste Krieg", weil er die Mehrheit der Deutschen doch noch davon überzeugen wollte, dass ein Krieg sinnvoll und zu gewinnen sei. Erfolg hatte er damit nur begrenzt. Ricarda Huch strebte zeitgleich genau das Gegenteil an. „Der große Krieg in Deutschland" symbolisierte gerade nicht das Vorzeichen einer nahen Apokalypse, sondern stand für den „Ausdruck des unbedingten Verlangens, [den] totalen Krieg zu verhindern."[201] Das Fazit beider Bücher ist denn auch dasselbe. Das Jahr 1913 steht für eine höchst lebendige Kultur, in der der Kanzler des Deutschen Reiches seinen Bürgern eine erfolgreiche „Weltpolitik" versprach – ohne Krieg.

Viele der Zeitgenossen überforderte allerdings die Geschwindigkeit des Wandels. Seit 1880, so hat es Joachim Radkau beobachtet, häuften sich die Anzeichen, dass die Menschen mit Neurasthenie (Nervenschwäche) in Sanatorien Hilfe suchten. Frauen, vor allem aber Männer aus durchaus unterschiedlichen sozialen Gruppen trafen dort zusammen. Sie berichteten, dass sie sich schwach

Verhärtete Gendervorstellungen

---

196 Maler, Mitglied der Künstlergruppe „Brücke" und der Berliner Secession bzw. Neue Secession. 1913–1914 Reise über Russland, Korea, Japan in die Südsee.
197 Schweizer Psychiater und Begründer der analytischen Psychologie.
198 Maler des Expressionismus.
199 Geschichtsphilosoph, Verfasser von „Der Untergang des Abendlandes".
200 Preußischer General und Militärschriftsteller.
201 *Thomas Weber*, Rezension zu Illies, Der Sommer, in: Frankfurter Allgemeine Zeitung, 1.12.2012, www.buecher.de/shop/gesellschaft-geschichte/1913/illies-florian/products_products/detail/prod_id/35683655/ (12.4.2015)

fühlten, ausgelaugt, überlastet. Gleichzeitig erlebten sie, welche gesellschaftlichen Möglichkeiten ihnen eigentlich offenstanden. Sie litten, weil sie sich entscheiden mussten, weil sie den Leistungsanforderungen nicht mehr zu genügen glaubten, obwohl sie doch eigentlich energische Persönlichkeiten waren. Wenn möglich, kompensierten sie ihre Erfahrung von Schwäche und Unsicherheit durch die bewusste Demonstration von Selbstbeherrschung, Macht, Energie und Erfolg. Die Jahre nach 1880, so Radkau, waren deshalb auch kulturell Jahre der Askese, der Nervenstärke, der Willenskraft, der Tatmenschen.[202] Allerdings fiel der Spagat zwischen Sein und Schein, zwischen Ruhebedürfnis und gestaltender Selbstbehauptung den Neurasthenikern zunehmend schwer.

Nicht nur das Tempo der Veränderung drückte vielen auf das Gemüt. Herausgefordert waren vor allem jene, die an der überlieferten sozialen Ordnung festhalten wollten. Sie begehrten auf gegen die Mechanik der Zwänge, gegen die funktionale Neugestaltung der Welt, gegen den Materialismus der gesellschaftlichen Entwicklung. Wenn die „natürliche Ungleichheit" ständischer Ordnung ihre Legitimation verlor, wenn die Menschen gleich gemacht wurden – etwa durch die Eisenbahn, in der der Erste-Klasse-Wagen genauso schnell fuhr wie der Vierte-Klasse-Wagen, oder beim Wahlrecht, das auf Reichsebene alle Männer über 25 Jahre gleich stellte –, dann musste die Ungleichheit anders und neu legitimiert werden. „Im Willen zur Macht" (Nietzsche) kondensierten sich die Zivilisationsängste einer Führungsschicht, die in vieler Hinsicht herausgefordert war. Frauen studierten jetzt; Technische Universitäten bekamen das Recht zur Promotion; die Infanterie übertrumpfte die Kavallerie. Weil die Vorrangstellung der sozialen Führungsgruppen daher in doppelter Weise bedroht war, durch den Aufstieg der Funktionseliten und durch den Anspruch auf staatsbürgerliche Gleichheit von Mann und Frau, Jung und Alt, Arbeitern und Unternehmern, Tagelöhnern und Gutsherrn, zelebrierten die Tatmenschen ihre Vorrangstellung als duellverliebte Ehrenmänner, als kühle Machtmenschen, als entschiedene Anhänger jeglicher Vorwärtsstrategie.

---

[202] *Joachim Radkau*, Das Zeitalter der Nervosität. Deutschland zwischen Bismarck und Hitler. München 1998.

Christopher Clark hat in seiner schon mehrfach zitierten Studie über die Ursachen des Ersten Weltkrieges anschaulich umrissen, welche Charaktere im Sommer 1914 die Politik in den Hauptstädten gestalteten:

Bedrohungsgefühle der Nationsvertreter

„If we survey the European chancelleries in the spring and early summer of 1914, it is impossible not to be struck by the unfortunate configuration of personalities. From Castelnau[203] and Joffre[204] to Zhilinsky[205], Conrad von Hötzendorf, Wilson[206] and Moltke, the senior military men were all exponents of the strategic offensive who wielded a fluctuating but important influence on the political decision-makers. In 1913–14 first Delcassé, then Paléologue, both hardliners, represented France in St Petersburg; Izvolsky, still determined to avenge the ,humiliation' of 1909, officiated in Paris. The French minister in Sofia, André de Panafieu[207], observed in December 1912 that Izvolsky[208] was the ,best ambassador in Paris', because he had ,personal interests against Germany and Austria', and his Russian colleagues noticed that whenever he came to speak of Austrian policy vis-à-vis Belgrade his voice took on ,a palpable tone of bitterness which had not left him since the times of the annexation'. The excitable Austrophobe Miroslav Spalajkovic[209] was now at the Serbian ministry in St Petersburg – his old enemy Count Forgách[210] was helping to formulate policy in Vienna. One is reminded of a Harold Pinter[211] play where the characters know each

---

203 Noël de Castelnau, französischer General, führender Vertreter des Offensivdenkens.
204 Joseph Joffre, französischer Generalstabschef.
205 Jakow Grigorjewitsch Schilinski, Februar 1911 bis März 1914 russischer Generalstabschef.
206 Henry Hughes Wilson, britischer General, Direktor „Militärische Operationen" im Kriegsministerium.
207 Französischer Gesandter in Sofia.
208 Alexander Petrowitsch Iswolski. Als russischer Außenminister hatte er 1908 ein Durchfahrtsrecht russischer Kriegsschiffe durch die Dardanellen angestrebt und im Gegenzug der Annexion Bosnien-Herzegowinas durch Österreich-Ungarn zugestimmt. Als Großbritannien die Zustimmung verweigerte und er weitere diplomatische Niederlagen erlitt, musste er zurücktreten. Danach russischer Botschafter in Paris.
209 Miroslav Spalajković, ehemaliger Leiter der politischen Abteilung im serbischen Außenminister, seit 1913 serbischer Botschafter in St. Petersburg.
210 Johann von Forgách, Sektionschef im k.u.k. Außenministerium 1914, 1908 während der Bosnienkrise österreichisch-ungarischer Gesandter in Belgrad, maßgeblich an der Ausarbeitung des österreichisch-ungarischen Ultimatums an Serbien beteiligt.
211 Britischer Theaterautor und Literaturnobelpreisträger, dessen frühe Werke dem Absurden Theater zugerechnet werden.

other very well and like each other very little. This was a play with only male characters."[212]

Die Männer, die in den Botschaften entschlossen die Sache ihres Staates oder ihrer Nation vertraten, in den Generalstäben den Krieg als machbar planten, in den Ministerien die Welt aufteilten, waren in Wirklichkeit geplagt von Gefühlen zukünftiger Ohnmacht. Ängste leiteten sie: Einkreisungsängste; Ängste, die Großmachtstellung zu verlieren; Ängste vor nationalem Gesichtsverlust; Ängste, bald ohne Bündnispartner dazustehen; Ängste, einen für wahrscheinlich gehaltenen Krieg zu verlieren; Ängste vor dem eigenen Ansehensverlust; Ängste auch vor Kontrollverlust, weil die Gegenseitige nicht mit offenen Karten spielte. Für Österreich-Ungarn hat Alma Hannig fundamentale Existenzängste als Leitmotiv diagnostiziert.[213] Dieselbe Furcht vor dem Niedergang beherrschte aber auch die deutsche, die russische, die französische und die britische Politik.

Nun hilft es bei Ängsten, wenn die Ängste bekundet werden dürfen, wenn das offene Ansprechen des Seelenzustandes es möglich macht, sich über angenommene oder reale Bedrohungen zu verständigen. Die Psychoanalyse, die nach 1900 ihren aufsehenerregenden Vormarsch begann, hielt genau diese Botschaft bereit. Nur den „Tatmenschen" von 1914, den „wirklichen Männern", den selbststilisierten Heroen blieb dieser Weg versperrt.

Dazu kam ein zweites kulturelles Dilemma, ein spezifisch die Außenpolitik prägendes Szenarium. Eigentlich diente die Diplomatensprache dazu, Verletzungen zu vermeiden, Verständigung zu ermöglichen, Versöhnung zu erlauben. In der Situation von 1914 diente sie anscheinend nur noch als Schutzschild für rücksichtslose Interessenverfolgung, als Medium für Ablenkung und für Bluff.[214]

Konfliktverschärfende Sprache der Diplomaten

So erlaubte die Sprache der Diplomaten wenige Rückschlüsse auf emotionale Befindlichkeiten. Sie verharrte immer im selben

---

212 *Clark*, Sleepwalkers (wie Anm. 12), 358 f.
213 *Alma Hannig*, Angst und die Balkanpolitik Österreich-Ungarns vor dem Ersten Weltkrieg, in: Patrick Bormann (Hrsg.), Angst in den internationalen Beziehungen. Bonn 2010, 93–114.
214 *Angelow*, Urkatastrophe (wie Anm. 25), 41–59; *Rauchensteiner*, Erste Weltkrieg (wie Anm. 86), 27.

Ton, blieb immer höflich, benutzte dieselben stereotypen Floskeln, ließ wenig situationsadäquate Variationen zu. Was eigentlich dem Aufbau von Vertrauen dienen sollte, der Gewinnung von Erwartungssicherheit, verstärkte jetzt die Ängste, schürte die Allmachtsfantasien. Damit trieb die Sprache der Diplomaten das Pokerspiel an. Das Umschwenken auf Formen kooperativer Lösungssuche misslang. Die Hauptstädte blieben der Logik des Nullsummenspiels verhaftet. Die Sprache der Diplomatie stachelte die außenpolitischen Spieler zu immer höheren Einsätzen an – ohne Warnzeichen.

Wenn der deutsche Botschafter in St. Petersburg an Berlin meldete, er habe den „Eindruck, dass Sasonow vielleicht infolge Nachrichten aus London und Paris, etwas die Nerven verloren hat und nach Auswegen sucht"[215], dann spielte er auf der Klaviatur des begnadeten Pokerspielers, deren Beherrschung inzwischen zum Rüstzeug des erfolgreichen Tatmenschen gehörte. Kurt Riezler, der enge Berater Bethmann Hollwegs, damals 32 Jahre alt, hatte bereits zuvor in seinem 1914 erschienen zweiten Buch erläutert, es werde keine großen Kriege zwischen den Großmächten mehr geben, da das Ergebnis die totale Vernichtung sein werde. Das habe freilich interessante Konsequenzen. Wer nämlich die Nerven behalte, wer seine Karten bis zum Schluss ausreize, werde politisch obsiegen.[216] Spieltheoretisch blieb die Erklärung allerdings höchst unbefriedigend, denn: Was passierte, wenn die Pokerspieler alle gleich gute Karten hatten, alle gleich gute Nerven besaßen und um einen ähnlich hohen Einsatz stritten?

<small>Außenpolitik als Spiel</small>

Augustängste

Lange dominierte in der Forschung der Eindruck, mit einem lauten Hurrapatriotismus seien die jungen Männer begeistert in den Krieg gezogen. Bilder zeigten wehende Fahnen. Fotos porträtierten aufgeregte Kämpfer, die nicht abwarten konnten, in die Eisen-

---

215 26.7.1914, Telegramm Pourtalès an Jagow, in: *Geiss* (Hrsg.), Juli 1914 (wie Anm. 86), 223.
216 *Holger Afflerbach*, Ein Fukuyama seiner Zeit? Kurt Riezler und der Erste Weltkrieg, www.badw.de/de/publikationen/akademieAktuell/2008/27/07 (2.1.2015).

bahnzüge zu springen, welche sie an die Front brachten. Die Presse berichtete von lauten Siegesfeiern, begeisterten Müttern, aufreizenden Schlachtgesängen. Beinahe schien es so, als hätte es mehr freiwillige Frontkämpfer gegeben als regulär eingezogene Soldaten. Heute wissen wir, dass diese Bilder bei weitem nicht die Wirklichkeit widerspiegelten, vielfach bewusst inszeniert waren.

Das Augusterlebnis in der Forschung

Welches Porträt hat die neuere Forschung vom „Augusterlebnis" entworfen, das es so nicht nur in Deutschland gab, sondern auch in Österreich-Ungarn, in Russland, in Frankreich?[217]

Zensur und Propaganda

Zunächst ist die Wirkung von Zensur und Propaganda nicht zu unterschätzen. Unmittelbar mit Kriegsbeginn verlor die Presse ihre Lebendigkeit, ihre Stimmenvielfalt. Jetzt war nur noch davon zu lesen, dass ein barbarischer Angriff abgewehrt werden müsse. Die Zivilisation gälte es zu verteidigen, die Heimat zu schützen und die Ehre der Nation zu bewahren.

---

217 *Pierre Renouvin*, Die öffentliche Meinung in Frankreich während des Krieges 1914–1918, in: Vierteljahreshefte für Zeitgeschichte 18, 1970, 239–275; *Becker*, L'année 14 (wie Anm. 17).; *Rita Gehlen*, Ein einig Volk von Brüdern? Das Augusterlebnis an der Saar, in: „Als der Krieg über uns gekommen war ...". Die Saarregion und der Erste Weltkrieg. Katalog zur Ausstellung des Regionalgeschichtlichen Museums im Saarbrücker Schloss. Saarbrücken 1993, 39–51; *Michael Stöcker*, Augusterlebnis 1914 in Darmstadt. Legende und Wirklichkeit. Darmstadt 1994; *Wolfgang Kruse*, Krieg und nationale Integration. Eine Neuinterpretation des sozialdemokratischen Burgfriedensschlusses 1914/15. Essen 1994; *Thomas Rohkrämer*, August 1914. Kriegsmentalität und ihre Voraussetzungen, in: Wolfgang Michalka (Hrsg.), Der Erste Weltkrieg. Wirkung, Wahrnehmung, Analyse. München 1994, 759–777; *Thomas Raithel*, Das „Wunder" der inneren Einheit. Studien zur deutschen und französischen Öffentlichkeit bei Beginn des Ersten Weltkrieges. Bonn 1996; *Benjamin Ziemann*, Front und Heimat. Ländliche Kriegserfahrungen im südlichen Bayern, 1914–1923, Essen 1997; *Christian Geinitz*, Kriegsfurcht und Kampfbereitschaft. Das Augusterlebnis in Freiburg. Eine Studie zum Kriegsbeginn 1914. Essen 1998; *Jeffrey Verhey*, Der „Geist von 1914" und die Erfindung der Volksgemeinschaft. Hamburg 2000; *Jean-Jacques Becker*, Entrées en guerre, in: Audoin-Rouzeau/Becker (Hrsg.), Encyclopédie de la Grande Guerre (wie Anm. 33), 193–204.; *Christian Geinitz/Uta Hinz*, Das Augusterleben in Südbaden. Ambivalente Reaktionen der deutschen Öffentlichkeit auf den Kriegsbeginn 1914, www.erster-weltkrieg.clio-online.de/_Rainbow/documents/Kriegserfahrungen/geinitz%2520und%2520hinz.pdf (23.9.2013); *Michael Scott Neiberg*, Dance of the furies. Europe and the outbreak of World War I. Cambridge 2011; *Bruno Cabanes*, Août 14. La France entre en guerre. Paris 2014.

Eine Mischung aus dem Gefühl elementarer Bedrohung, dem Empfinden, einem „heiligen Bund" („union sacrée") anzugehören, und fundamentaler Unsicherheit verstärkte die wilden Gerüchte und Invasionsnachrichten.

Noch gab es kein Radio. So liefen die Menschen auf die Straßen, um die neuesten Nachrichten zu erfahren. Sie scharten sich um die öffentlichen Gebäude, belagerten die Zeitungsboten, diskutierten miteinander, sangen miteinander, stachelten einander an, um theatralisch die Schuldigen zu verfolgen, um in den Grenzregionen die vermeintlichen Verräter, die Spione, die Attentäter zu verhaften; sie zu bestrafen; sie öffentlich zu foltern, bis sie die Wahrheit sagten; sie zu lynchen. Neugier, Angst, Panik, Stolz, Ausgelassenheit, Begeisterung, ganz unterschiedliche Gefühlslagen trafen aufeinander und vermittelten nach außen ein Bild nationaler Entschlossenheit. In kurzer Zeit wechselten die Stimmungslagen: „Karnevaleske Ausgelassenheit machte angespannter Nervosität Platz. [...] In vielen Städten kam es zu einem Sturm auf Sparkassen und Lebensmittelgeschäften."[218]

Inszenierung von Gegenwelten

Hurrapatriotische Aufwallungen, um darauf zurückzukommen, finden wir in beinahe allen großen Städten Europas. In Deutschland war es insbesondere das protestantische Bildungsbürgertum, das den Krieg zelebrierte, vor allem in den evangelischen Universitätsstädten, wo es schlagende Studentenverbindungen und nationalistische Burschenschaften gab. Auf dem Land dominierte dagegen ein eher passiver, bedrückter Gehorsam. Proteste gab es auch. In den allerersten Tagen standen ganze Arbeitergruppen auf, um gegen den Krieg zu demonstrieren.

Wer dann doch laut singend in den Krieg zog, tat dies in der Erwartung baldiger Rückkehr nach Hause und einer ritterlichen Bewährungsprobe: Mann gegen Mann. Sobald indes die Erfahrung anderes lehrte, hohe Verluste das romantische Kriegsbild erschütterten und die Nachricht von der höchst unheroischen Wirklichkeit des Krieges die Heimatstädte eroberte, sanken die Freiwilligenzahlen dramatisch.

Erwartung baldiger Rückkehr

---

218 *Volker Ullrich*, Rezension zu: Jeffrey Verhey, Der „Geist von 1914" und die Erfindung der Volksgemeinschaft, in: Die Zeit, 31.5.2000, www.zeit.de/2000/23/Gemischte_Gefuehle (26.6.2015).

Geeinte Nation

Wichtig ist es, zwischen einzelnen Phasen der Kriegsstimmung zu unterscheiden. Ende Juli, Anfang August formte die Presse das „Bild eines grundlegenden Konsenses über die gegnerische Kriegsverantwortung [...] und die Unterstützung der eigenen Regierung."[219] Nach Kriegsbeginn faszinierten die „Gesten der Einheit", die einhelligen Parlamentsbeschlüsse, die so einstimmigen Zeitungsberichte. Seit Mitte August griff dann auch die politische Zensur.[220]

Zusammengefasst: Nationalismus, Imperialismus, Militarismus als kulturelle Signa der Zeit erklären nur bei kleineren, ausgewählten Gruppen das begeisterte Augusterleben. Mehrheitlich bestimmten Furcht und Angst das Handeln im August 1914, das Empfinden gemeinschaftlicher Bedrohung, die Hoffnung auf rasche Gefahrenabwehr. Daneben hat die Forschung noch ganz andere Motive beobachtet: Pflichterfüllung, trauriges Sich-Einbringen in die Gemeinschaftsaufgaben, stumpfes Gehorchen gegenüber dem übermächtigen Staat. Nicht zu unterschätzen ist die Wirkung der in den Parlamenten inszenierten Einheitsgesten, die an die Stelle der aufreibenden Konkurrenzgesellschaft die Symbole solidarischer Schicksalsgemeinschaft setzten.

Die verhärtete Kultur der Wenigen, die Lebenswelt der Vielen und die Angst als Bindeglied dazwischen

Vielfalt gesellschaftlicher Milieus

Es ist durchaus schwierig, ein stimmiges Fazit für die kulturhistorische Forschung zu den Ursachen des Ersten Weltkrieges zu ziehen. Eine unmittelbare Verbindung von kulturellem Aufbruch in die Moderne und Kriegsneigung lässt sich nur bedingt belegen. Viel eher gilt es, spezifische Teilkulturen in den Blick zu nehmen, weil in einzelnen gesellschaftlichen Milieus tatsächlich das Denken in der Logik martialischer Entschlossenheit das Miteinander bestimmte. Die Gymnasiasten stellten historische Schlachten auf der Tafel nach. Die Offiziere und Akademiker fochten ihre Konflikte mit dem Säbel aus. Die Militärs planten den großen Krieg, der dem Diktum von der Unverantwortlichkeit einer militärischen Konfrontation zwischen industriellen Staaten Lüge strafen sollte.

---

219 *Raithel*, Das „Wunder" (wie Anm. 217), 498.
220 Ebd., 499.

Die Diplomaten verloren die Fähigkeit zum Kompromiss. Es waren also gruppenspezifische Narrative, die das Denken in der Logik des Krieges begünstigten. Als dann tatsächlich der Krieg die Lebenswirklichkeit der Vielen bestimmte, da genügten die begründeten Ängste vor dem großen militärischen Konflikt, das Gefühl der Einkreisung, das offensichtliche Verwiesensein auf die „nationale" Gemeinschaft, um auch die Vielen in die Logik des Krieges einzubinden.

Vergemeinschaftung durch den Krieg

Lassen sich unter kulturellen Gesichtspunkten Unterschiede zwischen den beteiligten Staaten beobachten, die die Entscheidung zum Krieg begünstigten? Allzu groß scheinen die Unterschiede nicht gewesen zu sein, denkt man an den in ganz Europa verbreiteten Nationalismus, den Militarismus oder die Faszination für die Tat. Die Presse im Osten Europas ließ den Politikern weniger Freiraum, nach Kompromissen zu suchen, als die Medien im Westen. Es fehlten im Osten journalistische Standards, die Pressevielfalt war geringer, und die Politiker hatten einen noch viel direkteren Zugriff auf „ihre" Zeitungen und Zeitschriften als im Westen.

Ost-West-Gefälle

Insgesamt waren es wohl nur mittelbar die langfristigen kulturellen Dispositionen, die die Entscheidung zum Krieg und die Unterstützung für den Krieg beeinflussten. Der Kriegsbeginn schuf innerhalb wenige Stunden und Tage seine eigene gegen den Feind verschworene Gemeinschaft. Insofern wirkte sich erschwerend aus, dass für eine Konfliktlösung zwischen dem 23. Juli 1914, dem Tag der Übergabe des österreichisch-ungarischen Ultimatums an Serbien, und der deutschen Kriegserklärung an das Zarenreich, am 1. August 1914, nur acht Tage lagen. Der Krieg erfasste die Menschen auf der Straße, ohne dass sie dessen Ursachen hätten diskutieren können, ohne dass sie das Für und Wider der Argumente abzuwägen vermochten, ohne dass sie ihn sich wirklich erklären konnten. Er trat in ihr Leben ein, so wie Georg Heym es in seinem Gedicht beschrieben hatte: unerwartet, bedrohlich, anonym, übermächtig.[221]

Grenzen des kulturgeschichtlichen Ansatzes

---

[221] *Georg Heym,* Der Krieg, 1911, www.antikoerperchen.de/material/15/gedichtinterpretation-georg-heym-der-krieg-expressionismus.html (28.6.2015).

4.6 Julikrise: Zufälle, Fehlkalkulationen, Überforderung und Zeitnot

Bereits ein kurzer Blick auf die einschlägige Literatur zeigt, dass viele Forscher die langfristigen Ursachen des Ersten Weltkrieges nur kurz streifen und stattdessen die Julikrise selbst in den Mittelpunkt ihrer Deutung stellen.[222] Im Kern werden vier Argumente diskutiert: eine Verkettung unglücklicher „Zufälle"; die Verbindung von Risikostrategie mit Präventivkriegsüberlegungen; eine verhängnisvolle Verzahnung von Fehlkalkulationen; schließlich die Überforderung der Entscheidungsträger durch die Offenheit der Situation und die Überlagerung ganz unterschiedlicher Zeitlogiken. Im Juni–Juli 1914, so die Überlegung, hätten alle Sicherungsmechanismen, die Europa normalerweise vor einem Krieg schützten, versagt. Die Julikrise stehe damit für einen sich selbst verschärfenden Prozess, in dem es der Politik nicht mehr gelang, die Kriegslogik aufzuhalten.

Die Julikrise als Folge ungesteuerter sozialer Prozesse

Verkettung von Zufällen

Die Argumente, die dafür sprechen, dass tatsächlich der Zufall eine wichtige Rolle beim Kriegsausbruch spielte, sind allenfalls andeutungsweise vorzuführen, denn sie verlangen eine viele Seiten umfassende ausführliche Erzählung, die abwägende Erörterung unterschiedlicher Einflussfaktoren, so, wie es für jede Tragödie erforderlich ist. Daher sollen – um wenigstens ein Gespür für die Argumentation zu gewinnen – einige Hinweise genügen.

Positionsgewinne für die „Falken"

Erwähnt habe ich bereits den von Gesellschaftshistorikern beschriebenen Kampf zwischen „Tauben" und „Falken". Wir beobachten für den Juli 1914 eine Situation – so lautet das Argument der „Kontingenztheoretiker" –, in der zeitgleich die gemäßigten Politiker fast aller wichtigen Staaten Europas an Einfluss einbüßten. Man könnte systematische Gründe vermuten. Doch so war es nicht![223]

---

222 So etwa: *Gordon Martel*, The Month that Changed the World. July 1914. Oxford 2014; *Otte*, July Crisis (wie Anm. 8).
223 Hierzu auch ausführlich *Clark*, Sleepwalkers.

Mit dem Tod Franz Ferdinands verlor beispielsweise Österreich-Ungarn jenes politische Zentrum, das am entschiedensten Reformen und eine besonnene Außenpolitik im Balkanraum eingefordert hatte. Zusätzlich entfachte der Umstand des Todes, das brutale Attentat in Sarajevo also, eine Stimmung, die selbst die bis dahin eher Zögerlichen wie Außenminister Leopold Graf Berchtold an die Seite der Kriegspartei zog. *Österreich-Ungarn*

In Russland verlor Anfang des Jahres 1914 der gemäßigte Ministerpräsident und Finanzminister Wladimir Kokowzow seinen Posten, weil er an der Idee einer kollektiven Regierung festhalten wollte, die Presse aus Sicht des Zaren nicht unter Kontrolle hatte (sie hatte über die Beziehungen Rasputins mit der Kaiserin berichtet) und gegen die autokratischen Ambitionen von Zar Nikolaus II. aufbegehrte. Neue Führungsfigur wurde seit Februar 1914 Landwirtschaftsminister Alexander Kriwoscheïn, ein „Falke", der fleißig auf der nationalistischen Leier spielte. *Russland*

Auch in Deutschland verschoben sich die Kräfte. Nach der Marokkokrise 1911 war die deutsche Politik auf eine eher vorsichtige Außenpolitik umgeschwenkt. Als gemäßigt, nachdenklich und vorrangig auf Diplomatie setzend galten etwa Karl Max von Lichnowsky, der deutsche Botschafter in Großbritannien, Gottlieb von Jagow, der Staatssekretär im Auswärtigen Amt, insbesondere aber auch Reichskanzler Bethmann Hollweg. Indes vermochte er nach dem kürzlichen Tod seiner Frau und der Nachricht über das englisch-russische Flottenabkommen kaum einen vernünftigen Gedanken zu fassen und war zu einem entschiedenen Widerstand gegen die Kriegspartei nur bedingt fähig.[224] Als Staatssekretär Gottlieb von Jagow am 6. Juli von seiner Hochzeitsreise zurückkehrte, war die Entscheidung, Österreich-Ungarn freie Hand zu lassen, bereits gefallen. Er trug den Beschluss mit, in der Hoffnung, den Konflikt lokalisieren zu können. *Deutschland*

René Viviani, unabhängiger französischer Sozialist und ein den friedlichen Ausgleich anstrebender Politiker, hatte den Posten als französischer Ministerpräsident und Außenminister erst am 13. Juni 1914 übernommen. Zuvor hatte er als Sozial- und Industrieminister *Frankreich*

---

[224] *Münkler*, Der Reichskanzler war kein verantwortungsloser Hasardeur (wie Anm. 126).

gewirkt.[225] Nun also stand er ganz am Anfang, musste sich noch in die Materie einarbeiten und verfügte noch über keine eigenen Vorstellungen, die er gegen Staatspräsident Raymond Poincaré hätte durchsetzen können. Ende Juli 1914 veränderte die Ermordung von Jean Jaurès die politische Architektur Frankreichs zusätzlich. Nach der Veröffentlichung des österreichisch-ungarischen Ultimatums an Serbien waren die politischen Wellen in Frankreich hochgeschlagen. Ein Attentäter, ein nationalistischer Student, lauerte dem Führer der Reformsozialisten, einem überzeugten Pazifisten, in der Nähe eines Cafés auf, schoss zwei Kugeln durch das offene Fenster und tötete ihn.[226] Als die kritische Öffentlichkeit Frankreichs einige Zeit später von der Schockstarre erwacht war, befand Frankreich sich an der Seite Russlands bereits im Krieg, konnte nicht mehr einen letzten Vermittlungsversuch unterstützen, den Jean Jaurès immer wieder gefordert hatte.

Bis zuletzt verhinderten „Kleinigkeiten" die Möglichkeit, noch rechtzeitig einzugreifen. Vielleicht hätte London einen raschen Durchzug der deutschen Truppen durch den südlichen Zipfel Belgiens toleriert. Aber, um die diplomatischen Usancen nicht zu verletzen, um aller Form zu genügen, bat Berlin um generelle Durchzugsrechte und stellte ein höfliches Ultimatum. Das konnte kein Staat, der etwas auf sich hielt, tolerieren. So war auch die letzte Chance verloren, Zeit zu gewinnen.

Tim B. Müller hat in einer ausführlichen Rezension zu Christopher Clarks „Sleepwalkers" über die Bedeutung des Zufalls für den Ersten Weltkrieg nachgedacht:

„Fritz Fischer und andere bedeutende Historiker, die sich an der deutschen Kriegsschuld abarbeiteten, haben die Großtat vollbracht, der geschichtswissenschaftlichen Zunft und sogar der politischen Debatte die letzten Residuen des Wilhelminismus auszutreiben. Fachlich ist es ihnen gelungen, die Absichten und Wirkungen einzelner Akteure oder Gruppen aufzuklären. Doch zum Verständnis der Kriegsursachen haben sie kaum beigetragen. Das liegt bereits darin begründet, dass es das eben nicht gab – Ursachen. Die scheinbar bis auf Thukydides zurückgehende und für den Ersten Weltkrieg über Jahrzehnte so bedächtig gepflegte Unterscheidung von oberflächlichen Anlässen und den wahlweise sozialstrukturell, imperialismustheoretisch oder ideologiekritisch benannten eigentlichen,

---

225 fr.wikipedia.org/wiki/Ren%C3%A9_Viviani (12.10.2015).
226 fr.wikipedia.org/wiki/Jean_Jaur%C3%A8s (12.10.2015).

langfristig angelegten Ursachen ist beim Ersten Weltkrieg hinfällig. – Clark verteidigt die Kontingenz. Und damit die Geschichte. Denn historisches Denken sucht zwar nach dem Typischen, den Mustern und Strukturen, und kann sich selbst dem Entwicklungsgedanken hingeben. Doch es hält den Zufall aus, das Individuelle, die Offenheit, die Unberechenbarkeit der Personen und Ereignisse. Eine theoretisch untermauerte Erklärung, die nichts für das Einmalige übrig hat, ist dem historischen Denken leere Tröstung, falscher Zauber der Sozialwissenschaften. Historisches Denken ist konservativ und progressiv zugleich. Die endlose Serie des Scheiterns, die katastrophale menschliche Komödie stimmt skeptisch, die Offenheit und Zufälligkeit des Handelns lässt stets aufs Neue hoffen."[227]

An anderer Stelle habe ich bereits auf die Überlegungen hingewiesen, dass im Juli 1914 vielen Verantwortlichen in den europäischen Hauptstädten die Option eines Krieges ein Unterfangen zu sein schien, das eingegangen werden musste. Die deutsche Außenpolitik fürchtete um den österreichisch-ungarischen Bündnispartner. Wien müsse seine Großmachtstellung tatkräftig beweisen. Das ließ sich auf ganz verschiedenem Wege erreichen: (1) Eine Lokalisierung des Konflikts mit Serbien sei anzustreben. (2) Gleichzeitig war sich Bethmann Hollweg der Gefahr eines europäischen Krieges bewusst. Letztlich sollte die Konfrontation prüfen, wie friedenswillig Russland war. Wenn St. Petersburg ruhig blieb, sei es aus purer Vernunft, sei es, weil es noch nicht kriegsbereit war, oder aus Solidarität der Monarchen untereinander, hatten die Unkenrufe der deutschen Militärs keine Grundlage mehr. Denn mit einem erfolgreichen Feldzug Wiens gegen Serbien würde sich die Machtbalance in Europa zumindest für einen größeren Zeitraum dramatisch verändern. Gottlieb von Jagow, um ein Beispiel zu nennen, rechnete langfristig sicherlich mit einer unvermeidlichen Auseinandersetzung zwischen Germanen- und Slawentum. Bethmann Hollweg sah es keineswegs anders. Das „kalkulierte Risiko" zielte darauf, die Gefahr aus dem Osten zumindest zeitweise zu bannen. (3) Gleichwohl plädierten die Militärs für einen unmittelbaren Präventivkrieg, weil sie nicht an die Möglichkeit eines Aufschubs glaubten und in wenigen Jahren keinerlei Chance mehr sahen, einen Krieg mit Russland und Frankreich zu bestehen. (4) Einige rechtsorien-

Zu viele Optionen im Juli 1914

---

[227] *Tim B. Müller*, Der Zufall des europäischen Krieges. Christopher Clarks historische Aufklärung, in: Zeitschrift für Ideengeschichte 7, 2013, 117–119, 117 f.

tierte Gruppen erwarteten dagegen einen Hegemonialkrieg, um Deutschland den Platz an der Sonne in Europa zu erobern.

Da kam also vieles zusammen – in Deutschland, in Österreich-Ungarn, doch ebenso in Russland und in Frankreich: „Besser jetzt als später", diese Position teilten viele Politiker auf dem Kontinent. Dennoch stellten die Hegemonial- und Präventivkriegspolitiker nur eine Minderheit. Verhängnisvoll wirkte sich aus, dass die unterschiedlichen Fraktionen in den Regierungen Europas über längere Zeit gemeinsam den Weg in die Krise beschritten, weil sie tatsächlich teils überlappende Ziele verfolgten: die Abschreckungspolitiker wie Sasonow und Poincaré; die Risikopolitiker wie Bethmann Hollweg und Jagow, welche Russlands Kriegsbereitschaft in fatalistischer Weise testen wollten; die Präventivkriegsstrategen wie Conrad und Moltke; aber auch die wenigen Streiter einer vollkommenen nationalen Hegemonie in Europa. Als dann die Lage immer schwieriger wurde und die Fraktionen sich wieder trennten, fehlte die Zeit für die notwendige Krisenintervention (Halt in Belgrad, Warnung Bethmann Hollwegs an Wien Ende Juli 1914, die Österreich weit entgegenkommenden Vorschläge Edward Greys etc.).

Von den „windows of opportunity for victorious wars" (David Herrmann) war bereits die Rede. Die Ausgangskonstellation erscheint aus heutiger Sicht indes noch viel komplizierter. Nicht nur, dass weder Berlin noch St. Petersburg noch Paris willens waren, den großen Krieg unter allen Umständen zu vermeiden. Zu viele Optionen hatten die verantwortlichen Politiker gleichzeitig zu prüfen. Jack S. Levy hat in einem, wie ich finde, ausgesprochen instruktiven Aufsatz auf die Vielzahl möglicher „Lösungsvarianten" hingewiesen.[228] Er schildert unter Rational-Choice-Gesichtspunkten die Alternativen, die es, je nach Zeitpunkt des Konfliktes, von den verschiedenen Akteuren zu überprüfen galt. Immer standen verschiedene Optionen zu Verfügung:

Levy hat die Hierarchie der Präferenzen seitens der Hauptentscheidungsträger zum Zeitpunkt des Konfliktbeginns in einer Tabelle dargestellt:

---

[228] *Jack S. Levy*, Preferences, Constraints, and Choices in July 1914, in: International Security, 15, 1990–1991, 151–186.

Tabelle 4: „The Preferences of the Great Powers in 1914" nach Levy[229]

Austria-Hungary	LW	> CW	> NP	> WW
Germany	LW	> CW	> NP	> WW
Russia	NP	> WW	> CW	> LW
France	NP	> LW	> WW	> CW
Britain	NP	> LW	> WW	> CW
Serbia	NP	> WW	> CW	> LW

Notes: These are the preferences of the central decision-makers in each state:

NP = a negotiated peace based on significant but not unconditional Serbian concessions
LW = a localized Austro-Serbian war in the Balkans
CW = a continental war where Germany allies with Austria, and Russia and France ally with Serbia
WW = a general European war or world war, with Britain joining the war against the Central Powers
> = ‚was preferred to'
? = a definitive preference cannot be established"

Eigentlich war die Zahl der Alternativen noch größer, als von Levy angemerkt. Eine die Gewalt begrenzende Konfliktlösung konnte nämlich nicht nur ganz unterschiedliche politische Ziele zur Grundlage haben, sondern auch unterschiedliche Varianten der Zielverfolgung: Sasonow etwa setzte auf Abschreckung, als er London aufforderte, sein Eintreten in die antideutsche Front frühzeitig bekannt zu geben, während London glaubte, damit seine Verhandlungsmöglichkeiten zu verlieren. Die englische ebenso wie die deutsche Diplomatie ventilierten verschiedene Varianten einer angemessenen Satisfaktion für Wien (das meinte die Berliner Überlegung des „Halts in Belgrad"). Die öffentliche Zurschaustellung monarchischer Zusammengehörigkeit hätte eine Alternative geboten, wenn sie ihr Ziel erreicht hätte (ein Argument, das von Wien gegenüber St. Petersburg immer wieder vorgebracht wurde und auch Berlin stark machte) usw.

Im Ergebnis verfolgten alle Seiten eine Vielzahl unterschiedlicher Ziele und Strategien, denn so, wie es in Deutschland unterschiedliche Gruppen gab, so gab es auch in den anderen Hauptstäd-

---

[229] Ebd., 162.

ten unterschiedliche Ziele und Strategien. Und so wie in Berlin sich die politischen Präferenzen im Zeitverlauf änderten, so wandelten sich auch die Wahrnehmungen, Deutungen und Zielvorstellungen in den anderen Metropolen. Mit anderen Worten: In den Hauptstädten gab es nicht nur unterschiedliche Ziele und unterschiedliche Strategien, diese änderten sich auch noch je nach Zeitpunkt.

Gleichzeitigkeit unterschiedlicher Politiken

Als Folge all dieser Überlagerungen – und das ist das Entscheidende – war dann kaum zu erkennen, was die Gegenseite wirklich wollte. Die Militärs trieben ihre eigene Politik. Die Botschafter in St. Petersburg, in London, in Wien, in Berlin hatten ihre eigenen Vorstellungen und vermittelten häufig ein falsches Bild von den Diskussionen in ihre Heimat. Am Schluss fehlten jegliche Grundlagen für einen fruchtbaren Dialog: „Ein Vertrauensverlust auf der Gegenseite und der Verlust von Ansatzpunkten für eine Verständigung" waren die notwendigen Konsequenzen dieser Konstellation, so Jürgen Angelow.[230]

Fehlperzeptionen deutscher Politik

Doch warum scheiterte die deutsche Lokalisierungsstrategie? Nur einige der vielen Fehlannahmen und -entscheidungen seien angeführt:

1. Berchtold, der österreichisch-ungarische Außenminister, war längst zu einer kriegerischen Aktion entschlossen,[231] als Arthur Zimmermann in Berlin den österreichischen Botschafter Szögyény traf und den Bündnispartner auf eine vorausschauende und kluge Politik festlegen wollte. Konkret riet er zu einer entschiedenen Antwort auf die serbische Provokation. Gleichzeitig gälte es, die positive internationale Stimmung gegenüber Wien auszunutzen. Das gewonnene kulturelle Kapital dürfe nicht leichtfertig verspielt werden. Deshalb riet er zu größter Vorsicht unter Einhaltung aller diplomatischen Usancen. An Serbien sollten keine demütigen Forderungen gestellt werden.[232] Die Mahnung Zimmermanns an Wien hatte gute Gründe und war aus diplomatischer Warte in jeder Hinsicht angemes-

---

230 *Angelow*, Urkatastrophe (wie Anm. 25), 166.
231 3.7.1914 Berchtold Aufzeichnung über Unterredung mit Tschirschy (2.7.1914), in: *Baumgart* (Hrsg.), Julikrise (Wie Anm. 105), 48–49.
232 4.7.1914 Szögyény an Berchtold, Unterredung mit Unterstaatssekretär Zimmermann, in: *Baumgart* (Hrsg.), Julikrise (wie Anm. 105), 49.

sen. Doch längst hatte Wien die Schwachstellen im deutschen Regierungssystem erkannt.

2. Am 5. Juli empfing der Kaiser den k.u.k. Botschafter Ladislaus von Szögyény sowie den österreichischen Sonderbeauftragten Alexander Hoyos. Immer noch war Wilhelm II. aufgebracht über das Attentat in Sarajevo. Er hatte – wie bereits erwähnt – Franz Ferdinand außerordentlich geschätzt, und mit Franz Joseph fühlte er sich als deutscher Monarch verbunden. So versicherte er Österreich-Ungarn seine uneingeschränkte Unterstützung, wenn es denn daran ginge, Serbien zur Rechenschaft zu ziehen, und gab Wien einen Blankoscheck. Das sollte Zeichen vollkommener Solidarität sein und das Selbstwertgefühl Wiens stärken. Bethmann Hollweg erklärte später das Dilemma, in dem sich Berlin befand: „Reden wir ihnen zu, so sagen sie, wir hätten sie hineingestoßen; reden wir ab, so heißt es, wir hätten sie im Stich gelassen."[233] Allzu ernst nahmen Wilhelm II. und seine Berater den Sachverhalt indes nicht, denn sie glaubten, Wien sei zu einem energischen Schritt kaum fähig.[234]

3. Gleichzeitig überschätzten die Risikopolitiker in Deutschland, zu denen jetzt auch Arthur Zimmermann gehörte, die Entscheidungsfreude Wiens und dessen militärische Fähigkeiten. Eine rasche, begrenzte Aktion gegen Serbien ohne formelles Ultimatum hätte Gelegenheit gegeben, die Hintermänner des Attentats gegen Franz Ferdinand zu bestrafen und alles Weitere später zu regeln. Sicherlich wären St. Petersburg, Paris und London aufgeschreckt worden. Doch zu einem Krieg hätten sie es vermutlich nicht kommen lassen und stattdessen eine diplomatische Lösung angestrebt, die das „fait accompli" Wiens akzeptiert hätte. Darauf basierte das Kalkül der „gemäßigten Politiker" in Berlin. Doch Wien brauchte zunächst mehrere Tage bis zur Festlegung des eigenen Vorgehens[235] und danach noch einmal mehrere Wochen, genauer bis Mitte August 1914, bis die eigenen Truppen zusammengezogen waren.

---

233 *Sösemann*, Die „Juli-Krise" im Riezler-Tagebuch (wie Anm. 175), 691.
234 5.7.1914, Falkenhayn an Moltke, in: *Baumgart* (Hrsg.), Julikrise (wie Anm. 105), 52–53.
235 *Berghahn*, Der Erste Weltkrieg (wie Anm. 116), 32–37; *Levy*, Preferences (wie Anm. 228).

4. Inzwischen erhielt Berlin beunruhigende Nachrichten. Die französische „Temps" berichtete über neue russische Rüstungspläne, die das Gefühl der systematischen Einkreisung noch verstärkten.[236] Selbst Grey vermochte die deutschen Gefühle von Ohnmacht nachzuvollziehen.[237]
5. Doch nicht nur die technischen Schwierigkeiten einer raschen Truppenmobilisierung durch das Habsburgerreich machten Berliner Regierungsstellen einen Strich durch die Rechnung. Nachdem Kaiser und Reichskanzler Wien freie Hand gelassen und damit jegliche Kontrolle verloren hatten, entschied der Wiener Ministerrat am 7. Juli 1914, dass nur eine „radikale Lösung" die serbische Agitation dauerhaft zunichtemache, und das bedeutete das Votum für einen lokalen Krieg.
6. Auch die Position Londons schätzte Berlin falsch ein. Bis zuletzt hoffte vor allem Bethmann Hollweg darauf, England werde doch noch dem Konflikt fernstehen und somit der Preis des Krieges für St. Petersburg und Paris steigen. Russland und Frankreich würden sich unter der Bedingung einer britischen Neutralität entweder von einem Krieg mit Deutschland und Österreich-Ungarn abschrecken lassen, oder es bleibe bei einem Zwei-Fronten-Krieg, und der Drei-Fronten-Krieg werde vermieden.
7. Selbst der Anschlag in Sarajevo bot Anlass zu Fehlbewertungen. Aus serbischer, aus russischer Sicht hatten verzweifelte bosnische Jugendliche gegen Willkür und Unterdrückung aufbegehrt: Franz Ferdinand war demnach einem Tyrannenmord zum Opfer gefallen, gewiss nicht löblich, aber doch mehr als verständlich. Die jugendlichen Heißsporne begingen aus dieser Sicht eine Verzweiflungstat, welche die lokalen Sicherheitskräfte unbedingt hätten verhindern können, ja, müssen. Die Schuld lag allein beim Habsburgerreich, weil es die Selbstbestimmungsrechte der Südslawen missachtete, den Jugendlichen jede Zukunftsperspektive nahm und die bosnische Provinzial-

---

236 16.7.1914, Granville, englischer Geschäftsträger in Paris, an Grey, Artikel des „Temps" über russische Rüstung, in: *Baumgart* (Hrsg), Julikrise (wie Anm. 105), 95–96.
237 16.7.1914, Memorandum Bertie (englischer Botschafter in Paris), Grey über Einkreisung Deutschlands, in: *Baumgart*, Julikrise (wie Anm. 105), 97.

verwaltung selbst mit reinen Polizeiaufgaben überfordert war. Natürlich bewerteten Wien und Berlin den Sachverhalt ganz anders. Demnach war der Mord das Werk nationalistischer Revolutionäre, die die ganze Welt in Brand stecken wollten und die überlieferte Ordnung gefährdeten. Der Angriff galt dem Thronprätendenten einer viele Jahrhunderte alten Monarchie, einem Hort der Zivilisation und zweifelsohne Zentrum der Stabilität Europas. Hätte da nicht der Zar aus gut verstandenem Eigeninteresse seine Solidarität mit Franz-Joseph bekunden müssen?

8. Die offiziellen und inoffiziellen Strategen in Deutschland wogen ab, welchen Willen Russland, Frankreich und Großbritannien aufbringen würden, den großen Krieg zu wagen. Und da schien ein für Deutschland und das Habsburgerreich günstiger Ausgang, der den Frieden bewahrte, durchaus wahrscheinlich. Das Argument monarchischer Solidarität mochte greifen. Die Aufrüstung in Russland war noch nicht abgeschlossen. Frankreich schien wenig kriegswillig. Außerdem erschütterten innenpolitische Krisen Paris und London. Noch am 25. Juli 1914 meldete der deutsche Botschafter in St. Petersburg, Pourtalès, nach einer ausführlichen Unterredung mit dem russischen Außenminister: „Im Laufe des Gesprächs rief Sasonow aus: ‚Wenn Österreich-Ungarn Serbien verschlingt, werden wir mit ihm den Krieg führen'; hieraus lässt sich vielleicht schließen, dass Russland erst in dem Fall zu den Waffen greifen würde, dass Österreich auf Kosten Serbiens territoriale Erwerbungen machen wollte. Auch der Wunsch einer Europäisierung der Frage scheint darauf hinzuweisen, dass ein sofortiges Einschreiten von Russland nicht zu erwarten ist."[238]

9. Allzu optimistisch schaute Berlin in die Zukunft, da auch die Meldungen aus Paris durchaus günstig klangen. Indes sah die Wirklichkeit doch anders aus, jedenfalls anders, als sie die Telegramme der deutschen Vertretung in der französischen Hauptstadt ausmalten. Poincaré und Viviani waren auf ihrem Dampfschiff von St. Petersburg nach Dünkirchen vom Entscheidungsprozess zeitweise abgekoppelt. Die Funktechnik bot noch alle möglichen Unwägbarkeiten. So konnten sie die

---

[238] 25.7.1914, Pourtalès an AA, Sazonov über österreichisches Ultimatum, in: *Baumgart* (Hrsg.), Julikrise (wie Anm. 105), 138.

Pariser Stellungnahmen nur ab und zu über störanfällige Telegrammverbindungen beeinflussen. In Paris zeichnete der amtierende Außenminister, Justizminister Bienvenu-Martin, verantwortlich. Der war höchst unentschlossen und wenig mit der Materie vertraut. Der deutsche und der österreichische Botschafter folgerten daher zu Unrecht, Frankreich werde Russland nur begrenzt unterstützen.[239]

10. Als der Zar die Mobilisierung seiner Truppen ankündigte, reagierte Berlin sofort, stellte St. Petersburg ein Ultimatum (31. 7. 1914), und weil die Antwort ausblieb, erklärt es den Krieg (1. 8. 1914). Dabei hätte die deutsche Politik durchaus noch Spielraum besessen, wenn die Entscheider es gewollt hätten. Die russische Mobilmachung hatte nämlich bei weitem nicht jene Konsequenzen, jene Implikationen, die Berlin den Anordnungen zumaß. Geschuldet war sie der sehr viel langsameren Reaktionsfähigkeit der russischen Landarmee, verglichen mit den Truppen des Industriestaates Deutschland. Darüber hinaus konnte sie defensiv gestaltet werden – im Unterschied zu den deutschen Offensivplanungen.[240] Aber nachdem die russische Seite über mehrere Tage das Offensichtliche geleugnet hatte, dass es nämlich seine Truppen frühzeitig alarmiert hatte, fehlte jedes Vertrauen, die Situation ohne Gegenmaßnahmen beherrschen zu können.

Fehleinschätzungen Wiener Entscheidungsträger

In Wien, um kurz auch die österreichisch-ungarischen Fehlkalkulationen anzusprechen, verzichtete die Politik darauf, frühzeitig St. Petersburg einzubinden, um Verständnis zu werben und so das eigene Vorgehen abzusichern. Das wäre ja auch eine Option gewesen, wenn wirklich nur Serbien das Ziel war. Mit dem Grafen Szápáry hatte das Habsburgerreich zusätzlich einen wenig umgänglichen Botschafter in die russische Hauptstadt entsandt. Am 7. Juli 1914 entschied der gemeinsame Ministerrat, Serbien ein formelles Ultimatum zu stellen, dessen Text indes erst überreicht wurde, nachdem Poincaré und Viviani ihren Staatsbesuch in St. Petersburg beendet hatten (de facto am 23. 7. 1914). Das Dilemma bestand in der durchaus zwiespältigen Symbolik der Wiener Aktion.

---

239 *James Joll*, The origins of the First World War. London 1984, 16 f.
240 *Mombauer*, Europas Weg (wie Anm. 11), 99–105.

Wollte es als Großmacht auftreten, dann hätte es auf ein Ultimatum verzichten und unmittelbar seinen Willen durchsetzen müssen. Mit dem Ultimatum erkannte das Habsburgerreich Serbien indes als selbständigen Staat an und begab sich damit in die Logik der europäischen Konfliktregulierung. Es hätte den Wunsch der Großmächte nach einer internationalen Konferenz akzeptieren müssen, und zwar umso mehr, da Edward Grey eine angemessene Satisfaktion vorab zusagte.

Doch noch in anderer Hinsicht irrten die Wiener Entscheidungsträger. Anfänglich hatte man daran gedacht, den territorialen Bestand Serbiens zu beschneiden, die Nachbarstaaten zu beglücken und das eigene Territorium zu erweitern. Doch der ungarische Ministerpräsident protestierte laut, weil der slawische Bevölkerungsanteil deutlich gestiegen und der ungarische geschwächt worden wäre. Zudem hätte jegliche Territorialveränderung den Widerstand der Ententemächte gegen die österreichische Serbienpolitik noch erhöht. Was innenpolitischer Logik entsprang, ließ sich freilich auch außenpolitisch verwenden. Um St. Petersburg milde zu stimmen, ließ der Ministerrat erkennen, die militärische Besetzung Serbiens werde nicht mit einer Annexion des Landes enden.[241] Für Russland bot der Beschluss die Chance, ein Blutvergießen in Serbien zu vermeiden. Anschließend hätte St. Petersburg auf einer internationalen Konferenz die Möglichkeit gehabt, die serbischen Interessen energisch zu vertreten. Als Anwalt Serbiens wäre es also in die Geschichte eingegangen. Und es hätte sich als Friedensstifter profilieren können. Doch der Vorschlag Wiens verkannte, wie aufgeheizt die Stimmung in St. Petersburg bereits war und wie stark das Vertrauen in Wien als rationalen und ernst zu nehmenden Akteur der europäischen Staatenordnung geschwunden war. Stattdessen überließ der russische Außenminister der serbischen Regierung die Entscheidung, ob sie sich verteidigen wollte oder nicht. Wie immer die Entscheidung ausfalle, könne Serbien auf die Unterstützung durch St. Petersburg rechnen. Im Ergebnis bedeutete der Blankoscheck an Belgrad, dass die Option einer be-

---

241 16.7.1914, Forgách (Sektionschef im österreichischen Außenministerium) an Mérey (Gesandter bei der österreichischen Botschaft in Rom), in: *Baumgart* (Hrsg.), Die Julikrise (wie Anm. 105), 93–95; 23.7.1914, Aufzeichnung Riezler, in: *Sösemann*, Die „Juli-Krise" im Riezler-Tagebuch (wie Anm. 175), 696.

dingungslosen Kapitulation ausschied und damit der große Krieg wahrscheinlicher wurde. Glaubt man Sean McMeekin, so waren die Staatsmänner des Zarenreiches im Juli 1914 vielleicht noch kriegslüsterner als ihre Kontrahenten in Berlin und Wien.[242]

Man mag das Urteil McMeekins nicht teilen, so wie viele Rezensenten. Gewiss aber ist, dass die russische Politik auf Abschreckung setzte und sich bereits früh auf einen möglichen Krieg gegen Österreich-Ungarn und Deutschland vorbereitete. Da auch die Mittelmächte eine militärische Konfrontation nicht ausschlossen, endete die Julikrise am 1. August 1914 mit der Kriegserklärung Deutschlands an Russland. Die Angst der Menschen vor den Kriegsfolgen wurde allein durch die Hoffnung erträglich, die militärische Konfrontation werde nur kurz dauern.[243] – Das war eine weitere Fehlwahrnehmung.

Offenheit der Situation, unterschiedliche Zeitlogiken

Im Folgenden werde ich die Offenheit der Situation und die unterschiedlichen Zeitlogiken untersuchen und dabei mehr als auf den vorangegangenen Seiten meine eigene Interpretation entwickeln.

Die eigentliche Julikrise begann mit Überreichung des österreichisch-ungarischen Ultimatums an Serbien am 23. Juli 1914. Im Kern ging es darum, eine Sprache und ein Politikmodell zu finden, die eine Lösung aus der Krise möglich machten. Nur, das Finden einer angemessenen Sprachform erforderte Zeit. Und Zeit, die fehlte – mehr als irgendetwas anderes.

Chancen einer Lokalisierung des Konflikts

Die ersten entscheidenden Umdeutungen erfolgten bereits in den frühen Stunden nach Überreichung des Ultimatums. Sasonow, der russische Außenminister, telegrafierte dem Gesandten in Belgrad. „Wenn die hilflose Lage Serbiens derart" sei, „dass sie keinen Zweifel über den Ausgang eines bewaffneten Kampfes mit Österreich" zulasse, möge Belgrad das eigene Land „kampflos besetzen lassen und einen feierlichen Appell an die Mächte richten. In diesem könnten sich die Serben, indem sie auf ihre schwierige Lage nach dem Kriege hinwiesen, in dessen Verlauf sie durch ihre Mä-

---

[242] Die Frage nach der deutschen Kriegsschuld ist dabei freilich nicht nur eine wissenschaftliche, sondern stets auch eine politische. So wurde die Argumentation McMeekins mitunter auch von der Neuen Rechten dankbar aufgenommen: Interview mit Sean McMeekin, 25.6.2014, www.blauenarzisse.de/index.php/gesichtet/item/4722-im-gespraech-sean-mcmeekin (28.4.2015).
[243] *Elise Julien*, Der Erste Weltkrieg. Darmstadt 2014, 10 f.

ßigung die Dankbarkeit Europas verdient hätten, darauf berufen, dass es für sie unmöglich sei, den ungleichen Kampf zu bestehen, und den Beistand der Mächte anrufen, der sich auf das Gefühl der Gerechtigkeit gründe."[244] Diese Empfehlung Sasonows lief also auf eine Lokalisierung des Konflikts heraus.

Schon in den nächsten Stunden änderte sich die Stimmung. Der serbische Gesandte in St. Petersburg gab zu verstehen, sein Land sei zum Widerstand bereit. Damit appellierte Belgrad an das Selbstverständnis und die Ehre seiner Schutzmacht. Ein Konflikt sei indes zu verhindern, wenn Russland seinen Druck auf Wien und Berlin verstärke und beiden die Gefahren eines umfassenden militärischen Aufeinandertreffens verdeutliche.[245] Belgrad wies damit einen Ausweg, der das Ansehen Petersburgs mehren und zugleich den Krieg vermeiden würde. Paléologue, der französische Botschafter in St. Petersburg, wurde im russischen Außenministerium vorstellig und bewies nicht weniger Optimismus, den er auf die Annahme gründete, „dass Deutschland sich kaum entschließen werde, Österreich zu unterstützen", angesichts der zu erwartenden Folgen. „Wir sind nie in einer besseren Situation gewesen", meinte er und riet damit, dem österreichischen Druck standzuhalten.[246] Der russische Militärrat war in einer durchaus kriegerischen Stimmung, und schließlich ordnete der russische Ministerrat die Mobilisierung einzelner Bezirke im Westen des Landes an. George Buchanan, der britische Botschafter in St. Petersburg, kabelte nach London: Aus Sasonows Sicht ginge es Österreich darum, den status quo auf dem Balkan umzustürzen und ein Hegemonialsystem zu errichten: „Russland könne nicht zulassen, dass Österreich Serbien erdrücke und vorherrschende Macht auf dem Balkan werde, und Russland würde, des französischen Beistandes sicher, alle Gefahren des Krieges auf sich nehmen."[247] Damit war eine auffallende sprachliche Rekodierung und – ebenso wichtig – ein politischer Strategiewechsel erfolgt. An Stelle eines lokalen Konflikts erkannte

Weltkriegsdrohung als Alternativstrategie

---

244 24.7.1914, Telegramm Sasonow an Geschäftsträger Standtmann (Belgrad), in: *Geiss* (Hrsg.), Juli 1914 (wie Anm. 86), 174.
245 *Gale Stokes*, The Serbian Documents from 1914. A Preview, in: The Journal of Modern History 48, 1976, 69–84, www.jstor.org/stable/1878810 (28.12.2014).
246 24.7.1914, Tagesaufzeichnung des russischen Außenministeriums, in: *Geiss* (Hrsg.), Juli 1914 (wie Anm. 86), 178.
247 25.7.1914, Telegramm Buchanan an Grey, in: ebd., 207.

Russland nun einen Angriff auf die eigene Machtsphäre, und statt dem Konzert der europäischen Großmächte zu vertrauen, setzte es jetzt auf eine entschlossene Politik der Abschreckung.

Gleichwohl, noch war es nicht soweit, dass überhaupt kein Kompromiss möglich war. Sasonow riet Belgrad zu „äußerster Mäßigung". So fiel die serbische Antwort im Ton diplomatisch aus. Höflich entgegnete die serbische Regierung auf die barschen Wiener Vorhaltungen: Offensichtlich gälte es, schreckliche Missverständnisse aufzuklären. Belgrad habe sich strikt an die Vereinbarungen vom 18./31. März 1909[248] gehalten und deshalb alles unterlassen, was die politische und rechtliche Situation von Bosnien-Herzegowina hätte verändern können. Mehr noch, während der Balkankrise habe Serbien größte Opfer gebracht, um den europäischen Frieden zu bewahren. Wie in allen Demokratien seien die Zeitungen frei und entsprechend vielfältig die Reaktionen. Doch was die engere Regierungsebene betreffe, habe man zuletzt erfolgreich zahlreiche Probleme gemeinsam gelöst. Wenn nun Wien Serbien Vorhaltungen mache, Landsleute seien am Attentat beteiligt gewesen, wäre es wünschenswert, bei den Untersuchungen involviert zu sein. Selbstverständlich verurteile die serbische Regierung jegliche gegen das Existenzrecht Österreich-Ungarns gerichtete Propaganda. Doch Beweise, dass serbische Geheimorganisationen bzw. deren Mitglieder für das Attentat verantwortlich wären, lägen nicht vor. Sobald eindeutige Belege ermittelt seien, würde die Regierung selbstverständlich handeln. Nur dürfe und könne sie keine Forderungen akzeptieren, die dem internationalen Recht (und damit dem Anspruch auf Souveränität) widerspräche. Wenn die vorliegende Antwort Wien trotz allem unzureichend erscheine, wäre Belgrad zu einer Überantwortung der anstehenden Fragen an das Haager Schiedsgericht oder an eine Konferenz der europäischen Großmächte bereit. Damit beharrte Serbien auf seiner Wahrnehmung als souveräner Staat und ver-

Chancen zur Gesichtswahrung für Wien?

---

248 Verpflichtung Serbiens gegenüber Österreich-Ungarn „die Richtung seiner gegenwärtigen Politik gegen Österreich-Ungarn zu ändern und künftighin mit diesem letzteren auf dem Fuße freundnachbarlicher Beziehungen zu leben". *Bernhard W. von Bülow*, Die Krisis. Die Grundlinien der diplomatischen Verhandlungen bei Kriegsausbruch. Charlottenburg 1922, www.erster-weltkrieg.com/dokumente/buelow/02_01.htm (4.7.2015).

weigerte die zugedachte Rolle einer imperialen Peripherie Österreich-Ungarns.

Wien war im Juli 1914 zum Krieg entschlossen, und nur eine bedingungslose Annahme des Ultimatums hätte den Fortgang der Ereignisse mit großer Sicherheit verändert. Dennoch ist der serbische Text höchst unterschiedlich bewertet worden. Die meisten Politiker der Zeit betrachteten ihn als ein formidables Papier, das Wien entgegenkam und dem Habsburgerreich jegliche Legitimation für eine militärische Option entzog. Aus London berichtete der deutsche Botschafter, Karl Max von Lichnowsky, angesichts des weitgehenden Entgegenkommens der serbischen Regierung sei in England der Eindruck verbreitet, der Krieg würde sich vermeiden lassen.[249] Selbst Wilhelm II. kam nach Durchsicht der serbischen Antwort zu dem Schluss, „dass im Großen und Ganzen die Wünsche der Donaumonarchie erfüllt sind."[250] Überraschenderweise haben manche Forscher heute dennoch ein ganz anderes Bild entwickelt. Für Christopher Clark änderte sich die Position in Belgrad vom 24. Juli (Annahme des Ultimatums) bis zum 26. Juli (hinausschiebende Antwort), weil St. Petersburg Serbien immer stärker Rückhalt bot.[251] Am 24. Juli schien die Lokalisierungsstrategie noch aufzugehen, am 26. Juli hätte nur ein Verzicht auf den lokalen Krieg das Unheil noch abwehren können. Ein Meisterstück diplomatischer Mehrdeutigkeit sei die Antwort gewesen. Jörn Leonhardt urteilt, dass wenig Substantielles offeriert worden sei, dies aber in einem unterwürfigen Ton.[252] Und Manfried Rauchensteiner hat spitz angemerkt:

Die serbische Note in der Forschung

> „Die Serben wussten ja selbst nicht, wo sie standen und wie sie argumentieren sollten. Einerseits behauptete Jovan Jovanović, der serbische Gesandte in Wien, er habe vor dem Attentat gewarnt, und andererseits wollte niemand eine Ahnung gehabt haben. Da passte nichts zusammen. [...] Das war genau der Punkt, an dem Serbien eine Untersuchung unter Beiziehung österreichischer Beamter nicht zulassen konnte, wie es in dem Ultimatum an Belgrad gefordert worden war. In dem Augenblick, in dem sich ein gediegener Kriminalist aus Wien in die Sache hineingekniet hätte,

---

249 27.2.1914, Telegramm Lichnowsky an Jagow, in: *Geiss* (Hrsg.), Juli 1914 (wie Anm. 86), 234 f.
250 28.7.1914, Handschreiben Wilhelms II. an Jagow, in: ebd., 252 f.
251 *Clark*, Sleepwalkers (wie Anm. 12), 461–467.
252 *Leonhard*, Die Büchse der Pandora (wie Anm. 16), 99.

wäre natürlich alles zu Tage gekommen. Dann wären die Verbindungen in höchste serbische Kreise, bis ins Königshaus, deutlich geworden. Davon bin ich überzeugt."[253]

Druck und Entgegenkommen Londons

Dennoch eröffnete das serbische Antwortschreiben eine Chance, den Konflikt beizulegen. Aus London meldete Lichnowsky, der britische Außenminister dränge auf eine Verhandlungslösung. „Was die österreichische Note betreffe, so erkenne er das berechtigte Verlangen Österreichs nach Genugtuung vollkommen an, ebenso das Begehren nach Bestrafung aller mit dem Morde in Verbindung stehenden Personen."[254] In dem darauffolgenden Telegrammabschnitt schlussfolgerte Lichnowsky, dass, falls Berlin den Vorschlag zurückweise, England unvermeidlich auf die Seite Frankreichs und Russlands getrieben würde. Noch drängender formulierte Lichnowsky die englische Position am 27. Juli: Serbien sei aus Greys Sicht soweit nur möglich Wien entgegenkommen, nicht zuletzt dank des positiven Einflusses aus Petersburg. Es sei jetzt an Berlin, das Vermittlungsangebot anzunehmen und eine „tollkühne Politik zu verhindern".[255] Im Kern verband das Telegramm Lichnowskys drei verschiedene Argumente miteinander: Serbien habe die berechtigten Forderungen Österreichs in Ton und Substanz anerkannt; eine angemessene Satisfaktion für das Habsburgerreich werde auf dem Verhandlungsweg ermöglicht werden; wenn Wien dennoch den Krieg wage und Deutschland die Bündnisverpflichtung einhalte, würden vermutlich die Mittelmächte an drei militärischen Fronten zugleich kämpfen müssen. Lichnowsky übermittelte ein Angebot, das Entgegenkommen und Abschreckung miteinander verband.

Der so argumentativ verdichtete Ausweg für Berlin und Wien erwies sich dann doch als nicht gangbar. Bethmann Hollweg wertete den Vorschlag einer Konferenz für Wien als demütigend und setzte stattdessen auf direkte österreichisch-russische Verhandlungen. Noch, so der Eindruck des Kanzlers, sei die Lokalisierung des

---

253 Gespräch Manfried Rauchensteiner, Christopher Clark, in: Die Zeit, 17.10.2013.
254 25.7.1914, Telegramm Lichnowsky an Jagow, in: *Geiss* (Hrsg.), Juli 1914 (wie Anm. 86), 196.
255 27.7.1914, Telegramm Lichnowsky an Jagow, in: ebd., 232 f.

Konfliktes möglich.²⁵⁶ Aus St. Petersburg meldete der deutsche Botschafter: Die Einwendungen des russischen Außenministers gegen die an Serbien geübte Kritik seien inzwischen „sehr viel schwächer als vor zwei Tagen".²⁵⁷

Am 28. Juli überreichte Österreich-Ungarn an Serbien die Kriegserklärung. Am 29. Juli bombardierten österreichische Donauschiffe Belgrad. Damit hatte auf lokaler Ebene die militärische Konfrontation begonnen. In dieser Situation reagierte Bethmann Hollweg auf die vielen Anschuldigungen, die von außen auf Berlin einprasselten und die zeigten, welch öffentlichen Erfolg die serbische Note erzielt hatte: Es gehe weder um Prestigepolitik noch darum, die Triple-Entente zu schwächen, erläuterte er die gewandelte Berliner Position, vielmehr habe Wien ein Anrecht, die großserbische Agitation dauerhaft zurückzudrängen und das Existenzrecht Österreich-Ungarns zu sichern. Bethmann Hollweg argumentierte nun also mit dem Recht auf Selbstverteidigung.²⁵⁸

<small>Wiener Recht auf Selbstverteidigung?</small>

Außenpolitischen Erfolg hatte Bethmann Hollwegs Deutungsangebot nicht. Stattdessen telegrafierte Lichnowsky am 29. Juli um 18.39 Uhr aus London, Edward Grey lasse keinen Zweifel aufkommen, dass England im Konfliktfalle an der Seite der Entente in den Krieg eintrete.²⁵⁹

Bevor sich die Lage derart zugespitzt hatte, reagierte der Kaiser in der für ihn so typischen Hau-Ruck-Manier. Handschriftlich instruierte er Bethmann Hollweg am Vortage: Mit der serbischen Antwort entfalle jeder Kriegsgrund. Es gehe jetzt darum, einen Weg zu finden, der den Frieden bewahre, das Ansehen Österreichs und seiner Armee erhalte und Wien ein Faustpfand in die Hand gebe. Daher sollten die habsburgischen Truppen in Belgrad Halt machen. Er sei dann bereit, den Frieden zu vermitteln. „Das würde ich thun auf Meine Manier, und so schonend für das österreich[ische] Nationalgefühl und für die Waffenehre seiner Armee als möglich."²⁶⁰

<small>Mühen um eine ehrbewahrenden Lösung</small>

Damit waren die entscheidenden Schwierigkeiten angesprochen, den Konflikt in einer für die Mittelmächte erträglichen Form

---

256 27.7.1914, Telegramm Bethmann Hollweg an Lichnowsky, in: ebd., 231 f.
257 27.7.1914, Telegramm Pourtalès an Jagow, in: ebd., 237.
258 28.7.1914, Telegramm Bethmann Hollweg an Lichnowsky, in: ebd., 237 f.
259 29.7.1914, Telegramm Lichnowsky an Jagow, in: ebd., 288 f.
260 28.7.1914, Handschreiben Wilhelms II. an Jagow, in: ebd., 252 f.

zu lösen. Österreich konnte ohne Ansehensverlust nur gestoppt werden, wenn es gelang, eine Formel zu finden, die das internationale Prestige des Habsburgerreiches bewahrte, die Selbstachtung im Innern stärkte und Deutschland vom Odium einer Hegemonialstellung gegenüber Wien frei hielt. Kein leichtes Unterfangen.

Bethmann Hollweg versuchte sofort in einem Telegramm an Tschirschky Wilhelms Vorgaben umzusetzen. Alle möglichen Argumente brachte er vor, die Wien davon überzeugen sollten, aus gut verstandenem Eigeninteresse den militärischen Vormarsch zu stoppen. „Es" handele „sich lediglich darum, einen Modus zu finden, der die Verwirklichung des von Österreich-Ungarn erstrebten Ziels ermögliche, der großserbischen Propaganda den Lebensnerv zu unterbinden, [...] ohne gleichzeitig einen Weltkrieg zu entfesseln, und wenn dieser schließlich nicht zu vermeiden ist, die Bedingungen, unter denen er zu führen ist, für uns nach Tunlichkeit zu verbessern."[261]

Die Geschichtsforschung hat das Telegramm Bethmann Hollwegs ganz unterschiedlich interpretiert: In der einen Variante ging es dem deutschen Kanzler darum, das Ziel Österreichs in der Julikrise so umzudeuten, dass eine politische Lösung aus der selbstgeschaffenen Zwangslage wieder möglich wurde. In der anderen Variante liegt die Betonung auf dem zweiten Teil des Satzes und damit auf einem propagandistischen Manöver, den eigenen guten Willen zu bekunden und damit die Gegenseite mit der Kriegsschuld zu belasten. Beide Erklärungen scheinen mir indes nicht ausreichend, weil sie den „Sprechakt" als dezidierte Willensbekundung von Bethmann Hollweg deuten. Tatsächlich ging es Bethmann Hollweg gerade nicht um eine Darlegung seiner politischen Absichten, sondern darum, Wien zu überzeugen, den ersten Schritt in Richtung Deeskalation zu gehen. Dazu führte er – ganz sachlich – eine Vielzahl von Argumenten an, die alle dem einen Zweck dienten, Wien davon zu überzeugen, aus gut verstandenem Eigeninteresse den ersten Schritt zu gehen. Erfolgreich war Bethmann Hollweg nicht.

Willy-Nicky-Telegramme

Zur gleichen Zeit versuchte Wilhelm II. einen anderen Weg, um die Katastrophe aufzuhalten. Er wandte sich telegrafisch an den Zaren in Petersburg (28. 7. 1914). Er appellierte an die Solidarität der

---

261 28.7.1914, Telegramm Bethmann Hollweg an Tschirschky, in: ebd., 256 f.

Monarchen untereinander und unterstrich, dass er alles in seiner Macht Stehende aufbiete, „um Österreich zu veranlassen, durch sofortiges Handeln zu einer befriedigenden Verständigung mit Dir zu kommen."[262]

Am Abend des 29. Juli intervenierten Jagow und Bethmann Hollweg gemeinsam jenseits der Alpen. In einem Telegramm, das Wien am 30. Juli erreichte, wies der Kanzler den deutschen Botschafter an, Berchtold dahin zu unterrichten, dass Belgrad vermutlich geneigt sei, alle Forderungen des Ultimatums anzuerkennen. „Ein derartiges Nachgeben Serbiens" könne man „als geeignete Basis für Verhandlungen ansehen auf Grund einer Besetzung serbischen Gebietsteils als Faustpfand."[263]. Das serbische Einlenken entsprang eher Wunschdenken als der Wirklichkeit, aber es war doch ein starkes Argument, um Wien ohne Gesichtsverlust für das Habsburgerreich umzustimmen.

Lügen für den Frieden

Wenige Stunden später, am 30. Juli, wurden Jagow und Bethmann Hollweg gegenüber Wien beinahe impertinent: „Falls die österreichisch-ungarische Regierung jede Vermittlung ablehnt, stehen wir vor einer Konflagration, bei der England gegen uns, Italien und Rumänien allen Anzeichen nach nicht mit uns gehen würden, so dass wir mit Österreich-Ungarn drei Großmächten gegenüberständen. Deutschland würde infolge der Gegnerschaft Englands das Hauptgewicht des Kampfes zufallen. Das politische Prestige Österreich-Ungarns, die Waffenehre seiner Armee sowie seine berechtigten Ansprüche gegen Serbien könnten durch die Besetzung Belgrads oder anderer Plätze hinreichend gewahrt werden. Wir müssen daher dem Wiener Kabinett dringend und nachdrücklich zur Erwägung stellen, die Vermittlung zu den angebotenen Bedingungen anzunehmen. Die Verantwortung für die sonst eintretenden Folgen wäre für Österreich-Ungarn und uns eine ungemein schwere."[264] Kurz danach erhielt Tschirschky die Instruktion: „Wir sind zwar bereit, unsere Bündnispflicht zu erfüllen, müssen es aber

Dringende Bitte an Wien

---

262 28.7.1914, Telegramm Wilhelm II. an Nikolaus II., in: ebd., 258 f.
263 29.7.1914, Telegramm Bethmann Hollweg an Tschirschky. Dokument 384, in: *Karl Kautsky/Max Montgelas/Walter Schücking* (Hrsg.), Die deutschen Dokumente, Bd. 2. Berlin 1921, 117.
264 30.7.1914, Telegramm Bethmann Hollweg an Tschirschky. Dokument 395, in: ebd., 124 f.

ablehnen, uns von Wien leichtfertig und ohne Beachtung unserer Ratschläge in einen Weltbrand hineinziehen zu lassen."[265] Erstmals trat Berlin damit aus der Rolle des wohlwollenden Beraters heraus und drängte Wien energisch, seine Politik zu ändern. Die Entscheidung überließ es allerdings weiterhin der Habsburgermonarchie.

Warum scheiterten die vielen Versuche, die Katastrophe noch zu verhindern? Wilhelm II. bemühte sich ernsthaft, einen Ausweg zu finden; Nikolaus II. war bereit, seine Militärs aufzuhalten, um der Kriegslogik noch zu entgehen; Bethmann Hollweg, Gottlieb von Jagow, auch Edward Grey unternahmen Ende Juli alles, um Lösungswege aufzuzeigen. Letztlich entschied Wien, den einmal eingeschlagenen Weg fortzusetzen, trotz aller Warnungen der internationalen Diplomatie und trotz aller Ratschläge aus Berlin. Die Politiker des Habsburger Reiches glaubten, keine Wahl zu haben, bedeute doch jedes Nachgeben aus ihrer Sicht den sicheren Untergang. St. Petersburg wiederum verknüpfte sein Schicksal mit dem Serbiens. Auf beide Argumente wird später ausführlich einzugehen sein. Doch es gab noch weitere Faktoren, die die Forschung als ursächlich für das Scheitern der Konfliktlösung Ende Juli 1914 verantwortlich gemacht hat: Genannt seien fünf Aspekte: erstens: die Verständnisschwierigkeiten einer Kommunikation über Dritte unter der Bedingung von Zeitnot; zweitens die offene Sabotage der diplomatischen Bemühungen; drittens: die Zwänge der Kriegsvorbereitung seitens der Armeeführungen; viertens: das fehlende gegenseitige Vertrauen und die daraus resultierende Orientierungslosigkeit und Emotionalisierung des Konflikts; und fünftens: die rasche Verhärtung der Positionen angesichts der scheinbaren Ausweglosigkeit, innen- und außenpolitisch:

1. Zwischen Bethmann Hollweg und Berchtold gab es keinen direkten Kontakt. Die gesamte Kommunikation verlief über Telegramme und Mittelsmänner. So erhielten die österreichischen Verantwortlichen ungenaue und durchaus widersprüchliche Signale, was die deutsche Politik anstrebte. Der Vorschlag des Kaisers sei in wenig geeigneter Form vom Auswärtigen Amt und Bethmann Hollweg weitergeleitet worden, heißt es. Tschirschky habe die Berliner Anweisungen nicht auftrags-

---

265 30.7.1914, Telegramm Bethmann Hollweg an Tschirschky, in: *Geiss* (Hrsg.), Juli 1914 (wie Anm. 86), 294.

gemäß erfüllt. Dabei seien sie eindeutig gewesen. Sechs Telegramme seien an ihn geschickt worden, das eine drängender als das andere. Verantwortlich für die fehlerhafte Wiedergabe der deutschen Position war indes nicht allein der deutsche Botschafter. Leopold Berchtold, der österreichisch-ungarische Außenminister, unterrichtete den gemeinsamen Ministerrat in verfälschter Form über seine Unterredungen mit Tschirschky, so dass die Runde höchst unzulänglich über die deutschen Überlegungen informiert war.[266]

Im Einzelnen könnte man folgende Thesen formulieren:
- Das Fehlen direkter Kommunikation zwischen Wien und Berlin erschwerte die erforderliche enge Zusammenarbeit zwischen beiden Hauptstädten. Ganz generell gilt, dass die Übermittlung wichtiger Botschaften über Dritte höchst kompliziert ist. (Wer einmal als Kind „Flüsterpost" gespielt hat, weiß das.)
- Wenn dann noch eigene Interessen hineinspielen (beim Übermittler, beim Empfänger), erreichen die Nachrichten ihr Ziel nur in verkürzter und beeinträchtigter Form.
- Die solchermaßen gestörten Kommunikationswege ließen eine anspruchsvolle Umkodierung des Ausgangskonflikts von einer lokalen Auseinandersetzung zwischen „zivilisierter Großmacht" und „barbarischer Peripherie" zu einem die Interessenlage aller beteiligten Großmächte berührenden Konflikt innerhalb weniger Tage kaum zu. Stattdessen verschärften die widersprüchlichen Informationen den Eindruck, dass nur das Festhalten an dem eingeschlagenen Weg aus dem Chaos herausführe.

2. Hinter der Weigerung Wiens, die Vorschläge Wilhelms II. und Bethmann Hollwegs aufzugreifen, stand indes noch viel mehr. Allein das Zurückhalten von Informationen wie durch Tschirschky meinte schon Willkür. Doch offene Sabotage gab es auch. So notierte der deutsche Militärattaché in Wien, Karl Kageneck, in einen an Moltke gerichteten Briefentwurf: „Euer Hochgeboren wollen mir gestatten, dass ich meinem gepressten Herzen Luft mache. Wie ich eben durch den Botschafter höre, sind wir also wieder einmal vor Russlands und Englands Bluff

Sabotage

---

266 *Angelow*, Urkatastrophe (wie Anm. 25), 158–160.

in die Knie gesunken."²⁶⁷ Moltke selbst nahm Kontakt nach Wien auf und drängte sein österreichisch-ungarisches Gegenüber, endlich die Generalmobilisierung seiner Truppen anzuordnen, weil er fürchtete, ohne österreichische Unterstützung Russland aufhalten zu müssen. Als kurz darauf Berchtold von der drängenden Warnung Moltkes erfuhr, soll er ausgerufen haben: „Das ist gelungen! Wer regiert? Moltke oder Bethmann?"²⁶⁸

Verselbständigung der Militärs

3. Tatsächlich kam den Militärs am 29./30. Juli eine Schlüsselrolle zu. Sie argumentierten nicht aus einer diplomatischen Perspektive heraus wie Jagow und Bethmann Hollweg. Stattdessen dachten sie in Kategorien von Kampf und Ehre. Außerdem trugen sie Verantwortung, dass – was immer auch passierte – es militärisch gemeistert werden konnte. So bereiteten sie sich auf den ungünstigsten Fall vor. Schließlich waren die Militärs tief verstrickt in die Präventivkriegslogik, nicht nur, wenn auch vor allem in Deutschland. Wenn Russland nicht nachgab, so die Überlegung in Berlin, dann bewies es damit seinen Willen, Deutschland militärisch zu vernichten, jetzt oder später.

Welche Konsequenzen rein militärisches Denken zur Folge hatte, zeigt sich indes auch in St. Petersburg. In einer Tagesaufzeichnung des russischen Außenministeriums heißt es unter dem 30. Juli:

„Der Chef des Stabes bat S.D. Sasonow inständigst, den Kaiser unbedingt zu bewegen, dass er seine Zustimmung zu der allgemeinen Mobilmachung gäbe, weil uns äußerste Gefahr drohe, einem Kriege mit Deutschland unvorbereitet gegenüberzustehen, wenn die Umstände uns doch zur Ergreifung energischer Maßnahmen nötigen sollten, nachdem der Erfolg einer allgemeinen Mobilmachung durch die vorherige Durchführung einer Teilmobilisation kompromittiert sein würde. General Januschkewitsch bat den Minister, falls es ihm gelänge, den Kaiser zu bestimmen, solle er ihm, Januschkewitsch, sofort aus Peterhof telephonische Nachricht geben, damit er unverzüglich die notwendigen Maßnahmen ergreifen könne, denn es sei notwendig, vor allem so rasch wie möglich die bereits begon-

---

267 Zitiert in *Christa Pöppelmann*, Juli 1914. Wie man einen Weltkrieg beginnt, und die Saat für einen zweiten legt. Ein Lesebuch. Berlin 2013, www.juli1914.de/30-juli-1914.html (13.10 2015).
268 Zitiert, in: *Günther Kronenbitter*, Krieg im Frieden. Die Führung der k.u.k. Armee und die Großmachtpolitik Österreich-Ungarns, 1906–1914. München 2003, 511.

nene Teilmobilmachung in eine allgemeine umzuwandeln und die bereits ausgesandten Befehle durch neue zu ersetzen. ‚Danach', sagte Januschkewitsch, ‚werde ich fortgehen, werde mein Telephon zerbrechen und überhaupt alle Maßnahmen treffen, damit ich völlig unauffindbar bin, falls man mir etwa entgegengesetzte Befehle im Sinne eines neuen Widerrufes der allgemeinen Mobilmachung erteilen will.'"[269]

4. Bis zum 30. Juli hielt die Politik die Militärs zurück. Nikolaus II. ordnete eine Aussetzung der Generalmobilmachung an. Bethmann Hollweg zwang die Armeeführung, jegliche offene Kriegsvorbereitung zu unterlassen – weil er auf den Erfolg seiner Interventionen in Wien hoffte – oder – wie Imanuel Geiss es interpretiert hat, weil er den schwarzen Peter für den Kriegsausbruch St. Petersburg zuspielen wollte.[270]

Emotionalisierung des Konflikts

Doch am 30. Juli brach die Strategie der Konfliktbegrenzung zusammen. Nikolaus II. hatte sich in einem Telegramm neuerlich an Wilhelm II. gewandt. Er bat den deutschen Kaiser, den Druck auf Wien zu erhöhen und erläuterte, dass die russischen Mobilisierungsmaßnahmen zwar bereits vor fünf Tagen entschieden worden seien, aber sich nur gegen Österreich richteten, nicht gegen Deutschland. Das war als ein Zeichen guten Willens gemeint und als ein Hinweis darauf, wie ernst der Zar das Bemühen Wilhelms II. wertete, den Frieden zu erhalten.[271]

Doch Wilhelm sah sich düpiert, urteilte, dass die militärischen Maßnahmen auch gegen Deutschland gerichtet wären, und zwar seit Tagen bereits. Kurz zuvor hatte nämlich der deutsche Generalkonsul in Warschau berichtet, dass die russischen Kriegsvorbereitungen nicht nur gegen Österreich-Ungarn gerichtet seien, sondern auch Deutschland beträfen:[272] „Es ist nur ein Manöver, um uns hinzuhalten und den schon gewon-

---

269 30.7.1914, Tagesaufzeichnung des russischen Außenministeriums, in: *Geiss* (Hrsg.), Juli 1914 (wie Anm. 86), 315.
270 *Geiss* (Hrsg.), Juli 1914 (wie Anm. 86), 264–266.
271 30.7.1914, Telegramm Nikolaus II. an Wilhelm II., in: ebd., 292.
272 29.7.1914, Der Generalkonsul in Warschau Brück an Bethmann Hollweg. Dokument 422, in: *Kautsky/Montgelas/Schücking* (Hrsg.), Deutsche Dokumente, Bd. 2 (wie Anm. 263), 149 f.

nenen Vorsprung zu vergrößern", notierte Wilhelm II. Und die Randbemerkung endete mit: „Mein Amt ist aus!"²⁷³

Verhärtung durch Ausweglosigkeit

5. Damit hatte die Präventivkriegslogik auch Wilhelm II. erfasst. Bis dahin war er Anhänger der Lokalisierungsstrategie gewesen, jetzt sah er überall Feinde.²⁷⁴ Auch Portalès, der deutsche Botschafter in St. Petersburg, veränderte den Ton seiner Berichterstattung. Er meldete: „Sasonow war nicht davon abzubringen, dass Russland Serbien nicht im Stich lassen könne. Keine Regierung würde ohne ernste Gefahren für die Monarchie eine solche Politik hier führen können."²⁷⁵ In einem weiteren Telegramm schob Wilhelm II. dem Zaren alle Verantwortung zu: „The whole weight of the decision lies solely an you [r] shoulders now, who have to bear the responsibility for Peace or War."²⁷⁶ Wenn Politik das Bohren dicker Bretter bedeutet, wenn Diplomatie meint, jeden nur möglichen Ausweg zu suchen, wenn Verhandlungsgeschick darin besteht, jede nur mögliche Bedeutungsnuance von Offerten aufmerksam herauszuarbeiten, so kündigte Wilhelm II. das Ende der Politik an, weil er der Gegenseite jede Verständigungsbereitschaft absprach.

Jagow: Durch Russland aufgezwungener Krieg

Am 30. Juli 1914 entwarf Jagow ein Rundschreiben an die deutschen Botschaften und machte die veränderte Sichtweise der deutschen Außenpolitik bekannt. Bis dahin hatte Berlin jegliche unmittelbare Beteiligung bestritten und auf die lokale Dimension des Konfliktes verwiesen. Nun zeigte Jagow die gesamteuropäische Dimension auf: Russland glaube, auf Seiten Serbiens in den Krieg eintreten zu müssen. Obwohl alle anderen Mächte eine Lokalisierung des Konfliktes anstrebten, riskiere das Zarenreich einen europäischen Krieg. Dabei habe Wien bereits die territoriale Integrität Serbiens zugesichert. Das eigentliche Ziel sei deshalb nicht, Serbien zu

---

273 30.7.1914, Randnotiz Wilhelm II., in: *Geiss* (Hrsg.), Juli 1914 (wie Anm. 86), 292.
274 30.7.1914, Randnotizen Wilhelms II., in: *Krumeich*, Juli 1914 (wie Anm. 181), 316–320.
275 30.7.1914, Telegramm Pourtalès an Jagow, in: *Geiss* (Hrsg.), Juli 1914 (wie Anm. 86), 295.
276 30.7.1914, Telegramm Wilhelm II. an Nikolaus II. Dokument 420, in: *Kautsky/Montgelas/Schücking* (Hrsg.), Deutsche Dokumente, Bd. 2 (wie Anm. 263), 147 f.

schützen, sondern die Zertrümmerung der Donaumonarchie und damit die Isolierung Deutschlands. Selbstverständlich sei Berlin bereit, alle Initiativen zur Lokalisierung des Konflikts zu unterstützen. Doch wenn Russland auf einem europäischen Krieg beharre, werde Deutschland seiner Bündnispflicht nachkommen.[277] Aus einem außenpolitischen Manöver, das dem Selbstbewusstsein des österreichischen Bündnispartners aufhelfen sollte, war in der Diktion Jagows nun ein europäischer Konflikt geworden, der die Zukunft Deutschlands unmittelbar berührte.

Tatsächlich gab es kein Zurück mehr. Aus Wien meldete Tschirschky am 31.7 gegen 1:35 Uhr nachts: Zwei einflussreiche Ansprechpartner des Außenministeriums hätten ihm am Nachmittag versichert, „dass mit Rücksicht auf die Stimmung in Armee und im Volke, Einschränkung der militärischen Operationen ihrer Ansicht nach ausgeschlossen sei."[278] Somit verweigerte das Habsburgerreich jegliche diplomatische Konfliktlösung, jeden Versuch einer konsensuellen Satisfaktion. Nicht anders reagierte St. Petersburg. Wenn Österreich den lokalen Krieg nicht sofort beende und einer Verhandlungslösung zustimme, bleibe nur die Sprache der Waffen. Sowohl die russischen Politiker als auch die österreichisch-ungarischen begründeten ihren Kriegskurs mit innenpolitischen Argumenten: Ob nun die eigene Herrschaft durch den Krieg mit dem äußeren Feind zusammenbreche oder durch Revolution im Innern, schien in beiden Fällen gleichgültig. Dagegen führte Berlin vornehmlich außenpolitische Motive an (Isolierung Deutschlands). De facto allerdings hatte sich die deutsche Politik endgültig auf die Logik des Präventivkriegsdenkens eingelassen. Mehr noch, im Hintergrund stand eine ideologisch hoch aufgeladene Variante des Präventivkriegsdenkens. Denn, angesichts der als zunehmend ausweglos empfundenen Konfrontation, angesichts der scheiternden eigenen Bemühungen, den Konflikt zu besänftigen, schienen nur noch jene Deutungen zu greifen, die von einem unvermeidlichen Überlebenskampf zwischen „Germanentum" und „Slawentum" ausgingen.

innenpolitische Kriegsbegründung

---

[277] 30.7.1914, Runderlass, Jagow an Missionen, in: *Geiss* (Hrsg.), Juli 1914 (wie Anm. 86), 309–311.
[278] 30.7.1914, Telegramm Tschirschky an Jagow, in: ebd., 313.

Der Zar ordnete die Generalmobilmachung am Abend des 30. Juni 1914 an.[279] Deutschland reagierte mit der Verhängung des Kriegszustandes und richtete ein Ultimatum an St. Petersburg (Einstellung der Mobilmachung) sowie ein weiteres an Paris (Neutralitätserklärung). Als keine befriedigenden Antworten eintrafen, folgte alles Weitere der Logik des Schlieffen-Plans: Am 1. August 1914 überreichte Deutschland seine Kriegserklärung an Russland; am 2. August 1914 marschierten deutsche Truppen in Luxemburg ein; am 3. August 1914 erfolgte die Kriegserklärung an Frankreich; und in der Nacht zum 4. August 1914 überschritten deutsche Truppen die Grenze zu Belgien.

Ein ungeplanter Krieg

Fassen wir zusammen: Mit der Kriegserklärung an Serbien (28. 7. 1914) war noch nicht alles verloren. Noch hätte ein gangbarer Weg aus der Krise gefunden werden können, jedenfalls dann, wenn die „Tauben" unter den Politikern nicht geschwächt gewesen wären und ihren Konzepten vertraut hätten, wenn mehr Zeit zur Verfügung gestanden hätte und wenn das gegenseitige Vertrauen zwischen den beteiligten Großmächten nur ein wenig größer gewesen wäre. So jedenfalls argumentiert jene Forschungsrichtung, die auf die überbordende Dynamik des Konflikts Ende Juli 1914 abhebt. Der Erste Weltkrieg, so Jörg Fisch, war „nicht einfach die mehr oder weniger logische Folge aus der europäischen Politik der vergangenen Jahre und Jahrzehnte", sondern ergab „sich in erster Linie aus einer ganz spezifischen und einmaligen Situation"[280]

Überforderung

Demnach war keine der beteiligten Mächte wirklich auf den Krieg vorbereitet, wollten weder Wien, noch Berlin noch St. Petersburg, Paris oder London den Weltenbrand. Aber gerade weil durchdachte Pläne für den Ernstfall fehlten, weil die Armeen auf den Konflikt höchst ungenügend vorbereitet waren, überschlugen sich die Ereignisse, kam es auf jede Stunde, auf jede Minute an.

---

279 30.7.1914, Tagesaufzeichnung des russischen Außenministeriums, in: ebd., 314–317.
280 *Jörg Fisch*, Europa zwischen Wachstum und Gleichheit, 1850–1914. Stuttgart 2002, 356.

Eine ganze Kette von Fehlannahmen in Berlin, in Wien, in St. Petersburg, in Paris führte zur Verschärfung des Konflikts. Die überall verfolgte Abschreckungspolitik musste ihr Ziel verfehlen, wenn gleichzeitig der bevorstehende Krieg eine bessere Alternative zu sein schien als ein für später erwarteter militärischer Konflikt. Gerade weil die Großmächte ihre Zukunft gefährdet sahen, weil sie voller Pessimismus in die Zukunft blickten, waren sie zu höchstem Spieleinsatz bereit. Nicht imperiale Zuversicht, sondern die Furcht vor dem vollkommenen Niedergang veranlasste die Verantwortlichen, eine letzte Zuflucht in der militärischen Konfrontation zu suchen.[281]

Die diplomatische Abstimmung über Dritte (Telegramme, Botschafter) war höchst störanfällig. Die Anpassung der sprachlichen Kodierung der Politikziele und der Konfliktstrukturen erforderte Zeit. Selbst wenn der Politikwechsel Jagows und Bethmann Hollwegs von Moltke, Tschirschky, Berchtold und anderen nicht sabotiert worden wäre, hätte eine Abstimmung zwischen Berlin und Wien mehrerer Tage bedurft. Eine klare Strategie fehlte. Vielmehr verfolgten die Regierungen und deren Vertreter unterschiedliche Politiken gleichzeitig. Das verringerte die Fähigkeit zur angemessenen Einschätzung durch die Gegenseite. Immer wieder wechselten die Verantwortlichen auch ihre Ziele und Strategien, und das in wenigen Tagen. Die Militärs drängten auf eine rasche Mobilisierung, gerade weil sie so wenig auf den Krieg vorbereitet waren. In Russland, in Österreich-Ungarn glaubten die Regierungen wegen des Drucks der Öffentlichkeit nicht nachgeben zu dürfen, während in Deutschland die anfänglich außenpolitisch motivierte Lokalisierungsstrategie der Reichsleitung über die geostrategisch konzipierte Risikostrategie letztlich in einen sozialdarwinistisch motivierten Präventivkrieg einmündete.

Thomas G. Otte hat wie Christopher Clark argumentiert, dass der Ausbruch des Ersten Weltkrieges nur zu erklären sei, wenn das politische Personal als Akteur angemessen berücksichtigt werde,

---

[281] *Otte*, July Crisis (wie Anm. 8), 508 f. Für die deutsche Politik hat Mark Hewitson diese Interpretation dezidiert abgelehnt und stattdessen – in der Tradition Fischers – den Ersten Weltkrieg als Ergebnis einer überaus selbstbewussten Einschätzung eigener Stärke durch die Kriegspartei gedeutet. *Mark Hewitson*, Germany (wie Anm. 126).

Menschliches Versagen

wenn die Handlungen und Fehlperzeptionen der Verantwortlichen in den europäischen Hauptstädten genau beschrieben würden. „Bethmann and Jagow were not in the same league as Bismarck",[282] stellt er fest und weiter: „Sazonov was highly strung and changeable".[283] „Poincaré's unilateral tightening of the terms of the alliance and his insistence on an unyielding position towards Berlin contributed to the further narrowing of the wiggle room that is so necessary for diplomacy".[284] Menschliches Versagen spielte in der Julikrise eine Rolle (Fehlperzeption der russischen Kriegsbereitschaft auf deutscher Seite, Sabotage der diplomatischen Ausgleichsbemühungen in Berlin, Wien und St. Petersburg).

Grenzen des kontingenztheoretischen Ansatzes

Und dennoch waren es wohl auch strukturelle Gegebenheiten (Zeitnot, fehlende Mechanismen der Politikabstimmung innerhalb der Hauptstädte, kritische Phase der Rüstungs- und Abschreckungspolitik, Kommunikationsbarrieren zwischen den Großmächten, Zukunftsängste), die den Ersten Weltkrieg im Juli 1914 auslösten und viele Politiker überfordert hätten. Was die Julikrise vor allem auszeichnete, was sie von anderen Krisen unterschied, war die Veränderung des Bezugssystems. An die Stelle klassischer Interessenpolitik, so werde ich zeigen, trat die Logik der Ehre – mit allen sich daraus ergebenden Folgerungen.

---

282 *Otte*, July Crisis (wie Anm. 8), 517.
283 Ebd., 519.
284 Ebd., 520.

5 Die Quellen – Die Vielfalt möglicher Bedeutungen erschließen

Nachdem ich den Forschungsstand recht gut überblicke und mir auch das notwendige Sachwissen angeeignet habe, werde ich die Quellen zur Julikrise auswerten. Denn nur hierdurch werde ich in der Lage sein, selbständig zu den Forschungskontroversen Stellung zu nehmen. Vielleicht fällt mir sogar etwas Neues auf, etwas, das bisher übersehen worden ist. Doch was meint der Begriff „Quelle"?

5.1 Definition: Quellen als gebrochene, mehrschichtige Repräsentationen

Quellendefinitionen gibt es in der Geschichtswissenschaft zahlreiche. Häufig zitieren Historiker Paul Kirns Kennzeichnung der Quellen als: „alle Texte, Gegenstände oder Tatsachen, aus denen Kenntnis der Vergangenheit gewonnen werden kann".[285] Wofür steht diese kurze Charakteristik? Am besten beginnen wir mit der Schlusssequenz, also mit dem Relativsatz, denn der ist unstrittig. Demnach entscheidet die Perspektive des Betrachters darüber, ob etwas, das aus der Vergangenheit überliefert ist, eine „Quelle" darstellt. Ein altes Schmuckstück kommt kaum über den Status einer wertvollen Rarität hinaus, solange die spezifische Kulturbedeutung des Schmucks (als Königsring, als Amtskette etc.) ausgeblendet bleibt. Zu einer „Quelle" wird der Schmuck nur, wenn ich ihn als ein „Zeichen" vergangener Welt deute (als Signum der Macht, als Symbol legitimer Herausgehobenheit). Sehr viel schwieriger zu interpretieren ist der erste Teil der These Kirns, denn hier werden offensichtlich Begriffe aneinandergefügt, die sich gegenseitig keinesfalls ausschließen: Texte sind an Medien (Dinge) gebunden. Gegenstände wiederum sind selbst „Tatsachen". Kirn möchte offensichtlich darauf verweisen, dass es verschiedene Arten der Überlieferung gibt, sei es als Schrift, sei es als symbolisch aufgeladene Artefakte, sei es in Form gesellschaftlicher Traditionen (Riten,

Quelle: Definition

---

[285] de.wikipedia.org/wiki/Quelle_(Geschichtswissenschaft) (27.9.2015).

Gebräuche, mündliche Erzählungen etc.) oder tatsächlich als „Gegebenheiten" wie Landschaften oder biologische Klimazeugnisse.

Neuere Quellendefinitionen verzichten darauf, die „körperlichen Ausformungen" der Quellen zu diskutieren. Wie wäre etwa ein digitales Bild zu klassifizieren? Stattdessen heißt es: „Eine Quelle ist all das, was über die Vergangenheit als Mittel zum Zweck der historischen Erkenntnis befragt werden kann", so das Online-Tutorium der Uni Tübingen[286] in Anlehnung an Hans-Werner Goetz[287]. Ganz ähnlich beschreibt es die Webseite der Universität Konstanz: „Als Quellen gelten – ganz allgemein – alle Hinterlassenschaften der Vergangenheit, die herangezogen werden, um mit einem konkreten historischen Wissensinteresse befragt zu werden."[288] Allerdings hilft das Verdrängen der „Körperlichkeit" von Quellen nicht wirklich, weil deren „Materialität" und „Narrativität" doch einen wesentlichen Aspekt ihrer Beschaffenheit ausmachen. Jede Quellenkunde reflektiert diese Aspekte der Quellentypologie ausführlich. Ich selbst habe oben übrigens darauf verwiesen, dass die Kommunikation über Telegramme die Konfliktstruktur entscheidend mitgeprägt hat.

Die vielleicht beste Definition dessen, was „Quellen" sind, fand ich in einer bislang noch viel zu wenig bekannten Einführung in das geschichtswissenschaftliche Arbeiten von Vera Nünning und Ralf Saal. Die Definition, die ich etwas erweitert habe, lautet wie folgt: „Als Quellen werden alle Objektivationen, d.h. Vergegenständlichungen, von vergangenem menschlichen Handeln oder Leiden" sowie sonstige „Überlieferungen" bezeichnet (z.B. geographische Gegebenheiten), „aus denen Historiker Kenntnis über die Vergangenheit gewinnen können, gleichgültig, ob es sich um Bauwerke, Monumente, Schriftstücke, Bilder, Film- oder Tondokumente und dergleichen handelt."[289] Quellen bieten, so Nünning/Saal keinen unmittelbaren „Einblick in vergangene Ereignisse, denn sie sind

---

286 www.geschichtstutorium.uni-tuebingen.de/?q=Quellenkritik (18.7.2015).
287 *Hans-Werner Goetz*, Proseminar Geschichte Mittelalter. 4. Aufl. Stuttgart 2014.
288 www.uni-konstanz.de/FuF/Philo/Geschichte/Tutorium/Themenkomplexe/Quellen/quellen.html (18.7.2015).
289 *Vera Nünning/Ralf Saal*, Uni-Training Geschichtswissenschaft. Einführung in Grundstrukturen des Fachs und Methoden der Quellenarbeit. Stuttgart 1995, 42.

als Manifestationen vergangenen Geschehens nicht dieses Geschehen selbst, sondern lediglich dessen materielle Repräsentation."²⁹⁰

Noch anders formuliert: Quellen erlauben nur einen gebrochenen Zugang zum Vergangenen,
1. gefiltert durch die „Konventionen" des jeweils benutzten Mediums – etwa Text oder Film, Bericht oder Telegramm,
2. „verfremdet" durch die Perspektive des Autors oder Schöpfers der Quelle,
3. geprägt durch den Blickwinkel des Historikers, der die Quellen in bestimmter Weise befragt.

Quellen quellen nicht, das haben wir schon gesehen, sondern müssen zum „Sprudeln" gebracht werden.

5.2 Das Handwerk der Quellenauswertung

Jede Einführung in die Geschichtswissenschaft thematisiert ausführlich, welche Klippen zu überwinden sind, um den Wert der benutzten Quellen richtig einzuschätzen. Zunächst geht es dabei ganz einfach darum, den Verfasser zu bestimmen und einzuordnen, auch festzustellen, wann ein Text geschrieben wurde, welche Veränderungen er im Laufe der Zeit erfahren hat, mit welcher Absicht der Text verfasst oder verändert wurde.

Quellenkritik – die Suche nach der „wahren" Überlieferung

Auch für den Ursprung des Ersten Weltkrieges gibt es solche Debatten. So beschäftigt die Geschichtswissenschaft seit vielen Jahren die Frage, wie die Tagebuchaufzeichnungen des Beraters des Reichskanzlers, Kurt Riezler²⁹¹, für die Julitage zu bewerten sind: Karl Dietrich Erdmann und viele andere Historiker mit ihm sehen in den Notizen einen zusätzlichen Beweis der Bethmannschen Loka-

Die Riezler-Tagebücher in der Diskussion

---

290 Ebd.
291 Ebd., 117. S. auch *Holger Afflerbach, Ein Fukuyama seiner Zeit? Kurt Riezler und der Erste Weltkrieg*, www.badw.de/de/publikationen/akademieAktuell/ 2008/27/07_Afflerbach.pdf (2.1.2015).

lisierungs- und Risikostrategie.²⁹² Der Reichskanzler sei keinesfalls verantwortungsloser Hasardeur gewesen. Er habe Deutschland nicht mutwillig in den Krieg treiben wollen, sondern habe lediglich einen diplomatischen Erfolg, eine außenpolitische Positionsverbesserung angestrebt.²⁹³ Fritz Fischer oder John C. G. Röhl glauben dagegen unter Berücksichtigung weiterer privater Nachlässe ein systematisches Hegemonialkriegsstreben herauslesen zu können, denn die Aufzeichnungen seien im Nachhinein bewusst gefälscht worden und es gälte die ursprüngliche Bedeutung herauszulesen.²⁹⁴ Bernd Sösemann, der seit Jahrzehnten die Tagebücher immer wieder quellenkritisch betrachtet hat, kam jüngst zu dem Schluss, dass die Notizen keinesfalls wie Tagebucheintragungen ausgewertet werden dürften, viel eher der Gattung der Memoiren zuzuordnen seien und damit einen viel geringeren „Quellenwert" besäßen als bisher unterstellt.²⁹⁵

Glücklicherweise verfügt die Neuere Geschichte in der Regel über eine Vielzahl unterschiedlicher Überlieferungen. Das gilt gerade auch für den Ursprung des Ersten Weltkrieges. Die These einer gewagten außenpolitischen Strategie Bethmann Hollwegs (Lokalisierung des Konflikts, hohes Risiko, abhängig von der russischen Kriegsbereitschaft) findet sich denn auch in vielen anderen Dokumenten bestätigt, während die Hegemonialkriegsthese in keinem anderen Text, für den Bethmann Hollweg bzw. dessen Umfeld

---

292 *Karl Dietrich Erdmann*, Die Tagebücher Riezlers sind echt. Streit um ein historisches Dokument, das in Zwielicht geraten ist. Eine Antwort, in: Die Zeit 8.7.1983.
293 *Herfried Münkler*, Der Reichskanzler war kein verantwortungsloser Hasardeur (wie Anm. 126).
294 *John C. G. Röhl*, Brisante Briefe an Käthe. Wie begann der Erste Weltkrieg? Ein Fund aus dem Nachlass des Berliner Insiders Kurt Riezler wirft ein neues Licht auf die treibende Rolle des Reichskanzlers Theobald von Bethmann Hollweg in der Julikrise 1914, in: Die Zeit, 5.4.2015.
295 *Sösemann*, Die „Juli-Krise" im Riezler-Tagebuch (wie Anm. 175). In der klassischen Differenzierung von Droysen wären die Aufzeichnungen Riezlers daher dem Quellentypus der „Tradition" zuzurechnen und nicht, wie bisher angenommen, als „Überrest" zu betrachten. – Kritisch zu Sösemanns Korrekturen und Bewertungen der Tagebuchnotizen äußerte sich zuletzt *Agnes Blänsdorf*, Kurt Riezlers Aufzeichnungen zur Julikrise 1914. Bemerkungen zur Frage ihrer „Echtheit" und Edition, in: Historische Zeitschrift 301, 2015, 391–417.

unmittelbar verantwortlich zeichneten, zu belegen ist, jedenfalls nicht bis August 1914.[296]

Die Aufzeichnungen Kurt Riezlers haben eine durchaus bewegte Geschichte hinter sich, bis sie während der 1970er Jahre in die Historiographie Eingang fanden. Über die problematischen Überlieferungswege informieren dezidierte Quellenkunden (wie die Wilfried Baumgarts zur Geschichte des 19. Jahrhunderts[297]), quellenkundliche Abschnitte in Handbüchern, Aufsätze wie die Bernd Sösemanns oder die einführenden Hinweise in kritischen Quelleneditionen.

Das bei weitem umfangreichste Material zu den Ursprüngen des Ersten Weltkrieges bieten die offiziellen Quelleneditionen, die fast alle beteiligten Staaten nach Ende des Krieges herausbrachten. Und obwohl sie gewiss politisch motivierte Auslassungen enthalten, bieten sie immer noch eine gute Grundlage für die Beschäftigung mit den Vorkriegsjahren. Namhafte Historiker zeichneten zeitgenössisch für die Publikationen verantwortlich, die damals bereits ihr Handwerk richtig gut verstanden. Gegenüber unkommentierten Editionen hatten und haben die großen Quellenpublikationen einige Vorteile: Sie untersuchen die Überlieferungswege, geben Auskunft über Textprobleme des Originals, referieren über unterschiedliche Fassungen und geben Sacherklärungen.[298]

Quelleneditionen

---

296 Anders sieht es für die deutsche Militärführung aus. Was Wilhelm II. betrifft, so ist die Interpretation des sogenannten Kriegsrates vom Dezember 1912 entscheidend, s. dazu S. 204 ff.
297 *Winfried Baumgart* (Hrsg.), Das Zeitalter des Imperialismus und des Ersten Weltkrieges, 1871–1918. Teil 1: Akten und Urkunden; Teil 2: Persönliche Quellen. (Quellenkunde zur deutschen Geschichte der Neuzeit von 1500 bis zur Gegenwart, 2. neubearbeitete und erweiterte Auflage). Darmstadt 2005 (CD-Rom-Edition).
298 Viele dieser Editionen sind inzwischen im Internet verfügbar: Die deutschen Dokumente zum Kriegsausbruch archive.org/details/diedeutschendoku01germ (27.9.2015); das Auswärtige Amt hat zusätzlich die Scans der Originale verfügbar gemacht: www.archiv.diplo.de/Vertretung/archiv/de/03a-Digitalisate/03a-1-juli krise-1914/3a-1–0julikrise-1914.html; die österreichisch-ungarischen Dokumente zum Kriegsausbruch: wwi.lib.byu.edu/index.php/Die_%C3%96sterreichisch-Ungarischen_Dokumente_zum_Kriegsausbruch (27.9.2015); bayerische Dokumente zum Kriegsausbruch: archive.org/details/bub_gb_JCuQAAAAMAAJ (27.9. 2015); britische Dokumente: wwi.lib.byu.edu/index.php/1914_Documents (27.9. 2015); russische Dokumente: www.ub.uni-koeln.de/cdm/search/searchterm/ 6002883/field/identi/mode/all/conn/and/order/date (27.9.2015); französische Dokumente, Documents diplomatiques français, 1871–1914, Série 3 gallica.bnf. fr (27.9.2015). Zu den politischen Hintergründen und zum Quellenwert der amt-

Nun ist sicherlich keinem Studierenden zuzumuten, alle offiziellen Quellenpublikationen gründlich durchzuarbeiten. Auch würden manch andere wichtige Quellengattung und notwendigen Ergänzungen noch fehlen (Tagebücher, Memoiren, Zeitungsberichte, private Briefe, in den offiziellen Publikationen bewusst unterdrückte oder unzulässig gekürzte Texte etc.).

Deshalb haben Fachleute themenorientierte kritische Quellensammlungen erstellt, die die wichtigsten Dokumente zu den Ursprüngen des Ersten Weltkrieges chronologisch geordnet zugänglich machen. Solche wissenschaftlichen Quellenpublikationen nehmen den Historikern viel mühsame Arbeit ab, die er anderenfalls selbst aufbringen müsste, um die wichtigsten Quellen zusammenzutragen und kritisch zu bewerten. Sie betreiben äußere und innere Quellenkritik, bestimmen den Quellentypus (Note, Bericht, Telegramm etc.), beschreiben den „Sehepunkt" (Chladenius) und helfen bei der Einordnung in den Kontext. Zwei umfangreiche deutschsprachige Quelleneditionen bieten so eine gute Basis, um die Julikrise quellenmäßig zu erschließen. Bereits 1964 veröffentlichte Imanuel Geiss eine zweibändige Dokumentation zu „*Julikrise und Kriegsausbruch 1914*".[299] Der Fokus der Edition liegt auf der deutschen Politik, weniger auf der internationalen Verflechtung. Knapp 15 Jahre später hat dann Erwin Hölzle mit seinen „*Quellen zur Entstehung des Ersten Weltkrieges*"[300] versucht, die Vorgeschichte ein wenig auszuleuchten, vor allem aber die internationale Dimension des Konflikts ausführlicher zu würdigen, als dies Geiss zuvor gemacht hatte. Beide Editionen stehen also in Konkurrenz zueinander und ergänzen sich deshalb gut. Beide erfüllen vielleicht nicht alle editionskritischen Kriterien und genügen dennoch den normalen Anforderungen vollkommen.[301]

Systematische Quellensammlungen

---

lichen Aktensammlungen: *Langdon*, July 1914 (wie Anm. 2), 18–21; *Sacha Zala*, Geschichte unter der Schere politischer Zensur. Amtliche Aktensammlungen im internationalen Vergleich. München 2001.
299 *Imanuel Geiss* (Hrsg.), Julikrise und Kriegsausbruch 1914. 2 Bde. Hannover 1964.
300 *Erwin Hölzle* (Hrsg.), Quellen zur Entstehung des Ersten Weltkrieges. 2. ergänzte Aufl. Darmstadt 1995.
301 Z.B. Übersetzung der fremdsprachlichen Quellen ins Deutsche, einseitige Kommentierungen usw. S. dazu *Baumgart* (Hrsg.), Quellenkunde (wie Anm. 297), 2265 f., *Langdon*, July 1914 (wie Anm. 2), 86–88.

Ich selbst habe es mir noch einfacher gemacht und beide Quellensammlungen nur am Rande wahrgenommen, da sie mir noch zu umfangreich erschienen. Stattdessen habe ich mich mit den Studienausgaben beider Großeditionen begnügt. Das bei dtv erschienene Taschenbuch von Imanuel Geiss hatte ich zuhause im Regal stehen.[302] Den für den akademischen Unterricht von Winfried Baumgart besorgten Zusammenschnitt der Hölzleschen Edition fand ich leicht greifbar in der Institutsbibliothek.[303] Um einen ersten Eindruck von den Quellen zu gewinnen, um die Forschungsthesen zu überprüfen und um eigene Ideen zu entwickeln, boten beide Sammlungen mehr als genügend Material.

Studienausgaben

Schritte zur Interpretation der Quellen

Natürlich müssen Historiker wissen, welchen Ausschnitt der Wirklichkeit ihre Quellen widerspiegeln. Ein ganzer Wissenschaftszweig mit einer sehr langen Tradition hat zum Ziel, herauszufinden, was „wirklich in den Quellen steckt". Erst die Arbeit der sogenannten Hilfswissenschaften macht die Quellen dem fragenden Zugriff des Historikers zugänglich. Eine umfassende Kenntnis der Hilfswissenschaften erfordert ohne Zweifel eine gewisse Spezialisierung. Doch das kann man lernen, mit viel Fleiß, mit Bereitschaft zur Genauigkeit und durch Lektüre einschlägiger Lehrbücher. Sehr viel schwieriger ist die Vermittlung jener Kompetenzen, die für eine gute Quelleninterpretation notwendig sind. In den Worten von Vera Nünning und Ralf Saal: „Leider haben sich Historiker bisher zwar sehr ausführlich mit der Quellenkritik beschäftigt, die Quelleninterpretation aber eher stiefmütterlich behandelt. Daher liegen nur wenige systematische" Ausarbeitungen vor, die Fragen der Quelleninterpretation diskutieren und den „Studenten ein selbständiges Umgehen mit solchen Texten erleichtern."[304] Der Band von Nünning/Saal versucht in dieser Situation Abhilfe zu schaffen, indem er systematisch die Quelleninterpretation vorführt und sie einübt. Am Beispiel dreier Themenfelder (Geschichtstheorie, „amerikani-

---

302 *Geiss* (Hrsg.), Juli 1914 (wie Anm. 86).
303 *Baumgart* (Hrsg.), Julikrise (wie Anm. 105).
304 *Nünning/Saal*, Uni-Training Geschichtswissenschaft (wie Anm. 289), 44.

Der Botschafter in Wien an den Reichskanzler[1]

Wien, den 30. Juni 1914[2]

Graf Berchtold sagte mir heute, *alles deute darauf hin, daß die Fäden der Verschwörung, der der Erzherzog zum Opfer gefallen sei, in Belgrad zusammenliefen.* Die Sache sei so wohl durchdacht worden, daß man absichtlich ganz jugendliche Leute zur Ausführung des Verbrechens ausgesucht habe, gegen die *nur mildere Strafe verhängt werden könne.* Der Minister sprach sich sehr bitter über die serbischen Anzettelungen aus.

Hier höre ich, auch bei ernsten Leuten, vielfach den Wunsch, *es müsse einmal gründlich mit den Serben abgerechnet werden.* Man müsse den Serben zunächst eine Reihe von Forderungen stellen und falls sie diese nicht akzeptierten, energisch vorgehen. Ich benutze jeden solchen Anlaß, um ruhig, aber sehr nachdrücklich und ernst vor übereilten Schritten *zu warnen.* Vor allem müsse man sich erst klar darüber werden, was man wolle, denn ich hörte bisher nur ganz unklare Gefühlsäußerungen. Dann solle man die Chancen irgendeiner Aktion sorgfältig erwägen und sich vor Augen halten, daß Österreich-Ungarn nicht allein in der Welt stehe, daß es Pflicht sei, neben der Rücksicht auf seine Bundesgenossen die europäische Gesamtlage in Rechnung zu ziehen und speziell sich die Haltung Italiens und Rumäniens in allen Serbien betreffenden Fragen vor Augen zu halten.

von Tschirschky

---

[1] Nach der Entzifferung.
[2] Eingangsvermerk des Auswärtigen Amts: 2. Juli nachm. Entzifferung lag dem Kaiser vor, von ihm am 4. Juli zurückgegeben.

Marginalien Kaiser Wilhelms II.:
- *hoffentlich nicht*
- *jetzt oder nie*
- *wer hat ihn dazu ermächtigt? das ist sehr dumm! geht ihn gar nichts an, da es lediglich Österreichs Sache ist, was es hierauf zu thun gedenkt. Nachher heißt es dann, wenns schief geht, Deutschland hat nicht gewollt!! Tschirschky soll den Unsinn gefälligst lassen! Mit den Serben muß aufgeräumt werden, und zwar bald.*
- *versteht sich alles von selbst, und sind Binsenwahrheiten.*

Abb. 10: Bericht Tschirskys mit Anmerkungen Kaiser Wilhelms II. Quelle: Karl Kautsky/Max Montgelas/Walther Schücking (Hrsg.), Die deutschen Dokumente zum Kriegsausbruch 1914, Bd. 1. 2. Aufl. Berlin 1921, Dok 7, 10–11.

sche Wiedervereinigung" und „Ursprünge des Ersten Weltkriegs") werden das notwendige deklarative Wissen (Sachwissen) vorgestellt, das prozedurale Wissen (Handlungsroutinen) eingeübt und Problemlösungswissen vermittelt.

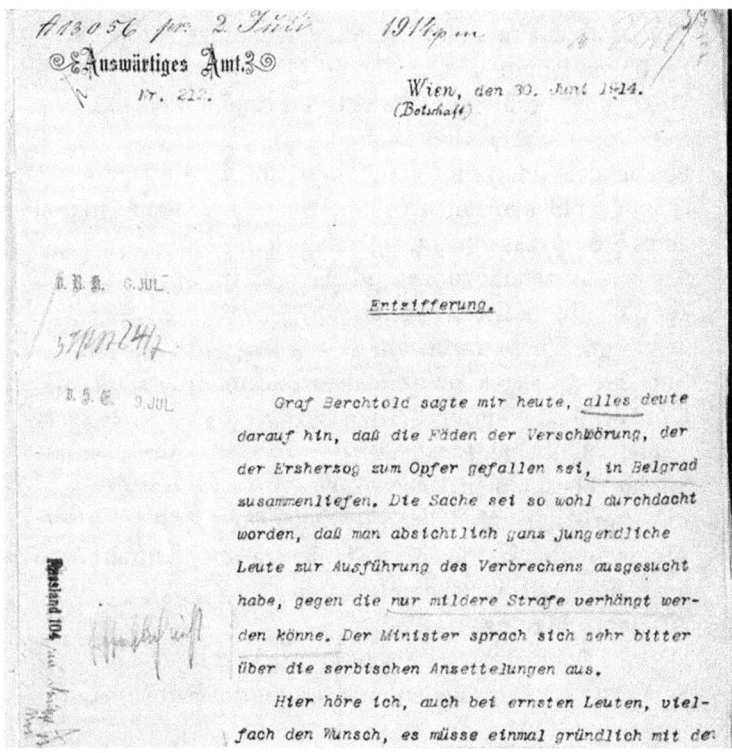

Abb. 11: Digitalisat des Schreibens von Tschirschky im Archiv des Auswärtigen Amtes; Quelle: dfg-viewer.de/show/?set[mets]=http://download.diplo.de/117/Kautsky_online/mets007.xml (20.5.2016).

Im Folgenden werde ich die von Nünning/Saal vorgeschlagenen Arbeitsschritte schematisch vorstellen, um dann ein wenig ausführlicher die Vorteile einer matrixartigen Auswertung von Texten vorzuführen, eine Herangehensweise, die sich im Lehrbuch von Nünning/Saal immer wieder als außerordentlich ertragreich erweist.

Welche Schritte sind bei der Quelleninterpretation erforderlich? Sie seien in Anlehnung an Nünning/Saal nur stichwortartig angeführt:[305]

Vorbereitung der Quelleninterpretation

---

[305] Vgl. auch *Matthias Hirsch*, Geschichte (er-)lesen. Überlegungen zu domänenspezifischen Lesemodi und -prozessen, in: Zeitschrift für Geschichtsdidaktik 14, 2015, 136–153.

1. Mit Handbüchern und Überblicksdarstellungen arbeiten.
2. Leitfragen formulieren.
3. „Texttypus" bestimmen (Bericht, Telegramm, Note, ...).
4. Begriffe und Sachverhalte klären.
5. Perspektive und Einstellung bestimmen, Aussagewert der Quelle problematisieren (Autor, Position, Zusammenfassung eines Gespräches mit einem Dritten etc.).
6. Sachzusammenhänge verdeutlichen (wann, wo, warum etc.).
7. Zentrale Abschnitte markieren.
8. Kernbegriffe herausarbeiten.
9. Implizite Aussagen kennzeichnen und Interpretation an den Rand des Textes einfügen.
10. Sinnabschnitte bilden.
11. Stilmittel bestimmen (Rhetorik, etc.).
12. Rekonstruktion anhand von Textbelegen.
13. Argumentation verfolgen – Gedankengang strukturiert darstellen (evtl. durch ein Schema).
14. Zusammenfassung erstellen.
15. Mehrere Quellen systematisch vergleichen.
16. Synopse zusammenstellen, Auswertung zusammenfassen.

Nach jedem Quellentext bieten Nünning/Saal eine grafische oder tabellarische Zusammenfassung der vorgehenden Arbeitsschritte an. Wie das aussieht, sei an einem kleinen Beispiel erläutert: Am 30. Juni 1914 schickte Heinrich von Tschirschky, der deutsche Botschafter in Wien, einen Bericht nach Berlin, in dem er die Reaktion der österreichischen Regierung schilderte, die allgemeine Stimmung nach dem Attentat auf Franz Ferdinand charakterisierte und seine eigene, eher vorsichtige Stellungnahme zu den Ereignissen kurz referierte. Das Dokument traf am 2. Juli nachmittags in Berlin ein und wurde anschließend dem Kaiser vorgelegt, der es am 4. Juli an das Auswärtige Amt zurückgab. Aufschlussreich sind die Marginalien (Randbemerkungen), die Wilhelm II. dem Text hinzufügte.[306]

Vergleich Tschirschky – Wilhelm II.

Um die unterschiedlichen Argumentationen herauszuarbeiten und zu vergleichen, schlagen Nünning/Saal eine tabellarische Ge-

---

[306] Eine Gegenüberstellung von Digitalisaten der Originalquellen mit deren publizierter Fassung bietet: www.archiv.diplo.de/Vertretung/archiv/de/03a-Digitalisate/03a-digitalisate.html (20.5.2016).

genüberstellung vor. Dabei verwenden sie in der einen Spalte Quellenbegriffe, während die zweite Spalte der Interpretation reserviert ist.

Tabelle 5: Tabellarischer Vergleich „zweier" Quellen nach Nünning/Saal[307]

Verfasser	Textbeleg	Charakterisierung
Kaiser	„Jetzt oder nie"; „Mit den Serben muss aufgeräumt werden, und zwar bald" „Nachher heißt es dann, wenn es schief geht, Deutschland hat nicht gewollt" Bemerkungen Tschirschkys zur europäischen Lage seien selbstverständlich	Prestigedenken, Rachegedanken, Aktionismus
Tschirschky	Kriegsgedanken höre man sogar bei ernst zu nehmenden Leuten Übereilte Schritte der Österreicher „Nur [...] unklare Gefühlsäußerungen" Ruhige und nachdrückliche Warnung durch Gesandten	Rücksichtnahme auf machtpolitische Konsequenzen, abwägende und abwartende Haltung

Mit diesen und anderen Techniken untersuchen Nünning/Saal die Fachliteratur sowie mehrere wichtige Quellenstücke, die verschiedene Abschnitte der Julikrise widerspiegeln und die jeweiligen Positionen und Strategien von unterschiedlichen Akteuren reflektieren. Zum Schluss bieten Nünning/Saal eine Zusammenfassung ihrer Untersuchungsergebnisse, die ich selbst in tabellarischer Form noch einmal verdichtet und aufbereitet habe.

Bevor wir die Tabelle anschauen, seien einige der Stärken der vorgeschlagenen Herangehensweise aufgelistet: Der methodische Zugriff zwingt zum genauen Lesen. Er hilft, die Kernelemente konzentriert herauszuarbeiten. Er hebt darauf ab, auch kleinere Differenzen zwischen den Akteuren zu ermitteln. Und er ist offen gegenüber Wahrnehmungswandel und andere Veränderungen im Zeitverlauf:

---

307 *Nünning/Saal*, Uni-Training Geschichtswissenschaft (wie Anm. 289), 102.

Tabelle 6: Nebeneinander und Wandel der Konzeptionen deutscher Politik während der Julikrise; Quelle: Nünning/Saal, Uni-Training Geschichtswissenschaft, 138–140, eigene Beobachtungen.

Zeitpunkt	AA/Kanzler	Kaiser	Militärs	Konsequenzen
Beginn der Krise – drei verschiedene Konzepte gleichzeitig	**Vorsichtige Reaktion**, Furcht vor bündnis-politischen Konsequenzen (Angst vor Eingreifen des Zaren bzw. Konflikt mit der „Entente")	**Prestigedenken**: mit den Serben müsse bald aufgeräumt werden	**Präventivkriegskonzept**: Gelegenheit zu einem Präventivschlag gegen ein permanent stärker werdendes Russland; schnelles und aktives Vorgehen erforderlich (Schlieffen-Plan)	**Nebeneinander unterschiedlicher Ziele und Strategien**; keine Abstimmung auf eine Politik zwischen den Beteiligten
Blankovollmacht (5./6.7.1914) – Annäherung der Herangehensweisen, dennoch drei verschiedene Konzepte	**Lokalisierungsstrategie**: Russland noch nicht kriegsbereit; rasche österreichische „Backpfeife" gegen Serbien (dadurch Stärkung der deutschen Stellung); anschließend diplomatische Verhandlungen unter günstigen Voraussetzungen; **Risikopolitik**: Ziel: Maximierung außenpolitischer Erfolge; Überprüfung der	**Prestigepolitik**; bedingungslose Bündnistreue des Deutschen Reiches zu Österreich-Ungarn; freie Hand für Wien bei Vorgehen gegen Serbien erforderlich; „mit den Serben muss aufgeräumt werden"	**Präventivkriegsstrategie**: Annahme eines unvermeidlichen Krieges; Furcht vor russischer Aufrüstung; Suche nach bestmöglichem Zeitpunkt für den Krieg	**Verlust von Einwirkungsmöglichkeiten auf Wien**: Nebeneinander unterschiedlicher Herangehensweisen; schwierige Politikabstimmung in Österreich-Ungarn verzögert Entscheidungsprozess (dadurch kein „fait accompli"); dennoch Festhalten am Lokalisierungskonzept bis zum 27./28.7.1914

Zeitpunkt	AA/Kanzler	Kaiser	Militärs	Konsequenzen
	russischen Friedensbereitschaft; wenn Russland nicht nachgibt, Krieg alternativlos; günstige Konstellation für Krieg, eher jetzt als später			
Verhinderte Krisenlösung (27./28.7.–1.8.1914); Wahrnehmung eines unprovozierten, von Russland initiierten Krieges	Nach britischer Warnung der Treue zur Entente **Umschwenken Bethmann Hollwegs und des Auswärtigen Amtes auf diplomatischen Lösungsversuch; Zeitnot; gewisser Fatalismus durch Risikostrategie und Öffnung gegenüber Präventivkriegsdenken**	Im Ton entgegenkommende Antwort der Serben → **Wilhelm II.: Halt in Belgrad** (Serbien ist genügend gedemütigt; Satisfaktion gesichert; Eroberung Belgrads für österreichisch-ungarische Armee ausreichendes Pfand); **Orientierungslosigkeit und Aggressivität** nach Nicky-Willy-Telegrammen	**Präventivkriegsstrategie;** Zwänge des Schlieffen-Planes	Beharren Wiens darauf, den einmal eingeschlagenen Weg fortzusetzen; Unterordnung der Politik unter die militärischen Zwänge; Verselbständigung des Konfliktes; **Empfinden eines von Russland aufgezwungenen Krieges**

Das Fazit von Nünning/Saal lautet: Der Krieg war nicht „von Anfang an das Ziel deutscher Politik" und kann damit nicht „als Etappe auf dem Weg deutscher ‚Weltmachtpolitik' gedeutet werden." „Durch die Lokalisierung des Konflikts auf Serbien meinte man, diesen Krieg verhindern zu können. Dass diese Konzeption nicht angemessen war und von zu vielen, unbeeinflussbaren Rahmenbedingungen abhing, ändert nichts daran, dass sie insbesondere dem Kanzler als subjektiv durchführbar erschien."[308] Kurz, die von Nünning/Saal durchgeführte eingehende Quellenanalyse führt zum Ergebnis, dass die Hegemonialkriegsthese Fritz Fischers oder John C. G. Röhls nach Ansicht der beiden Autoren zurückgewiesen werden muss. Natürlich wird damit nichts über weitere Thesen ausgesagt. So bleibt die Deutung der „Gesellschaftshistoriker" unangetastet, wonach die politischen Eliten in Deutschland aus einem Gefühl der Einkreisung heraus eine bewusst risikoreiche Politik getrieben und letztlich irrational agiert hätten. Auch Interpretationen, die die „Schuld" eher breiter erfassen und den „Tatanteil" Österreich-Ungarns, Russlands oder Frankreichs hervorheben, behalten ihre Erklärungskraft, weil der Blick von Nünning/Saal ja tatsächlich nur auf Deutschland gerichtet ist.

<small>Vorrang der Lokalisierungsstrategie</small>

Festzuhalten bleibt dennoch: Nicht die Stringenz deutscher Politik scheint das Kennzeichnende im Juli 1914 gewesen zu sein, sondern deren Inkonsistenz. Das Nebeneinander unterschiedlicher Strategien und der immer wieder erfolgende Politikwechsel trugen entscheidend zur Krisenverschärfung bei. Wenn es denn eine durchgängige Perspektive deutscher Politik gab, dann war es die Wahrnehmung einer unvermeidlichen Konfrontation zwischen „zivilisiertem Germanentum" und „barbarischem Slawentum" (Bethmann Hollweg, Jagow, Wilhelm II., Moltke). Der aggressive Fatalismus am Ende der Julikrise speiste sich aus diesen Wurzeln.

---

[308] *Nünning/Saal*, Uni-Training Geschichtswissenschaft (wie Anm. 289), 140.

5.3 Die Kunst der Quellenauswertung und einige theoretische Überlegungen

Wollte man den spezifischen Zugriff der Geschichtswissenschaft beschreiben, so wäre vielleicht der Hinweis am wichtigsten, dass geschichtswissenschaftlich zu arbeiten, bedeutet, „intertextuell" zu arbeiten. Kein sinntragendes Element, kein „Textabschnitt" erklärt sich ohne den Bezug zur „Totalität" anderer „Texte".[309] Auch die Quellen, gerade sie, erschließen sich nur der fragenden Deutung durch den Verweis auf weitere „Dokumente" (Quellenzeugnisse, Forschungsliteratur). Deshalb basiert jede größere geschichtswissenschaftliche Arbeit seitens der Autoren auf einem ganzen Bündel von Zusammenfassungen, Exzerpten, Notizen, Kopien, Abschriften, wobei den Quellen besondere Aufmerksamkeit gilt.

Pragmatismus und notwendige Genauigkeit

Doch wie werte ich die Quellen konkret aus und mache sie mir in vielfältiger Weise zugänglich? Das erfordert offensichtlich ein gesondertes Nachdenken.

Zunächst, was sollte ich von den Quellen schriftlich festhalten? Bewährt hat sich nach meiner Ansicht eine Mischung aus möglichst exakter Abschrift und Zusammenfassung. Exakt notiere ich mir die Formalien: Herkunft (Archivsignatur bzw. Edition, Seitenangaben etc.). Dann folgen: Texttypus (Telegramm, Bericht etc.), wer an wen, wann, evtl. genaue Absende- und Ankunftszeit. Anschließend folgt der Inhalt der Quelle selbst, wo sinnvoll mit wörtlichen Zitaten, ansonsten bewusst pointiert zusammenfassend. Wichtige Quellen scanne ich ein, damit ich immer wieder auf den konkreten Wortlaut zurückgreifen kann. *Struktur des Quellenexzerpts*

Bei der Auswertung der Quellen folge ich meistens nicht dem aufwendigen Schema von Nünning/Saal, obwohl ich indirekt viele ihrer Anregungen umsetze. Nach langen Jahren geschichtswissenschaftlichen Forschens habe ich meine eigene Routine entwickelt. Demnach besteht der nächste Schritt bei mir in der Überführung der Quellen in mein Datenbanksystem und der optischen Aufbe- *Optische Aufbereitung der Notate*

---

309 de.wikipedia.org/wiki/Intertextualität (22.7.2015)

```
Baumgart (Hg.) 1983 – Die Julikrise und der Ausbruch

Typ:              Wörtliches Zitat
Kernaussage:      08.12.1912 - Kriegsrat

Text:             ·····1···2···3···4···5···6···7···8···9···10···11···12···
                  Georg Alexander v. Müller, Tagebuch: "Kriegsrat" des Kaisers.
                  G. A. v. Müller, Kaiser 124-125.
                  Berlin, 8. Dezember 1912

                  "11 Uhr zum Kaiser ins Schloß befohlen, mit Tirpitz und den

Seiten von–bis:   13–14
```

Abb. 12: Die Formalien: Citavi-Eintrag zu einem Auszug aus dem Tagebuch von Georg Alexander v. Müller, der sogenannte „Kriegsrat", 8. Dezember 1912, abgedruckt in: Baumgart, Julikrise, 13 f.

reitung der Quelle, so dass ich den Inhalt bei einem zweiten Lesen rasch erfassen kann. Das bedeutet: Fett markieren! Farbig auszeichnen! Veränderung der Schriftgröße! Unterstreichen, Bemerkungen einfügen usw. Ziel ist es, mir die Quelle visuell verständlich zu machen.

Erschließung

Danach fasse ich die Kernaussagen zusammen, was mich zwingt, nachzudenken und den Sachverhalt in meinen eigenen Worten auszudrücken. Das Ergebnis meiner Überlegungen füge ich in das entsprechende Feld (Kernaussage) von Citavi ein.

Später kann ich auf die von mir erstellten Regesten immer wieder zurückgreifen. Chronologisch angeordnet, ermöglichen sie einen raschen Überblick über zeitliche Verläufe und „kausale" Abhängigkeiten.[310]

---

[310] In mancher Hinsicht ähnelt meine Vorgehensweise dem, was die Sozialwissenschaften als „Grounded Theory Methodology" beschreiben (offene Materialauswahl, Kodierung, Vergleich, Reflexion, Zuordnung, Auswertung ergänzender Quellen, theoretische Sättigung). In beiden Fällen geht es darum, Material „zum Sprechen" zu bringen, verschiedene Sichtweisen zu entdecken, „Konzepte" herauszuarbeiten, Zusammenhänge herzustellen und „Fremdes" verstehen zu lernen. Allerdings zielt das Forschen des Historikers nicht auf eine neue Theorie, sondern auf eine narrativ angelegte komplexe Erzählung, die unterschiedliche Sachverhalte und kommunikative Zusammenhänge im historischen Prozess aufdeckt und für die Erzählung verfügbar macht. Die Ansprüche

In einem weiteren Arbeitsschritt erschließe ich meine Aufzeichnungen noch durch explizite Schlagworte. Weil Citavi alle vergebenen Schlagworte registriert und verfügbar macht, fällt es gar nicht schwer, die Begrifflichkeit konsistent zu entwickeln und beizubehalten. Schließlich ordne ich die von mir bearbeiteten Quellen der vorläufigen Gliederung meiner wissenschaftlichen Studie zu (in der Diktion von Citavi „Kategorien“). So wächst meine Materialbasis, ohne dass ich den Überblick verliere.

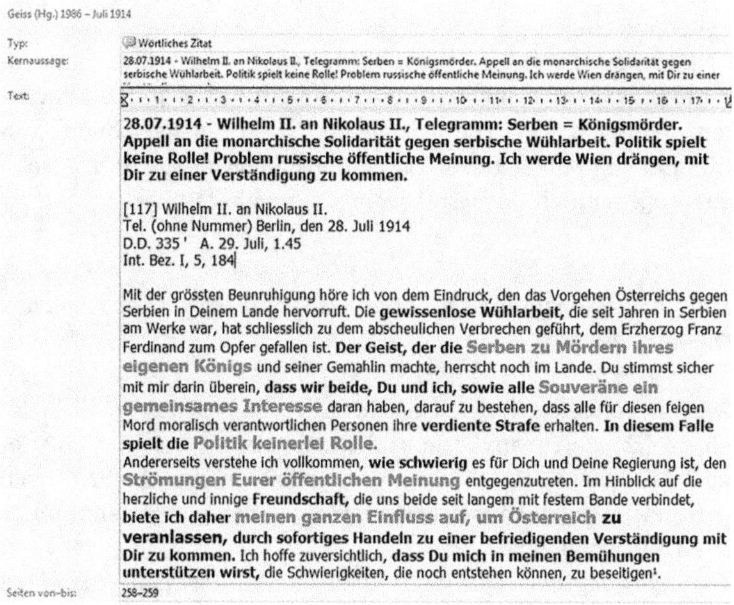
Geiss (Hg.) 1986 – Juli 1914

Typ: Wörtliches Zitat

Kernaussage: 28.07.1914 - Wilhelm II. an Nikolaus II., Telegramm: Serben = Königsmörder. Appell an die monarchische Solidarität gegen serbische Wühlarbeit. Politik spielt keine Rolle! Problem russische öffentliche Meinung. Ich werde Wien drängen, mit Dir zu einer

Text:

28.07.1914 - Wilhelm II. an Nikolaus II., Telegramm: Serben = Königsmörder. Appell an die monarchische Solidarität gegen serbische Wühlarbeit. Politik spielt keine Rolle! Problem russische öffentliche Meinung. Ich werde Wien drängen, mit Dir zu einer Verständigung zu kommen.

[117] Wilhelm II. an Nikolaus II.
Tel. (ohne Nummer) Berlin, den 28. Juli 1914
D.D. 335 ' A. 29. Juli, 1.45
Int. Bez. I, 5, 184

Mit der grössten Beunruhigung höre ich von dem Eindruck, den das Vorgehen Österreichs gegen Serbien in Deinem Lande hervorruft. Die **gewissenlose Wühlarbeit,** die seit Jahren in Serbien am Werke war, hat schliesslich zu dem abscheulichen Verbrechen geführt, dem Erzherzog Franz Ferdinand zum Opfer gefallen ist. **Der Geist, der die Serben zu Mördern ihres eigenen Königs** und seiner Gemahlin machte, herrscht noch im Lande. Du stimmst sicher mit mir darin überein, **dass wir beide, Du und ich, sowie alle Souveräne ein gemeinsames Interesse** daran haben, darauf zu bestehen, dass alle für diesen feigen Mord moralisch verantwortlichen Personen ihre **verdiente Strafe** erhalten. **In diesem Falle spielt die Politik keinerlei Rolle.**
Andererseits verstehe ich vollkommen, **wie schwierig** es für Dich und Deine Regierung ist, den **Strömungen Eurer öffentlichen Meinung** entgegenzutreten. Im Hinblick auf die herzliche und innige **Freundschaft,** die uns beide seit langem mit festem Bande verbindet, **biete ich daher meinen ganzen Einfluss auf, um Österreich zu veranlassen, durch sofortiges Handeln zu einer befriedigenden Verständigung mit Dir zu kommen.** Ich hoffe zuversichtlich, **dass Du mich in meinen Bemühungen unterstützen wirst,** die Schwierigkeiten, die noch entstehen können, zu beseitigen[1].

Seiten von–bis: 258–259

Abb. 13: Beispiel für einen mit Citavi bearbeiten Quelleneintrag.

Warum ist es so wichtig, die Quellen in der beschriebenen Weise aufzubereiten und damit gegenüber der Ursprungsfassung systematisch zu „verfremden“? Im Kern geht es darum, die „Sinngehalte“ der Quelle zu erschließen. Sie erschließe ich nur, wenn

Aneignung

an die methodische Geschlossenheit sind in meiner Herangehensweise daher deutlich geringer als bei der „Grounded Theory“.

ich mich beim Arbeiten konzentriere und jeden Anflug von Nachlässigkeit verhindere. Durch das systematische Vorgehen, durch das wiederholte Betrachten des Textes zwinge ich mich, meine Lesegeschwindigkeit zu reduzieren und den Text aufmerksam und zielorientiert durchzuarbeiten. Nur so schaffe ich es, mich von der ursprünglichen Fassung zu lösen und das Dokument in einer Weise umzuformen, dass daraus mein ganz „eigener" Text wird. In der von mir bearbeiteten „Quelle" sind die auffallenden Begrifflichkeiten hervorgehoben, die bedeutungsvollen Formulierungen markiert. Hier und dort habe ich schon erste Interpretationen ausgearbeitet und eingefügt.

Dass es tatsächlich lohnt, selbst häufig zitierte und kommentierte Quellen gründlich zu lesen und Schritt für Schritt auszuwerten, werde ich gleich am Beispiel der Tagebuchaufzeichnung von Admiral von Müller zeigen. Vom ihm stammt die berühmte Notiz zum sogenannten „Kriegsrat" vom 8. Dezember 1912.

Mehrdimensionalität als wichtiges Kriterium für die Erfassung des Quellenmaterials

Alle Quellenbelege füge ich also in Citavi ein. Welche Vorteile bietet eine solche datenbankbasierte „Inventarisierung" meiner Unterlagen? Für mich eröffnet sie die Möglichkeit, „meine Quellen" nach ganz unterschiedlichen Kriterien auszuwerten. Vier Zugänge nutze ich hauptsächlich:

1. *Auflistung aller Quellen nach Schlagworten*: Häufig habe ich den Wunsch, einen raschen Überblick über einen Sachverhalt zu gewinnen. Dann genügt es, nach einem Schlagwort zu recherchieren, um eine Sicht auf alle von mir als einschlägig notierten Aufzeichnungen zu gewinnen. Auf einen Blick erhalte ich eine Übersicht der von mir angefertigten Regesten (Kernaussagen). Doch natürlich kann ich mir auch meine vollständigen Exzerpte anschauen oder sie mir alle auf einmal ausdrucken lassen.
2. *Auflistung der Quellen nach „Kategorien"*: Ausgesprochen nützlich empfinde ich die Möglichkeit, bereits sehr früh die Grobstruktur meines späteren Textes festzulegen, meine Notizen entsprechend zuzuordnen und dann im Zuge der Recherche und der Auswertung von Literatur und Quellen die Gliederung

immer weiter anzupassen und auszudifferenzieren. Wann immer ich es will, ist es mir mit Hilfe der Skriptfunktion möglich, einen Überblick über meinen Arbeitsstand zu gewinnen. Ich sehe dann, was ich geleistet habe, alle Notate fein säuberlich geordnet nach der von mir entwickelten Gliederung.

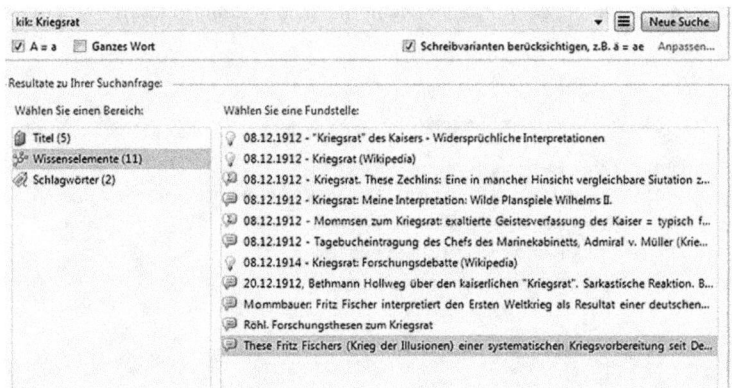

Abb. 14: Citavi-Eintrag zu Wissenselementen mit dem Schlagwort „Kriegsrat"; hier die „Kernaussagen".

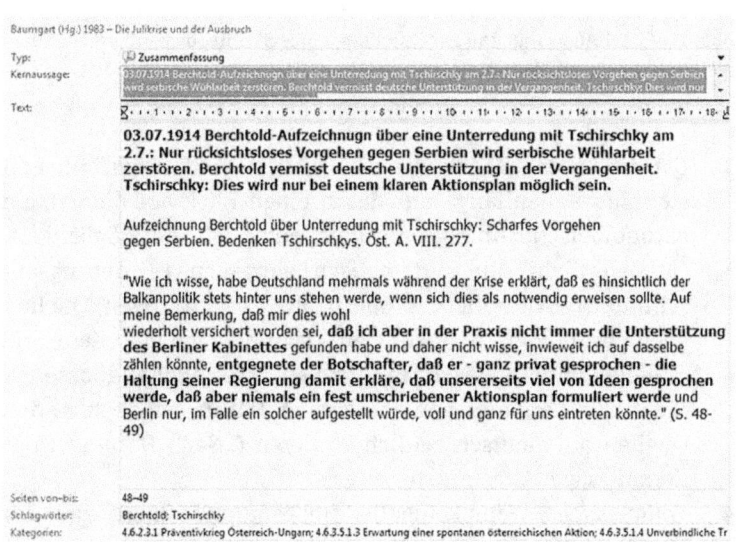

Abb. 15: Quelleneintrag in Citavi.

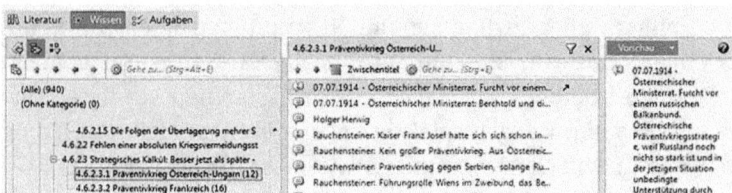

Abb. 16: Zuordnung der Aufzeichnungen zu den Kategorien in Citavi.

Was soll das Skript enthalten?
- ○ Die Wissenselemente des ganzen Projekts
- ● Die Wissenselemente der aktuellen Kategorie (mit Subkategorien)
- ○ Die Wissenselemente der aktuellen Kategorie
- ○ Die Wissenselemente der aktuellen Auswahl
- ○ Die markierten Wissenselemente

Wie soll das Skript gestaltet sein?
- ● Fertig: Mit Titelnachweisen und Literaturverzeichnis im aktuellen Zitationsstil
- ○ Vorläufig: Mit Platzhaltern zur Weiterbearbeitung mit dem Publikationsassistenten

- ☑ Überschrift (Kernaussage) der Zitate einschließen
- ☑ Kategorien ohne Wissenselemente einschließen

Abb. 17: Citavi-Auswahlmenü zur Erstellung eines Skripts, das entsprechend meiner Gliederung alle Notizen anordnet.

3. *Chronologische Gliederung der Quellen*: Vielfach erschließen sich Zusammenhänge nur durch einen Blick auf die genaue chronologische Abfolge. Deshalb nutze ich die Möglichkeit, Quellen nicht nur systematisch einzelnen Gliederungsabschnitten zuzuordnen, sondern alle ausgewerteten Quellen auch chronologisch aufzulisten. Dazu füge ich eine Kategorie „Quellen chronologisch" in Citavi ein. Anschließend lasse ich die in den Kernaussagen enthaltenen Datumsangaben zu den Quellen automatisch zeitlich sortieren („Nach Datum in der Kernaussage. Älteste zuerst").
4. *Volltextsuche:* Wenn keiner der drei genannten Zugriffe auf das Material hilft, wenn ich z.B. nur grob in Erinnerung habe, dass der von mir gesuchte Text in einem Schreiben von Person A an Person B zu finden ist, dann hilft in der Regel eine Volltextsu-

che. Sie ist in Citavi ganz einfach zu benutzen. Dabei lassen sich beliebige boolesche Ausdrücke formulieren: (Begriff1 AND Begriff2) NOT Begriff3 usw.

Abb. 18: Chronologische Anordnung der Quellenexzerpte in Citavi.

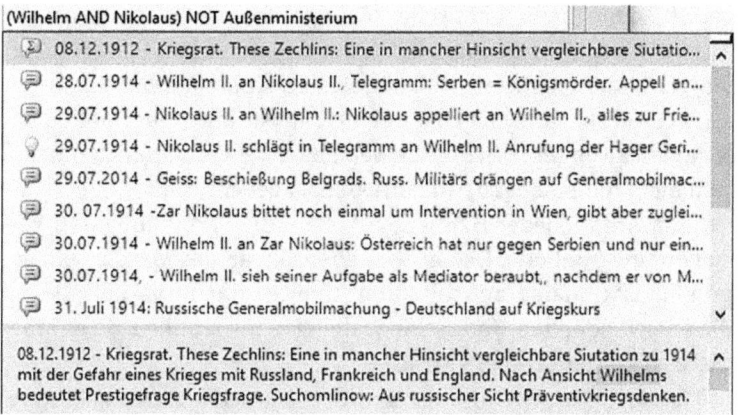

Abb. 19: Boolesche Ausdrücke in Citavi.

Nicht eine Hermeneutik, sondern unterschiedliche hermeneutische Zugangsweisen

Meistens geht es bei der Quellenauswertung um mehr als nur um die reinen Fakten und das Offensichtliche in den Dokumenten. Deshalb müssen HistorikerInnen die Kunst der Auslegung und der Deutung von Texten beherrschen (Hermeneutik). Als Wissenschaft, die in der Vergangenheit die Freiheit des Menschen betont, die Schöpferkraft menschlichen Genius herausgestellt hat und sie der „Mechanik" und dem Kausaldenken der Naturwissenschaften entgegensetzte (eine klassische Gegenüberstellung des 19. Jahrhunderts), hat die Geschichtswissenschaft traditionell besonderen

Wert auf die „richtige" „Interpretation" ihrer Quellen gelegt, auf das Herausarbeiten der zugrundeliegenden „Ideen".

Freilich, so nützlich das klassische Fragen nach dem „Wer", „Wann", „Was" „Warum" „Wie" und „mit welcher Wirkung"[311] sein mag, es genügt den geschichtswissenschaftlichen Anforderungen noch nicht. Denn allzu leicht verführt der genannte Fragenkatalog dazu, nach der einen Bedeutung Ausschau zu halten, sich im Sinne „narrativer Kohärenz" viel zu früh mit den ersten Ergebnissen zufrieden zu geben und damit die Widersprüche, die Überlagerungen, das Nebeneinander ganz unterschiedlicher kultureller Bedeutungselemente zu übersehen.

Tatsächlich hat die kulturwissenschaftliche Forschung viele verschiedene hermeneutische Zugänge entwickelt.[312] Da es mir nicht um philosophische oder literaturwissenschaftliche Feinheiten geht, auch nicht um Vollständigkeit, wähle ich mir einige geeignete hermeneutische Zugänge aus, um sie auf mein Quellenmaterial anzuwenden. Wichtig ist, verschiedene Verfahren zu nutzen, sich nicht mit einem Zugriff zufrieden zu geben.[313]

Am Anfang jeder Hermeneutik steht die Verbindung von Verstehen und Methode. Da der Verstehensakt an das Menschsein gebunden ist und dadurch mit Kultur und Geschichte variiert, liegen die entscheidenden Unterschiede der „Hermeneutiken" in der methodischen Herangehensweise.

1. Unter „Hermeneutik als Methode" notiert die Wikipedia als erstes, dass die Hermeneutik eine genuin theologische Verstehensform sei. Spätestens mit der Reformation dominierte die philologisch-philosophische Kritik, um die historische Überlieferung von „Fehlern" zu befreien und die „wahre" geistliche

---

311 *Joachim Stary/Horst Kretschmer*, Umgang mit wissenschaftlicher Literatur. Eine Arbeitshilfe für das sozial- und geisteswissenschaftliche Studium. Frankfurt/M. 1994, 75.
312 Einen Überblick aus geschichtswissenschaftlicher Sicht bietet *Chris Lorenz*, Konstruktion der Vergangenheit. Eine Einführung in die Geschichtstheorie. Köln 1997, 89–187.
313 In mancher Hinsicht ähnelt meine Vorgehensweise den Vorschlägen Richard Rortys zum Schreiben von Philosophiegeschichte: *Richard Rorty*, Vier Formen des Schreibens von Philosophiegeschichte, in: Andreas Mahler/Martin Mulsow (Hrsg.), Texte zur Theorie der Ideengeschichte. Stuttgart 2014, 261–274.

Bedeutung der Schriften herauszuarbeiten.³¹⁴ Ähnlich, so erfahren wir weiter, hätten die Rechtswissenschaften auf hermeneutische Verfahren zurückgegriffen, um die einem Rechtssystem zugrundeliegenden Prinzipien zu ermitteln. Hermeneutik in diesem Sinne, so Karl-Georg Faber, der eine immer noch aufschlussreiche Einführung in die Theorie der Geschichtswissenschaft vorgelegt hat, zielt darauf ab, einem Text einen eindeutigen Sinngehalt zuzuweisen. In kritischer Wertung könnte man von „normativer Hermeneutik" sprechen.³¹⁵ „Normative Hermeneutik" interessiert der „eigentliche Kerngehalt" eines Textes, das zeitlos Wahre, die ethische Begründung sozialer Ordnung. Sie fällt damit aus dem Methodenkanon der Geschichtswissenschaft heraus.

_{Normative Hermeneutik}

Und doch bleibt die Frage berechtigt, welche Intention ein Autor verfolgt. Dazu bedarf es all jener Fertigkeiten, die auch die philologisch-philosophische Kritik für die Quellenkritik entwickelt hat. Wenn dann zusätzlich in die Interpretation der gesellschaftliche und ideengeschichtliche Kontext einfließt, wenn der Text als „bewusster" auf die jeweilige Gegenwart gerichteter Sprachakt verstanden wird, dann könnte man mit Quentin Skinner von „hermeneutischem Intentionalismus" sprechen.³¹⁶ Im engeren geschichtswissenschaftlichen Sinne

_{Hermeneutischer Intentionalismus}

---

314 Die „dialektische Theologie" Rudolf Bußmanns betont dagegen die ambivalente historische Kontingenz des Schriftverstehens: „Die Bedingung der Auslegung" liege darin, „dass Interpret und Autor als Menschen in der gleichen geschichtlichen Welt lebten und sich gemeinsam in einem verstehenden Umgang mit Gegenständen und Mitmenschen befänden." de.wikipedia.org/wiki/Hermeneutik_(Methode)#Philosophie_2 (24.7.2015).
315 *Karl-Georg Faber*, Theorie der Geschichtswissenschaft. 5. Aufl. München 1982, 122.
316 de.wikipedia.org/wiki/Hermeneutik#Hermeneutischer_Intentionalismus (24.7.2015); *Achim Landwehr*, Historische Diskursanalyse. Frankfurt/M. 2008, 40–42. Eine kurze Zusammenfassung der Argumentation Skinners bietet: *Quentin Skinner*, Bedeutung und Verstehen in der Ideengeschichte, in: Mahler/Mulsow (Hrsg.), Texte zur Theorie der Ideengeschichte (wie Anm. 313), 143–173. S. auch: *Axel Buehler*, Der hermeneutische Intentionalismus als Konzeption von den Zielen der Interpretation, in: Ethik der Sozialwissenschaften, 4, 1993, 511–518, docserv.uni-duesseldorf.de/servlets/DerivateServlet/Derivate-12215/S0091469.pdf (25.5.2016).

geht es um die klassischen Fragen nach dem „Wann", „Wer", „Wo", „Was", „mit welcher Absicht", „Wie" und „Warum".

2. Von der „normativen Hermeneutik" grenzt Faber die genuin „historische Hermeneutik" ab. Bei ihr geht es nicht darum, eindeutige Aussagen zu ermitteln. Im Unterschied zur normativen Hermeneutik basiert geschichtswissenschaftliche Hermeneutik auf der Annahme, dass das Hineinversetzen in einen Text die historische Verstehensleistung geradezu verhindere, selbst dann, wenn der Text von allem Fremden „bereinigt" ist.

Historische Hermeneutik

Viel eher geht die „historische Hermeneutik" vom Nichtverstehen als Grundvoraussetzung der Geschichtswissenschaft aus, ja, von der Unmöglichkeit, vergangenes, „fremdes" Denken unmittelbar zu erfassen. Die Lösung besteht darin, nach der Kulturbedeutung symbolischer Handlungen zu fragen, also die Verstehensakte der Zeitgenossen zu ermitteln. Als Beispiel führt Faber die Legende von Luthers Thesenanschlag an. 1517 schrieb Luther Briefe an den Bischof von Brandenburg. In den beigefügten 95 Thesen kritisierte er den Ablasshandel. In Erinnerung sind aber nicht die Briefe geblieben, sondern eine erst 1546 erschienene Darstellung Melanchthons, die in ihrem Quellenwert heute umstritten ist. Demnach habe Luther „am selben 31. Oktober 1517 das Blatt mit den 95 Thesen" zeitgleich „an die Tür der Wittenberger Schlosskirche angeschlagen."[317] Später galt der „Thesenanschlag" als öffentliches Zeichen des Ketzertums Luthers (katholische Interpretation), als Akt der Befreiung (protestantische Deutung), als Symbol des Fortschritts, als bewusster Beginn eines nationalen Aufstandes, als revolutionärer Akt und als öffentliches religiöses Bekenntnis. Kurz, die Deutung des „Thesenanschlags" erfolgte jeweils aus dem unmittelbaren Verständnis der „Gegenwart" heraus. Warum aber wird 1546 erstmals die „Metapher" des „Thesenanschlags" verwendet? Die historische Auslegung erfordert offensichtlich eine Interpretation, die den späteren Wirkungszusammenhang bewusst ausblendet und auf das Jahr 1546 blickt.[318]

Beispiel: Luthers Thesenanschlag

Melanchthon erwähnt den „Thesenanschlag" im Vorwort zur ersten Ausgabe der gesammelten Werke Luthers. Damals

---

317 *Faber*, Theorie der Geschichtswissenschaft (wie Anm. 315), 130.
318 Ebd., 130–134.

spitzten sich die konfessionellen Gegensätze zu und der Schmalkaldische Krieg zwischen Kaiser Karl V. und den protestantischen Landesfürsten und Städten stand kurz bevor. Die Errungenschaften der Reformation schienen in Gefahr. Melanchthon verwendete das Symbol des „Thesenanschlags" deshalb vermutlich (a) als Zeichen für den Beginn der Reformation, (b) als Mittel, Wittenberg als Zentrum der Reformation herauszustellen und dadurch selbst Legitimation zu gewinnen (Melanchthon kam 1518 nach Wittenberg, und in den 1540er Jahren entbrannte ein Streit um die richtige Interpretation Luthers). (c) Auch wollte Melanchthon wohl die Wehrhaftigkeit der Protestanten herausstellen.[319] Freilich enthält der Verweis auf einen „Thesenanschlag 1517" noch (d) eine weitere Bedeutungsebene. In der frühneuzeitlichen Universität gehörte der „Thesenanschlag" durchaus zur akademischen Praxis. Die Professoren sprachen Latein. Und auch die Thesen waren in Latein verfasst. Die Erzählung über einen Thesenanschlag ist demnach auch eine Erzählung über ein „Gesprächsangebot unter Spezialisten". Luther „wollte Missstände ansprechen und darüber nachdenken", wie sie zu beheben seien. Weil sich die katholische Kirche dem Diskurs verweigerte, blieb nur die Abspaltung, verlor die katholische Kirche ihr Deutungsmonopol, so die implizite Botschaft des Mythos vom „Thesenanschlag". (Luther war in dieser Wertung kein „Ketzer", sondern ein um den wahren Glauben besorgter Theologieprofessor.)

Die „Historisierung" der „Legende" vom öffentlichen Bruch 1517 führt also zu einem überraschenden Ergebnis. Durch Kontextualisierung, durch „kontrollierte Verfremdung", durch bewusste Herstellung von Distanz, durch ausführliche Begründung und kritische Reflexion der Verstehensleistung gelingt es, den Beginn eines Mythos und dessen zeitgenössische Sinnzuweisung aufzudecken.[320]

3. Ebenfalls um geschichtswissenschaftliche Hermeneutik geht es in einem dritten Zugriff, den man als „kulturhistorisch aus-

---

319 Ganz herzlichen Dank an meine Aachener Kollegin Christine Roll, die mich in einer ausführlichen E-Mail über den Stand der Forschung zum Thesenanschlag aufgeklärt hat.
320 www.luther.de/legenden/tanschl.html (25.7.2015).

Kulturhistorisch ausgerichtete Hermeneutik

gerichtete" Hermeneutik bezeichnen könnte. Dabei geht es darum, Quellen quer zu lesen, gerade nicht die zentralen Aussagen zu betrachten, sondern das Nebensächliche, das Beigefügte, jene Elemente ernst zu nehmen, die einem Text Anschaulichkeit und Glaubhaftigkeit verleihen sollen. Ein klassisches Beispiel dafür sind Märtyrergeschichten, die jenseits ihres religiösen Gehalts über Lebensumstände und Lebenserfahrungen im Mittelalter berichten. Sie erhalten ihre zeitgenössische Glaubwürdigkeit gerade durch den Bezug auf nachvollziehbare Erfahrungswerte, welche sie von der rein „fiktiven Erzählung" abhoben.[321]

Dekonstruktion

4. Aus der Literatur und Philosophie stammt eine vierte Traditionslinie der Hermeneutik, verbunden mit Namen wie Michel Foucault oder Jacques Derrida. Sie kehrt die Perspektiven radikal um und hat gerade dadurch für frischen Wind in der Geschichtswissenschaft gesorgt. Kernideen sind: Pluralität statt Einheit, kulturelle Vielfalt, Diskontinuität, Ende der „großen Erzählungen", Sprachkonventionen als eigenmächtige Systeme. Folgen wir der Darlegung von Chris Lorenz über Jacques Derridas Textlinguismus, so erscheinen folgende Annahmen für die Interpretationen eines Textes aus postmoderner Sicht sinnvoll (hier in vereinfachter Form): (1) Jedem Text sind viele verschiedene mögliche Bedeutungen zu eigen. (2) Jeder Text reflektiert mehr als die direkte Intention des Autors, der sich der Sprache als Mittel des Ausdrucks bedient. (3) Der historische Kontext erklärt einen Text nicht „wirklich", weil die Herausarbeitung und Beschreibung des Kontextes selbst eine Konstruktionsleistung ist. „Sorgfältiges Lesen oder *Dekonstruktion* eines Textes führt daher bei" Derrida „nicht zur Entdeckung der ‚Einheit des Sinnes' wie in der [klassisch – A.H.] hermeneutischen Lesart, sondern zur *Untergrabung* der angenommenen Kohärenz, indem man nach allerlei ‚Lücken' im Text sucht und ihn so gegen sich selbst richtet".[322] Die „postmoderne Leseweise" sieht letztlich „den Autor" als „Gefangenen" und

---

[321] Für den Hinweis auf das Beispiel danke ich Florian Hartmann (Bonn).
[322] *Lorenz*, Konstruktion der Vergangenheit (wie Anm. 312), 166. S. auch die wesentlichen Ideen zusammenfassend: *Michel Foucault*, Archäologie des Wissens, in: Mahler/Mulsow (Hrsg.), Ideengeschichte (wie Anm. 313), 179–188.

„Akteur" seiner Zeit gleichzeitig. Die Menschen werden als „Sprachenbenutzer" betrachtet, die sich mehr oder weniger geschickt unterschiedlicher Sprachelemente bedienen und damit gerade keine Eindeutigkeit erzeugen können.

Während Philosophen und Literaturwissenschaftler in der Vergangenheit heftig um die „richtige" hermeneutische Herangehensweise gestritten haben, fragt die Geschichtswissenschaft allein nach dem Nutzen der verwendeten Methode. Und nützlich aus geschichtswissenschaftlicher Sicht ist all das, was hilft, vergangene bewusste und unbewusste Bedeutungsinhalte aufzudecken sowie „fremde" Sinnzuschreibungen verständlich zu machen. Nicht theoretische Stringenz interessiert, sondern die Erkenntnisleistung der jeweiligen Methode für die Historie. Jede Verengung wäre kontraproduktiv. Statt nur eine Methode zu verwenden, lohnt es, „Texte" mittels unterschiedlicher „Hermeneutiken" auszuwerten. Noch anders und einfacher: Weil es nur auf die Fruchtbarkeit der methodischen Zugriffe ankommt und weil in den Texten mehr Sinn steckt, als ein einzelner Zugriff aufdecken kann, müssen Quellen ganz systematisch aus unterschiedlichen Blickwinkeln betrachtet werden, lohnt es, unterschiedliche hermeneutische Verfahren miteinander zu koppeln, um dadurch die Vielfalt der Bedeutungsinhalte zu ermitteln.

Im Sinne der intentionalistischen Hermeneutik scheint es durchaus nützlich, erstens nach der Textgenese und der intendierten Kernaussage einer Quelle zu fragen. Dagegen hebt zweitens die historische Hermeneutik stärker auf den zeitgenössischen Verstehenszusammenhang einer „Schrift" ab. Die „kulturhistorische" Hermeneutik fragt drittens nach den nicht-intendierten, doch kulturell bedeutsamen Aussageelementen in einem „Dokument", während postmoderne Zugänge viertens vor allem die Widersprüche sprachlicher Repräsentationen und die argumentativen Lücken interessieren. Kurz, aus geschichtswissenschaftlicher Sicht sind es gerade die unterschiedlichen Zugänge der referierten „Hermeneutiken", die zusammengenommen ein höchst fruchtbares Fragenraster erzeugen. Die Vielfalt der Hinsichten, das Set differierender Perspektiven fördert gerade durch die jeweils unterschiedlichen Grundannahmen die genuin historische Verstehensleistung.

Der „Kriegsrat" vom 8. Dezember 1912 als Beispiel für eine „multi-hermeneutische" Quelleninterpretation

Meine obigen Ausführungen zur Hermeneutik sind notwendigerweise abstrakt geraten. Deshalb möchte ich am Beispiel der Tagebuchaufzeichnung von Admiral v. Müller über das Treffen Wilhelms II. mit den Spitzen der militärischen Führung des Deutschen Reiches am 8. Dezember 1912 zeigen, welchen Nutzen Historiker erzielen, wenn sie mehrere hermeneutische Herangehensweisen kombinieren.

Tagebuchaufzeichnung

Das, was am 8. Dezember 1912 im Berliner Stadtschloss zwischen Wilhelm II., Moltke, Tirpitz u.a. besprochen wurde, ist nur durch wenige Quellen überliefert. Protokolle liegen nicht vor. Und so hat die Geschichtswissenschaft vor allem die zeitnahe Tagebuchaufzeichnung von Admiral Georg Alexander von Müller als zentrales Dokument für das Geschehen herangezogen.

Seit 1906 war Müller Chef des Marinekabinetts. Zuvor hatte er eine respektable Karriere gemacht, sowohl als Kommandeur von Schiffseinheiten als auch als persönlicher Adjudant im Umkreis der kaiserlichen Familie. Seinen Adelstitel erwarb er 1900, nach Rückkehr aus der Ferne als verantwortlicher Offizier für das Ostasiatische Kreuzergeschwader. Als gebildet, gewissenhaft und feinfühlig hat ihn Frank Nägler in der Neuen Deutschen Biographie beschrieben. Keinesfalls sei er ein eingeschworener Gegner Großbritanniens gewesen.[323] Ein ganz anderes Bild zeichnet John Röhl. Demnach habe Müller im Herbst 1912 zu jener Gruppe deutscher Verantwortlicher gezählt, die mit Bethmann Hollweg bereit waren, im Konflikt zwischen Österreich und Serbien einen europäischen Krieg zu riskieren.[324]

1969 veröffentlichte Röhl eine korrigierte Version der Tagebuchnotiz nach Konsultation der Originalfassung im Militärarchiv Freiburg.[325] Vor allem der Schlussabsatz war ihm wichtig und das

---

[323] *Frank Nägler*, Müller, Georg Alexander von, in: NDB, Onlinefassung, URL: www.deutsche-biographie.de/ppn119087111.html (5.10.2015).
[324] *John C. G. Röhl*, An der Schwelle zum Weltkrieg. Eine Dokumentation über den „Kriegsrat" vom 8. Dezember 1912, in: Militärgeschichtliche Mitteilungen 21 (1977), 77–134, 88.
[325] Röhl fügte der englischsprachigen Übersetzung zunächst nur in einer Fußnote die fehlenden deutschsprachigen Teile an. *John C. G. Röhl*, Admiral

anschließende Dokument. Die gleich folgende Reproduktion der Röhlschen Quellenwiedergabe ist von mir bereits für die spätere Interpretation bearbeitet, d.h. mit Markierungen versehen (Fettdruck):

Tagebucheintragung des Chefs des Marinekabinetts, Admiral v. Müller, vom 8. 12. 1912 (Kriegsrat)

Sonntag. Zu 11h zu Sr. Maj. **ins Schloss befohlen mit Tirpitz, Heeringen** (V. Adm.) u. Gen. v. **Moltke. S. M.** an der Hand eines **telegr. Berichtes des Botschafters in London,** Fürst Lichnowski über politische Lage. **Haldane** hat **als Sprachrohr Greys** Lichnowski erklärt, dass **England, wenn wir Frankreich angriffen, unbedingt Frankreich beispringen** würden, denn **England könne nicht dulden,** dass die **balance of power** in Europa gestört werde. S. M. begrüßt diese Mitteilung als **erwünschte Klärung** der Situation **denjenigen gegenüber, die** sich von Pressefreundlichkeiten der letzten Zeit Englands **sicher fühlten.**

S. M. habe sich folgendes Bild gemacht: Österreich müsse **den auswärtigen Slawen (den Serben) gegenüber kraftvoll auftreten, sonst verliere es die Macht über die Slawen der österr.-ung. Monarchie.** Wenn **Russland die Serben stütze,** was es offenbar tue (Sasonows Erklärung, Russland werde sofort in Galizien einrücken, wenn Österreich in Serbien) wäre der **Krieg** auch **für uns unvermeidlich.** Wir könnten aber hoffen, Bulgarien u. Rumänien u. auch Albanien, auch vielleicht die Türkei auf unserer Seite zu haben. Ein Bündnisangebot Bulgariens an die Türkei sei schon ergangen. Wir haben den Türken sehr zugeredet. S.M. habe auch kürzlich dem Kronprinzen von Rumänien der auf Durchreise von Brüssel hier war, sehr zur Verständigung mit Bulgarien zugeredet. Treten diese Mächte auf Osterreichs Seite,

---

von Müller and the approach of war, 1911–1914, in: Historical Journal 12, 1969, 651–673, 661 f. Die vollständige deutschsprachige Fassung publizierte er 1977 in: ders., An der Schwelle zum Krieg (wie Anm. 324), 100.

dann seien wir soweit frei, **um den Krieg mit ganzer Wucht gegen Frankreich zu führen.** Die **Flotte** müsse sich natürlich auf den Krieg gegen **England** einrichten. Der vom Ch. d. Admiralst. im letzten Vortrag erörterte Fall eines Krieges gegen Russland allein, werde nach der Haldane'schen Erklärung außer Betracht bleiben. Also **gleich Unterseebootskrieg** gegen englische Truppentransporte in der Schelde bezw. bei Dünkirchen, **Minenkrieg in Themse.**
An Tirpitz: **Schleunige Mehrbauten von U-Booten** etc. Empfehlung einer Konferenz aller interessierten Marinestellen. Gen. v. **Moltke:** ‚**Ich halte einen Krieg für unvermeidbar u. je eher je besser.** Wir sollten aber durch die Presse besser die **Volkstümlichkeit eines Krieges gegen Russland** im Sinne der Kaiserl. Ausführungen vorbereiten.' S. M. bestätigt dies u. fordert Staatss. auf, auch mit seinen Pressemitteln nach dieser Richtung hin zu wirken. T. macht aufmerksam, dass die **Marine gern das Hinausschieben des großen Kampfes um 1 1/2 Jahre** würde. **Moltke** sagt, die Marine **würde auch dann nicht fertig sein u. die Armee käme in immer ungünstigere Lage, denn die Gegner rüsteten stärker als wir,** die wir mit dem Gelde sehr gebunden seien.
Das war das Ende der Besprechung. **Das Ergebnis war so ziemlich 0**
Der Chef des gr. Generalstabes sagt : Krieg je eher je besser, aber er zieht nicht die Konsequenz daraus, welche wäre, Russland oder Frankreich oder beide vor ein Ultimatum zu stellen, das den Krieg mit dem Recht auf unserer Seite entfesselte. **Nachm. noch an Reichskanzler wegen der Pressebeeinflussung geschrieben.**

**Der Chef des Marinekabinetts, Admiral v. Müller, an Reichskanzler v. Bethmann Hollweg,
8. 12. 1912**

„**S. M. d. K.** haben heute im Kgl. Schlosse gelegentlich einer Besprechung der militärpolitischen Lage **befohlen,** durch die **Presse das Volk darüber aufzuklären,** welche großen nationalen Interessen auch für Deutschland bei einem durch den

Osterreichisch-Serbischen Konflikt entstehenden Krieg auf dem Spiele ständen. Das Volk dürfe nicht in die Lage versetzt werden, sich erst bei Ausbruch eines großen europäischen Krieges die Frage vorzulegen, für welche Interessen Deutschland in diesem Kriege zu kämpfen habe. Das **Volk müsse** vielmehr schon vorher **mit dem Gedanken an einen solchen Krieg vertraut** gemacht werden. Da es sich hier um eine rein politische Maßnahme handelt, beehre ich mich Ew. Exzel. von dem vorstehenden **Allerhöchsten Befehle** g. erg. in K. zu setzen, indem ich das Weitere ebenmäßig anheimstelle."

Tagebuchaufzeichnung zum 8. 12. 1912 und Ergänzungen aufgrund der Nachforschungen durch John C. G. Röhl[326]

Wie bewertet die Forschung das Krisentreffen vom Dezember 1912?   Forschungsstand
1. John Röhl, Fritz Fischer und andere haben aus der Geheimsitzung vom Dezember 1912 den formellen Beschluss zum Krieg abgelesen, der ausgelöst werden sollte, sobald die Aufrüstung abgeschlossen war (nach 1½ J Jahren). Auch sei, so ein weiteres Ergebnis der „Konferenz", die öffentliche Stimmung auf den Krieg vorzubereiten.
2. Erwin Hölzle hat demgegenüber die negative Reaktion Bethmann Hollwegs in den Mittelpunkt seiner Argumentation gestellt. Der Reichskanzler habe seinen Monarchen erfolgreich in die Schranken verwiesen. Nach der ersten Aufregung habe sich Wilhelm II. wieder beruhigt.[327] „Wir dürfen keine nervöse Hampelmannpolitik treiben", schrieb Bethmann Hollweg an den Preußischen Gesandten in Karlsruhe acht Tage nach der Zusammenkunft, „sonst reißt den anderen doch einmal die Geduld."[328]
3. Aus Sicht Wolfgang Mommsens herrschte Anfang Dezember 1912 Kriegspanik am kaiserlichen Hof. In exaltierter Geistesfassung habe Wilhelm II. seine militärischen Berater zusam-

---

326 Ebd.
327 Einen Forschungsüberblick bietet *Röhl*, Schwelle (wie Anm. 324), 77 f.
328 20.12.1912, Bethmann Hollweg an Eisendecker, in: *Baumgart* (Hrsg.), Julikrise (wie Anm. 105), 14.

mengerufen und seiner Enttäuschung über den Stand der Verhandlungen mit England Ausdruck verliehen. Letztlich sei die Aufzeichnung von Müllers vor allem ein Beleg für die chaotischen Verhältnisse in der Führungsspitze des Deutschen Reiches, keinesfalls jedoch Zeugnis systematischer Kriegsplanung.[329]

Versuchen wir, uns selbst ein Bild zu machen, indem wir die vier angesprochenen hermeneutischen Zugänge auf die Quelle anwenden:

Intentionalistische Hermeneutik: Beginnen wir mit der Textgenese. Nach den Recherchen von Röhl besteht kein Zweifel, dass Müller seine Tagebuchnotiz kurz nach dem Treffen im Stadtschloss anfertigte.[330] Typisch für diese Art von Kurzaufzeichnungen sind denn auch die vielen Abkürzungen, die Müller verwendet, sowie die unvollständigen Sätze. Vermutlich notierte Müller das Erlebte, gerade weil keine offiziellen Protokolle angefertigt wurden. Die Jahre vor dem Ersten Weltkrieg waren Jahre mündlicher Absprachen und der Geheimdiplomatie, welche durch private Briefe und Notizen – aus Sicht der Geschichtswissenschaft glücklicherweise – am Ende doch schriftlichen Niederschlag fanden. Im Kern ging es Müller vermutlich darum, die Sitzung als eine recht merkwürdige Zusammenkunft zu kennzeichnen. Darauf deutet vieles hin: das plötzlich befohlene Treffen aufgrund einer doch wenig überraschenden Äußerung von Haldane; die zynische Äußerung Moltkes (Unvermeidbarkeit des Krieges; Krieg, je eher, je besser); schließlich das Resultat der Konferenz: „Das Ergebnis war so ziemlich 0"; sowie der Hinweis auf Moltkes mangelnde argumentative Stringenz: „Der Chef d. gr. Generalstabes sagt: Krieg je eher je besser, aber er zieht nicht die Konsequenz daraus." Im Kern spielte der Kaiser während der Sitzung einen möglichen Krieg gedanklich durch und wies allen beteiligten Streitkräften eine klare Aufgabe zu: Österreich und die Verbündeten sollten Russland aufhalten, die deutsche Armee mit ganzer Wucht gegen Frankreich vorgehen, während die Flotte England in Schach zu halten habe. Vor allem die militärische Konfrontation mit England faszinierte ihn. Deshalb spekulierte Wilhelm II.

---

329 *Mommsen*, Großmachtstellung (wie Anm. 141), 253–256.
330 *Röhl*, Admiral von Müller (wie Anm. 325), 662.

über die modernsten Formen see-orientierter Kriegsführung. Technisch war die Entwicklung der U-Boote noch längst nicht abgeschlossen, auch wenn es erste funktionstüchtige Exemplare gab. Auch die Idee der Verminung der Themse ging weit über das hinaus, was die deutsche Flotte 1912 zu leisten vermochte. Von einem unmittelbaren Aufbruch und wirklicher Kriegsbegeisterung ist in den Zeilen Müllers nichts zu spüren. Offenbar ärgerte den Verfasser die Reaktion Moltkes, weil er den Einwand von Tirpitz, die Marine benötige ein „Hinausschieben des großen Kampfes um 1½ Jahre", verächtlich machte und die Belange des Heeres in den Mittelpunkt stellte. Schon diese erste, eher auf der Textoberfläche bleibende Interpretation lässt vermuten, dass Müller die Zusammenkunft keinesfalls als Schlüsselereignis bewertet hat.

Geschichtswissenschaftliche Hermeneutik: Betrachten wir in einem zweiten Schritt den situativen Kontext der Zusammenkunft: Anlass für das Treffen war ein allgemeines Säbelrasseln, weil Russland und Österreich glaubten, ihren jeweiligen Peripheriestaaten in Südosteuropa zu Hilfe kommen zu müssen. Während des Ersten Balkankriegs (Oktober 1912 – Mai 1913) waren serbische Truppen bis zur albanischen Küste vorgedrungen. Wien wollte eine so große territoriale und ökonomische Expansion Serbiens (mit eigenem Hafen) verhindern und setzte auf Albanien als einen unabhängigen Pufferstaat (formal ausgerufen am 28. November 1912). Ultimativ verlangte es den Rückzug der serbischen Einheiten. St. Petersburg und Paris stellten sich demonstrativ hinter die Belgrader Forderungen. London riet, den Konflikt friedlich zu lösen. In vieler Hinsicht glich die Situation also derjenigen im Juli 1914. — Albanienkonflikt

Auch Berlin nahm Stellung. Eine missverständliche, auf jeden Fall aber missverstandene Rede Bethmann Hollwegs im Reichstag am 2. Dezember 1912 brachte die Londoner Politik in Wallung. Eigentlich wollte der Reichskanzler die Situation beruhigen. Deshalb distanzierte er sich von Wien, unterstrich, dass Habsburg seine Belange auf dem Balkan selbst zur Geltung bringen müsse. Gleichzeitig warnte er Russland, in den Konflikt einzugreifen, denn, wenn die Existenz Österreich-Ungarns gefährdet werde, sei Deutschland zur Bündnispflicht gezwungen. Trotz der diplomatisch verbrämten und auf Beruhigung der Situation abhebenden Worte Bethmann Hollwegs gewann Edward Grey, der britische Außenminister, den Eindruck, dass Berlin die Ambitionen der Donaumonarchie unnötig anstachelte und die Gegensätze außer Kontrolle geraten könn- — Missverstandene Rede Bethmann Hollwegs ten. Deshalb ließ er dem deutschen Botschafter übermitteln, dass England niemals eine Niederwerfung Frankreichs und damit einen Zusammenbruch der europäischen Machtbalance tolerieren werde.[331]

Selbstdarstellung Wilhelms II.

Als Wilhelm II. von den englischen Warnungen erfuhr, rief er am 8. Dezember seine Militärberater zu sich. Ihm schien das englische Monitum neuerliche Bestätigung, dass Deutschland von Feinden umgeben sei. Nur Österreich-Ungarn blieb als verlässlicher Bündnispartner übrig. Deshalb war ihm das Prestige Österreich-Ungarns als Großmacht so wichtig, und deshalb hatte er bereits Ende November dem österreichischen Botschafter Szögyény erklärt, für das Prestige Österreichs schrecke er nicht einmal vor einem Weltkrieg zurück.[332] Während der Sitzung vom 8. Dezember stilisierte sich Wilhelm als kühler Stratege, der den Ernstfall bedachte und die Nation auf den Krisenfall einstimmte.

Doch noch war es nicht soweit. Im Vergleich zum Juli 1914 fehlte Wien die bedingungslose Rückendeckung durch Deutschland. London hatte frühzeitig seine Position definiert, ebenso Russland. An einen lokalen Krieg, an eine Risikopolitik wie 1914 war in der Situation von 1912 gar nicht zu denken. Auch innenpolitisch wäre ein Eingreifen an der Seite Österreich-Ungarns kaum durchsetzbar gewesen. Nur um einen Adriahafen für Serbien zu verhindern, wären die Deutschen kaum für einen Krieg zu mobilisieren gewesen. Der Zeitdruck war viel geringer als 1914. Zudem hatte Kiderlen-Waechter, der deutsche „Außenminister", bereits vor dem 8. Dezember eine Lösung vorbedacht, die einen Gesichtsverlust für alle beteiligten Mächte vermied (serbische Eisenbahnlinie zur Adria, Botschafter-Konferenz in London).[333]

Spöttische Reaktion Bethmann Hollwegs

Acht Tage nach dem geheimen Zusammentreffen im Stadtschloss äußerte Bethmann Hollweg sich – wie erwähnt – höchst despektierlich über den „Kriegsrat": „S.M., der trotz seiner Politik verlangt, dass England uns um den Hals fällt, hat sich darüber entsetzlich erregt, sofort – natürlich hinter meinem und Kiderlens Rücken – mit seinen Getreuen von Heer und Flotte einen Kriegsrat abgehalten, die Vorbereitung einer Heeres- und Flottenvorlage an-

---

331 Vgl. *Mommsen*, Großmachtstellung (wie Anm. 141), 244–253.
332 *Zechlin*, Adriakrise (wie Anm. 170), 129.
333 Ebd.

befohlen und das sowie das Haldanesche Gespräch, phantastisch ausgeschmückt, Gott und der Welt ausposaunt."³³⁴ Ernst nahm Bethmann Hollweg das Zusammentreffen offenbar nicht, eher als typische Laune seines kaiserlichen Herrschers.

Kulturgeschichtlicher Zugang: Im dritten Interpretationsschritt gilt es, auf kulturelle Sachverhalte und einzelne Formulierungen zu achten. Wenn wir so vorgehen, wird das generelle Klima deutlich, das im Dezember 1912 am Berliner Hof offenbar herrschte. Der Kaiser „befahl" seine Berater zu sich. (Er war zwar Oberster Kriegsherr, hätte sie aber auch zu einer gemeinsamen Lagebeurteilung einladen können). Ohne Rücksprache mit dem Auswärtigen Amt kommentierte Wilhelm II. einen telegrafischen Bericht Lichnowskys aus London, zog die weitreichendsten Folgerungen und erklärte seinen Militärs ohne Umschweife die Weltlage. Der Kaiser träumte von einem hochtechnisierten Krieg mit Unterseeboten und Minen in der Themse. Offenbar ordnete er auch neue Heeres- und Flottenvorlagen an (Bau von Unterseebooten, Äußerung Bethmann Hollwegs). Dabei wusste er, welch komplizierte innenpolitische Konsequenzen durch eine Aufstockung des Rüstungsetats hervorgerufen werden konnten. Die ganze preußische Geschichte ließ sich ja als Kampf um den Wehretat deuten. Auch die Vorstellung, die Presse im eigenen Sinne beeinflussen zu können, so wie Bismarck es früher versucht hatte, zeugt von einer gewissen Weltferne des Monarchen. Jedenfalls enthalten die Berichte Müllers und Bethmann Hollwegs diese Botschaft.

Zeugnis für das Klima am Hof

Dekonstruktion: Der letzte Zugriff zielt auf eine „Dekonstruktion" des Quellentextes. Machen wir uns zunächst klar, was „Dekonstruktion" meint. In der Wikipedia finden wir dazu die folgende Kurzbeschreibung: „Dekonstruktivisten bemühen sich [...] um den Nachweis, dass – und vor allem: wie – ein Text seine Bedeutung selbst hinterfragt, durchkreuzt und gerade mit solchen Paradoxien Sinn schafft, z.B. durch Widersprüche zwischen inhaltlicher Aussage und sprachlicher Form."³³⁵ Verfahren der Dekonstruktion habe ich in mancher Hinsicht bereits verwendet, weil die Notiz Georg Alexander von Müllers bereits auf der Oberflächenebene

---

334 20.12.1912, Bethmann Hollweg an Eisendecker, in: *Baumgart* (Hrsg.), Julikrise (wie Anm. 105), 14.
335 de.wikipedia.org/wiki/Dekonstruktion (27.7.2015).

höchst widersprüchlich angelegt ist. Doch wir finden viel mehr gegensätzliche Äußerungen: Von Telegraphen, Unterseebooten und Minenkrieg ist in der Aufzeichnung die Rede, gleichzeitig erzählt Müller von „Seiner Majestät", „Fürst", „Schloss", „Prestige Österreich-Ungarns" (Wilhelm II. am 22. November 1912) – und von „auswärtigen Slawen", über die Österreich Macht gewinnen müsse. Überhaupt fallen Kollektivsingulare auf: „England", „Russland", „Frankreich", „Österreich", „Ungarn" werden durch Wilhelm II. – oder Müller, das lässt sich durch die Tagebuchnotiz nicht genau feststellen – als Akteure imaginiert. Dagegen erfahren wir überraschend wenig über die konkreten militärischen Planungen, über Heeresstärken, über Flottenverbände. Vielmehr ist von Politik die Rede, auch von diplomatischen Manövern, ohne dass die zivile Reichsleitung, ohne dass das Auswärtige Amt an den Gesprächen beteiligt gewesen wäre. In der Konsequenz sieht Müller für sich nur eine Folgerung: Er weist Bethmann Hollweg im Namen des Kaisers an, das Volk über die Kriegsgefahr und die deutschen Interessen an einem engen Bündnis mit Österreich in der Presse aufzuklären.

Kritik des „Redens ohne Konsequenzen"

5.4 Historisches Urteilen als Resultat methodischen Herangehens und Fragens

Die vier von mir vorgeschlagenen hermeneutischen Perspektiven auf die Tagebuchnotiz Georg Alexander von Müllers (intentionalistische Hermeneutik, geschichtswissenschaftliche Hermeneutik, kulturgeschichtlicher Zugang, Dekonstruktion) haben, so mein Eindruck, tatsächlich zu einer Klärung der Forschungsfragen beigetragen. Demnach spricht wenig für die Interpretation Fritz Fischers und John Röhls. Die Geheimsitzung vom Dezember 1912 veränderte die deutsche Geschichte keineswegs radikal. Die Krisensitzung beschloss keinen Krieg. Doch vollkommen bedeutungslos, wie Erwin Hölzle oder Egmont Zechlin meinen, war das Dezembertreffen wohl auch nicht. Daher hat mich die Interpretation Wolfgang Mommsens am meisten überzeugt. Er vermag in seiner Darstellung heterogene Sachverhalte miteinander zu verbinden: Der Kaiser rief seine Militärberater in einer exaltierten Stimmung zusammen. Alle politischen Strukturdefekte des Kaiserreiches wurden während des Treffens wie in einem Brennglas deutlich (Selbststilisierung des Kaisers als weitsichtiger Kriegsherr, Gegensatz zwischen ziviler

Deutung des Kriegsrates durch Wolfgang Mommsen

und militärischer Reichsleitung, Konkurrenz von Heer und Marine, Einkreisungsdenken, Selbsttäuschung über die eigenen militärischen Fähigkeiten, Gefühl der Ergebnislosigkeit von Diskussionen etc.). Dennoch hatte das Treffen Folgen: Moltke sprach offen von Präventivkrieg und pflanzte die Idee in die Köpfe aller Beteiligten ein. Russland galt jetzt eindeutig als Hauptgegner. Militärs und Reichsleitung richteten sich auf einen möglichen Dreifrontenkrieg ein. „Im Übrigen erhielt der Plan einer neuen großen Heeresvermehrung, der dem Reichstag im April 1913 vorgelegt werden sollte, einen zusätzlichen Schub; der Kriegsminister von Heeringen, der bislang gegenüber einer Heeresvermehrung größeren Umfangs wegen der Auswirkungen auf die innere Struktur des Offizierskorps hinhaltenden Widerstand geleistet hatte, fand sich aufgrund einer persönlichen Einwirkung des Kaisers nunmehr damit ab."[336]

---

[336] *Mommsen*, Großmachtstellung (wie Anm. 141), 255.

6 Eine Frage der Ehre? Die „archaischen" Wurzeln des Ersten Weltkrieges

Menschenbilder im Fokus der Forschung

Auffallend ist, wie unterschiedlich Historikerinnen und Historiker in der ganzen Welt die Quellen gelesen und welch differierende Menschenbilder sie gezeichnet haben. Wilhelm II. gilt als aufbrausend und unberechenbar, zugleich jedoch als kühler Stratege. Von einem Gefühl der Einkreisung ist die Rede, innen- und außenpolitisch, einem Gefühl der Ohnmacht, das die Politiker beinahe aller am Konflikt beteiligten Mächte zur emotionalen Flucht nach vorn veranlasst habe. Manche Forscher charakterisieren die Akteure der Mittelmächte als rassistische Ideologen; sie seien getrieben gewesen von einem wilden Antislawismus. Dagegen schildern andere die Verantwortlichen als machtorientierte Hasardeure. Diese Forschungsrichtung hebt vor allem auf die imperialen Großmachtträume ab und die so zeittypische Risikobereitschaft. Eine nicht minder große Zahl von Forschern zeichnet ein eher tragisches Bild: Demnach haben wir es mit höchst verantwortungsvoll und rational handelnden Politikern zu tun, die aufgrund einer verhängnisvollen Verkettung von Fehlwahrnehmungen und unglücklichen Entscheidungen den Ersten Weltkrieg ungewollt-gewollt ausgelöst hätten.

Wie aber sind so viele, so unterschiedliche, ja so gegensätzliche Deutungen möglich? Argumentieren nicht alle Historiker mit dem Verweis auf Quellen? Doch gewiss. Offenbar decken die Quellen ganz verschiedene Interpretationen ab. Wie ist das vorstellbar? Am Beispiel der systematischen Quellenanalyse von Vera Nünning und Ralf Saal haben wir uns bereits klar gemacht, dass alle Interpretationen zu kurz greifen – zu kurz greifen müssen –, die die unterschiedlichen Ziele und Diskursebenen auf einen einzelnen Handlungsstrang reduzieren. Auf nationaler Ebene gab es in allen Hauptstädten viele Akteure, die divergierende Ziele verfolgten. Mehr noch, im Zeitverlauf veränderten sich deren Motive zusätzlich. Der Erste Weltkrieg war demnach das Resultat des Zusammenwirkens vieler Menschen, die von unterschiedlichen Absichten geleitet waren und die innerhalb weniger Tage, ja Stunden sich ändernde Ziele und Strategien verfolgten. Der Widerspruch zwischen den vorliegenden Interpretationen beruht deshalb vielfach darauf, dass Ausschnitte aus einem größeren Ganzen betrachtet, einzelne Quellen stärker und andere schwächer gewichtet werden.

Doch selbst wenn wir ein ganzes Bündel von Beweggründen unterstellen – strategisches Kalkül und Einkreisungsangst, nüchterne Interessenpolitik, Risikobereitschaft und Verzweiflung –, und selbst wenn wir einen Wandel der Einstellungen im Zeitverlauf berücksichtigen, dann können wir immer noch nicht alle Äußerungen der Verantwortlichen im Juli 1914 angemessen interpretieren. Wir müssen uns darauf einlassen, dass die Menschen offensichtlich widersprüchlich denken, inkohärent argumentieren, unlogisch und ungeschickt handeln. Die „narrative Kohärenz", die Historiker für ihre Erzählungen benötigen, verhindert vielfach, dass diese verschiedenen Sinnelemente der Quellen tatsächlich auch freigelegt werden.

Handlungsmotive und Quellenlektüre

6.1 „Ich will keinen Präventivkrieg, aber wenn der Kampf sich bietet, dürfen wir nicht kneifen."

Offensichtlich gibt es Schichten der Sinnkonstruktion in den Quellen, der Bedeutungszuweisung, die bisher weitgehend übersehen worden sind. Ein Beispiel dafür ist der folgende Satz:

Entlarvendes Sprachspiel

> „Ich will keinen Präventivkrieg, aber wenn der Kampf sich bietet, dürfen wir nicht kneifen."

Verfasst hat die Aussage Gottlieb von Jagow, der deutsche „Außenminister". Sein Schreiben vom 18. Juli 1914, in dem wir den Satz finden, richtete er an Karl Max von Lichnowsky, den Botschafter in London, der um den Frieden ernstlich besorgt war – wie wir heute wissen, zu Recht. Ihm wollte er die deutsche Position erläutern. Bereits bei einer ersten Durchsicht der Dokumente zur Julikrise war mir der obige Satz aufgefallen, weil er typisch für das ganze Schreiben Jagows war. Nicht zufällig charakterisierte Jagow den Text als „Privatbrief". So konnte er frei und ohne Rücksichtnahme auf bürokratische Usancen (Anweisung an einen Mitarbeiter, diplomatische Ausdrucksweise, Entwurf, Korrektur, Gegenlesen) all das zu Papier bringen, was ihm am Herzen lag. Im Ergebnis erfahren wir von einem höchst widersprüchlichen Gemütszustand, einem wilden Gemisch aus Einkreisungsängsten, Furcht vor einem zunehmend deutschfeindlichen „Slawentum", gefühlter Bündnisverpflichtung, Gleichgewichtsdenken, Lokalisierungsstrategie, Risikopolitik, Präventivkriegsvorstellungen und einer weiteren Handlungsdimension, die ich gleich noch genauer bestimmen werde. Zunächst sei das Schreiben Jagows zur Gänze reproduziert:

„Jagow an Lichnowsky,
Privatbrief, Berlin, den 18. Juli 1914, A. 19. Juli, D.D. 72
Ihr Urteil über unsere Politik, wie sie Ihr serbischer Bericht enthält, ist mir stets wertvoll, und ich glaube, dass der Reichskanzler darüber ebenso denkt. Ich stehe auch nicht an, viele Ihrer Bemerkungen als berechtigt anzuerkennen. Aber **wir haben nun einmal ein Bündnis mit Österreich: hic Rhodus, hic salta.** [Hier springe! – A.H.]
Auch darüber, ob wir bei dem Bündnis mit dem sich immer mehr zersetzenden Staatengebilde an der Donau ganz auf unsere **Rechnung** kommen, lässt sich diskutieren, aber ich sage da mit dem Dichter – ich glaube, es war Busch –: ‚Wenn Dir die Gesellschaft nicht mehr passt, such' Dir eine andere, wenn Du eine hast.' Und **zu einem vollen Erfolg bietenden Verhältnis zu England sind wir leider noch immer nicht gekommen,** konnten nach allem, was vorausgegangen, auch gar nicht dazu kommen – **wenn wir überhaupt** je **dazu kommen** können.
Österreich, welches durch seine mangelnde Aktionskraft mehr und mehr Einbuße an seinem Ansehen erlitten hat, zählt schon jetzt kaum mehr als vollwertige Großmacht. Die Balkankrise hat seine Stellung noch geschwächt. Durch dieses Zurückgehen der österreichischen Machtstellung ist auch unsere Bündnisgruppe entschieden geschwächt worden.
Österreich will sich die **serbische Minierarbeit** [Unterwühlung – A.H.] **nicht mehr gefallen lassen,** ebenso wenig die fortgesetzt **provokatorische Haltung** des **kleinen Nachbarn in Belgrad.** – Siehe die Sprache der serbischen Presse – und Herrn Paschitschs. Es erkennt wohl, dass es viele Gelegenheiten versäumt hat, und dass es **jetzt noch handeln kann, in einigen Jahren vielleicht nicht mehr.** Österreich will sich jetzt mit Serbien auseinandersetzen und hat uns dies mitgeteilt. Während der ganzen Balkankrise haben wir mit Erfolg im Sinne des Friedens vermittelt, ohne Österreich dabei in kritischen Momenten zur Passivität gezwungen zu haben. Dass **wir**

trotzdem – zu Unrecht – **in Österreich vielfach der Flaumacherei** beschuldigt sind, ist mir gleichgültig. **Wir haben auch jetzt Austria nicht zu seinem Entschluss getrieben. Wir können und dürfen aber ihm nicht in den Arm fallen.** Wenn wir das täten, könnte Österreich (und wir selbst) uns mit Recht vorwerfen, dass wir **ihm seine letzte Möglichkeit politischer Rehabilitierung** verwehrt haben. Dann würde der Prozess seines Dahinsiechens und inneren Zerfalls **noch beschleunigt**. Seine Stellung im Balkan wäre für immer dahin. Dass eine absolute **Stabilisierung der russischen Hegemonie** im Balkan indirekt auch für uns nicht admissibel [zulässig – A.H.] ist, werden Sie mir wohl zugeben. **Österreichs Erhaltung, und zwar eines möglichst starken Österreichs, ist für uns aus inneren und äußeren Gründen eine Notwendigkeit.** Dass es sich nicht ewig wird erhalten lassen, will ich gern zugeben. Aber inzwischen lassen sich vielleicht Kombinationen finden. Wir müssen sehen, den **Konflikt** zwischen Österreich und Serbien zu **lokalisieren**. Ob dies gelingen kann, wird zunächst von Russland und in zweiter Linie von dem mässigenden Einfluss seiner Ententebrüder abhängen. Je entschlossener sich Österreich zeigt, je energischer wir es stützen, um so eher wird Russland still bleiben. Einiges Gepolter in Petersburg wird zwar nicht ausbleiben, aber im Grunde ist Russland jetzt nicht schlagfertig. Frankreich und England werden jetzt auch den Krieg nicht wünschen. In einigen Jahren wird Russland nach aller kompetenten Annahme, schlagfertig sein. Dann erdrückt es uns durch die Zahl seiner Soldaten, dann hat es seine Ostseeflotte und seine strategischen Bahnen gebaut. Unsere Gruppe wird inzwischen immer schwächer. In Russland weiß man es wohl, und will deshalb für einige Jahre absolut noch Ruhe. Ich glaube gern Ihrem Vetter Benckendorff, dass Russland jetzt keinen Krieg mit uns will. Dasselbe versichert auch Sasonow, aber die Regierung in Russland, die heute noch friedliebend und halbwegs deutschfreundlich ist, wird immer schwächer, die Stimmung des Slawentums immer deutschfeindlicher. Wie Russland uns im Grunde behandelt, zeigt der vorige Herbst. Während der Balkankrise konnte es uns nicht genug danken für unsere beruhigende Einwirkung. Kaum war die akute Krise vorbei, begannen die Unfreundlichkeiten – wegen Liman usw. Lässt sich die Lokalisierung nicht erreichen und greift Russ-

land Österreich an, so tritt der casus foederis [Bündnisfall – A.H.] ein, so können wir Österreich nicht opfern. Wir ständen dann in einer nicht gerade proud [herausragend – A.H.] zu nennenden Isolation. **Ich will keinen Präventivkrieg, aber wenn der Kampf sich bietet, dürfen wir nicht kneifen.**
Ich **hoffe und glaube auch heute noch, dass der Konflikt sich lokalisieren lässt. Englands Haltung** wird dabei von großer **Bedeutung** sein. Ich bin vollständig überzeugt, dass die öffentliche Meinung dort sich nicht für Österreichs Vorgehen begeistern wird, und erkenne alle ihre Argumente in dieser Hinsicht als richtig an. Aber man muss tun, was irgend möglich ist, dass sie sich nicht zu sehr für Serbien begeistert, denn von Sympathie und Antipathie bis zur Entfachung eines Weltbrandes ist doch noch ein weiter Weg. Sir **Grey** spricht immer von dem **Gleichgewicht,** das durch die beiden Mächtegruppen hergestellt wird. Er muss sich daher auch klar darüber sein, dass dieses **Gleichgewicht total in die Brüche ginge, wenn Österreich von uns lâchiert** [losgelassen – A.H.] **und von Russland zertrümmert würde,** und dass das Gleichgewicht auch durch einen Weltbrand erheblich ins Wanken gebracht würde. Er muss daher, wenn er logisch und ehrlich ist, uns beistehen, den Konflikt zu lokalisieren. Doch nun satis superque [mehr als genug – A.H.], es ist 1 Uhr nachts geworden. Wenn diese Ausführungen über unsere Politik Sie vielleicht auch nicht überzeugt haben mögen, so weiß ich doch, dass Sie letztere unterstützen werden."

Privatschreiben Gottlieb von Jagows (Staatssekretär im Auswärtigen Amt) an Karl Max von Lichnowsky (deutscher Botschafter in London) zur deutschen Politik in der Julikrise[337] (alle Hervorhebungen und Ergänzungen von mir).

---

337 *Geiss,* Juli 1914 (wie Anm. 86), 102–105.

Quellenanalyse

Untersuchen wir den zitierten Satz genauer: *„Ich will keinen Präventivkrieg, aber wenn der Kampf sich bietet, dürfen wir nicht kneifen."* – Allzu verführerisch ist es, den Fokus auf den ersten Teil des Satzes zu legen. Demnach suggerierte Jagow eigentlich das Gegenteil von dem, was er auf der Oberflächenebene ansprach. Er „wollte" in dieser Interpretation „den Präventivkrieg", wollte ihn im Juli 1914, aus militärischen, außen- und innenpolitischen Gesichtspunkten, weil er die Konstellation für günstiger hielt als zu irgendeinem späteren Zeitpunkt. Doch was ist, wenn wir den Satz so auslegen, wie er formal aufgebaut ist. Demnach strebte Jagow keinen Präventivkrieg an, setzte sich bewusst von Moltke ab, dessen Überlegungen Lichnowsky vermutlich kannte. Unwahrscheinlich scheint diese Deutung nicht, denn Jagow hoffte, wie er im Brief ja ausführt, auf eine Lokalisierung des Konflikts. Was meint unter dieser Voraussetzung dann aber der zweite Teil des Satzes: „Wenn der Kampf sich bietet, dürfen wir nicht kneifen"? Jagow verwendet an dieser Stelle bewusst einen eher umgangssprachlichen Ausdruck. Man dürfe „nicht kneifen", gehörte zum Sprachvokabular der schlagenden Verbindungen.[338] Es war unstatthaft, während des Gefechts den Kopf einzuziehen, Angst zu zeigen, zu kneifen. Ein Duell, das von einem Kommilitonen oder einem anderen Akademiker angetragen wurde, durfte nicht abgelehnt werden. Wer kniff, war feige, verlor seine Ehre. Darum also geht es offenbar in dem Schreiben an Lichnowsky, um einen drohenden Ehrverlust.

Wenn wir den Brief Jagows ein zweites Mal durchlesen, fällt auf, dass der Text zwei ganz unterschiedliche Argumentationslinien enthält: Zum einen eine interessengebundene Begründung für die deutsche Politik: „such' Dir eine andere Gesellschaft, wenn Du eine hast; Verhältnis zu England, Machtstellung Österreichs; russische Hegemonie; Zeitgewinn; lokalisieren des Konflikts; Russland

Dekonstruktion des „Privatbriefes"

---

338 „Kneifen: Das seit dem 16. Jh. bezeugte Verb ist die verhochdeutschte Form von kneipen. Auf studentensprachlich „kneifen" „bei der Mensur den Kopf vor dem Hieb einklemmen oder wegstecken" beruht die ugs. Verwendung des Verbs im Sinne von „sich vor etwas drücken, Angst haben". Gebräuchlich ist auch die Präfixbildung verkneifen „zusammenpressen", beachte das 2. Partizip verkniffen, reflexiv „etwas unterlassen, sich etwas versagen", origin_de.deacademic.com/8730/kneifen (2.8.2015).

nicht schlagfertig; Machtgleichgewicht". Zum anderen finden wir aber auch viele Begriffe, die der „Sprache der Ehre" entnommen sind: „hic Rhodus, hic salta; Einbuße an Ansehen; provokatorische Haltung des kleinen Nachbarn; Minierarbeit; nicht mehr gefallen lassen; Flaumacherei; wir haben auch jetzt Austria nicht zu seinem Entschluss getrieben; wir können und dürfen aber ihm nicht in den Arm fallen; politische Rehabilitierung; wie Russland uns im Grunde behandelt; können wir Österreich nicht opfern".

These: „Ehre" als Handlungsmotiv in der Julikrise 1914

Im Folgenden werde ich argumentieren, dass die Umdeutung der Julikrise von einem klassischen Interessenkonflikt zwischen Großmächten, der mit den Mitteln der Diplomatie gelöst werden konnte, zu einem Ehrkonflikt die traditionelle Außenpolitik überforderte.

Doch was meint „Ehre"? „Ehre", so beschreiben es Soziologen, ist das „soziale Band" vormoderner Gesellschaften mit ihrer vergleichsweise geringen funktionalen Differenzierung und der hohen Bedeutung sozialer Hierarchie. Jeder „Mensch" gehörte nur einem einzigen gesellschaftlichen Teilsystem an (den unterständischen Gruppen, dem Bauernstand oder dem Bürgerstand, dem Adel oder dem Klerus). Jede soziale Gruppe, jeder Stand hatte in einer solch „stratifikatorischen Gesellschaft" (Niklas Luhmann) einen klar definierten Status, eine eindeutige Position, fand als Mitglied seines Standes soziale Anerkennung. Jede Standeszugehörigkeit verlangte eine entsprechende Lebensführung und die Verteidigung der Ehre jeder einzelnen Standesperson gegenüber ungerechtfertigten Angriffen.[339] Das sozial gefestigte Ansehen für die Standesmitglieder minderte soziale Konflikte und sicherte zugleich vor einer Verselbständigung der führenden Gruppen. Diese waren nämlich – wie alle anderen auch – verpflichtet, ehrenhaft, d.h. angemessen gegenüber Gott und der Gesellschaft zu handeln. Insofern gab es keinen Widerspruch zwischen sozialem Vorrang und Moral, Ehre und Macht. Sie gehörten zusammen. Ehrverlust bedeutete Verlust der

Ehre: Definition

---

339 Sie schlossen Konsumerwartungen ein, aber grundsätzlich war Standeszugehörigkeit nicht an Einkommen gebunden. Auch ein „armer" Adeliger blieb adelig.

Standeszugehörigkeit und daher Verlust sozialer Anerkennung. Der Ehrlose war gesellschaftlich nicht mehr berechenbar. Der Schutz der Ehre (als göttliches Gebot) wurde wichtiger als das Leben, denn Leben ohne Ehre war kein Leben und bedeutete den unehrenhaften Tod. Wer aber unehrenhaft starb, verlor nicht nur das Leben, sondern seine Seele und damit auch das Leben nach dem Tod.

Das Spiel der Ehre ist allerdings weder eindeutig noch hinsichtlich der Spielregeln klar vorhersehbar. Ob eine Ehrverletzung vorliegt, entscheidet der Angegriffene. Freilich ist er in der Interpretation nicht vollkommen frei. Ob tatsächlich eine Ehrverletzung vorliegt oder nicht vorliegt und wie gravierend sie ist, ob die Beteiligten satisfaktionsfähig sind, darüber befindet auch die jeweilige soziale Umgebung. Wenn ein Angegriffener eine Ehrverletzung feststellt, dem Gegner den „Fehdehandschuh" hinwirft, dürfen keinesfalls Freunde und Bekannte und noch viel weniger die Sekundanten die Ehrverteidigung verhindern. Das würde die Ehre des Angegriffenen ebenso verletzen wie die Ehre seiner Sekundanten.

Interpretationsbedarf der Ehrverletzung

Noch etwas fällt bei einem ersten Blick auf den Ehrenhandel auf: Interessenvertretung und Verteidigung der Ehre widersprechen einander keineswegs. Aus Sicht der „satisfaktionsfähigen Gemeinschaft" (Norbert Elias) mochten zweckrationales Denken und das Bemühen darum, die eigene Ehre auf Leben und Tod zu verteidigen, durchaus demselben Ziel dienen. In beiden Fällen ging es darum, die eigene Position zu sichern.

Während des 19. Jahrhunderts – so meine weitere Argumentation – wurde das Konzept der Ehre auf die Nation übertragen. Nationen imaginierten die Zeitgenossen als unterschiedlich starke, einflussreiche „Akteure" in einem hierarchisch gedachten internationalen System. Nur die „Ehre" einer Nation schützte vor deren Niedergang und damit letztlich das internationale System vor einer Konstellation, in der nur noch die ökonomische und militärische Stärke zählte. Wurde die nationale Ehre angegriffen, musste sie verteidigt werden.

Bis zum Frühjahr 1913/14 kreisen die diplomatischen Konflikte immer um etwas „Konkretes", um Land, um Einflusssphären, um nationales Prestige. Der Mord an Franz Ferdinand veränderte diese Ausgangskonstellation. Jetzt ging es mit einem Male um Sein und Nicht-Sein, um die Ehre.

Wenn meine These zutrifft, dass der Erste Weltkrieg seine Ursache fand in spezifischen, für das 19. Jahrhundert typischen Orientierungsmustern, wenn er tatsächlich als Ehrkonflikt verhandelt wurde, dann war der Erste Weltkrieg in der Konsequenz eher Endpunkt des langen neunzehnten Jahrhunderts (Eric Hobsbawm) als der Beginn des zwanzigsten (Christopher Clark).

6.2 Forschungen zum Ehrbegriff im 19. Jahrhundert

Kulturwissenschaftliche Wiederentdeckung der Ehre

Die Wiederentdeckung der „Ehre" in den Geschichtsschreibung steht in Zusammenhang mit der kulturwissenschaftlichen Wende der Sozial- und Geschichtswissenschaften: Die Historiographie hat die Ehre als Schlüsselkategorie zum Verständnis der ständischen Ordnung in der Frühen Neuzeit herausgestellt. Tugend (innere Verpflichtung) und Reputation (äußere Anerkennung) verbanden sich demnach in der Kategorie der Ehre. Durch Verweis auf die gesellschaftliche Funktion der ständischen Untergliederung und deren moralische Einbindung legitimierte die Ehre die soziale Ungleichheit.

Während der Aufklärung, so das Zwischenergebnis der Forschungen, verallgemeinerte sich das Konzept der Ehre zur allgemeinen Menschenwürde. Ehre wurde zu einer Eigenschaft von Individuen, die allen Menschen zuteil war, die Menschenrechte begründete. Und doch blieb Ehre als soziales Distinktionsmerkmal in der Praxis erhalten, als Standesehre, als Offiziersehre, als Akademikerehre. Ute Frevert hat auf die damit verbundene „Verbürgerlichung" und „Modernisierung" der Ehre Ende des 19. Jahrhunderts hingewiesen.[340] Das Konzept der Ehre führte Adel und Bildungsbürgertum zusammen, wurde zur Sozialisationsinstanz immaterieller bürgerlicher Tugenden.

Die Ehre hat in der Forschung demnach einiges Interesse gefunden.[341] Und dennoch gilt die Geschichte der Ehre als vergleichsweise schlecht untersucht. Jedenfalls genügen die vorliegenden

---

[340] *Ute Frevert*, Ehrenmänner. Das Duell in der bürgerlichen Gesellschaft. München 1991. Die Ehrprozesse als Ausdruck der spezifischen Ungleichzeitigkeit des Wilhelminischen Reiches hat *Ann Goldberg*, Honor, politics and the law in Imperial Germany. Cambridge 2010, untersucht.
[341] Den Ehrbegriff aus soziologischer Sicht diskutiert: *Ludgera Vogt*, Zur Logik der Ehre in der Gegenwartsgesellschaft. Differenzierung, Macht, Integration. Frankfurt/M. 1997.

Studien nur ansatzweise, um eine Überblicksgeschichte der Ehre vorzulegen. Darstellungen, die im großen Zugriff, von der Antike oder dem Mittelalter bis in die Gegenwart, eine Geschichte der Ehre unterbreitet haben,[342] sahen sich rasch der berechtigten Gegnerschaft fachkundiger Rezensenten ausgesetzt.[343] Die Praxis der Ehre, so das Argument der Kritiker, variiere von Ort zu Ort, von Zeitpunkt zu Zeitpunkt. Ehrvorstellungen würden immer situativ ausgehandelt, seien deshalb gerade nicht aus normativen Schriften und der feingeistigen Literatur herauszulesen.

Forschungsdesiderat: Ehre als soziale Praxis

Innere und äußere Ehre. Der Wandel der Ehrvorstellungen von der Frühen Neuzeit zum bürgerlichen Zeitalter

Vorsicht ist also geboten, wenn es darum geht, das Konzept der Ehre in größerem Zusammenhang zu analysieren. Und doch ist es wichtig, den Wandel der Ehrvorstellungen für den europäischen Raum in den Blick zu nehmen. Die Fortdauer der Ehre als handlungsorientierendes Motiv resultiert gerade aus der für „Ehre" kennzeichnenden spezifischen Mischung von Kontinuität und Gestaltwandel: Ausgangs des Mittelalters verwies „Ehre" – wie erwähnt – auf Tugend, auf das, was Gott vom Einzelnen einforderte. Zugleich stand sie für die gottgewollte kosmische Ordnung. Ehre wies jedem seinen spezifischen Platz tugendhaften Lebens zu. Sie fror Gesellschaft zu einer außergeschichtlichen Struktur ein. Was so die gesellschaftliche Stabilität und die moralische Ordnung sicherstellen sollte, blieb abhängig von ehrgemäßen Lebensstilen und sozialer Anerkennung von außen. Als Ende des 16., Anfang des 17. Jahrhunderts allzu viel durcheinander geriet (Thronwirren in Frankreich, Dreißigjähriger Krieg), mischte sich der Staat in die

Ehre in der Frühen Neuzeit

---

342 *Friedrich Zunkel*, Ehre, Reputation, in: Otto Brunner/Werner Conze/Reinhart Koselleck (Hrsg.), Geschichtliche Grundbegriffe, Bd. 2. Stuttgart 1975, 1–63.; *Dagmar Burkhart*, Eine Geschichte der Ehre. Darmstadt 2006; *Winfried Speitkamp*, Ohrfeige, Duell und Ehrenmord. Eine Geschichte der Ehre. Stuttgart 2010.
343 *Norman Domeier*, Rezension zu Dagmar Burkhart, Eine Geschichte der Ehre, in: German Studies Review, 31, 2008, 614–615; *Caspar Hirschi*, Rezension zum selben Buch, in: Frankfurter Allgemeine Zeitung, 8.6.2007; *Florian Kühnel*, Rezension zu Winfried Speitkamp, Ohrfeige, in: hsozkult.geschichte.hu-berlin.de/rezensionen/2011-2-151 (3.8.2015).

Ehrkonflikte ein, wurde selbst zum Spender von Rang und Ehre. Hieran knüpfte die Aufklärungskritik an, weil äußerer Rang und innere Ehre nicht mehr zur Deckung gebracht werden konnten.[344] Im Ergebnis wandelte sich die Ehre einerseits zur Idee der Menschenwürde, die jedem zu eigen sei,[345] andererseits zur Idee des (staatsorientierten) Tugendadels, der gleichermaßen den alten Adel, die monarchische Verwaltungsspitze und das aufgeklärte (Bildungs-) Bürgertum einschloss.

Frevert: Verbürgerlichung der Ehre

Das 19. Jahrhundert brachte Gesellschaft in Bewegung, verflüssigte soziale Positionen und machte damit den Kampf um Distinktion, um Ehre also, umso notwendiger. So entstand jene Gesellschaft der Satisfaktionsfähigen, die im Geschlechterkampf ihre sozialen Führungspositionen und männlichen Beschützerrollen auskämpften. War um 1800 das Duell noch Ritual einer elitären, zumeist adligen Minderheit, so drang der Ehrenkampf in der zweiten Hälfte des Jahrhunderts auch in andere soziale Schichten vor. Herausforderung und Duell unterlagen dabei strengen Regeln. Die Auseinandersetzung zielte nicht primär auf die Vernichtung des Gegners, sondern auf die Rückgewinnung der Ehre. Die Bereitschaft zum Blutzoll erschien wichtiger als das Blutvergießen selbst. Die Wiedergewinnung der Reputation wurde auch dann erreicht, wenn die Kugeln im Pistolenduell ihr Ziel verfehlten. Die Kontrahenten hatten Mut gezeigt, Selbstdisziplin und Kaltblütigkeit und sich damit als würdige Mitglieder des „Tugendadels" erwiesen.[346]

Aus Sicht der klassischen Modernierungstheorie erscheint Ehre als „archaisch" und eine „aussterbende" Handlungskatego-

---

[344] Ergänzend zu den bereits genannten Titeln: *Marian Füssel/Thomas Weller*, Einleitung, in: dies. (Hrsg.), Ordnung und Distinktion. Praktiken sozialer Repräsentation in der ständischen Gesellschaft. Münster 2005, 9–22; *Wolfgang E. J. Weber*, Ehre, in: Friedrich Jaeger (Hrsg.), Enzyklopädie der Neuzeit, Bd. 3. Stuttgart 2006, 77–85; *Barbara Stollberg-Rilinger*, Symbolische Kommunikation in der Vormoderne, in: Zeitschrift für historische Forschung 31, 2004, 489–527; *Kwame Anthony Appiah*, Eine Frage der Ehre, oder Wie es zu moralischen Revolutionen kommt. München 2011.
[345] S.o. S. 222.
[346] Einen Überblick über die Geschichte der Ehre im 19. Jahrhundert bieten u.a.: *Ute Frevert*, Ehrenmänner (wie Anm. 340); *Birgit Aschmann*, Preußens Ruhm und Deutschlands Ehre. Zum nationalen Ehr-Diskurs im Vorfeld der preußisch-französischen Kriege des 19. Jahrhunderts. München 2013, 13–29; *Blom*, Der taumelnde Kontinent (wie Anm. 159), 190–195.

rie. Die Erklärung hierfür ist recht einfach. Denn, wenn zutrifft, dass die stratifikatorisch gegliederte Gesellschaft ein Phänomen der Vormoderne darstellt und die gegenwärtige Sozialordnung als funktional differenziert beschrieben werden muss, dann ist Ehre in den westlichen Gesellschaften langfristig zum Niedergang verdammt. Eine Geschichte der Ehre wäre also für den Neuzeithistoriker wenig attraktiv, weil zunehmend bedeutungslos. Nun hat aber Ute Frevert auf sozial- und individualgeschichtlicher Ebene vorgeführt, welcher Erkenntnisgewinn erzielt werden kann, wenn der Formwandel des Bürgertums als Kulturgeschichte streithafter Tugendhaftigkeit beschrieben wird. Die Geschichte der Moderne ist demnach auch eine Geschichte des Gestaltwandels der Ehre, mehr noch, die Modernisierung der Ehre unterstütze die wertorientierte, die Emotionen bändigende Selbstvergewisserung der bürgerlich-kapitalistischen Gesellschaft.

Jüngst hat Birgit Aschmann das Konzept der Ehre zudem für die Analyse von Außenpolitik fruchtbar gemacht.[347] Demnach bestimmten Ideen von Tugend, „Prestige" und Rangordnung nicht nur die soziale Gliederung der Gesellschaften im Innern, sondern auch die Vorstellungen über die Struktur des internationalen Systems. Wie Aschmann nachweist, waren die preußisch-französischen Kriege 1806, 1813 und 1870 immer auch begleitet von Ehrdiskursen. Spätestens mit der Aufklärung und der damit verbundenen Vorstellung von Menschenwürde (anstelle der gottbefohlenen Untertänigkeit) bedurfte der soldatische Tod einer Rechtfertigung, die dem Sterben Sinn verlieh. Hier griff die Idee der „Ehre des preußischen Staates" oder der „Ehre der deutschen Nation". Sie verlieh dem individuellen Leid kollektiven Sinn, sicherte das lebende Andenken über den Tod hinaus. Man mag einwenden, dass nach 1871 Gedanken von nationaler Ehre und Prestige in Deutschland zurückgedrängt wurden und der nüchternen Realpolitik Bismarcks Platz machten. Doch spätestens mit dem Hochimperialismus waren die klassischen statusorientierten Vorstellungen wieder wirkmächtig. Außenpolitik zielte auf natürliche Hierarchie, auf Distinktion, Macht, Größe, Prestige, Einfluss und eben: auf die Bewahrung der Ehre.

Aschmann: Nationale Ehre

---

347 *Aschmann*, Preußens Ruhm (wie Anm. 346).

Wieweit hat die Forschung das Konzept der Ehre zur Erklärung für die Julikrise bereits angewandt? Die Bilanz einer aufmerksamen Lektüre war für mich überraschend. Immer wieder verweisen Historiker und Historikerinnen auf die zentrale Bedeutung der Ehrvorstellungen für den Kriegsausbruch, darunter auch Historiker, die der Sympathie für kulturgeschichtliche Zugänge eher unverdächtig sind. David Blackbourn stellt fest, dass „a certain sense of honour" die Kompromissbereitschaft gemindert habe.[348] Auch Ulrich Herbert berichtet von einer Denkweise, in der außenpolitische „Fragen in den Kategorien von Ehre und Schmach, Stolz und Schande verhandelt wurden."[349] Selbst Heinrich August Winkler unterstreicht in seiner Deutschen Geschichte die zentrale Bedeutung der Ehre für die zeitgenössische Wahrnehmung des Konflikts: „Von der ‚nationalen' Öffentlichkeit in Deutschland durfte man erwarten, dass sie die Forderung nach ‚Satisfaktion' so unterstützen würde, wie das der zeitgenössischen Duellmentalität entsprach. Ein Krieg Österreich-Ungarns gegen Serbien galt denen, die so dachten, als ein gerechter Krieg."[350]

Während also immer wieder Ehrvorstellungen und Prestigedenken als zentrale Handlungsmaximen beschrieben werden,[351] gibt es bislang keine umfangreichere Darstellung, die das Thema systematisch entwickeln und den von Birgit Aschmann vorgelegten Deutungsansatz fortführen würde. Selbst eine Suche nach Aufsätzen oder Essays endet mit einer vergleichsweise schmalen Ausbeute. Einzig Ute Frevert hat dem Thema größere Aufmerksamkeit gewidmet. In einem wichtigen Aufsatz aus dem Jahr 2007 diskutiert sie die Fruchtbarkeit eines auf die Kategorie der Ehre konzentrierten Deutungsansatzes. Dabei kommt sie zu ähnlichen Schlüssen wie später auch Ulrich Herbert, dass nämlich Ehrvorstellungen eine Kompromissfindung im Juli 1914 erschwert hätten. Außerdem zeigt sie, wie tief Vorstellungen von Mut, Wehrhaftigkeit, Todesverachtung und Schutz der Schwächeren in der europäischen Männlich-

---

[348] *David Blackbourn*, Rezension zu Margaret McMillan, The war that ended peace, www.theguardian.com/books/2013/oct/24/war-ended-peace-margaret-macmillan-review (11.4.2015).
[349] *Ulrich Herbert*, Geschichte Deutschlands im 20. Jahrhundert. München 2014, 113.
[350] *Winkler*, Deutsche Geschichte (wie Anm. 148), 380.
[351] So etwa auch durch Jürgen *Angelow*, Urkatastrophe (wie Anm. 25), 18–22.

keitskultur des ausgehenden 19. Jahrhundert verankert waren.³⁵²
Im Juli 2015 hat dieselbe Autorin einen umfangreichen Lexikonbeitrag für die „*Online-Enzyklopädie 1914–18*" vorgelegt. Wiederum schildert sie essayartig den Nutzen des Ehrkonzepts für die Deutung des Ersten Weltkrieges. Dabei liegt der Fokus diesmal nicht auf dem Kriegsbeginn, sondern auf der Frage nach der Dauer des Konflikts. Offensichtlich gelang es der Propaganda mit Hinweis auf Ehrvorstellungen, die Opferbereitschaft der Frauen und Männer in den europäischen Staaten über mehrere Jahre aufrechtzuerhalten: Kriegsgefangene verdeckten aus Scham über die Gefangennahme ihr Gesicht. Frontsoldaten vereinbarten auf den Schlachtfeldern zu Weihnachten lokale Waffenstillstände und Feiern.³⁵³ Damit verweigerten sie sich der Logik einer Konfrontation, die der Gegenseite jegliche Daseinsberechtigung absprach und sie als „barbarisch" kennzeichnete. Der Krieg als Kampf um nationale Ehre bewahrte für namhafte Teile der Front und der Öffentlichkeit über längere Zeit seinen Sinn.

Die intensive Quellenanalyse des Briefes von Jagow an Lichnowsky hat mich demnach auf eine interessante Fährte gelenkt. Auch der Blick auf die Forschung zeigt, dass es noch manches zu entdecken gilt. Gewiss werde ich keine abschließende Studie zum Thema vorlegen können. Einzelne Pflöcke lassen sich gleichwohl einschlagen.

Wie werde ich vorgehen? Eingangs stelle ich das Konzept der Ehre vor. Es gilt zu klären, was Ehre ausmacht, warum das Konzept der Ehre sich so leicht auf die Nation übertragen ließ. Weiterhin müssen wir den Unterschied zwischen Ehre und modernem Prestigedenken herausarbeiten.

Argumentationsstruktur

Im nächsten Zugriff will ich zeigen, dass die zeitgenössischen Akteure fest davon überzeugt waren, sie müssten die Ehre ihres Staates verteidigen, notfalls durch einen Krieg. Gottlieb von Jagow, so das Ergebnis der Quellenstudie, stand nicht allein, wenn er die

---

352 *Ute Frevert*, Honor, Gender, and Power. The Politics of Satisfaction in Pre-War Europe, in: Holger Afflerbach/David Stevenson (Hrsg.), An Improbable War? The Outbreak of World War I and European Political Culture before 1914. Oxford 2007, 233–255.
353 *Ute Frevert*, Wartime Emotions. Honour, Shame, and the Ecstasy of Sacrifice, 2015, encyclopedia 1914–1918-online.net/article/wartime_emotions_honour_shame_and_the_ecstasy_of_sacrifice (2.8.2015).

kühle Bereitschaft der militärischen Ehrverteidigung lobte. Es gab viele Politiker in Europa, die ähnlich dachten. Daran anschließend untersuche ich die Sprache der Ehre selbst, indem ich jene Bedeutungseinheiten herausarbeite, die unmittelbar in den Ersten Weltkrieg hineinführten.

Warum aber dominierte im Juli 1914 der Ehrdiskurs? Warum wurde er am Schluss wichtiger als das klassische diplomatische Denken, bei dem es um die Durchsetzung von Interessen geht? Warum scheiterte der Versuch, eine die Ehre aller Beteiligten wahrende Lösung zu finden? Das sind die Fragen, die ich mir in dem folgenden Abschnitt stelle. Ich werde argumentieren, dass das Attentat auf Franz Ferdinand die Spielregeln der Konfliktaustragung grundsätzlich änderte. Indem sich Belgrad der Vasallenrolle gegenüber Wien verweigerte, auf seine Rechte als souveräner Staat bestand und zugleich den Schutz St. Petersburgs einforderte, erhob Serbien das Spiel der Ehre auf die europäische Bühne.

Im darauffolgenden Abschnitt werfen wir noch einmal einen Blick auf die letzten Tage der Julikrise. Zwischen dem 28. und 30. Juli ging es darum, Österreich einen Ausweg aufzuzeigen, der eine befriedigende Satisfaktion für die Habsburgermonarchie erlaubt hätte – ohne allzu viel Blutvergießen. Dass die notwendige Umdeutung des Konflikts und die Neubewertung der entsprechenden Genugtuungsangebote alles andere als einfach war, bewiesen die Gegenstimmen, die eine Bewahrung der Ehre nur für möglich hielten, wenn Deutschland, Österreich bzw. Russland den Krieg wagten.

Nun gäbe es erhebliche Einwände gegen die Erklärungskraft des Ehrkonzepts für die Auslösung des Ersten Weltkrieges, wenn während des Krieges selbst die Vorstellungen von Ehre keinerlei Bedeutung als zentrales Handlungsmotiv mehr gehabt hätten. Ich werde daher – wenn auch eher essayistisch – den Wandel der Ehre während des Krieges diskutieren und zeigen, wie 1918 das Konzept der nationalen Ehre in die Krise geriet.

Das Konzept der Ehre und die Formen der Verteidigung der Ehre

Wir haben bereits gesehen, was Ehre meint. „Ehre ist eine Meynung andrer Leute, nach der sie einem Menschen einen Vorzug vor den andern beylegen". So erläutert das Zedlersche Lexikon aus dem

18. Jahrhundert den Sachverhalt.³⁵⁴ Ehre hat demnach zwei Dimensionen. Zum einen steuert sie Vorrang und Unterordnung. Zum anderen ist sie Ergebnis sozialer Konvention. Ehre als Erwartungshaltung bedarf der täglichen Bestätigung im sozialen Miteinander. Einerseits zwingt sie den Ehrträger zu angemessenem Verhalten, andererseits kann dieser legitimerweise Respekt erwarten.

Als Distinktionsmerkmal beschreibt Ehre die Position von Akteuren im sozialen Raum. Dadurch vereinfacht Ehre die soziale Orientierung in Gesellschaften, in denen wenige soziale Großgruppen mit unterschiedlichem Ehrstatus zusammenleben (satisfaktionsfähige Elite, Handwerker, Arbeiter, Bauern, Unehrenhafte). Ehre als ein Element sozialer Struktur kennzeichnet gleichermaßen das Selbstverständnis von Gruppen als auch deren Fremdwahrnehmung von außen (Handwerkerehre). Ehrvorstellungen geben Auskunft über spezifische Lebensweisen, Tugenderwartungen und den sozialen Rang innerhalb größerer Gemeinschaften. Insofern unterstützen Ehrvorstellungen das soziale Zusammenleben, weil sie Erwartungshaltungen stabilisieren und koordinieren. Anders als das rein äußerliche Recht, so Georg Simmel, anders als die innere Sittlichkeit, verbindet die Ehre äußeren Zwang und inneren Antrieb miteinander. Ehre trägt dazu bei, „das Verhalten der Mitglieder" sozialer Großgruppen „berechenbar zu machen."³⁵⁵ Um ein Beispiel anzuführen: Es gehört zur Ehre des Bürgertums, einen Kredit vollständig und rechtzeitig zurückzuzahlen. Von Bauern in der Frühen Neuzeit wurde das nicht notwendigerweise erwartet.

Ehrstatus und Autorität sind eng miteinander verbunden. Die Fähigkeit zur Interessendurchsetzung resultiert aus der Anerkennung sozialen Vorrangs. Ehre sichert Gefolgschaft und stärkt damit nicht nur die Legitimität sozialen Handelns, sondern auch die Fähigkeit zur Machtdurchsetzung. Kampf um Ehre ist daher auch ein Kampf um Macht.³⁵⁶

Ehre hierarchisiert die sozialen Positionen von Einzelnen und von Gruppen häufig entlang der Idee institutionalisierten Charis-

Ehre als Positionierung im sozialen Raum

---

354 Johannes Heinrich Zedler, Grosses volständiges Universallexicon aller Wissenschaften und Künste, 1731–1754, s.v. Ehre (1735), www.his-data.de/zedler/0/8/04/15/zedler-8-415-2-00-ehre-rahmen.htm (6.6.2016).
355 Zitiert in Aschmann, Preußens Ruhm (wie Anm. 346), 22.
356 Vogt, Logik der Ehre (wie Anm. 341), 76–80.

mas. Daher die Wertschätzung von Priestern, Offiziersadel, Beamten oder Bildungsbürgertum.

Prestige versus Ehre

Der Zwang, die Unberührtheit der Ehre nachzuweisen, unterscheidet die Ehre vom „Prestige". Prestige lässt sich mehren, Ehre nicht.[357] Insofern meint Ehre mehr als nur „soziales Kapital". Zeitgenössisch wird der Unterschied nicht immer deutlich, weil die Quellen auch dann von Prestige sprechen, wenn die Ehre gemeint ist. Da gilt es also genau hinzuschauen. Ehre ist bipolar. Eine Person besitzt Ehre – sie kann daher Anspruch auf respektvollen Umgang erheben – oder sie ist ehrlos und damit schutzlos den Anfeindungen von außen ausgesetzt. „Ehre verloren – alles verloren", konstatiert das zeitgenössische Sprichwort.[358] Wer als unehrenhaft betrachtet wird, ist bereits sozial tot. Daher kann, wenn alle Warnungen, Drohgebärden und Einschüchterungsversuche gegenüber dem Widersacher vergebens sind, die Ehre nur durch Blutzoll wieder hergestellt werden. Die Ehre ist wichtiger als der Tod, weil nur Ehre soziales Leben ermöglicht.

Zwang zur Ehrverteidigung

Ehre stellt nichts Festes dar. Sie muss – das haben wir gerade gesehen – immer wieder ausgehandelt werden. Sie unterliegt der Interpretation von außen. Das Zedlersche Lexikon unterscheidet zwischen „vernünftiger" und „unvernünftiger" Ehre.[359] „Die erste gründet sich auf die Wahrheit [...]. Die letztere entspringet von dem Pöbel." Ehre ist demnach immer dann gefährdet, wenn sie nicht wie selbstverständlich akzeptiert wird. Allzu rasch mag sie unter solchen Umständen als pöbelhafte Ehre entlarvt werden. Insofern ist Ehre immer prekär. Wird Ehre in Zweifel gezogen und damit soziales Vertrauen gemindert, gilt es, auf Ehrangriffe zu reagieren und die Ehre zu verteidigen.

Duell

Die Verteidigung der Ehre ist strengen sozialen Regeln unterworfen. Das Duell überführt den Wunsch zur sofortigen Gegenwehr und zur ungehemmten Rache in die disziplinierende Gewaltform zeitlich aufgeschobener, normierter Konfrontation. Das Duell zwingt zur Effektkontrolle und wirkt daher sozial kalmierend.

---

357 Zur Differenz von Ehre und sozialem Prestige s. *Wilhelm Korff*, Von der Ehre zum Prestige, in: Concilium. Internationale Zeitschrift für Theologie 5, 1969, 390–394.
358 *Burkhart*, Geschichte der Ehre (wie Anm. 342), 45.
359 *Zedler*, Grosses volständiges Universallexicon, s.v. Ehre (wie Anm. 354).

Ob tatsächlich eine Ehrverletzung vorliegt, entscheidet letztlich der Angegriffene. Dabei verfügt er über eine gewisse Interpretationsfreiheit. Wenn er eine Ehrverletzung tatsächlich wahrnimmt, ist es an ihm, seine Ehre mannhaft zu verteidigen, das Vorhaben zu Ende zu führen und sich nicht davon abbringen zu lassen.

Nur wer als gleichrangig gilt, als satisfaktionsfähig, hat Anspruch auf eine formvollendete Konfliktaustragung. Allen anderen wird der notwendige Respekt auf weniger kunstreiche Weise beigebracht. Noch einmal soll ein Beispiel den Sachverhalt verdeutlichen: Als de Voltaire, der berühmte Philosoph – er hieß eigentlich François-Marie Arouet, entstammte einer bürgerlichen Juristenfamilie, beharrte indes für sein Pseudonym auf dem vornehmen „de" – einen Adeligen zum Duell aufforderte, schickte der seinen Diener, um den aufmüpfigen Kritiker zu verprügeln und eine gehörige Lektion zu erteilen.[360]

<small>Abwehr nichtstandesgemäßer Angriffe</small>

Den Code der Ehre verstanden die Verantwortlichen in ganz Europa. Sie lernten ihn in den höheren Schulen, auf der Universität, als Reserveoffiziere in den Armeen.[361] Über den Ehrdiskurs verteidigten sie ihre soziale Vorrangstellung und zementierten die Genderrollen. Der Schutz der Ehre war Männersache.

Die Ehre der Nation

Als Träger von Ehre galten nicht allein soziale Gruppen, sondern auch Staaten und Nationen. „Die Ehrliebe ist bei ganzen Nationen ein eben so kitzlicher Punkt, als bei einzelnen Menschen. Eine Kränkung derselben erzeugt oft den blutigsten Hass und ist eine fruchtbare Quelle der Kriege", hieß es bereits 1813 in der Monatszeitschrift Minerva.[362] Während des 19. Jahrhunderts erweiterte sich die zunächst ständisch begrenzt gedachte Zuschreibung legitimer Lebensweisen zur Idee des (National-)Staates als Generalstand. Er garantierte durch sein Ansehen und die Wehrhaftigkeit seiner Bürger die Entfaltung der „nationalen" Kultur. Er vermittelte Zukunftsgewissheit. Er sicherte in einer sich immer weiter ausdif-

<small>Nationalstaat als Generalstand</small>

---

360 Ebd., 68.
361 *Frevert*, Honor (wie Anm. 352), 234–238.
362 Zitiert in *Aschmann*, Preußens Ruhm (wie Anm. 346), 3.

ferenzierenden Welt-Gesellschaft Zusammenhalt und Identität. Ein Angriff auf die Ehre des Staates war daher mehr als nur ein politischer Affront. Er zielte gleichermaßen auf die „kosmische Ordnung der Welt" wie auf die Lebenswirklichkeit der Einzelnen.

So wie die Stände hierarchisch und funktional geordnet waren, so schien auch die Staatenwelt in der Wahrnehmung der Zeit hierarchisch und funktional gegliedert. Vermutlich hat niemand diese Idee so klar und präzise beschrieben wie Max Weber 1916 – während des Ersten Weltkrieges: „Im geschichtlichen Dasein der Völker," erläuterte Weber bei einer Zusammenkunft von Linksliberalen, „haben die Machtstaaten und die äußerlich kleinen Nationen beide ihre dauernde Mission. Ein großer Machtstaat von 70 Millionen kann gewiss vieles, was ein Schweizer Kanton oder ein Staat wie Dänemark nicht kann. Aber er kann auch in manchem weniger als diese. [...] Wir mussten ein Machtstaat sein; und mussten, um mitzusprechen bei der Entscheidung über die Zukunft der Erde, es auf diesen Krieg ankommen lassen."[363] Gleich dem Duell im sozialen Feld bewies die Kriegsbereitschaft der Staaten den Willen, die Ehre und damit die „Seinsordnung" zu verteidigen.

Wie die Ehrvorstellungen allgemein, so wandelten sich während des 19. Jahrhunderts auch die Vorstellungen von nationaler Ehre. Sie wurde in Deutschland, parallel zum Nationsbegriff, von einer „linken" zu einer „rechten" Idee. Während vor 1871 „nationale Ehre" durchaus bedeuten konnte, sich den Anforderungen des Partikularstaates zu widersetzen, Untertanentreue zu verweigern, stand „nationale Ehre" nach 1871/1890 für Staatsbejahung und eine aggressive Außenpolitik. Nationale Ehre wurde zur „Massenehre" (Max Weber). Sie hob sozialstrukturelle Schranken auf, deutete Konflikte als Resultat kultureller – nicht sozialer, wirtschaftlicher oder politischer – Differenz und wurde so zum „Mobilisierungsmedium" für Regierungen.[364]

Im Habsburgerreich konfligierten beide Bedeutungselemente miteinander (nationale Ehre als Oppositionshaltung, nationale Ehre als bedingungslose Zustimmung zur staatlichen Außenpolitik). „Nationale Ehre" konnte nämlich sowohl das Bekenntnis zur

---

363 *Max Weber*, Deutschland unter den Westmächten, 1916, gutenberg.spiegel.de/buch/-8126/6 (3.8.2015); *Frevert*, Honor (wie Anm. 352), 234.
364 *Vogt*, Logik der Ehre (wie Anm. 341), 80–86.

Donaumonarchie bezeichnen wie umgekehrt Ausdruck nationalen „Sonderbewusstseins" sein, als Tscheche, als Rumäne, als Serbe, als Bosnier. Noch glaubten die Politiker im Habsburgerreich, dass die Solidarität mehrheitlich der Monarchie und dem Habsburgerstaat gälte, und gerade deshalb schien ein Beweis der Stärke und der Bereitschaft, die Ehre der Monarchie zu verteidigen, notwendig.

6.3 Die Herausforderung der nationalen Ehre als Legitimation für Gewaltandrohung, Untergangsbereitschaft und die Auslösung des Ersten Weltkrieges

Im Juli 1914 waren viele einflussreiche Politiker davon überzeugt, dass es um mehr ging als um reine Interessenpolitik, dass die „Ehre" auf dem Spiel stünde. Gabriel Tanczos, der österreichische Militärbevollmächtigte in Athen, schrieb am 3. Juli 1914 an Conrad: „Der Krieg würde uns über Nacht zu einem Staate machen, der es *wagt*, einen Krieg zu führen."[365] Daran hatte es in der Vergangenheit Zweifel gegeben. Aber Großmachtstatus bewies sich im Willen zur Macht, in der Bereitschaft, seine Herrschaft anderen aufzuzwingen und fremde Zumutungen abzuwehren.

Sprechen über nationale Ehre, Juli 1914

Im Wiener Ministerrat vom 7. Juli 1914 herrschte weitgehend Konsens, dass eine rein „diplomatische Demütigung" Serbiens ein falsches Signal darstelle. Nur Blutzoll konnte die Schande tilgen, eine Wiederholung von Angriffen verhindern und beweisen, dass Habsburg kein „kranker Mann in Europa" war.[366] Anderenfalls sei es um das Ansehen der Habsburgermonarchie geschehen.[367] Des-

Der Ehrdiskurs in Österreich-Ungarn

---

365 Zitiert in *Mombauer*, Julikrise (wie Anm. 67), 121.
366 18.7.1914, Der bayerische Geschäftsträger in Berlin an den bayerischen Ministerratsvorsitzenden Graf von Hertling, in: *Geiss* (Hrsg.), Juli 1914 (wie Anm. 86), 108–112.
367 7.7.1914, Protokoll des gemeinsamen Ministerrates, in: ebd., 56–65.

halb, so Berchtold zu Tschirschky, käme es darauf an, dass sein Land gegenüber Belgrad Forderungen stelle, „die Serbien eine Annahme völlig unmöglich machen würden."[368] Graf Tisza, der ungarische Ministerpräsident, anfangs durchaus zur Vorsicht mahnend, meinte Mitte Juli 1914 gegenüber dem deutschen Botschafter: Er sei jetzt zum Schluss gekommen, dass die Monarchie Lebenskraft zeigen und die serbischen „Anmaßungen" zurückweisen müsse. Er habe sich zum Krieg entschlossen und „werde mit aller Kraft für die Größe der Monarchie einstehen."[369]

Graf Berchtold übermittelte an seinen Botschafter in London am 20. Juli die passende Sprachregelung. Mensdorff solle erläutern, hieß es, dass das Ultimatum an Serbien keinen anderen Zweck verfolge als die „Sühne für die moralische Mitschuld und das verbrecherische Geschehenlassen der Belgrader Kreise".[370] Der französische Botschafter in Wien meldete nach Paris: Aus Sicht des Habsburgerreiches gehe es um die „verdiente Züchtigung" Serbiens.[371] Franz Joseph selbst begründete am 28. Juli die Kriegserklärung an Serbien mit den Worten: „Die Umtriebe eines hasserfüllten Gegners zwingen Mich, zur Wahrung der Ehre Meiner Monarchie, zum Schutze ihres Ansehens und ihrer Machtstellung, zur Sicherung ihres Besitzstandes nach langen Jahren des Friedens zum Schwerte zu greifen."[372] Ehre, Ansehen, Macht, territoriale Integrität, in dieser Reihenfolge zählte Franz Joseph die Beweggründe zum Krieg für die Monarchie auf.

Die Ehre Deutschlands

Natürlich stellte sich die Frage der Ehre für Berlin in anderer Weise als für Wien. Doch auch hier lässt sich ein Denken in Kategorien der Ehre beobachten. Als möglicher Grund für eine militärische Intervention galt seit 1908 eine außenpolitische Situation, in der die Friedenserhaltung mit der Ehre Deutschlands nicht zu

---

368 10.7.1914, Tschirschky an Jagow über Unterredung mit Graf Bertold, in: ebd., 85.
369 14.7.1914, Tschirschky an Jagow über Unterredung mit Graf Tisza, in: ebd., 93–94.
370 20.7.1914, Erlass Berchtolds an österreichisch-ungarischen Botschafter in St. Petersburg, in: ebd., 131
371 24.7.1914, Telegramm Dumaine an Bienvenue-Martin, in: ebd., 181.
372 www.europeana1914–1918.eu/de/europeana/record/9200290/BibliographicResource_3000073524838 (14.3.2015).

vereinbaren war.[373] Der Vorsitzende der Nationalliberalen Partei, Ernst Bassermann, tönte im November 1911: Das Ausland „möge sich darüber im Klaren sein, dass wir unserer nationalen Ehre nicht zu nahe treten lassen, und dass, wenn es darauf ankommt, mit den Waffen Deutschland zu verteidigen, das Ausland ein einiges Deutschland finden wird"[374]

Zunächst indes war Berlin besorgt über das Ansehen der Habsburgermonarchie. Wiens Ehre galt es wiederherzustellen, damit das Reich nicht ohne einflussreichen Bündnispartner dastand. Ladislaus von Szögyény, der österreichische Botschafter in Berlin, berichtete am 12. Juli, dass Berlin auf ein rasches Vorgehen gegen Serbien dränge, weil „der ganzen zivilisierten Welt die Augen aufgegangen" seien. „Jede Nation" verdamme die „Bluttat von Sarajewo" und verstehe, „dass wir dafür Serbien zur Verantwortung ziehen müssen."[375] Philipp Berthelot, stellvertretender politischer Direktor im französischen Außenministerium, fasste am 26. Juli seine Unterredung mit dem deutschen Botschafter, Wilhelm von Schoen, zusammen: „Herr von Schoen [...] versicherte [...], dass Serbien eine Lektion nötig habe, die es nicht vergessen könne, und dass Österreich es sich selbst schuldig sei, einer für eine Großmacht unerträglichen Lage ein Ende zu machen. [...] Nach seiner Ansicht sei Österreich nicht unversöhnlich; was es ablehne, sei der Gedanke einer formellen Vermittlung, das ‚Gespenst' einer Konferenz."[376] Die Idee eines Quasi-Gerichts durch andere Großmächte widersprach der Vorstellung einer selbständigen Ehrverteidigung.

Der Wind drehte sich erst, als die Lokalisierungsstrategie vor dem Scheitern stand, nachdem Petersburg den „Fehdehandschuh" aufgriffen hatte. Damit war Berlin selbst herausgefordert. Es hatte Wien einen Blankoscheck ausgestellt, seine bedingungslose Unterstützung zugesagt. Davon konnte es ohne Gesichtsverlust nicht zurücktreten. Vor den Reichstagsabgeordneten begründete Wilhelm den Kriegseintritt am 4. August 1914 mit dem „offensichtlichen Ver-

---

373 *Evgenij Sergeev*, Das deutsche Kaiserreich aus der Sicht russischer Militärattachés, 1900–1914, www.ku.de/forschungseinr/zimos/publikationen/forum/zeitgeschichte/sergeev-kaiserreich-russland/ (5.8.1914).
374 Zitiert in *Winkler*, Deutsche Geschichte (wie Anm. 148), 312.
375 12.7.1914, Szögyény an Berchtold, in: *Geiss* (Hrsg.), Juli 1914 (wie Anm. 86), 89.
376 26.7.1914, Aufzeichnung Berthelot, in: ebd., 227 f.

rat" an den europäischen Werten und dem sich hieraus ergebenden Vertrauen auf göttlichen Beistand:

> „Die Kaiserlich russische Regierung hat sich, dem Drängen eines unersättlichen Nationalismus nachgebend, für einen Staat eingesetzt, der durch Begünstigung verbrecherischer Anschläge das Unheil dieses Krieges veranlasste. [...] Uns treibt nicht Eroberungslust, uns beseelt der unbeugsame Wille, den Platz zu bewahren, auf den Gott uns gestellt hat. [...] In aufgedrungener Notwehr mit reinem Gewissen und reiner Hand ergreifen wir das Schwert. [...] Nach dem Beispiel unserer Väter fest und getreu, ernst und ritterlich, demütig vor Gott und kampfesfroh vor dem Feind, so vertrauen wir der ewigen Allmacht, die unsere Abwehr stärken und zu gutem Ende lenken wolle!"[377]

Ehrverlust Russlands durch Angriff auf Serbien

Nicht weniger als für Österreich-Ungarn und das Deutsche Reich ging es für Russland um die Existenz als kontinentales Imperium. Der russische Botschafter in Wien ließ daran keinen Zweifel. Sollte die Souveränität Serbiens angetastet werden, erläuterte er Berchtold, werde damit die „Ehre" Russlands „als Großmacht gekränkt." St. Petersburg sei dann „genötigt, entsprechende Maßnahmen zu ergreifen."[378] Wenn Wien gehofft hatte, das Zarenreich werde eine Intervention in Serbien vielleicht doch akzeptieren können, schwand die Hoffnung schnell. Ein Angriff auf Serbien berührte unmittelbar die russische Einflusssphäre, erschütterte das imperiale Ansehen und bedeutete eine Herausforderung für den panslawischen Nationalismus. Unter solchen Umständen spielten Vorstellungen von monarchischer Solidarität und europäischer Werteordnung keine Rolle mehr. Das war in St. Petersburg nicht anders als in Berlin.[379] Pjotr Bark, der russische Finanzminister, hatte in Berlin seine Bankausbildung absolviert und fürchtete bei einem Krieg um die Staatsfinanzen. Aber am 24. Juli gab er seinen Widerstand auf: Wenn die Ehre, wenn die Würde und die Autorität Russlands auf dem Spiel stünden, dann sähe er keinen

---

[377] www.1000dokumente.de/index.html/index.html?c=dokument_de&dokument=0081_kwi&object=translation&l=de (11.3.2015).
[378] 20.7.1914, Telegramm Berchtold an Szögyény, in: *Geiss* (Hrsg.), Juli 1914 (wie Anm. 86), 280 f.
[379] 29.7.1914, Anmerkungen Wilhelms II. zu einem Telegramm Nikolaus II., in: ebd., 258.

Anlass, von der Mehrheitsmeinung im Ministerrat abzuweichen, meinte er.[380]

Selbst in Frankreich war von Ehre die Rede, obwohl doch Paris nur indirekt von den Auseinandersetzungen um Serbien betroffen war. Am 25. Juli 1914 brachte die linksliberale „Lanterne" die verbreitete Stimmung zum Ausdruck. Frankreich dürfe, hieß es, die Verteidigung des Friedens keinesfalls über die Bewahrung der eigenen Ehre stellen.[381]

Bewahrung der Ehre wichtiger als Frieden

Dass die „serbischen" Politiker das österreichische Ultimatum als Ehrkränkung empfinden mussten, dafür hatte Wien bei der Abfassung des Textes gesorgt. Belgrad reagierte geschickt, appellierte an St. Petersburg, um Hilfe und Unterstützung für den schwachen „Bundesgenossen" einzuklagen,[382] akzeptierte jene Forderungen Wiens, die die Souveränität unberührt ließen, und setzte auf die Bereitschaft, das Land zu verteidigen, selbst wenn der Untergang drohte. Damit beharrte Serbien auf seiner Ehre, ließ sich auf das Spiel der Ehre ein, reagierte auf die Herausforderung angemessen und schob Wien den Vorwurf einer ungerechtfertigten Aggression[383] zu.

Ehre des souveränen Staates

Nur die britische Außenpolitik verzichtete lange Zeit darauf, den Konflikt als eine Auseinandersetzung um Ehre zu definieren. Für London ging es um klassische Interessenpolitik. Gleichzeitig verstand Grey nur zu gut, dass seine Gegenüber auf dem Kontinent die Krise aus anderen Blickwinkeln betrachteten und Fragen der Ehre eine diplomatische Lösung erschwerten. Um den Knoten zu entwirren, versprach Grey Österreich jegliche Unterstützung bei Fragen einer angemessenen Satisfaktion, sollte Wien der Konferenzlösung zustimmen. Berchtold lehnte ab: Mit den serbischen Methoden müsse endgültig aufgeräumt werden, erklärte er. Belgrad habe die Langmut der Donaumonarchie allzu sehr missbraucht.[384]

Interessenpolitik und Ehrdisput in Großbritannien

---

380 *Clark*, Sleepwalkers (wie Anm. 12), 474.
381 *Geiss*, Das unsterbliche Frankreich (wie Anm. 88), 98.
382 24.7.1914, Schreiben des serbischen Königs an den Zaren, in: *Krumeich*, Juli 1914 (wie Anm. 181), 277–278.
383 24.7.1914, Telegramm Szápáry an Berchtold über Gespräch mit Sazonow, in: *Geiss* (Hrsg.), Juli 1914 (wie Anm. 86), 159–160.
384 28.7.1914, Berchtold an den österreichischen Botschafter in London, Mensdorff, über seine Unterredung mit dem englischen Botschafter, wwi.lib.byu.

Damit stellte sich auch für London die Frage, ob es in den Krieg eingreifen werde. In dieser Situation benutzte selbst Grey das Konzept der Ehre. Anlass bot der erwartete deutsche Einmarsch in Belgien: In einer Unterhausrede führte Grey die Gründe an, die einen Kriegseintritt Englands aus seiner Sicht erzwangen: „If, in a crisis like this, we run away from those obligations of honour and interest as regards the Belgian treaty, I doubt whether, whatever material force we might have at the end, it would be of very much value in face of the respect that we should have lost."[385] Was, so argumentierte Grey, war aller Reichtum wert, was nutzte alle Macht, wenn England aus Furcht und Habgier darauf verzichtete, den Respekt vor gemeinsam geschlossenen Verträgen in Europa durchsetzen? Es hätte seine Ehre verloren, würde keine Anerkennung mehr finden. Aller moralischer Einfluss wäre dahin.

Die Topoi des nationalen Ehrdiskurses

Welche Vorstellungen von Ehre, welche Ideen ehrenvollen Handelns leiteten die Politiker im Juli 1914? Warum sahen sie sich zur Ehrverteidigung gezwungen? Vier Themen standen im Vordergrund:

Der Zwang, die Position als Großmacht zu verteidigen: Großmachtstatus gewährte Ehrenstellung und sicherte Einfluss, aber er bedeutete auch, Verpflichtungen zu übernehmen, der sich ein kleiner Staat ohne jeglichen Ansehensverlust entziehen konnte. Kam eine Großmacht ihren Aufgaben in Europa nicht nach, so galt sie als dekadent, als bequem und ihrer Großmachtrolle unwürdig. Reagierte sie auf eine Herausforderung von außen zögerlich, so erschien sie als schwach, als zum Untergang verurteilt, als „kranker Mann" Europas. Die „Bluttat von Sarajevo", meinte der deutsche Journalist Victor Naumann gegenüber Alexander Hoyos, stelle für Österreich-Ungarn die „Existenzfrage". Wien dürfe das „Verbrechen nicht ungesühnt lassen", sondern müsse Serbien

Verteidigung des Großmachtstatus

---

edu/index.php/II,_90._Graf_Berchtold_an_Grafen_Mensdorff_in_London,_28._Juli_1914 (15.8.2015).
385 Unterhausrede Edward Greys vom 3.8.1914, www.1914–1918.net/greys_speech.htm (6.8.2015).

vernichten.³⁸⁶ „Eine weitere Duldung der serbischen Umtriebe", meinte Berchtold denn auch später, „hätte unsere staatliche Existenz untergraben".³⁸⁷ Ähnlich argumentierte der russische Außenminister Sasonow in Hinblick auf seine Politik. Russland habe in der Vergangenheit immer wieder nachgegeben. Wenn es jetzt nicht reagiere, gälte es als dekadent und müsse ins zweite Glied zurücktreten.³⁸⁸

Schutz der europäischen Zivilisation und Werteordnung: Beide Seiten, die Entente und die Mittelmächte, kämpften ihrem Selbstverständnis nach für die Bewahrung der europäischen Zivilisation. Von den Vorhaltungen Zar Nikolaus', dass Österreich-Ungarn einen vollkommen unwürdigen Krieg führe und gegen einen schwachen Staat vorgehe, war bereits die Rede.³⁸⁹ Wilhelm wetterte gegen den serbischen „Verbrecherstaat", den es zu züchtigen gelte.³⁹⁰ Keine der Großmächte verfolgte im Juli 1914 konkrete territoriale oder wirtschaftliche Ziele. Mehr noch: Berchtold versicherte dem russischen Geschäftsträger in Wien, dass Österreich Gebietserweiterungen in Serbien ausschließe.³⁹¹ Das offiziell bekundete territoriale Desinteresse sollte beweisen, dass die Donaumonarchie keine billige Interessenpolitik verfolge, sondern lediglich versuchte, die eigene Stellung als Großmacht zu verteidigen – und damit verbunden: die Stabilität in Europa.

Fürsorge für kleinere Staaten und Bündnistreue: Der Schutz der Schwächeren diente als Begründung für den Kriegseintritt (Russlands Unterstützung für Serbien, Englands Beistand für Belgien), aber auch die Bündnistreue (Deutschlands gegenüber Österreich-

Schutz der europäischen Werte

Schutz und Verlässlichkeit

---

386 1.7.1914, Aufzeichnung Hoyos' über Unterredung mit Victor Naumann, in: *Geiss* (Hrsg.), Juli 1914 (wie Anm. 86), 41.
387 24.7.1914, Berchtold an Szápáry, in: *Baumgart* (Hrsg.), Julikrise (wie Anm. 105), 137.
388 Georg Eckert/Peter Geiss/Arne Karsten, Krisenzeitungen nach Sarajevo. Wechselwirkungen zwischen Presse und Politik, in: Eckert/Geiss/Karsten (Hrsg.), Die Presse (wie Anm. 86), 10.
389 29.7.1914, Anmerkungen Wilhelms II. zu einem Telegramm Nikolaus II., in: *Geiss* (Hrsg.), Juli 1914 (wie Anm. 86), 258.
390 www.1000dokumente.de/index.html/index.html?c=dokument_de&dokument=0081_kwi&object=translation&l=de (11.3.2015).
391 24.7.1914, Unterredung Berchtold mit dem russischen Geschäftsträger Nikolai Kudaschew, in: *Geiss* (Hrsg.), Juli 1914 (wie Anm. 86), 157–159.

Ungarn, Frankreichs gegenüber Russland), denn ein Rückzieher, sobald es ernst wurde, hätte jedes Vertrauen in der Zukunft zunichte gemacht.

Handlungsfreiheit als Voraussetzung erfolgreicher Ehrverteidigung: Die von manchen Historikern so heftig kritisierte Berliner Blankovollmacht folgte ebenfalls nichts anderem als der Logik der Ehre. Wie hätte das Habsburgerreich seine Ehre verteidigen können, wenn Berlin immer wieder hineinregiert hätte, exakt vorgeschrieben hätte, was zu tun sei? Berlin gab Ratschläge, bat um Auskunft, aber verzichtete bis Ende Juli auf jedes insistierende Drängen. Das machte die Berliner Position so schwierig. Jagow, der deutsche „Außenminister", wusste nicht einmal, welche Ziele der Ballhausplatz konkret verfolgte. Den Botschafter in Wien wies er deshalb am 17. Juli an: „Ew. Exz. wollen versuchen, im Gespräch mit dem Grafen Berchtold sich [...] eine Aufklärung zu verschaffen, dabei aber den Eindruck vermeiden, als wollten wir der österreichischen Aktion von vornherein hemmend in den Weg treten oder ihr gewisse Grenzen oder Ziele vorschreiben. Es wäre uns nur von Wert, einigermaßen darüber orientiert zu sein, wohin der Weg etwa führen soll."[392] Am genauesten beschrieb Wilhelm II. die Handlungsgrundlagen der deutschen Politik gegenüber Wien: „In Ehren- und vitalen Fragen konsultiert man Andere nicht!"[393]

> Ehre als Ausdruck freien Willens

Aus Sicht Wiens war eine Wiederherstellung der Ehre als Großmacht demnach nur durch eine souveräne Gewaltaktion zu erzielen. Dabei kam es weder auf die Kosten noch auf mögliche Konsequenzen an. Jeder ehrenvolle Untergang war einem unehrenhaften Überleben vorzuziehen. Der englische Botschafter in Wien berichtete Anfang 1913, also während der Albanienkrise, über die Stimmung im Lande: Wenn es wieder einmal zu einer serbischen Krise komme, dann werde zukünftig Österreich-Ungarn „keinerlei russische Einmischung in den Streit dulden [...] und sich daran machen, selbst die Zwistigkeiten mit seinem kleinen Nachbarn ‚coûte que coûte' auszutragen" [koste es also, was es

> Begeisterte Untergangsstimmung

---

[392] 17.7.1914, Jagow an Tschirschky, in: ebd., 99.
[393] 24.7.1914, Anmerkungen Wilhelms II. zu einem Telegramm Lichnowskys an Jagow, in: ebd., 170.

wolle! – A.H.].³⁹⁴ Von Conrad, dem österreichisch-ungarischen Generalstabschef, ist überliefert, dass er seiner späteren Frau anvertraute – er hatte kaum die Nachricht über den Tod Franz Ferdinands erhalten: „Es wird ein aussichtsloser Kampf werden, dennoch muss er geführt werden, da eine so alte Monarchie und eine so glorreiche Armee nicht ruhmlos untergehen können."³⁹⁵ Conrad formulierte damit, was viele in Österreich-Ungarn dachten. Der Journalist und Historiker Berthold Molden meinte Anfang Juli 1914, es bleibe gar nichts anderes übrig, als einen Angriffskrieg gegen Serbien zu führen, ganz unabhängig von den Konsequenzen.³⁹⁶ Düster schilderte Kurt Riezler die Stimmung Bethmann Hollwegs: „Der Kanzler erwartet von einem Krieg, wie er auch ausgeht, eine Umwälzung alles Bestehenden. Das Bestehende sehr überlebt, ideenlos, ‚alles so sehr alt geworden'".³⁹⁷ „Für ihn sei die Aktion ein Sprung ins Dunkle" und die „schwerste Pflicht".³⁹⁸ Josef Redlich, Jurist, Historiker, Politiker und Universitätsprofessor notierte am 15. Juli 1914 von einem Gespräch mit Alexander Hoyos: „Wenn unsere Armee nichts taugt, dann ist die Monarchie ohnehin nicht zu halten, denn sie ist heute der einzige Zusammenhalt des Reiches."³⁹⁹ Eine Woche später trug Redlich in sein Tagebuch ein: „Wir sind also noch fähig zu wollen! Wir wollen und dürfen kein kranker Mann sein [...], lieber rasch zugrunde gehen."⁴⁰⁰ Am 29. Juli beschrieb Moltke seine Wahrnehmung der Situation: „Will Deutschland nicht wortbrüchig werden [...], muss es auch seinerseits mobil machen." Frankreich wird eingreifen, „und die gegenseitige Zerfleischung der europäischen Kulturstaa-

„Wir sind also noch fähig!"

---

394 31.1.1913, Der englische Botschafter in Wien, Fairfax Cartwright, an den Ständigen Unterstaatssekretär im Foreign Office, Arthur Nicolson, in: *Baumgart* (Hrsg.), Julikrise (wie Anm. 105), 15.
395 Zitiert in: *Peter Broucek* (Hrsg.), Ein General im Zwielicht. Die Erinnerungen Edmund Glaises von Horstenau. Wien 2005, 279, Anm. 19.
396 *Solomon Wank*, Desperate Counsel in Vienna in July 1914: Berthold Moldens Unpublished Memorandum, in: Central European History 26, 1993, 281–310.
397 7.7.1914, in: *Sösemann*, Die „Juli-Krise" im Riezler-Tagebuch (wie Anm. 175), 691.
398 14.7.1914, ebd., 693.
399 15.7.1914, Redlich, Tagebuch: Hoyos über „Weltkrieg", in: *Baumgart* (Hrsg.), Julikrise (wie Anm. 105), 92.
400 Zitiert in *Angelow*, Urkatastrophe (wie Anm. 25), 146–147.

ten wird beginnen."[401] In den Worten Edward Greys: „The lamps are going out all over Europe (was aus Londoner Sicht meinte, sie werden in Großbritannien weiterleuchten!), we shall not see them lit again in our life-time."[402]

Sprachverwirrung – Überforderung der Akteure im komplizierten Spiel der Ehre

Umkodierung der Konfliktkonstellation

Schon vor dem Juli 1914 hatten die Politiker die jeweilige Gegenseite gewarnt, dass die Vergangenheit nicht in die Zukunft verlängert werden dürfe. Zu häufig sei die Ehre des eigenen Landes angegriffen worden. Eine nochmalige Ehrverletzung sei nicht tolerabel. Die Verantwortlichen hatten zwar in der Vergangenheit immer wieder Lösungen gefunden, die halfen, das Gesicht in gewisser Weise zu wahren oder zumindest der Öffentlichkeit einen entsprechenden Eindruck zu vermitteln. Doch das System der Aushilfen wurde immer komplizierter. Die zweite Marokkokrise (1911) hatte die Isolierung Deutschlands im europäischen Mächtekonzert bewiesen. In der Frage des Adriahafens sahen Serbien und Russland sich düpiert, mit der Folge, dass Berlin als vertrauensvoller Vermittler zwischen Russland und Österreich ausschied. Das Habsburgerreich seinerseits wertete die Balkankriege als indirekten Angriff auf die eigene Großmachtstellung. Die Lösung der Liman-von-Sanders-Krise befriedigte weder Deutschland noch Russland. Kurz, die Gefahr, dass ein internationaler Konflikt zur Ehrenfrage aufgeschaukelt wurde, nahm nach 1911 deutlich zu.

Der Anschlag vom 28. Juni 1914, das Blutvergießen, die Verstrickung serbischer Institutionen in das Attentat, der nationalistische Hintergrund stellten alle Elemente bereit, die erforderlich waren, um das Attentat auf Franz Ferdinand als einen Angriff auf die Ehre Österreich-Ungarns zu bezeichnen. Kaiser Franz Joseph jedenfalls sah sich herausgefordert, in der Ehre angegriffen und plädierte

---

401 29.7.1914, Moltke an Bethmann Hollweg, in: *Geiss* (Hrsg.), Juli 1914 (wie Anm. 86), 283.
402 3.8.1914, in: The Lamps are Going Out, en.wikipedia.org/wiki/The_lamps_are_going_out (7.8.2015).

deshalb vermutlich schon am 29. Juni für einen sofortigen Krieg mit Serbien.[403] Wilhelm II. reagierte ähnlich[404].

Gegen diese Deutung, die für die österreichische Seite nur schwer quellenmäßig zu belegen ist, hat die Forschung eingewandt, dass die Beerdigung Franz Ferdinands ein Begräbnis zweiter Klasse dargestellt habe. Der Anschlag habe weder Österreich noch die Welt wirklich erschüttert. Erst das deutsche Drängen habe Wien zur Attacke gegen Serbien getrieben. Doch es gibt auch Gegenstimmen. Manfried Rauchensteiner, einer der besten Kenner der österreichischen Quellen, hat argumentiert:

Beerdigung zweiter Klasse?

„Franz Joseph wollte [bei der Beerdigung – A.H.] niemanden in Wien haben, damit die Entscheidung [zum Krieg – A.H.] nicht womöglich noch durch irgendein honoriges Gremium verwässert würde. Er hatte den Krieg gegen Serbien im Blick."[405]

Die Öffentlichkeit war jedenfalls in Kriegslaune. Von der Stimmung in Österreich berichtete Maurice de Bunsen, der englische Botschafter, am 5. Juli 1914:

Kriegsstimmung in Österreich

„Such indications as have reached me on this subject point certainly to the existence, even in the Ballplatz, of a very angry sentiment against Servia, and I cannot at present share M. Schebeko's [russischer Botschafter in Wien – A.H.] inclination to believe that the commercial, and generally the middle classes of this country are indifferent to the question. I fear there is ground to regard almost all sections of the population as being just now blindly incensed against the Servians, and I have heard on good authority that many persons holding usually quite moderate and sensible views on foreign affairs are expressing themselves now in the sense that Austria will at last be compelled to give evidence of her strength by settling once and for all her long-standing accounts with Servia, and by striking such a blow as will reduce that country to impotence for the future. In military circles these views certainly prevail, and it would perhaps not be wise to exclude altogether the possibility that the popular indignation at the terrible crime

---

403 17.10.2013, Interview mit Manfried Rauchensteiner, www.zeit.de/2013/43/erster-weltkrieg-ausbruch-gespraech-christopher-clark-manfried-rauchensteiner (5.5.2015).
404 S. seine Annotationen zum Bericht Tschirschkys vom 30.6.1914 an Bethmann Hollweg. Die Annotationen Wilhelms II., erfolgten zwischen dem 2. und 4.7.1914, in: *Geiss* (Hrsg.), Juli 1914 (wie Anm. 86), 39–40.
405 17.10.2013, Interview mit Manfried Rauchensteiner (wie Anm. 403).

of the 28th June may force the Government to take up an attitude from which it would not be easy to withdraw."[406]

Mit anderen Worten, Bunsen kam zu der Auffassung, dass das Attentat zu einer Frage des Überlebens und der Bewahrung der Ehre Wiens geworden war und dass die „Sprache der Ehre" der Regierung es zukünftig schwer machen könnte, vom einmal beschrittenen Weg abzuweichen.

„Blankoscheck" als Voraussetzung erfolgreicher Ehrverteidigung

Wenn obige Deutung zutrifft, dann fiel die Entscheidung zum Krieg gegen Serbien zuallererst in Wien und nicht in der deutschen Hauptstadt. Die Blankovollmacht Wilhelms und Bethmann Hollwegs markierte nicht den Beginn des Krieges, sondern nur einen weiteren Schritt in Richtung der Kriegsauslösung. Oben habe ich bereits dargelegt, dass es für das Versprechen unbedingter Loyalität und vollkommener Handlungsfreiheit für Wien (5./6. Juli 1914) aus deutscher Sicht keinerlei Alternative gab, gerade weil der Donaustaat eine konstitutionelle Monarchie war, ebenso wie Deutschland: „Ich bin nicht berufen, à la Grey, S.M. dem Kaiser Vorschriften über die Wahrung seiner Ehre zu machen!", bemerkte Wilhelm am 23. Juli 1914.[407] Nur bei einem klassischen Interessenkonflikt des Habsburgerreiches mit Serbien hätte Berlin legitimerweise eingreifen dürfen. Nachdem aber die Ehre, das Prestige und die Machtstellung der Donaumonarchie (in dieser Reihenfolge) auf dem Spiel standen, blieb Berlin nur die Möglichkeit, darauf zu drängen, der Ballhausplatz möge möglichst rasch reagieren, damit die Geste „militärischer Ehrverteidigung" durch die anderen Mächte richtig verstanden werde.

Das Problem für Wien bestand darin, die richtigen Schritte angemessener Ehrverteidigung zu bestimmen und die passenden Gesten festzulegen. Berchtold warb für eine mitleidlose Abrechnung mit Serbien, das für immer unschädlich gemacht werden müsse. Wilhelm II. nannte Serbien in diesem Sinne eine „Räuberbande, die für Verbrechen gefasst werden muss!" Es sei ein Fehler,

---

406 5.7.1914, Bericht Bunsens an Grey, British documents on the origins of the war, 1898–1914, Bd. 11, net.lib.byu.edu/estu/wwi/1914m/gooch/35–50.htm (7.8.2015).
407 23.7.1914, Jagow an Wilhelm II., Telegramm Lichnowskys. Anmerkungen Wilhelms II, in: *Geiss* (Hrsg.), Juli 1914 (wie Anm. 86), 155.

wenn Grey Serbien mit Österreich und anderen Großmächten auf eine Stufe stelle.[408]

Doch genau dazu entschloss sich der gemeinsame Ministerrat in Wien am 7. Juli, als er auf Drängen Tiszas beschloss, Serbien eine gewisse Reaktionsmöglichkeit zu eröffnen und ein Ultimatum zu stellen. Damit erkannte Wien an, dass Serbien ein selbständiger Staat war, Teil der europäischen Staatenordnung. Dass das Ultimatum Serbien demütigen und ihm eine Annahme der österreichischen Forderungen geradezu unmöglich gemacht werden sollte, war nur ein schwacher Ausgleich für die Veränderung der Spielebenen und damit auch der Spielregeln: Wien ließ Belgrad durch seine Armee nicht einfach „verprügeln", erteilte Serbien keine „Ohrfeige" (wie es Berlin erhofft hatte), sondern wählte den Weg des Duells. Es warf Serbien den Fehdehandschuh hin.

Wiener Wirrungen des Ehrstreits

Damit aber kam auch Russland ins Spiel. Es zählte Serbien in den letzten Jahren zu seinen „engsten Freunden", betrachtete die Serben als slawisches „Brudervolk", bekundete seine Sympathie für den orthodoxen Balkanstaat und erachtete das Land als genuines Einflussgebiet. Kurz, die Bindung an Serbien hatte viel zu viele Verklammerungen, als dass sie leicht aufgebrochen werden konnten. Das Wiener Doppelspiel zielte darauf ab, die Anknüpfung möglicherweise so weit zu lockern, dass Russland stillhielt. Deshalb die Hinweise auf die gemeinsamen Weltwahrnehmungen: auf die monarchische Solidarität, auf die verheerende Wirkung des extremen Nationalismus für die alten Imperien, auf das notwendige Gleichgewicht in Europa![409] Keines der Argumente stach, nicht zuletzt, weil es aus Wiener Sicht ja gerade auch darum ging, das Prestige Russlands zu schmälern und dessen Ehrstellung anzugreifen. Das diplomatische Spiel der österreichischen und der deutschen Politik erwies sich als höchst widersprüchlich, weil die Ziele widersprüchlich waren. Wäre es tatsächlich allein um Serbien gegangen, darum, den panserbischen Nationalismus zurückzudrängen, hätte die österreichisch-ungarische Politik die anderen Großmächte frühzeitig über die eigenen Pläne und Ziele informieren können. Insofern griff St. Petersburg den Fehdehand-

Russlands Aufheben des Fehdehandschuhs

---

408 Ebd., 154–156.
409 20.7.1914, Berchtold an St. Petersburg, in: ebd, 131; 24.7.1914, Telegramm Geschäftsträger Kudaschew (Wien) an Sasonow, in: ebd., 177–178.

schuh zu Recht auf, obwohl der Angriff formal betrachtet nur Belgrad galt.

Serbien reagierte auf die österreichisch-ungarischen Vorhaltungen ungemein geschickt. Es ließ sich nicht in die Rolle eines Paria der europäischen Staatenordnung hineindrängen, unterwarf sich einem internationalen Schiedsgericht, beharrte aber auf seinem Status als souveräner Staat. Mit allen diplomatischen Raffinessen antwortete es, inhaltlich gewiss doppeldeutig, doch im Ton geradezu vornehm, während Wien sein Ultimatum wie ein machttrunkener Prolet verfasst hatte. Damit gaben die Verfasser der serbischen Antwort sich als ritterliche Kenner europäischer Usancen zu verstehen und unterstrichen den Anspruch Serbiens, auf der europäischen Bühne gleichberechtigt mitzuspielen. Wenn Österreich erhofft hatte, für das eigene Vorgehen die Zustimmung einer breiten europäischen Öffentlichkeit zu erlangen, dann war mit der Ausgestaltung des Ultimatums und der serbischen Antwort darauf das Spiel schon verloren. Wiederum rächte sich, dass die komplizierten Machtstrukturen in Wien eine kohärente Strategie und einen angemessenen diplomatischen Duktus verhindert hatten.

Freilich, am 25./26. Juli war noch nicht alles verloren. Es gab Initiativen, den Konflikt noch einzugrenzen und eine ehrbewahrende Lösung für alle Beteiligten zu finden. Das Wiener Versprechen, die territoriale Integrität Serbiens nach erfolgter Intervention zu erhalten, ging in diese Richtung. Für Russland hätte eine spätere Konferenz die Möglichkeit eröffnet, wieder ins Spiel zu kommen. Wie erwähnt, versprach Edward Grey britische Unterstützung für eine angemessene Satisfaktion, wenn Wien sich nur zur Konferenzlösung bereit erklärte. Mit der serbischen Antwort auf das österreichische Ultimatum sei das Land Wien doch weit entgegengekommen. Jetzt ginge es nur noch um Interessengegensätze."[410] Gegenüber Pourtalès meinte Sasonow, es müsse sich doch einen Weg finden lassen, „um Serbien unter Schonung seiner Souveränitätsrechte" die „verdiente Lektion zu erteilen."[411] Wilhelm II. und Bethmann Hollweg wünschten Ende Juli einen Halt in Belgrad.[412] Das hätte

---

410 27.7.1914, Telegramm Lichnowsky an Jagow, in: ebd., 232 f.
411 27.7.1914, Telegramm Pourtalès an Jagow, in: ebd., 236 f.
412 30.7.1914, Telegramm Bethmann Hollweg an Tschirschky, in: ebd., 293 f.

neue Verhandlungsspielräume eröffnet. Wien indes schlug alle Vorschläge aus, setzte auf den Krieg. Drei Gründe waren für die Entscheidung vermutlich verantwortlich: Erstens wollte Wien dem „Verbrecherstaat" Serbien keine öffentliche Bühne bereitstellen.[413] Zweitens beharrte Wien darauf, selbständig seine Ehre wiederherzustellen. Drittens bestand die Wahl aus Wiener Sicht allemal nur in der Alternative: glorreich untergehen oder mit Hilfe Deutschlands zu siegen. Am 31. Juli 1914 unterrichtete Berchtold den Botschafter in Berlin: Wien sei durchaus bereit, „dem Vorschlag Sir E. Greys, zwischen uns und Serbien zu vermitteln, näher zu treten. Die Voraussetzungen unserer Annahme seien jedoch natürlich, dass unsere militärische Aktion gegen das Königreich einstweilen ihren Fortgang nehme und dass englische Cabinett die russische Regierung vermöge, die gegen uns gerichtete Mobilisierung seiner Truppen zum Stillstand zu bringen, in welchem Falle wir selbstverständlich auch die uns durch die russische Mobilisierung aufgezwungenen defensiven militärischen Gegenmaßregeln in Galizien sofort rückgängig machen würden."[414] Berchtold formulierte damit nicht einmal eine diplomatisch verbrämte Antwort, sondern gab eindeutig zu erkennen, dass Wien Serbien niederzwingen wollte, koste es, was es wolle.

Beharren Wiens auf autonomer Ehrverteidigung

Resonanz und Krise der Ehrvorstellungen, 1914–1918

Alle politisch Verantwortlichen der am Ersten Weltkrieg beteiligten Staaten riefen im August 1914 ihre jungen Männer an die Front, begründeten den Waffengang damit, dass die Ehre der Nation verteidigt werden müsse, appellierten an die Ehre ihrer Volks-Soldaten.
  Am 6. August wandte sich Wilhelm II. „an das Deutsche Volk". Die Zeitungen gaben den Aufruf wörtlich wieder, doch man fand

Wilhelm II.: Verteidigung, Ehre, Schutz, Vorhersehung

---

[413] 28.7.1914, Berchtold an Mensdorff (österreichisch-ungarischer Botschafter in London), in: Die österreich-ungarischen Dokumente zum Kriegsausbruch, wwi.lib.byu.edu/index.php/II,_90._Graf_Berchtold_an_Grafen_Mensdorff_in_London,_28._Juli_1914 (9.8.2015).
[414] 31.7.1914, Telegramm Berchtold an Szögyény, in: *Geiss* (Hrsg.), Juli 1914 (wie Anm. 86), 329.

die Rede Wilhelms, die er allerdings nicht selbst verfasst hatte, auch auf Plakaten.⁴¹⁵

„An das Deutsche Volk
Seit der Reichsgründung ist es durch 43 Jahre Mein und Meiner Vorfahren heißes Bemühen gewesen, der Welt den Frieden zu erhalten und im Frieden unsere kraftvolle Entwicklung zu fördern. Aber die **Gegner neiden** uns den Erfolg unserer Arbeit.
Alle offenkundige und heimliche Feindschaft von Ost und West, von jenseits der See haben wir bisher ertragen im Bewusstsein unserer Verantwortung und Kraft. Nun aber will man uns **demütigen.** Man verlangt, dass wir **mit verschränkten Armen zusehen, wie unsere Feinde sich zu tückischem Überfall** rüsten, man will nicht dulden, dass wir in entschlossener **Treue zu unserem Bundesgenossen** stehen, der um sein **Ansehen als Großmacht** kämpft und **mit dessen Erniedrigung** auch **unsere Macht und Ehre verloren ist.**
So mag denn **das Schwert entscheiden.** Mitten im Frieden überfällt uns der Feind. Darauf auf! zu den Waffen! Jedes Schwanken, jedes Zögern wäre Verrat am Vaterlande.
Um **Sein oder Nichtsein** unseres Reiches handelt es sich, das unsere Väter sich neu gründeten. Um **Sein oder Nichtsein deutscher Macht und deutschen Wesens.**
Wir werden uns wehren **bis zum letzten Hauch von Mann und Roß.** Und wir werden diesen Kampf bestehen auch gegen eine Welt von Feinden. Noch nie ward Deutschland überwunden, wenn es einig war.
Vorwärts **mit Gott,** der mit uns sein wird, **wie er mit den Vätern war!**
Berlin, den 6. August 1914.
Wilhelm."

---

415 www.europeana1914–1918.eu/de/contributions/13016#prettyPhoto[gallery]/1/ (9.8.1914). Hervorhebungen von mir – A.H.

Verachtenswert niedrige, rein materialistische Motive unterstellte Wilhelm II. den Feinden Deutschlands in seinem kurzen Aufruf. Die Erwartung, der Kaiser und das Deutsch Reich würden stillhalten, zusehen, während sein Bundesgenosse heimtückisch angegriffen werde, sei demütigend, ehrenrührig und ziele nicht nur auf die Zerstörung von Macht und Einfluss Österreich-Ungarns, sondern auch auf Deutschland. So müsse das Schwert entscheiden, der ritterliche Zweikampf – bei dem Gott selbst sein Urteil fälle, der Moral zum Siege helfe, den Schwächeren unterstütze.[416] Wenn alle Deutschen zusammenstünden, sei das Land unbezwingbar, dann sei der Sieg sicher, weil auch in der Vergangenheit Gott der deutschen Nation ihren Platz in Europa zugewiesen habe. Das „Uns", das Wilhelm durchgängig in der Rede verwendete, meinte tatsächlich nicht nur den Pluralis Majestatis, sondern „den Kaiser und Gott", „den Kaiser und sein Volk", stand für ein kollektives charismatisiertes Ich.

In der Vormoderne hatte die Ordnung der Ehre ihre gesellschaftlichen Wurzeln in einer Weltwahrnehmung gefunden, die den sozialen Kosmos als von Gott hierarchisch-moralisch gegliedert deutete. Die ungleiche Welt war ein von Gott geschaffenes kulturell, sozial, moralisch und funktional differenziertes Welt-System. Entsprechend hatte in der Moderne in dieser Sicht jede Nation ihre eigene historisch-göttliche Mission. Das Sterben für die Nation meinte insofern einen Märtyrertod für eine religiös legitimierte Seinsordnung.

Drei Tage nach dem Aufruf Wilhelms II. wandte sich auch Zar Nikolaus II. an die Verantwortlichen seines Staates, an Reichsduma und Reichsrat, die er – bezeichnenderweise – ins Winterpalais (Hauptsitz des Zaren in St. Petersburg) einlud. In vieler Hinsicht benutzte Nikolaus *vice versa* dieselben Argumente wie Wilhelm II.: Würde und Ehre Russlands, Demütigung des Landes durch den Angriff auf Serbien, Gottesurteil, Verteidigung des „russischen Wesens", Gottes auserwähltes Land. Die Ansprache reflektierte zugleich die stärkere gesellschaftliche Spaltung Russlands. Während Wilhelm Begeisterung hervorrief, als er erklärte, keine

Nikolaus II.: Verteidigung, Ehre, Gottes Land

---

416 *Wolfgang Ludwig Schneider*, Klatsch als Parasit der Interaktion und die Moral der Ehre, in: Ruth Ayaß/Christian Meyer (Hrsg.), Sozialität in Slow Motion. Theoretische und empirische Perspektiven. Festschrift für Jörg Bergmann. Wiesbaden 2012, 595–613, 605.

Parteien mehr zu kennen, sprach Nikolaus II. zwei ganz unterschiedliche russische „Gesellschaften" an: das Russland des nationalen Aufbruchs und das Russland bäuerlicher Beharrungskraft. Übersetzt in die Sprache der Ehre führt dies zu unterschiedlichen Ehrdefinitionen: Ehre als adelig-bürgerliche Habitusvorstellung und Ehre als vormoderner sozialer Tugendbegriff. Die Verweise auf panrussische Ideen („slawische Brüder", „Glaubensgenossen", „Blutsverwandte") sprachen den Offiziersadel an, die Mittel- und Oberschichten, die Orthodoxe Kirche und das politisch bewusste Kirchenvolk. Die patriarchalisch anmutenden Redewendungen („patriotische Gefühle", „Liebe und Treue für den Thron", „Eifer") richteten sich an die breite Masse der noch vornational geprägten Bauernschaft.[417]

„Heute Vormittag empfing der Kaiser im Winterpalais in Gegenwart des Generalissimus Großfürsten Nikolaus Nikolajewitsch und sämtlicher Minister die Mitglieder der Reichsduma und des Reichsrates **in feierlicher Audienz** und hielt folgende Ansprache:
‚In diesen bedeutungsvollen Tagen der Aufregung und Unruhe, welche Russland durchmacht, **entbiete ich Euch meinen Gruß.** Das Deutsche Reich und darauf auch Österreich-Ungarn haben Russland den Krieg erklärt. Der ungeheure Aufschwung **patriotischer Gefühle und der Liebe und Treue für den Thron,** der wie ein Sturmwind durch unser ganzes Land ging, ist mir wie Euch eine Bürgschaft. Ich hoffe, dass das große Russland den **Krieg, den ihm der Herr schickt,** zu einem glücklichen Ende führen wird. Aus tiefem einmütigen Sturm von **Liebe und Eifer aller, selbst das Leben zu opfern,** schöpfe ich meine Kraft, um der Zukunft mit Ruhe und Festigkeit entgegenzusehen. Wir verteidigen nicht nur die **Würde und Ehre unseres Landes,** sondern wir **kämpfen auch für unsere slawischen Brüder,** unsere **Glaubensgenossen** und **Blutsverwandte.** In diesem Augenblick sehe ich auch mit Freuden, wie die **Einigung der Slawen mit Russland** stark

---

[417] www.stahlgewitter.com/14_08_09.htm (10.8.2015). Hervorhebungen von mir – A.H.

und unauflöslich sich vollzieht. Ich bin überzeugt, dass Ihr jeder an seinem Platze stehen werdet, um mir bei der Prüfungsarbeit zu helfen, und dass alle, bei mir selbst angefangen, ihre Pflicht tun werden. **Der Gott des russischen Landes ist groß.**' Ein Hurra beantwortete die Rede des Kaisers"

Auch die Kirchen schalteten sich in die Kriegspropaganda ein. Der protestantische Oberhofprediger in Berlin, Ernst Dryander, gab in seiner Predigt vom 4. August 1914 die Marschrichtung vor: „Wir ziehen in den Kampf für unsere Kultur – gegen die Unkultur. Für die deutsche Gesittung – gegen die Barbarei. Für die freie, an Gott gebundene Persönlichkeit – wider die Instinkte der ungeordneten Massen. Und Gott wird mit unseren gerechten Waffen sein!" Das war gewiss eine recht hochmütige Sicht auf Gott und auf die Wirklichkeit, aber es meinte, dass Gott den unschuldig Verfolgten zur Seite stehe. Um eine Rettung der europäischen Zivilisation ging es offensichtlich, um den Schutz vor einem barbarischen Angriff durch aufgeputschte nationalistische Massen. „Theologen beider Konfessionen", so der Kölner Historiker Rudolf Lill, stellten „den Soldatentod auf eine Stufe mit dem Opfertod Jesu."[418]

Belgien wurde zum Prüfstein der „deutschen Ehre". Und die deutsche Armee musste daran scheitern, weil sie auf so viel Selbstbehauptungswillen, auf so viel Widerstandskraft des „kleinen Staates" unvorbereitet war. Die Berichte über die Gräueltaten der deutschen Soldaten beherrschten bald die internationale Presse. Mehr noch, der Einmarsch selbst galt aus Sicht des Völkerrechts bereits als ehrenrührig.[419] Vor allem die englische Publizistik nutzte die offene Flanke. Britische Schriftsteller, einige von ihnen ehemalige Friedensaktivisten, erklärten es jetzt zu Englands vornehmster Pflicht, Belgien zu unterstützen und dem Volk gegen

Deutsch-englischer Ehrstreit

---

[418] *Kirsten Serup-Bilfeldt*, Patriotischer Aufruf der Kirchen zum Krieg, www.deutschlandfunk.de/erster-weltkrieg-patriotischer-aufruf-der-kirchen-zum-krieg.886.de.html?dram:article_id=278280 (9.8.2015).
[419] *Alan Kramer*, „Greueltaten". Zum Problem der deutschen Kriegsverbrechen in Belgien und Frankreich 1914, in: Gerd Krumeich/Gerhard Hirschfeld (Hrsg.), „Keiner fühlt sich hier mehr als Mensch". Erlebnis und Wirkung des Ersten Weltkriegs. Essen 1993, 85–114.

den deutschen Terror und die deutschen Gräueltaten beizustehen:[420]

> „That destiny and duty, alike for us and for all the English-speaking race, call upon us to uphold the rule of the common justice between civilized peoples, to defend the rights of small nations, and to maintain the free and law-abiding ideals of Western Europe against the rule of "Blood and Iron" and the domination of the whole Continent by the military caste."[421]

Einen solchen Vorwurf wiederum konnten die deutschen Intellektuellen nicht auf sich sitzen lassen. Am 4. Oktober publizierten Schriftsteller, Künstler, Wissenschaftler einen Aufruf, in dem sie sich gegen die Anschuldigungen verwahrten.

> „Es ist nicht wahr, dass Deutschland diesen Krieg verschuldet hat. [...] Es ist nicht wahr, dass wir freventlich die Neutralität Belgiens verletzt haben. [...] Es ist nicht wahr, dass unsere Truppen brutal gegen Löwen gewütet haben. [...] Glaubt uns! Glaubt, dass wir diesen Kampf zu Ende kämpfen werden als ein Kulturvolk, dem das Vermächtnis eines Goethe, eines Beethoven, eines Kant ebenso heil ist wie sein Herd und seine Scholle."[422]

Zwölf Tage später, am 16. Oktober, verteidigten – nun deutlich aggressiver im Ton – hundert Hochschullehrer die deutsche Ehre:

> „Wir Lehrer an Deutschlands Universitäten und Hochschulen dienen der Wissenschaft und treiben ein Werk des Friedens. Aber es erfüllt uns mit Entrüstung, dass die Feinde Deutschlands, England an der Spitze, angeblich zu unsern Gunsten einen Gegensatz machen wollen zwischen dem Geiste der deutschen Wissenschaft und dem, was sie den preußischen Militarismus nennen. [...] Jetzt steht unser Heer im Kampfe für Deutschlands Freiheit und damit für alle Güter des Friedens und der Gesittung nicht nur in Deutschland. Unser Glaube ist, dass für die ganze Kultur Europas

---

420 *Peter Hoeres*, Publizistische Mobilmachung. Britische Intellektuelle für den Krieg 1914. In: Themenportal Europäische Geschichte (2008), www.europa.clio-online.de/2008/Article=315 (9.8.2015).
421 18.9.1914, Britain's Destiny and Duty. Declaration by Authors. A Righteous War, in: Themenportal Europäische Geschichte (2008), www.europa.clio-online.de/2008/Article=316 (9.8.2015).
422 de.wikipedia.org/w/index.php?title=Manifest_der_93&oldid=140840921 (11.8.2015). Zum Hintergrund: *Rüdiger vom Bruch*, Der Aufruf der 93 „An die Kulturwelt!" (1914). In: Themenportal Europäische Geschichte (2006), www.europa.clio-online.de/2006/Article=63. (9.8.2015).

das Heil an dem Siege hängt, den der deutsche „Militarismus" erkämpfen wird, die Manneszucht, die Treue, der Opfermut des einträchtigen freien deutschen Volkes."[423]

Den Ton der Auseinandersetzung vorgegeben hatte in mancher Hinsicht David Lloyd George, Schatzkanzler in der Regierung Asquith, Linksliberaler, lange Zeit überzeugter Pazifist und bis zum 4. August Kriegsgegner. Als einziger Minister des „radikalpazifistischen" Flügels verblieb er im Kabinett. Öffentlich begründete er seine Entscheidung als moralisch notwendige Option zur Verteidigung liberaler Werte, des Völkerrechts und des Existenzrechts kleiner Staaten. Die eigentliche Funktion der Stellungnahme bestand darin, die englische Variante der „Burgfriedenspolitik" argumentativ zu unterfüttern. In einer aufsehenerregenden Rede, die er am 19. September in der Ost-Londoner Queen's Hall hielt, brachte er seine Sicht zum Kriegsgeschehen auf den Punkt[424]:

Intervention von Lloyd Georges

> „Why is our honour as a country involved in this war? Because, in the first place, we are bound in an honourable obligation to defend the independence, the liberty, the integrity of a small neighbour that has lived peaceably. [...] We are fighting against barbarism. [...] Treaties are the currency of international statesmanship. [...] But Belgium was not the only little nation that has been attacked in this war, and I make no excuse for referring to the case of the other little nation--the case of Servia. [...] Then came Russia's turn. Russia has a special regard for Servia. She has a special interest in Servia. Russians have shed their blood for Servian independence many a time. Servia is a member of her family, and she cannot see Servia maltreated. Austria knew that. Germany knew that, and Germany turned round to Russia and said: ‚Here, I insist that you shall stand by with your arms folded whilst Austria is strangling to death your little brother.' [...] That is the story of the little nations. The world owes much to little nations— and to little men. [...] But Germany insists that this is an attack by a low civilization upon a higher. [...] What about England? You go to Greece, the Netherlands, Italy, Germany, and France, and all these lands, gentlemen, could point out to you places where the sons of Britain have died for the freedom of these countries. France has made sacrifices for the freedom of other lands than her own. Can you name a single country in the world for

---

423 de.wikipedia.org/w/index.php?title=Erklärung_der_Hochschullehrer_des_Deutschen_Reiches&oldid=136271502 (11.8.2015).
424 Zum Hintergrund s. *Richard Toye*, Lloyd George, imperialglobalexeter.com/2014/09/19/lloyd-georges-greatest-war-speech-100-years-on/ (12.8.2015).

the freedom of which the modern Prussian has ever sacrificed a single life? [...] We have been living in a sheltered valley for generations. We have been too comfortable, too indulgent, many, perhaps, too selfish. And the stern hand of fate has scourged us to an elevation where we can see the great everlasting things that matter for a nation; the great peaks of honour we had forgotten—duty and patriotism clad in glittering white: the great pinnacle of sacrifice pointing like a rugged finger to Heaven."[425]

Webers Plädoyer für Deutschlands zivilisatorische Mission

Zwei Jahre später „antwortete" Max Weber dem englischen Politiker vor deutschen Linksliberalen. Dass seine Rede de facto eine Replik auf die Vorwürfe Lloyd Georges waren, mag Zufall gewesen sein. Inhaltlich griff er die Argumente auf und kehrte sie um:

„Nicht von den Schweizern, den Dänen, Holländern, Norwegern wird die Nachwelt Rechenschaft fordern über die Gestaltung der Kultur der Erde. Nicht sie würde sie schelten, wenn es auf der Westhälfte unseres Planeten gar nichts mehr geben würde als die angelsächsische Konvention und die russische Bürokratie. Und das mit Recht. Denn nicht die Schweizer oder Holländer oder Dänen konnten das hindern. Wohl aber wir. Ein Volk von 70 Millionen zwischen solchen Welteroberungsmächten hatte die Pflicht, Machtstaat zu sein. Wir mussten ein Machtstaat sein; und mussten, um mitzusprechen bei der Entscheidung über die Zukunft der Erde, es auf diesen Krieg ankommen lassen. Wir hätten es selbst dann tun müssen, wenn wir hätten fürchten müssen, zu unterliegen. Weil es uns Schande vor Nach- und Mitwelt gebracht hätte, wenn wir uns dieser Pflicht feig und bequem entzogen hätten. Die Ehre unseres Volkstums gebot es. Um Ehre, nicht um Änderungen der Landkarte und des Wirtschaftsprofits – das wollen wir nicht vergessen – geht der deutsche Krieg. Er geht nicht nur um unsere eigene Existenz. Im Schatten unserer Macht leben die kleinen Nationen um uns herum. Was würde aus der Selbständigkeit der Skandinavier, was auch aus der Hollands und was aus dem Tessin, wenn Russland, Frankreich, England, Italien unser Heer nicht zu scheuen hätten? Nur das Gegengewicht der Großmächte gegeneinander verbürgt die Freiheit der Kleinstaaten."[426]

Die Politiker, die Intellektuellen appelierten an die Ehre, wenn sie die Soldaten ansprachen, wenn sie den Kriegseintritt begründeten, deuteten den Krieg als moralisch geboten, interpretierten das Sterben und Leiden als Opfer für eine bessere, für eine zivilisiertere Welt. Aber welche Bedeutung hatte der Appell an die Ehre

---

425 www.gwpda.org/1914/lloydgeorge_honour_1914.html (10.8.2015).
426 *Max Weber*, Deutschland unter den Westmächten, 1916, gutenberg.spiegel.de/buch/-8126/6 (3.8.2015).

für das Kriegsgeschehen selbst? Im Spätsommer 1914 meinte Ehre durchaus mehr, als nur den Krieg zu legitimieren, war nicht nur ein probates Schlagwort der Ewiggestrigen, um den preußischen Militarismus zu verteidigen (wenn wir etwa an den Aufruf der Hochschullehrer denken), sondern vermittelte vielen jungen Soldaten unmittelbaren Sinn. Ihnen ging es vermutlich tatsächlich darum, die Ehre der Nation zu verteidigen, das meinte zugleich, zu Großem berufen zu sein, den Fortschritt zu befördern, Tugend und Zivilisation zu verteidigen, das eigene Leben zu wagen.

Eine solche Wahrnehmung führte nicht notwendigerweise zu ehrenvollem Kampf. Sie veranlasste in Belgien Gräueltaten, weil scheinbar die Gegenseite den Ehrkodex durchbrach. Ehrvorstellungen konnten aber die Willkür der Gewalt im Kriege auch einhegen, wenn die Erwartungshaltungen beider Seiten einander entsprachen. Die Schlacht auf dem „Feld der Ehre" meinte tatsächlich Kampf um „Ehre": Am 25. Juli 1914, also noch vor der offiziellen Kriegserklärung, war der serbische Generalstabschef, Radomir Putnik, der sich zur Kur im österreichischen Bad Gleichenberg aufgehalten hatte, von eifrigen Militärs verhaftet worden. Kaum erfuhr Franz Joseph von dem Sachverhalt, ordnete er an, den General sofort freizulassen und an die serbische Grenze zu begleiten. Den für die Arretierung verantwortlichen österreichischen Offizieren erteilte er einen gehörigen Rüffel: „Ich erwarte von allen in hohen Stellungen befindlichen Generalen ein selbständiges, rasches, aber stets taktvolles und niemals unbedachtes Handeln." Weder angemessenes Rechtsempfinden hatten die verantwortlichen Militärs bewiesen noch Takt.[427]

Franz Josephs Ehrappell an die Militärs

Das unterschied sie von vielen Soldaten. Einige der überlieferten Berichte und Feldpostbriefe rühmen die Kühnheit des Feindes, die Hilfe für verwundete feindliche Soldaten, die bewusste Schonung von Frauen. Französische Kriegsgefangene verhüllten ihr Gesicht voller Scham, weil sie die Gefangennahme dem Tod vorgezogen hatten.[428] An der Westfront vereinbarten zu Weihnachten 1914 Soldaten spontan lokale Waffenstillstände, traten in einen Gesangswettstreit über die Gräben hinweg, trafen sich gar auf dem vereisten Schlachtfeld, spielten Fußball miteinander. Noch be-

Inszenierung des Krieges als Duell

---

427 de.wikipedia.org/wiki/Radomir_Putnik (8.11.2014).
428 *Frevert*, Wartime emotions (wie Anm. 353).

trachteten nicht wenige Kriegsbeteiligte das militärische Aufeinandertreffen als Duell.[429]

Umdeutung des Krieges nach 1914

Die Wahrnehmung wandelte sich mit dem Krieg. Viele Gründe waren dafür verantwortlich: die Dauer des Krieges, die blutigen nutzlosen Grabenkämpfe,[430] die Industrialisierung des Krieges, die immer größer werdende soziale Distanz zwischen Soldaten und Offizieren. André Loez hat drei Phasen der militärischen Konfrontation und damit drei Phasen der Perzeption des Krieges unterschieden: erste Phase: die Wahrnehmung eines gerechtfertigten Krieges im August 1914; zweite Phase: die Jahre des Ausharrens und des Erduldens des Krieges, 1914–1916; dritte Phase: die Zeit stärker werdender Dissidenz und Resistenz, ja, von revolutionären Aufständen, 1917–1918. In allen beteiligten Armeen schwand der Zusammenhalt.[431] Für unseren Kontext am interessantesten ist vielleicht der „Aufstand der Matrosen" in Deutschland (Ende Oktober/Anfang November 1918). Denn der bewies, dass die Ehrvorstellungen die sozialen Gruppen inzwischen schieden, dass die Ehre der Vielen, dass die Ehre der Nation und dass die Ehre der Offiziere 1918 jeweils etwas anderes meinten. Am 29. Oktober 1918 kam es zu ersten Befehlsverweigerungen von Matrosen der Hochseeflotte, die sich nicht dem Ehrenkodex der Marineführung unterwerfen wollten und die angeordnete „Verzweiflungsschlacht" für sinnlos hielten. Die Revolution in Deutschland hatte begonnen.[432]

Ausdifferenzierung der Ehrvorstellungen

---

429 *Rüdiger Haude*, „Schöner konnte es im Felde nicht sein.", in: AKV Sammlung Crous (Hrsg.), Weststadt statt Weltstadt. Aachens Grenzerlebnisse 1914–1929. Aachen 2014, 78–85.
430 *Speitkamp*, Ohrfeige (wie Anm. 342), 159. *Frevert*, Wartime Emotions (wie Anm. 353).
431 *André Loez*, Between Acceptance and Refusal – Soldiers' Attitudes Towards War, in: 1914–1918-online. International Encyclopedia of the First World War, 2014, dx.doi.org/10.15463/ie1418.10461 (12.8.2015). Vgl. auch *Benjamin Ziemann*, Enttäuschte Erwartung und kollektive Erschöpfung. Die deutschen Soldaten an der Westfront 1918 auf dem Weg zur Revolution, in: Jörg Dupple/Gerhard P. Groß (Hrsg.), Kriegsende 1918. Ereignis, Wirkung, Nachwirkung. München 1999, 165–182; ders., Gewalt im Ersten Weltkrieg. Essen 2013; *Wolfgang Kruse*, Der Erste Weltkrieg. Darmstadt 2009.
432 *Hans Mommsen*, Die verspielte Freiheit. Der Weg der Republik von Weimar in den Untergang, 1918 bis 1933. Frankfurt/M. 1990, 29 f.; *Winkler*, Deutsche Geschichte (wie Anm. 148), 367 f.

6.4 Der Erste Weltkrieg und die Erfahrung der Unehrenhaftigkeit der Ehre

Am Beginn dieses Kapitels stand die Beobachtung, dass Gottlieb von Jagow, der Staatssekretär im Auswärtigen Amt, in seinem privaten Brief an Karl Max von Lichnowsky zwar viele rational nachvollziehbare Argumente vorgebracht hat, aber doch auffällt, wie häufig und intensiv er Ehrvorstellungen ansprach. Selbst den möglichen Krieg gegen Russland und Frankreich beschrieb er nicht nur unter militärpolitischen und strategischen Gesichtspunkten, sondern in einem weiteren Zugriff auch in der Kategorie der Ehre.

Tatsächlich hat die neuere Forschung gezeigt, wie wirkmächtig Ehrvorstellungen im 19. Jahrhundert waren. Auf die Ausdifferenzierung und Verunsicherung durch den beschleunigten Wandel reagierten die Ober- und Mittelschichten mit einem Ehrkodex, der ihre soziale Sonderstellung habituell festigen sollte, die private Gewalt genauen Regeln unterstellte und adelig-bildungsbürgerliche Tugenden wie Tapferkeit, Mut und Aufrichtigkeit förderte.

Nicht nur einzelnen Menschen wurde Ehre zugesprochen, sondern – wie bei der frühneuzeitlichen Standesehre auch – Kollektiven und deren Mitgliedern. Die Nation als Generalstand verlieh breiten Schichten Identität. Und der Angriff auf die Ehre der Nation konnte daher auch als unmittelbarer Angriff auf die eigene Lebenswirklichkeit verstanden werden.

Letztlich, so das Ergebnis dieses Kapitels, das von einer Quellenbeobachtung ausging, jedoch thesenorientiert argumentierte, überforderte das Spiel der Ehre Berlin und Wien gleichermaßen, weil die beabsichtigte „Demütigung" Serbiens operativ nicht angemessen durchdacht war und zu viele unterschiedliche Sichtweisen und Interessen aufeinanderprallten. Denn wenn auch aus Sicht der deutschen Lokalisierungsstrategen nur Serbien formal herausgefordert werden sollte, richteten sich die Anschuldigungen indirekt doch auch gegen den „großen Bruder" Russland. Einen raschen Schlag gegen Serbien hätten die Großmächte vielleicht toleriert – schließlich entsprach ein solches Vorgehen klassischem Großmachtdenken der Zeit und bot Raum für Verhandlungen. Das Wiener Ultimatum indes hob Belgrad auf die Stufe eines selbständig agierenden Staates und zwang die anderen Mächte zur Reaktion. Selbst Ende Juli war die Lage noch nicht aussichtslos und hätte entspannt werden können, wenn Wien bereit gewesen wäre, diplomatisch verträgliche Formen der Satisfaktion zu akzeptieren. Doch aus Wiener Sicht konnte der serbischen Herausforderung nur durch Gewalt begegnet werden. Selbst der mögliche Untergang erschien erstrebenswerter als der Ehrverlust, den das Habsburgerreich bei einer Konferenzlösung im Innern und nach außen befürchten musste. Damit setzte eine ganze Kaskade „ehrorientierten" Handelns den Kontinent in Brand: Wenn „Deutschland" seinen letzten Bündnispartner nicht verlieren wollte, musste es zum Blankoscheck stehen, politisch und „moralisch". Nur so konnte es seine Machtstellung und seine Ehre bewahren. Die Kette der Ehrverpflichtungen erfasste aber auch St. Petersburg, Paris und abgeschwächt London. Weil es um den Schutz europäischer Werte ging, um die Bewahrung der „eigenen Zivilisation", um die Fürsorge für den „eigenen Staat", um Verteidigung der nationalen Ehre, sahen maßgebliche Sozialgruppen, die die Öffentlichkeit prägten, jene Situation gekommen, in der es nur noch um die Alternative selbstbestimmten Lebens oder aufopfernden Sterbens ging, um Verteidigung der Ehre oder Untergang. Andere gesellschaftliche Gruppen, vermutlich eine Mehrheit, folgten dem Aufruf zur Front aus Untertanentreue, weil sie dazu gezwungen wurden und weil sie nicht wussten, was auf sie zukam. Erst während des Krieges wurden sie politisiert und eröffneten sich ihnen Chancen zur Verweigerung (Selbstverletzung, Kriegsgefangenschaft, Desertion). Spätestens ab 1917 traten Lebenswirklichkeit und Ehrvorstellungen von Offizieren und Mannschaft, von Arbeiterschaft, Mittel- und Oberschicht, von Bauern und Städtern so weit auseinander, dass die „nationale Ehre" und die „Standesehre" im Deutschen Reich und in Österreich-Ungarn ganz Unterschiedliches meinten. Die „aufopfernde nationale Ehre" verlor ihre Bindekraft zwischen den sozialen Gruppen.

7 Sprachhandeln im „sozialen Mehrebenensystem": Warum so viele verschiedene Deutungen zu den Ursachen des Ersten Weltkrieges möglich sind

Am Beginn aller geschichtswissenschaftlichen Erkundung steht das Beherrschen des historiographischen Handwerks. Ohne Routine, ohne methodischen Zugriff, ohne Planung, ohne Einhaltung jener Standards, die Transparenz und Kreativität gleichermaßen sicherstellen sollen, gibt es keine Wissenschaft. Der vorliegende Text zielte aus diesem Grunde darauf ab, das Handwerk des Historikers in einem Selbstversuch vorzustellen und auf diesem Wege zu erproben, ob das praktische Rüstzeug der Geschichtswissenschaft hilft, tatsächlich neue Fragen aufzuwerfen und die Forschung voranzutreiben.

7.1 Wenige Widersprüche, viele sich ergänzende Perspektiven

Ganz grob kann man drei Arbeitsschritte geschichtswissenschaftlichen Forschens unterscheiden:

Arbeitsschritte wissenschaftlichen Forschens

- Erstens gilt es, Schneisen ins Dickicht der Forschung zu schlagen. Ohne ausreichende Kenntnis und systematische Aufarbeitung des Forschungsstandes und der Forschungslücken ist kein innovativer Beitrag zur Forschung möglich.
- Zweitens gilt es, die Quellen angemessen auszuwerten, die vorhandenen kritisch zu lesen und für den gegebenen Zweck eventuell noch ungenutzte Quellen heranzuziehen.
- Drittens – darauf aufbauend – zielt alles wissenschaftliche Streben darauf ab, neue Thesen zu entwickeln und sie systematisch zu begründen. Diese neuen Interpretationen sollten zumindest die Erklärungskraft der bewährten alten Deutungen erreichen, doch wenn möglich darüber hinausführen. (Im anderen Falle handelte es sich ja um einen argumentativen Rückschritt.)

Der Beginn des Ersten Weltkrieges als Beispiel

Der Beginn des Ersten Weltkrieges bot sich als Forschungsgegenstand an, um die Leistungsfähigkeit moderner Historiographie zu überprüfen, da so viele methodische Hürden zu überwinden sind: Eine geradezu überbordende Literatur erschwert es, einen raschen Überblick zu gewinnen. Das Internet bietet Hilfestellung und Materialien an. Viele wichtige Dokumente und gute Texte lassen sich hier finden, doch ebenso viele einseitige und schlechte. Da gilt es aufzupassen. Offenheit gegenüber differierenden historiographischen Schulen ist erforderlich, um die ganz unterschiedlichen wissenschaftlichen Zugänge zum Thema nutzbar zu machen. Heftige, z.T. emotionale Kontroversen müssen auf ihren wissenschaftlichen Kern hin befragt werden. Eine umfangreiche, aber durchaus heterogene Quellenlage gilt es zu überblicken und für sich nutzbar zu machen. Zudem spiegeln die Quellen höchst unterschiedliche Sichtweisen auf die Julikrise wider. Unter diesen Umständen besteht die Herausforderung darin, ein stimmiges Narrativ zu entwickeln, ein überzeugendes Erklärungsangebot vorzulegen, das die Vielfalt der Stimmen und Perspektiven nachvollziehbar zu integrieren vermag.

Um die daher doch recht schwierige Aufgabe, die ich mir gestellt habe, zu bewältigen, habe ich die zahlreichen Anregungen der praxisorientierten „Einführungen in das geschichtswissenschaftliche Arbeiten" aufgegriffen. Ganz bewusst habe ich am Anfang Lexikonartikel oder populärwissenschaftliche Überblicksdarstellungen ausgewertet. Sie ermöglichen mir einen raschen Einstieg in das Thema ohne umfassende Vorkenntnisse. Schon beim Einlesen begann ich, mir Faktenwissen anzueignen, Argumentationsmuster herauszupräparieren und darauf zu achten, welche Titel immer wieder zitiert wurden (die Standardwerke!). Auch erhielt ich eine erste Vorstellung von den unterschiedlichen Arten des wissenschaftlichen Schreibens.

Monographien als Zugang

Im nächsten Schritt habe ich drei ganz unterschiedliche Überblicksdarstellungen ausgewertet. Als „Gesamtdarstellungen" streben sie einen monographischen, d.h. einheitlichen Zugriff auf das komplexe Thema des Kriegsausbruchs 1914 an. Größer könnten die historiographischen Unterschiede denn auch kaum sein als zwischen den Werken Fritz Fischers, Christopher Clarks und Jürgen Angelows. Inhaltlich thematisieren sie die Julikrise:

- als Geschichte zielgerichteter Kriegsauslösung (Fritz Fischer),
- als Geschichte allzu „selbstsicherer" Schlafwandler (Christopher Clark) und

- als zeitbedingtes krisenhaftes Zusammentreffen alter und neuer Handlungsmuster (Jürgen Angelow).

Neben den Inhalten variierten auch die Darstellungsweisen: Einmal handelte es sich um eine investigative Aufklärungsschrift, das andere Mal um eine großartige Erzählung vom Denken und Handeln der verantwortlichen Politiker, dann wieder lag eine systematisch argumentierende, kulturgeschichtlich orientierte Untersuchung vor.

Nachdem ich so ein Gespür für mein Thema gewonnen hatte, ging es darum, mein weiteres Vorgehen zu planen und darüber nachzudenken, wie ich meine Exzerpte anfertigen und verwalten werde. Von Beginn an habe ich Überschriften für einzelne Kapitel und Abschnitte meiner geplanten Studie konzipiert. Sie halfen mir, mich nicht zu verlieren, meinen Argumentationsgang zu bündeln und ihn später anderen verständlich vorzuführen. Mit Hilfe von Citavi gelang es mir, meine Recherche zu strukturieren. Eingabemasken und vorgegebene Schemata zwangen mich, das Copy und Paste um viele weitere Arbeitsschritte zu ergänzen, so dass aus den von mir gelesenen und kopierten Texten immer mehr meine „eigenen" Texte wurden – mit Markierungen, Kommentaren, Zusammenfassungen, Verschlagwortung usw. Gleichzeitig wurde ich angeregt, permanent über die Gliederung meiner späteren Darstellung nachzudenken und meine Notate entsprechend zuzuordnen.

Geschichtswissenschaft setzt offensichtlich sehr viele Fertigkeiten voraus. Und wie bei vielen anderen Tätigkeiten ist es hilfreich, die Komplexität in einzelne, möglichst kleine, einfache Arbeitsschritte aufzulösen. Das mache ich beim Lesen so, das mache ich beim Gliedern, das mache ich ebenso auch beim Schreiben. Mir ist wichtig, mein Gedächtnis und mein Strukturierungsvermögen zu entlasten, damit ich mich auf Weniges konzentrieren kann. Deshalb halte ich möglichst alles Relevante schriftlich fest, so, dass ich es rasch wiederfinden kann: Fakten, Namen, bibliographische Angaben, Thesen der Literatur, Rezensionen, Quellen, meine eigenen Gedanken.

Aufteilung in kleine Schrittfolgen

Wenn ich lese, versuche ich zunächst einen Überblick zu gewinnen. Danach schaue ich mir die wichtigen Textstellen genau an. Bin ich am Anfang einer Studie, kopiere ich die entsprechenden Abschnitte der Grundlagenliteratur in meine Datenbank; markiere die zentralen Begriffe; arbeite die Argumentation heraus – durch Ein-

Lesetechniken

fügen von Absätzen oder durch Nummerierung. Ich kommentiere, was ich gelesen habe; fasse das Wichtige in meinen eigenen Worten zusammen; vergebe Schlagworte und füge das Gelesene in meine provisorische Gliederung ein. Kurz, ich lese die Texte vielmals, mit unterschiedlichen Geschwindigkeiten und mit unterschiedlichen Techniken, je nach meinen Vorkenntnissen, je nach meinen Erkenntnisabsichten. Die sind tatsächlich höchst unterschiedlich. Es geht mir einmal darum, die Kernaussagen herauszuarbeiten, dann darum, die zentralen Begrifflichkeiten zu erkennen. Der Kontext ist wichtig und festzuhalten. Vor allem aber gilt es, die verwobenen Bedeutungen herauszuarbeiten und zu kommentieren.

Schreibtechniken — Mehr noch als das Lesen empfinde ich das Schreiben als ausgesprochen anstrengend. Deshalb brauche ich eine ausführliche, ja, eine extensive Gliederung, die die wichtigsten Thesen schon benennt. Alle relevanten Quellen- und Literaturexzerpte finde ich an den entsprechen Stellen der Gliederung in meiner Datenbank bzw. deren Ausdruck auf Papier. Alles ist von mir bereits zusammengefasst, gedanklich durchgearbeitet, so dass ich mich ganz auf das Schreiben konzentrieren kann. Ich muss nichts suchen; nichts mehr umfassend interpretieren. Ich kann mich ganz darauf konzentrieren, mich verständlich zu machen. Was beim Formulieren am Bildschirm entsteht, ist freilich nur eine erste Fassung. Dann folgen viele weitere, schon bei der ersten Konzeption. Ich überarbeite den Text, lese ihn laut vor, ergänze ihn, untersuche ihn kritisch, ob das, was ich sagen wollte, auch getroffen ist; ob der sprachliche Ausdruck stimmt. Vielfach hilft es, eine Seite auszudrucken und die inhaltlichen und sprachlichen Korrekturen mit der Hand vorzunehmen. Was dann immer noch nicht funktioniert, wird gelöscht, meistens ohne Verlust für die Argumentation selbst. – Doch ich bin vorausgeeilt.

Forschungsberichte — Nach dem Einlesen folgte der Blick auf die vorhandenen Forschungsberichte. Sie ermöglichten in unserem Falle, die gängigen Leitperspektiven auf die großen Weltkriegsstudien kennenzulernen. Dabei zeigte sich das vorrangige Interesse an der Frage der Kriegsschuld. Sie wurde, je nach historischem Zusammenhang, je nach gesellschaftlichen Gegebenheiten, je nach politischem Kontext anders beantwortet.

Enger an unserer eigenen Perspektive ausgerichtet waren jene Forschungsüberblicke angelegt, die den Wandel vom Historismus zur modernen Kulturgeschichte hervorhoben und die damit verbundenen Differenzen in der Perspektive betonten. Sie diskutierten die wissenschaftlichen Vorannahmen und sie beschrieben die methodischen Zugriffe. Doch auch sie berichteten vorwiegend über einzelne Autoren und einzelne Forschungsergebnisse. Eine systematische Übersicht nach Fragestellung, Themenfeld und Zugangsweise gibt es bislang nicht. So entschloss ich mich, die „Ursachen" des Ersten Weltkrieges aus der Perspektive der verschiedenen geschichtswissenschaftlichen „Schulen" „idealtypisch" aufzuarbeiten.

Fünf verschiedene Zugänge habe ich unterschieden. Sie unterstellen den Akteuren jeweils differierende Handlungsmotive. Auch betonen sie in unterschiedlicher Weise die Fähigkeit der Handelnden, das außenpolitische Geschehen zu beeinflussen:

Perspektiven auf die Kriegsursachen

- So hat Fritz Fischer in seinen Werken das Agieren von reaktionären Weltmacht-Ideologen beschrieben, die den Krieg langfristig vorbereitet hätten.
- Die klassisch außenpolitisch argumentierende Schule beurteilt ihre Protagonisten deutlich milder. Sie charakterisiert sie als rational handelnde Akteure, die zu Recht über die außenpolitischen Entwicklungen nach 1890 besorgt gewesen seien. Im Sommer 1914 hätten dann alle Beteiligten ein höchst riskantes Spiel gespielt – und verloren.
- Die gesellschaftsgeschichtliche Perspektive unterstellt den Handelnden eine irrationale Flucht aus der Gegenwart. Der gordische Knoten aus innen- und außenpolitischen Konfliktlagen schien ihnen nur noch mittels eines scharfen Schwertschlages lösbar zu sein.
- Die kulturgeschichtlich argumentierenden HistorikerInnen berichten darüber, wie bestimmte Gruppen der europäischen Gesellschaft ihre Sicht auf die Welt immer mehr verhärtet haben, wie sich Ängste ausbreiteten, sowohl in den Führungsgruppen als auch in Teilen der Gesellschaft, und damit die Fähigkeit zum Kompromiss verloren ging.
- Ein letzter Deutungsansatz legt den Fokus ganz auf die Julikrise selbst. Der Krisenverlauf habe die Akteure überfordert. Es habe letztlich die Zeit gefehlt, um Auswege zu finden und das notwendige Vertrauen wiederherzustellen.

Sieht man einmal von der These eines bewusst herbeigeführten Hegemonialkrieges ab, so thematisieren die genannten Forschungsrichtungen unterschiedliche Aspekte des geschichtlichen Geschehens. Die Historiographie über die „Ursachen" des Ersten Weltkrieges zeichnet sich denn auch nicht durch fundamental gegensätzliche Bewertungen und Thesen aus, sondern durch differierende Perspektiven und methodische Zugriffe, die einander durchaus befruchten und ergänzen.

Wer Wolfgang Mommsens zahlreiche Gesamtdarstellungen gelesen hat, wird schnell erkennen, welche Chancen in der Verbindung von klassischer Diplomatiegeschichte und Gesellschaftsgeschichte liegen. Wer weiterhin Jürgen Angelows langen Essay über den Kriegsausbruch zur Kenntnis genommen hat, ist rasch vom Nutzen kulturgeschichtlicher Zugänge für die Geschichte der Außenpolitik überzeugt. Christopher Clarks „Sleepwalkers" erweitert schließlich das Panorama zu einem gesamteuropäischen Blick, der biographische, kulturgeschichtliche und politikwissenschaftliche Zugriffe miteinander verbindet.

Offensichtlich bedarf es verschiedener Zugänge gleichzeitig, um die „Ursachen" des Ersten Weltkrieges angemessen zu deuten. Die Entstehung der „festen" Bündnissysteme spielte eine Rolle, ebenso der daraus resultierende Vertrauensverlust zwischen den Mittelmächten und den Ententestaaten. Die Rüstungsspirale steigerte das Misstrauen. Die Balkankriege erschreckten viele in Europa, durch ihre Gewaltsamkeit, durch den Verlust außenpolitischer Verlässlichkeit und die radikal veränderte Machtbalance. Dem politischen Personal in allen Hauptstädten Europas fehlte jenes Charisma und jene Erfahrung, die Bismarck ausgezeichnet hatten. Die innenpolitischen Gegensätze in Österreich-Ungarn, Deutschland, Russland und Frankreich förderten den Pessimismus der Politiker, die Zukunft noch gestalten zu können. Die verbreitete Nervosität in den Ober- und Mittelschichten, der Militarismus, der Männlichkeitskult, das Weltmachtdenken, das Warten auf den großen Zusammenbruch der als überkomplex empfundenen Ordnung, all das steigerte die Kriegsbereitschaft. Schließlich entfaltete sich während der Julikrise eine ganz eigene ungebremste Dynamik.

Dennoch vermag die Forschung noch nicht alles zu erklären. Warum führte die Julikrise in die Katastrophe, während zuvor ganz andere Konflikte erfolgreich hatten eingedämmt werden können? Wenn man die These einer gezielten Kriegsvorbereitung Deutschlands mit dem Juli 1914 als Endpunkt ablehnt („Kriegsrat" vom 8. Dezember 1912), dann gibt es keine Argumente, die den Sachverhalt zwingend begründen würden. Am überzeugendsten scheint mir noch die Behauptung eines „Opportunitätsfensters": Im Juli 1914 waren demnach alle beteiligten Mächte der Auffassung, ein Krieg sei in der Zukunft unvermeidlich. Angesichts des Wissens darum, die eigenen Rüstungsanstrengungen nicht mehr lange fortsetzen zu können, angesichts der Furcht vor der Auflösung der Bündnisstrukturen schien ein Krieg im Juli 1914 noch eher erfolgreich zu führen zu sein als eine militärische Konfrontation einige Jahre später. Zudem konnten im Juli 1914 Deutschland und Frankreich davon ausgehen, dass ihre Allianzpartner den Krieg mit allen Kräften unterstützen würden. Dennoch bleibt die Frage offen, weshalb so viele Politiker, weshalb so viele Militärs den Krieg befürwortet haben, obgleich sie überzeugt waren, dass das militärische Aufeinandertreffen ganz Europa umstürzen werde, dass selbst die Sieger lange mit den Kriegsfolgen zu kämpfen haben würden und dass auch eine verheerende Niederlage im Ergebnis möglich sei.

An diesem Punkt der Argumentation werden die Grenzen eines rein zweckrationalen Deutungsansatzes erkennbar. In vielen Darstellungen zum Ersten Weltkrieg ist deshalb von „Wut", „Rache", „Fatalismus", „Prestigedenken" oder auch „Kriegslust" die Rede, also von Emotionen und scheinbar „irrationalen" Handlungsmotiven. Wenn wir uns die Quellen auf die zahlreichen, durchaus einander widersprechenden Wahrnehmungs- und Deutungsmuster hin anschauen, werden in der Tat höchst unterschiedliche Motive erkennbar. Grenzen eines zweckrationalen Menschenbildes

Voraussetzung für eine solche These, die das Widersprüchliche herausstellt, das Inkonsistente betont und die Mehrdeutigkeit nicht als argumentative Ausflucht sucht, sondern als Chance sieht, der Realität näher zu kommen, ist das Sich-Einlassen auf die Quellen. Die konsultierten Dokumente dürfen nicht allein Belegfunktion haben, nicht allein der Veranschaulichung dienen. Es gilt, alles zu unternehmen, damit die Quellen uns tatsächlich verunsichern können, inspirieren können, den Fragen, die an sie gestellt werden, Widerstand leisten können. Deshalb habe ich ein mehrstufiges hermeneutisches Verfahren vorgeschlagen. Die entsprechenden Zugänge habe ich bezeichnet mit: „klassische Hermeneutik", „geschichtswissenschaftliche Hermeneutik", „kulturgeschichtlicher Zugang" und „Dekonstruktion". Am Beispiel des Tagebucheintrages von Admiral von Müller über den „Kriegsrat" vom 8. Dezember 1912 habe ich die Leistungsfähigkeit des mehrstu- Plädoyer für ein mehrstufiges hermeneutisches Verfahren figen Ansatzes vorgeführt. Demnach erscheint es höchst unwahrscheinlich, dass bereits 1912 die Entscheidung zum Krieg fiel. Viel eher ist das Treffen von Kaiser und Militärs auf dem Höhepunkt der „Albanienkrise" Symptom der politischen Schwäche und der Verfassungskrise, in der sich das Deutsche Reich seit 1890 befand.

Die eigentliche Quellenanalyse zur Julikrise begann mit der Untersuchung eines privaten Briefes von Gottlieb von Jagow an Karl Max von Lichnowsky, dem deutschen Botschafter in London. In dem Schreiben warb Jagow für mehr Verständnis Lichnowskys der deutschen Position gegenüber. Um sein Ziel zu erreichen, brachte Jagow viele Argumente vor. Die meisten waren uns bereits geläufig – da sie in der Forschung umfassend gewürdigt werden. Doch einen Aspekt hat die Geschichtswissenschaft bislang ausgespart oder nur am Rande erwähnt – vielleicht, weil er allzu sperrig und nur schwer in die heutige Erfahrungswelt zu integrieren ist: Wenn Russland Deutschland das Duell antrage, so Jagow, dann müsse das Reich das Gefecht annehmen, sich dem Kampf um die „Ehre" stellen.

Ehrvorstellungen als Auslöser für den Krieg

Nur wenige HistorikerInnen haben bisher das Konzept der „Ehre" zur Deutung des Ersten Weltkrieges herangezogen. Hier habe ich offensichtlich eine Forschungslücke entdeckt, die zu schließen lohnt. Das Attentat von Sarajewo, die Ermordung Franz Ferdinands, so die Überlegung, veränderte das außenpolitische Spiel, entzog es dem Zugriff klassischen diplomatischen Agierens. Das Austarieren von Interessengegensätzen spielte keine Rolle mehr. Kompromisse galten als anrüchig. Jetzt ging es darum, die „kollektive" Ehre zu bewahren, die Ehre der Nation als Generalstand, die Ehre Österreich-Ungarns, die Ehre Deutschlands, die Ehre Russlands, die Ehre Frankreichs, in mancher Hinsicht sogar die Ehre Großbritanniens. Wir haben gesehen, warum aus Sicht des Ehrkonzepts der prinzipientreue Tod dem ehrlosen Weiterleben vorzuziehen war. Ehrverlust meinte nichts anderes als den sozialen Tod, ließ nur „unwertes Leben" zurück.

Der Krieg begann für große Teile der politischen Öffentlichkeit, für die Offiziere, für zahlreiche Soldaten aus den Mittel- und Oberschichten als ein Krieg um die nationale Ehre. Er endete als ein technisierter Krieg, der die sozialen Gegensätze zwischen Truppe und Militärführung, zwischen Front und Heimat aufriss und in dem die Ehre der Vielen mit der Ehre der Herrschenden nicht mehr zur Deckung gebracht werden konnte. Der Krieg für die nationale Einheit und die nationale Ehre spaltete im Ergebnis die europäischen Gesellschaften, erzeugte eine Ausdifferenzierung der Ehrvorstellungen entlang sozialer Trennlinien. Die daraus resultierende Erfahrung gesellschaftlicher Konflikte überforderte nach Kriegsende viele der europäischen Gesellschaften.

7.2 Grenzen des Erklärens sozialen Verhaltens

Die Entscheidung zum Krieg – so meine Interpretation – war verbunden mit einem Wechsel der sozialen Handlungsbezüge durch die Verantwortlichen: An die Stelle der Logik der Interessenverfolgung trat im Juli 1914 die Logik der Ehre. Während die klassischen Interessenkonflikte quasi „analog" und in kleinen Schritten nachjustiert werden konnten, blieb im „dualen System" des Ehrdiskurses nur das Schwarz-oder-Weiß übrig, die Schmach oder die erfolgreiche Rehabilitation, im Extremfall das Leben oder der Tod. Anders formuliert, der Ehrdiskurs katapultierte die Handelnden in eine soziale Eigenwelt, machte sie taub gegenüber Argumenten von außen, ließ jedes Nachgeben als Charakterschwäche erscheinen. Das erklärt vieles – aber es erklärt nicht alles.

Analoges System der Interessen vs. duales System der Ehre

Über das Leben in mehreren sozialen Welten gleichzeitig und die Folgen 1914

Die ausgewerteten Dokumente vom Juli 1914 – das haben wir gesehen – sind vieldeutig und widersprüchlich, verweisen auf unterschiedliche soziale Handlungsräume, enthalten ganz unterschiedliche „Sprachspiele" gleichzeitig.

So lohnt ein nochmaliger Blick auf die Quellen. Sie differieren in ihren Vorstellungen von legitimem Handeln je nach Autor, je nach Adressat, je nach Zeitpunkt, je nach Medium. Neben dem Ehrdiskurs finden wir viele andere Diskurslogiken, manchmal sogar innerhalb eines einzigen Textes. Berchtold etwa argumentierte am 7. Juli 1914 im Gemeinsamen Ministerrat einerseits realpolitisch (wenn er die Ausweitung der russischen Einflusssphäre in Südosteuropa als Gefahr brandmarkte und auf die Unterstützung durch Deutschland verwies), andererseits in der Logik der Ehre (wenn er einen „rein diplomatischen Erfolg" in der „Serbienfrage" als unge-

Nebeneinander von Sprach- und Handlungslogiken

nügend zurückwies und allein die militärische Option gegen Serbien als angemessen beurteilte). Dasselbe Gemisch aus realpolitischem Kalkül und Ehrdenken führte Graf Tisza, den ungarischen Ministerpräsidenten, zu der Hoffnung, das „Prestige" Österreichs durch einen diplomatischen Erfolg retten zu können. Es war Kriegsminister Krobatin, der die Waagschale zugunsten der Ehrlogik kippte. Doch auch er führte ergänzend höchst rationale Argumente für seine Position an: „Der k.u.k. Kriegsminister ist der Ansicht", heißt es im Protokoll, „dass ein diplomatischer Erfolg keinen Wert habe. Ein solcher Erfolg werde nur als Schwäche ausgelegt. Vom militärischen Standpunkte müsse er betonen, dass es günstiger wäre, den Krieg sogleich, als zu einem späteren Zeitpunkte zu führen, da sich das Kräfteverhältnis in der Zukunft unverhältnismäßig zu unseren Ungunsten verschieben werde."[433] Das war die habsburgische Variante des Präventivkriegsdenkens.

England gegenüber benutzten fast alle Akteure vorwiegend eine Sprache der Realpolitik und der Interessendurchsetzung. Um Gleichgewicht in Europa ginge es, hieß es, sobald um die Unterstützung durch London geworben wurde, um die weltweiten Interessen Großbritanniens, um die europäische Rechtsordnung.[434]

Während Berchtolds Sprache im inneren Kreis der Wiener Entscheider schwankte, mal den Ehraspekt betonte, dann wieder realpolitisches Kalkül in den Vordergrund stellte, benutzte er Russland gegenüber die klassische Sprache der Diplomatie. Er verwies auf die Machtbalance in Europa, auf die dynastischen Gemeinsamkeiten und auf die eigene territoriale Selbstbescheidung (Verzicht auf Annexionen).[435] Hätte sich St. Petersburg auf die Sprache der traditionellen Außenpolitik eingelassen, so hätte es vielleicht flexibler

---

433 7.7.1914, Protokoll des Gemeinsamen Ministerrates, in: *Geiss* (Hrsg.), Juli 1914 (wie Anm. 86), 56–65.
434 Vgl. z.B. 29.7.1914, Telegramm Mensdorff (London) an Berchtold, in: ebd., 275f. Aufschlussreich in diesem Sinne sind auch die Aufzeichnungen George William Buchanans, des britischen Botschafters in St. Petersburg. S. die entsprechenden Quellenbelege in *Baumgart* (Hrsg.), Julikrise (wie Anm. 105).
435 16.7.1914 – Forgách (Sektionschef im österr. Außenministerium) an Mérey (Gesandter bei der österr. Botschaft in Rom), in: ebd., 93–95; 20.7.1914, Berchtold an österreichisch-ungarischen Botschafter in St. Petersburg in Erläuterung des Ultimatums an Serbien, in: *Geiss* (Hrsg.), Juli 1914 (wie Anm. 86), 130f.; 24.7.1914, Telegramm, Geschäftsträger Kudaschew (Wien) an Sasonow, ebd.,

handeln und auf eine militärische Option verzichten können. Aber auch St. Petersburg beharrte auf seiner „Ehre".

London akzeptierte ohne Nachfrage die russischen Einlassungen. Gleichzeitig erachtete Edward Grey die Forderung einer angemessenen Satisfaktion für Österreich als nicht weniger gerechtfertigt. Das Dilemma bestand darin, einen Weg zu finden, der allen Seiten ermöglicht hätte, das Gesicht zu wahren. Doch London fand keine Formel, die allen gerecht wurde. Das Spiel der Ehre konnte mit den Mitteln der Diplomatie nicht ohne Bruch, ohne Verlassen der Routine beendet werden. In jedem Falle hätte es mehr Zeit bedurft. Ein größeres Engagement wäre erforderlich gewesen. Ein innovatives symbolisches Handeln hätte Österreich vielleicht ausreichende Satisfaktion ermöglicht und zugleich Schaden von St. Petersburg abgewandt. Aber so viel Phantasie – die es auf deutscher Seite sehr wohl gab (Halt in Belgrad!) – brachte die britische Politik nicht auf. Der englische Botschafter in Wien, Sir Maurice de Bunsen, versicherte dem österreichisch-ungarischen Außenminister, dass er den Wiener Standpunkt sehr wohl verstehe, auch wenn jetzt ein Krieg gegen Serbien anstehe. Das jedenfalls berichten die Aufzeichnungen Berchtolds.[436]

Abkehr von der Routine

Scheitern Greys

Die deutschen Interventionen in Wien Ende Juli 1914 lassen sich in mancher Hinsicht als verzweifelter Versuch deuten, aus dem Dilemma der Ehrverteidigung heraus- und zur Logik der Interessenpolitik zurückzufinden. Wie wir gesehen haben, scheiterte auch dieser Versuch, zur klassischen Außenpolitik zurückzukehren, weil die Logik der Ehre, die Logik militärischer Aktion und die Logik diplomatischen Agierens einander überlagerten und dadurch eine transparente, eindeutige und entschiedene Reaktion erschwerten.

Kurz, die Akteure agierten in verschiedenen Bezugssystemen zeitgleich. Sie rekurrierten auf unterschiedliche Argumente, je nach Situation, je nach Adressat, je nach medialem Kontext (diplomatische Note oder Privatbrief), ja nach Laune. Manchmal wechselte

---

177 f.; 25.7.1914, Berchtold an Szápáry (St. Petersburg), in: *Baumgart* (Hrsg.), Julikrise (wie Anm. 105), 137.
436 28.7.1914, Telegramm Berchtold an Mensdorff, wwi.lib.byu.edu/index.php/II,_90._Graf_Berchtold_an_Grafen_Mensdorff_in_London,_28._Juli_1914 (25.1.2014).

sogar – wie bei Gottlieb von Jagow – der Bezugsrahmen innerhalb eines Textes, innerhalb eines Satzes: „ Ich will keinen Präventivkrieg [strategisch-rationales Kalkül – A.H.], aber wenn der Kampf sich bietet, dürfen wir nicht kneifen [Ehrkalkül – A.H.]".[437]

Die „Entscheidung" zum Krieg, so das Ergebnis unserer Überlegungen, resultierte aus der Überlagerung ganz verschiedener sozialer Handlungsbezüge. Den Kriegseintritt beschlossen die Politiker der Zeit als rationale Akteure, als überforderte Entscheider, als zukunftszugewandte pessimistische Geschichtsdeuter und als Ehrenmänner. Auch wenn das Pendel bei dem einen oder anderen zugunsten einer spezifischen Position ausschlug, so reagierten die Handelnden im Grunde doch gleichermaßen: scharf kalkulierend, überfordert, pessimistisch, ehrversessen. Der Krieg wurde möglich, weil um 1914 so viele verschiedene Welten einander überlappten: die Welt des nüchternen Geschäfts- und Militärkalküls, die Welt enormer Beschleunigung, welche viele der Verantwortlichen überforderte, die Welt teleologischer Meistererzählungen durch Politikberater, Schriftsteller, Journalisten und Militärs (die Geschichtswissenschaft hatte inzwischen zur Selbstbescheidung gefunden und verzichtete auf Makroerklärungen), schließlich die Welt bürgerlich-adeliger Ehrhaftigkeit. So viele verschiedene Deutungen zu den Ursachen des Ersten Weltkrieges sind möglich, weil so viele verschiedene Handlungsmotive als legitim erachtet wurden und deshalb zeitgleich zu beobachten sind.

Aber wie war eine solch inkohärente Verschränkung unterschiedlicher Rechtfertigungslogiken möglich, warum wurden nicht die Widersprüche deutlich und die Grenzen der Argumentation erkennbar? Graf Tisza, der ungarische Ministerpräsident, wandte im Gemeinsamen Ministerrat berechtigterweise ein, dass die Stellung Deutschlands zukünftig eher stärker denn schwächer sein werde, auch wies er darauf hin, wie wichtig es sei, die europäische Öffentlichkeit für die eigene Position zu gewinnen. Durchsetzen aber konnte er sich mit seiner Auffassung nicht, weil jedem einzelnen Argument gegenteilige Aussagen entgegengebracht werden konnten und es ihm nicht gelang, das Bündel der einander überlappen-

---

[437] 18.7.1914, Privatbrief Jagow an Lichnowsky, in: *Geiss* (Hrsg.), Juli 1914 (wie Anm. 86), 104.

den Teilargumente aufzubrechen.⁴³⁸ Schließlich lebte er selbst in verschiedenen Welten zugleich.

Deutungsangebote der Sprachwissenschaft

Beginnen wir mit der Sprachwissenschaft. In der Reihe „Historische Einführungen" bietet Achim Landwehr einen Überblick über die „*Historische Diskursanalyse*".⁴³⁹ Der Begriff wird durch den Autor durchaus breit ausgelegt. Denn Landwehr bietet eine Gesamtschau vieler verschiedener Herangehensweisen: von der Begriffsgeschichte Kosellecks über Dietrich Busses Plädoyer für Sprachwissenschaft als historische Sozialwissenschaft bis hin zur klassischen Diskursanalyse Foucaults.

<small>Historische Diskursanalyse</small>

Aufschlussreich scheint mir die Idee Jürgen Links zu sein, wonach in Kollektivsymbolen verschiedene Spezialdiskurse zusammentreffen. Erweitern wir die Argumentation auf Ziele und Konzepte, so konzentrieren sich um das Konzept der „nationalen Selbstbehauptung" tatsächlich ganz verschiedene Diskurse: der militärstrategisch argumentierende Diskurs (Präventivkrieg), der Interessendiskurs der Diplomaten (Aufrechterhaltung der Bündnissysteme, Sicherung weltweiter Positionen), der außenpolitische Prestigediskurs (Großmachtstellung), der Ehrdiskurs (Selbstbehauptung). Das Attentat auf Franz Ferdinand und der Konflikt um Serbien führten ganz verschiedene Gruppen und Diskursstränge zusammen. Das erklärt, warum auf einmal Militärs und Politiker, auf Geheimhaltung bedachte Diplomaten und große Teile der Presseöffentlichkeit, Tauben und Falken zusammenfanden und jeweils aus ihrer Sicht den „Krieg" (den lokalen Krieg, den kontinentalen Krieg, den europäischen Krieg) als einen denkbaren Ausgang aus der Krise akzeptierten.

<small>Bündelung von Diskursen in Kollektivsymbolen</small>

John G. A. Pocock, einer der Mitbegründer der Cambridge School politischer Ideengeschichte, hat das Nebeneinander und die Überlagerung verschiedener Sprachschichten in Texten der Frühen Neuzeit beschrieben. Der „Historiker-Archäologe" – hier knüpft Pocock an Foucault an – müsse Sprachschicht für Sprachschicht frei-

<small>Mehrdimensionalität des Sprachhandelns</small>

---

438 7.7.1914, Protokoll des Gemeinsamen Ministerrates, in: ebd., 56–65.
439 *Achim Landwehr*, Historische Diskursanalyse. Frankfurt/M. 2008.

legen und die Vielfalt der verwendeten „Sprachen" aufdecken. Gerade weil Texte uneindeutig seien, konventionelles Sprechen und intentionales Sagen in Spannung miteinander stünden, müsse der Historiker zwischen den verwendeten Sprachen und dem Sprachakt unterscheiden. Der kluge geschichtswissenschaftliche Interpret arbeitet heraus, wie die „langue" (die Sprache) auf die „paroles" (den Sprachakt) einwirkt und umgekehrt die „langue" sich durch die „paroles" wandele.[440] Für unseren Zusammenhang ist wichtig, dass Pocock die Inkohärenz von Texten keinesfalls stört, sie vielmehr als Element des Sprachhandelns versteht. Wichtig erscheint ihm, wie sich die Gewichte im Sprechen selbst verändern, wie – um auf den eigentlichen Gegenstand unserer Untersuchung zurückzukommen – aus einem Diskurs der Diplomaten zunehmend ein Diskurs der Ehrenmänner wurde. Tag für Tag, Quelle für Quelle müssen wir da offensichtlich genau hinschauen und Bedeutungsverschiebungen herausarbeiten, so, wie ich es im Kapitel über „nationale Ehre als Legitimation für Gewaltandrohung" versucht habe.

Noch einen Hinweis finde ich in der Einführung zur Historischen Diskursanalyse von Achim Landwehr: An Foucault anknüpfend, lohnt es offenbar, die diskursive Formation der Julikrise genauer zu beschreiben, jene Ordnung also, die das „Sprachhandeln" erst erzeugt hat. Vieles hierzu haben wir herausgearbeitet: die imperialen Gegensätze, die durchaus widersprüchlichen nationalen Emanzipations- und Ausdehnungsbestrebungen in Südosteuropa, die Rolle der Geheimdiplomatie, das unkoordinierte Regierungshandeln als Ergebnis der Überlagerung von Altem und Neuem (monarchisch-konstitutionelle Ordnung, Klientelsysteme) (Foucault: institutioneller Zusammenhang). Außenpolitik gehörte um 1900 noch immer dem Arkanbereich „großer Kabinette" zu, die sich freilich zunehmend durch die „Öffentlichkeit" unter Druck gesetzt fühlten. Dazu kam ein spezifisch auf Taten hin ausgerichtetes Milieu, das die Außenpolitik nach 1900 prägte (Foucault: Wer waren die Subjekte, die Aussagen machten?). Auffallend ist die enge Verzahnung der Argumente miteinander. Der europäische

---

440 *John G.A. Pocock*, Der Begriff einer ‚Sprache' und das métier d'historien. Einige Überlegungen zur Praxis, in: Mahler/Mulsow (Hrsg.), Texte zur Theorie der Ideengeschichte (wie Anm. 313), 280–297. *Landwehr*, Historische Diskursanalyse (wie Anm. 439), 40 f.

Krieg war demnach ursprünglich nicht das eigentliche Ziel der Außenpolitik im Juli 1914 – in keiner der beteiligten Hauptstädte –, sondern die Ehrbewahrung (Wien) oder der Prestigegewinn (die deutsche Reichsleitung zu Beginn der Julikrise) sowie die Prüfung der Kriegsbereitschaft der gegnerischen Seite. Wenn der Krieg aber nicht zu verhindern war, dann eröffnete sich im Juli 1914 ein Fenster, das allen beteiligten Hauptstädten erlaubte, den Krieg unter vergleichsweise günstigen Bedingungen zu führen. Weil durch den Sprachwechsel von der Diplomatie zum Ehrdiskurs überall die „nationale Ehre" auf dem Spiel stand, wurde es unmöglich, rasch und in überzeugender Weise Kompromisse zu finden. Sechs Tage zwischen serbischer Antwort auf das österreichische Ultimatum und der deutschen Generalmobilmachung waren definitiv zu wenig, um einen Ausweg aus der Krise zu weisen. Österreich wollte seine „Rechnung mit Serbien begleichen", setzte auf die Stärke Deutschlands und fürchtete, neuerlich als schwacher und kranker Mann Europas zu gelten, wenn es nachgäbe. Deutschland hatte anfangs Wien zu einer scharfen Reaktion angestachelt, um die Stellung der Mittelmächte zu verbessern. Es hätte all sein Renommee eingebüßt, seine Ehre, wenn es jetzt einen Rückzieher gemacht hätte. Mehr noch, die deutschen Militärs überzeugten die Reichsleitung, dass es keinen gangbaren Ausweg aus der Situation mehr gäbe, langfristig nicht, aber auch kurzfristig nicht – nachdem Russland mobilisiert hatte. Ähnlich sah die Situation in St. Petersburg und Paris aus. (Foucault: Nach welchen Prinzipien ist der Gegenstand durch Aussagen strukturiert? Welche Strategien bewirken die Kohärenz des Diskurses?).

Sprachwissenschaftliche Überlegungen helfen also tatsächlich, die Ausgangsfrage nach den „Ursachen" des Ersten Weltkrieges zu reformulieren. Sie erklären, wie es zur Bündelung der Diskurse kam und welche spezifische Ausgangskonstellation die Herstellung von Kohärenz ermöglichte. Allerdings habe ich die eigentliche Fragestellung damit noch nicht beantworten können, warum nämlich in einem einzelnen Text (Jagows Privatbrief an Lichnowsky z.B.) Argumente vorgebracht wurden, die auf ganz unterschiedlichen Logiken beruhten und sich z.T. widersprachen, ohne dass es den Zeitgenossen auffiel oder als unglaubwürdig empfunden wurde.

Sozialwissenschaftliche Zugriffe

Vielleicht ermöglicht ja die Soziologie, das Phänomen zu verstehen. Mein Aachener Kollege Roger Häußling half mir ein wenig, Schneisen ins Dickicht der Sozialwissenschaften zu schlagen. Aufschlussreich, meinte er, sei vielleicht die Ethnomethodologie. Sie nämlich lehnt abstrakte Theorien über die soziale Wirklichkeit ab und unterstreicht stattdessen, dass soziale Wirklichkeit im praktischen Handeln hergestellt wird. Es gälte, die Regeln der Verständigung zu entdecken. Weil Sprache situationsbedingt und uneindeutig sei, müssten Akteure permanent das (Sprach-)Handeln ihrer Gegenüber interpretieren. Das gelinge nur auf der Basis von Vertrauen, gemeinsamem Vorwissen[441] und sozial eingeübten Erwartungsstrukturen, die je nach Situation, je nach sozialem Kontext anders strukturiert sein könnten.[442] Aus dieser Sichtweise warb Jagow in seinem Schreiben um Zustimmung, appellierte an Lichnowsky als rationalen Akteur, als kenntnisreichen Diplomaten und als Ehrenmann, die deutsche Politik zu unterstützen. Er konnte gewiss sein, dass Fürst Lichnowsky ihn am Ende richtig verstand.

Roger Häußling gab noch einen weiteren Hinweis: Uwe Schimank habe in der Reihe *Grundlagentexte Soziologie* eine *Einführung in die akteurtheoretische Soziologie* vorgelegt, die mir vielleicht neue Perspektiven eröffne.[443] Tatsächlich bot mir Schimanks Darlegung einen Hinweis darauf, wie die verschiedenen Argumentationsstränge – die der Akteure, aber auch die der Historiker – zu integrieren sind.

Schimank unterscheidet vier Handlungsformen: (1) den Homo Sociologicus, der sich an sozialen Normen ausrichtet und in sozialen Rollen agiert; (2) den Homo Oeconomicus, der rational Alternativen abwägt und seinen Nutzen zu maximieren sucht; (3) der Homo Emotionalis, der seinen Gefühlen gehorcht und affektiv reagiert, schließlich (4) den Identitätsbehaupter, der anstrebt, das

---

441 de.wikipedia.org/w/index.php?title=Ethnomethodologie&oldid=143828359 (13.9.2015).
442 *Heinz Abels*, Ethnomethodologie, in: Georg Kneer (Hrsg.), Handbuch soziologische Theorien. Wiesbaden 2009, 87–110.
443 *Uwe Schimank*, Handeln und Strukturen. Einführung in die akteurtheoretische Soziologie. Weinheim 2000.

Selbstbild mit der Außenwelt in Übereinstimmung zu bringen. In der Wirklichkeit überlagern die verschiedenen Handlungsformen einander: Der „emotional man" wäre bald ein Außenseiter seiner sozialen Umgebung und würde in die Psychiatrie eingeliefert, wenn er nicht zumindest z.T. berechenbar wäre. Viel häufiger beobachten wir den „constrained emotional man", der seinen Emotionen keinen freien Lauf lässt, sondern seine Gefühle eingrenzt, beispielsweise als individuellen Motivationsschub nutzt oder als affektives Signal an die Außenwelt, ihn in Ruhe zu lassen oder ihm zu folgen. Das verträgt sich durchaus mit sozialen Rollen, etwa der Rolle als Mutter oder der Rolle als motivierender Lehrer. Doch auch beim Homo Oeconomicus haben Affekte eine Funktion, wenn beispielsweise ein Basarverkäufer an die Gefühle appelliert, um einen höheren Preis für seine Ware zu erzielen. Kurz, emotionales, soziales, rationales, identitäres Handeln schließen sich nicht aus. Viel eher gilt es, die gegenseitige Abhängigkeit und Hierarchie der Handlungsformen herauszuarbeiten.

Kommen wir zurück zum Identitätsbehaupter. Selbstbilder steuern die Handlungen der Akteure, und zwar sowohl individueller als auch kollektiver Akteure. Sie bewirken ein stimmiges Alltagshandeln und sie kontrollieren die Selbstdarstellung nach außen. Sie sind aber zugleich auf eine gewisse Bestätigung durch die soziale Umgebung angewiesen. Die Forschung unterscheidet zwischen spezifischen und existenzgefährdenden Identitätsbedrohungen. Auf existenzgefährdende Herausforderungen reagieren Menschen mit Resignation und Verdrängung, aber auch mit unnachgiebigem Festhalten am eigenen Selbstbild. Daraus folgt dann eine gesteigerte Aktivität, die den eigenen Anspruch untermauern und die Umgebung zur Revision ihrer „falschen" Bilder zwingen soll. Folge von existenziellen Identitätskrisen sind, so erklärt die Psychologie, „Wahrnehmungsverzerrungen, Irritabilität" (Reizbarkeit) und andere kognitive Defizite, „die sich unter affektivem Druck noch verstärken."[444] Kurz, existenzgefährdende Identitätskrisen trüben die rationale Verarbeitung; es lassen sich sowohl Fatalismus beobachten als auch Überreaktionen und Überaktivität.

Identitätskrisen als Ursache von Ehrkonflikten

---

444 www.neurologen-und-psychiater-im-netz.org/kinder-jugend-psychiatrie/warnzeichen/adoleszenz-adoleszenzkrisen/identitaetsentwicklung-und-identitaetskrisen/ (14.9.2015).

7.3 Identitätsbehauptung und Ehrverteidigung als zentrale Motive für die Auslösung des Ersten Weltkrieges – Versuch eines integrierenden Erklärungsansatzes

Emotionalisierung des Konflikts

Bei der Auslösung des Ersten Weltkrieges, so nun die wenig überraschende These, ging es nicht um Gebietsgewinne, nicht um imperiale Eroberungen, wie Fritz Fischer unterstellt hat, nicht um rationale Zielverfolgung, sondern um die Behauptung von Identität. Deshalb fehlten bis Anfang August 1914 konkrete Kriegsziele, deshalb spielten Emotionen so eine große Rolle und deshalb schien der Krieg vielen Menschen alternativlos. Stig Försters „Reich des Absurden"[445] löst sich solchermaßen ins Konkrete auf und wird tatsächlich erklärbar.

Fehlen konkreter Kriegsziele

Identitätsarbeit gehört zur normalen Existenzaufgabe, für Individuen und für Kollektive. Diplomaten, Kulturmanager, Wirtschaftsfachleute arbeiten ganz konkret am Selbstbild eines Staates, wenn sie Bilder vom eigenen Land und der eigenen Kultur in der Welt entwerfen, Rollenerwartungen definieren, politische und ökonomische Ziele verfolgen. Das erfordert soziales Einwirken auf die unmittelbare Umgebung, rationales Kalkül, Identifikation mit Vorbildern und Abgrenzung von „Fremden". Nicht jede Identitätskrise weitet sich zur existentiellen Bedrohung aus. Das passiert erst, wenn die Korrektur des eigenen Selbstbildes misslingt oder die soziale Umgebung nicht mehr positiv beeinflusst werden kann. Dann verhärten sich die eigenen Identitätsvorstellungen und die Außenwelt bewertet das Selbstbild als wenig sozial und bedrohlich. Österreich-Ungarn erlebte eine solche Identitätskrise 1914, wenn es als „kranker Mann" Europas betrachtet wurde, ebenso Deutschland, da es sich außenpolitisch „ungehörig benahm" und als „Störenfried" wahrgenommen wurde. Besser und genauer waren es die politischen Verantwortlichen in Deutschland, die sich immer mehr eingekreist, immer mehr herausgefordert fühlten. Dasselbe gilt für Russland nach dem Krieg mit Japan und dem Erleben der Revolution von 1905.

Existentielle Identitätskrise

Im 19. Jahrhundert beantwortete die politisch-soziale Elite Identitätsbedrohungen mit dem Aufruf zum Duell. Als Franz Ferdi-

---

[445] *Förster*, Im Reich des Absurden (wie Anm. 71).

nand in Sarajevo von Gavrilo Princip ermordet wurde, da wandelte sich die Politik der Identitätsbehauptung vom „Spiel" der Diplomatie zum „Spiel" um Ehre. Und die Sprache der Ehre verstanden im Juli 1914 alle beteiligten Hauptstädte. Wenn ein Duell angetragen wurde, dann durften auch St. Petersburg und Paris „nicht kneifen", und in gewisser Weise musste selbst London Partei ergreifen. Je nach Schwere des Anlasses mochte der geregelte Zweikampf die Emotionen zügeln, wie Ute Frevert gezeigt hat, oder tatsächlich die Frage nach Leben und Tod stellen. Dies erklärt, warum die deutsche Politik so viele unterschiedliche Szenarien entwickelte (lokaler Krieg, Halt in Belgrad, Präventivkrieg). Immer ging es um Bewahrung von Identität. Im Falle von existenziellen Identitätskrisen (russische Mobilmachung aus Berliner Sicht) blieb indes nur die Alternative des blutigen Aufeinandertreffens, die Bereitschaft, das eigene Leben aufs Spiel zu setzen, wenn die soziale Existenz gewahrt werden sollte. Sofern das Recht nicht entscheiden konnte, musste das „Gottesurteil" sprechen. Deshalb war in den Ansprachen der Kaiser und des Zaren so viel von „Gott" die Rede.

Sprache der Ehre als gesamteuropäisches Phänomen

Der Vorteil der von mir vorgeschlagenen Deutung des Ersten Weltkrieges als eines Konfliktes um Identität und der entschiedenen Verteidigung der eigenen „Ehre" liegt darin, dass die meisten bisher erarbeiteten Erklärungsansätze sich leicht integrieren lassen, ja, ohne deren Beiträge meine eigene Erläuterung viel zu kurz greifen würde. Insofern ergänzen sich die Geschichte des internationalen Systems, der gesellschaftsgeschichtliche Deutungsansatz, die kulturgeschichtliche Herangehensweise und der Hinweis auf die enge Zeitspanne im Juli 1914 und unterfüttern meine Beobachtung eines verzweifelten Versuchs der identitären Selbstbehauptung und der Ehrbewahrung. Die Verteidigung der Ehre erforderte rationales Kalkül, emotionale Kontrolle und die Bereitschaft, das eigene Leben im Spiel um Ehre einzusetzen. Weder zynische Imperialisten, noch Schlafwandler, auch keine wilden Ideologen oder kriegslüsterne Militärs verantworteten den Ersten Weltkrieg. Sie gab es alle bereits vor dem Juli 1914. Es waren die allzu normalen, allzu überforderten, zu Ehrenmännern erstarrten Diplomaten, die bis dahin die Wogen immer wieder hatten glätten können, denen jetzt die Kraft fehlte, das in der Julikrise neuartige Spiel der Ehre kurzfristig zu durchbrechen.

Ehrenmänner in Zeitnot

8 Quellen- und Literaturverzeichnis

8.1 Quellen

Winfried Baumgart (Hrsg.), Die Julikrise und der Ausbruch des ersten Weltkrieges 1914. Auf der Grundlage der von Erwin Hölzle herausgegebenen „Quellen zur Entstehung des Ersten Weltkrieges. Internationale Dokumente 1901–1914". Für den Studiengebrauch bearbeitet von Winfried Baumgart. Darmstadt 1983.

Pius Dirr (Hrsg.), Bayerische Dokumente zum Kriegsausbruch und zum Versailler Schuldspruch. 3. erw. Auflage, München 1925 (http://daten.digitale-sammlungen.de/0001/bsb00013260/images/index.html?fip=193.174.98.30&id=00013260&seite=1).

Karl Dietrich Erdmann (Hrsg.), Kurt Riezler: Tagebücher, Aufsätze, Dokumente, eingeleitet u. herausgegeben von Karl Dietrich Erdmann. Einleitung Holger Afflerbach. Göttingen 2008 (Neuausgabe v. 1972).

Imanuel Geiss (Hrsg.), Julikrise und Kriegsausbruch 1914. Hannover 1964.

Imanuel Geiss (Hrsg.), Juli 1914. Die europäische Krise und der Ausbruch des Ersten Weltkrieges. München 1986.

George P. Gooch/Harold Temperley (Hrsg.), British Documents on the Origins of the War, 1898–1914, 11. Bde. London 1926–1938 (http://wwi.lib.byu.edu/index.php/1914_Documents; alternativ: https://catalog.hathitrust.org/Record/000401929 – 29.5.2016).

Erwin Hölzle (Hrsg.), Quellen zur Entstehung des Ersten Weltkrieges. Internationale Dokumente 1901–1914. Darmstadt 1995.

Otto Hoetzsch, Die Internationalen Beziehungen im Zeitalter des Imperialismus. Dokumente aus den Archiven der Zarischen und der Provisorischen Regierung hrsg. v. d. Kommission beim Zentralexekutivkomitee der Sowjetregierung unter dem Vorsitz von M. N. Pokrowski, Bd 1–5. Berlin 1931–1934 (http://www.ub.uni-koeln.de/cdm/search/searchterm/6002883/field/identi/mode/all/conn/and/order/date –29.5.2016).

Karl Kautsky/Max Montgelas/Walther Schücking, Die deutschen Dokumente zum Kriegsausbruch 1914, Bd. 1 u 2. 2. Aufl. Berlin 1921 (https://archive.org/stream/diedeutschendoku12byukaut#page/n7/mode/2up; Einführung und Digitalisate: http://www.archiv.diplo.de/Vertretung/archiv/de/03a-Digitalisate/03a-1-julikrise-1914/3a-1-0julikrise-1914.html#topic5).

Ministère des Affaires Étrangères (Hrsg.), Documents diplomatiques français, 1871–1914, 3e Série 3, 1911–1914, Bd. 1–5, Paris 1929–1935 (http://gallica.bnf.fr – 29.5.2016).

Annika Mombauer (Hrsg.), The Origins of the First World War. Diplomatic and Military Documents. Manchester 2013.

Raymond Poidevin (Hrsg.), Les origines de la première guerre mondiale. Paris 1975.

Bernd Sösemann, Die „Juli-Krise" im Riezler-Tagebuch. Eine kritische Edition (7. Juli–15. Agusut 1914), in: Historische Zeitschrift 298, 2014, 686–707.

Staatsamt für Äußeres in Wien (Hrsg.), Die Österreich-Ungarischen Dokumente zum Kriegsausbruch. Berlin 1923 (http://wwi.lib.byu.edu/index.php/ Die_%C3%96sterreichisch-Ungarischen_Dokumente_zum_Kriegsausbruch – 25.1.2014).
Matthias Steinbach (Hrsg.), Mobilmachung 1914. Stuttgart 2014.
Gale Stokes, The Serbian Documents from 1914. A preview, in: The Journal of Modern History 48, 1976, 69–84 (http://www.jstor.org/stable/1878810 – 28.12.2014).
Solomon Wank, Desperate Counsel in Vienna in July 1914: Berthold Moldens unpublished memorandum, in: Central European History 26, 1993, 281–310.

8.2 Bibliographien, Enzyklopädien, Handbücher, Lehrwerke

Stéphane Audoin-Rouzeau/Jean-Jacques Becker (Hrsg.), Encyclopédie de la Grande Guerre, 1914–1918. Paris 2004.
Volker R. Berghahn, Das Kaiserreich 1871–1914. Industriegesellschaft bürgerliche Kultur und autoritärer Staat. (Gebhardt/Handbuch der deutschen Geschichte, 16) 10. Aufl. Stuttgart 2003.
Otto Brunner/Werner Conze/Reinhart Koselleck (Hrsg.), Geschichtliche Grundbegriffe, Bd. 1–8. Stuttgart 1972–1997
Ute Daniel/Peter Gatrell/Oliver Janz/Heather Jones/Alan Kramer/Bill Nasson/ Jennifer D. Keene (Hrsg.), 1914–1918 online. International Encyclopedia of the First World War. 2014 (http://www.1914-1918-online.net/).
Jörg Fisch, Europa zwischen Wachstum und Gleichheit 1850–1914. (Handbuch der Geschichte Europas) Stuttgart 2002.
Gerhard Hirschfeld/Gerd Krumeich/Irina Renz/Pöhlmann Markus (Hrsg.), Enzyklopädie Erster Weltkrieg. 2. aktualisierte und erweiterte Aufl. Stuttgart 2014 (Erstauflage 2003).
Friedrich Jaeger (Hrsg.), Enzyklopädie der Neuzeit. 16 Bde., Stuttgart 2004–2012.
International Society for First World War Studies (Hrsg.), Bibliography. (https:// www.zotero.org/groups/first_world_war_studies_bibliography/items/ 29.5.2016).
Claus D. Kernig (Hrsg.), Marxismus im Systemvergleich. Geschichte. Freiburg 1974.
Georg Kneer (Hrsg.), Handbuch soziologische Theorien. Wiesbaden 2009.
Eberhard Kolb/Dirk Schumann, Die Weimarer Republik. (Oldenbourg Grundriss der Geschichte, 16) 8. Aufl. München 2012.
Andreas Rose, Die Außenpolitik des Wilhelminischen Kaiserreichs, 1890–1918. (Geschichte Kompakt). 1. Aufl. Darmstadt 2013.
Uwe Schimank, Handeln und Strukturen. Einführung in die akteurtheoretische Soziologie. (Grundlagentexte Soziologie) 3. Aufl. Weinheim, München 2007.
Wolf Schneider, Deutsch für Profis. Wege zu gutem Stil. 18. Aufl. München 2001.

Gregor Schöllgen/Friedrich Kiessling, Das Zeitalter des Imperialismus. (Oldenbourg Grundriss der Geschichte, 15) 5. Aufl. München 2009.
Adam Wandruszka/Peter Urbanitsch/Helmut Rumpler (Hrsg.), Die Habsburgermonarchie 1848–1918. Bd. 6, Teil 2: Die Habsburger Monarchie im System der internationalen Beziehungen. (Die Habsburgermonarchie 1848–1918, 6.2) Wien 1993.
Niels Werber/Stefan Kaufmann/Lars Koch (Hrsg.), Erster Weltkrieg. Kulturwissenschaftliches Handbuch. Darmstadt 2014.

8.3 Monographien und Sammelwerke

Holger Afflerbach/David Stevenson (Hrsg.), An Improbable War? The Outbreak of World War I and European Political Culture before 1914. Oxford 2007.
AKV Sammlung Crous (Hrsg.), Weststadt statt Weltstadt. Aachens Grenzerlebnisse 1914–1929. Aachen 2014.
Luigi Albertini, The Origins of the War of 1914, 3 Bde. London 1952.
Jürgen Angelow, Kalkül und Prestige. Der Zweibund am Vorabend des Ersten Weltkrieges. Köln 2000
Jürgen Angelow, Der Weg in die Urkatastrophe. Der Zerfall des alten Europa, 1900–1914. (Deutsche Geschichte im 20. Jahrhundert, 2) Köln 2010.
Anthony Appiah, Eine Frage der Ehre oder wie es zu moralischen Revolutionen kommt. München 2011.
Birgit Aschmann (Hrsg.), Gefühl und Kalkül. Der Einfluss von Emotionen auf die Politik des 19. und 20. Jahrhunderts. (Historische Mitteilungen, 62) Stuttgart 2005.
Birgit Aschmann, Preußens Ruhm und Deutschlands Ehre. Zum nationalen Ehr-Diskurs im Vorfeld der preußisch-französischen Kriege des 19. Jahrhunderts. München 2013.
Winfried Baumgart (Hrsg.), Das Zeitalter des Imperialismus und des Ersten Weltkrieges, 1871–1918. Teil 1: Akten und Urkunden; Teil 2: Persönliche Quellen. (Quellenkunde zur deutschen Geschichte der Neuzeit von 1500 bis zur Gegenwart) 2. neubearbeitete und erweiterte Aufl. Darmstadt 2005.
Jean Jacques Becker, L'année 14. Paris 2004.
Jean-Jacques Becker, 1914. Comment les Français sont entrés dans la guerre. Contribution à l'étude de l'opinion publique, printemps-été 1914. Paris 1977.
Volker Berghahn, Der Erste Weltkrieg. München 2003.
Camille Bloch, Die Ursachen des Weltkrieges. Bremen 2014 (Nachdruck v. 1935).
Marc Bloch, Aus der Werkstatt des Historikers. Zur Theorie und Praxis der Geschichtswissenschaft. Frankfurt/M. 2000.
Philipp Blom, Der taumelnde Kontinent. Europa, 1900–1914. München 2008.
Donald Bloxham, Political Violence in Twentieth-Century Europe. Cambridge 2011.

Katrin Boeckh, Von den Balkankriegen zum Ersten Weltkrieg. Kleinstaatenpolitik und ethnische Selbstbestimmung auf dem Balkan. München 1996.
Patrick Bormann (Hrsg.), Angst in den internationalen Beziehungen. Bonn 2010.
Francis R. Bridge, The Coming of the First World War. London 1983.
Eric Dorn Brose, The Kaiser's Army. The Politics of Military Technology in Germany during the Machine Age, 1870–1918. Oxford 2001.
Bundeszentrale für politische Bildung (Hrsg.), 100 Jahre Beginn des Ersten Weltkriegs. Bonn 2014 (https://www.bpb.de/shop/buecher/schriften reihe/188383/apuz-edition-100-jahre-beginn-des-ersten-weltkriegs).
Johannes Burkhardt/Josef Becker/Stig Förster/Günther Kronenbitter, Lange und kurze Wege in den Ersten Weltkrieg. Vier Augsburger Beiträge zur Kriegsursachenforschung. München 1996.
Dagmar Burkhart, Eine Geschichte der Ehre. Darmstadt 2006.
Dietrich Busse, Dietrich/Thomas Niehr/Martin Wengeler (Hrsg.), Brisante Semantik. Neuere Konzepte und Forschungsergebnisse einer kulturwissenschaftlichen Linguistik. Berlin 2005.
Bruno Cabanes, Août 14. La France entre en guerre. Paris 2014.
Konrad Canis, Von Bismarck zur Weltpolitik. Deutsche Außenpolitik 1890 bis 1902. Berlin 2. Aufl. 1999.
Konrad Canis, Der Weg in den Abgrund. Deutsche Außenpolitik 1902–1914. Paderborn 2011.
François Caron, Frankreich im Zeitalter des Imperialismus, 1851–1918. Stuttgart 1991.
John Charmley, Splendid Isolation? Britain, the Balance of Power and the Origins of the First World War. London 1999.
Christopher M. Clark, The Sleepwalkers. How Europe Went to War in 1914. London 2012.
Peter Clarke, Hope and Glory. Britain 1900–1990. London 1997.
Georges Duby (Hrsg.), Histoire de France. Bd. 3: De 1852 à nos jours. Paris 1987.
Jost Dülffer/Karl Holl (Hrsg.), Bereit zum Krieg. Kriegsmentalität im wilhelminischen Deutschland, 1890–1914. Beiträge zur historischen Friedensforschung. Göttingen 1986.
Jörg Duppler/Gerhard P. Groß (Hrsg.), Kriegsende 1918. Ereignis, Wirkung, Nachwirkung. München 1999.
Georg Eckert/Peter Geiss/Arne Karsten (Hrsg.), Die Presse in der Julikrise 1914. Die internationale Berichterstattung und der Weg in den Ersten Weltkrieg. Münster 2014.
Charles Emmerson, 1913. In search of the world before the Great War. New York 2013.
Jens Ivo Engels, Kleine Geschichte der Dritten Französischen Republik, 1870–1940. Köln 2007.
Karl-Georg Faber, Theorie der Geschichtswissenschaft. 5. Aufl. München 1982.
Niall Ferguson, Der falsche Krieg. Der Erste Weltkrieg und das 20. Jahrhundert. Stuttgart 1999.

Fritz Fischer, Krieg der Illusionen. Die deutsche Politik von 1911 bis 1914. 2. Aufl. Düsseldorf 1970.
Kurt Flasch, Die geistige Mobilmachung. Die deutschen Intellektuellen und der Erste Weltkrieg. Frankfurt 2000.
Stig Förster, Der doppelte Militarismus. Die deutsche Heeresrüstungspolitik zwischen Status-quo-Sicherung und Aggression, 1890–1913. Stuttgart 1985.
Ute Frevert, Ehrenmänner. Das Duell in der bürgerlichen Gesellschaft. München 1991.
Ewald Frie, Das Deutsche Kaiserreich. (Kontroversen um die Geschichte) Darmstadt 2004.
David Fromkin, Europas letzter Sommer. Die scheinbar friedlichen Wochen vor dem Ersten Weltkrieg. München 2005.
Marian Füssel/Thomas Weller (Hrsg.), Ordnung und Distinktion. Praktiken sozialer Repräsentation in der ständischen Gesellschaft. (Symbolische Kommunikation und gesellschaftliche Wertesysteme, 8) Münster 2005.
Dominik Geppert, Pressekriege. Öffentlichkeit und Diplomatie in den deutsch-britischen Beziehungen, 1896–1912. München 2007.
Ann Goldberg, Honor, Politics, and the Law in Imperial Germany, 1871–1914 (New Studies in European history). Cambridge, New York, 2010.
Richard C. Hall, The Balkan Wars 1912–1913. Prelude to the First World War. (Warfare and History). London 2010.
Richard F. Hamilton/Holger H. Herwig (Hrsg.), The Origins of World War I. Cambridge 2003.
Richard F. Hamilton/Holger H. Herwig, Decisions for War, 1914–1917. Cambridge 2004.
Richard F. Hamilton/Holger H. Herwig, War Planning 1914. Cambridge 2010.
Max Hastings, Catastrophe. Europe Goes to War 1914. London 2013.
Bernd Heidenreich/Sönke Neitzel (Hrsg.), Das Deutsche Kaiserreich 1890–1914. Paderborn 2011.
Hans-Joachim Heintze/Annette Fath-Lithic (Hrsg.), Kriegsbegründungen. Wie Gewaltanwendung und Opfer gerechtfertigt werden sollten. Berlin 2008.
Gerhard Henke-Bockschatz, Der Erste Weltkrieg. Eine kurze Geschichte. Stuttgart 2014.
Ulrich Herbert, Geschichte Deutschlands im 20. Jahrhundert. München 2014.
Dagmar Herrmann (Hrsg.), Deutsche und Deutschland aus russischer Sicht. Von den Reformen Alexanders II. bis zum Ersten Weltkrieg. München 2006.
David G. Herrmann, The Arming of Europe and the Making of the First World War. Princeton 1996.
Mark Hewitson, Germany and the Causes of the First World War. Oxford 2004.
Klaus Hildebrand/Elisabeth Müller-Luckner (Hrsg.), Das Deutsche Reich im Urteil der großen Mächte und europäischen Nachbarn, 1871–1945. München 1995.
Gerhard Hirschfeld/Gerd Krumeich/Renz, Irina (Hrsg.), ‚Keiner fühlt sich hier mehr als Mensch'. Erlebnis und Wirkung des Ersten Weltkriegs. Essen 1993.

Isabel V. Hull, Absolute Destruction. Military Culture and the Practices of War in Imperial Germany. Ithaca 2005.
Florian Illies, 1913. Der Sommer des Jahrhunderts. Frankfurt/M. 2012.
Wolfgang Jäger, Historische Forschung und politische Kultur in Deutschland. Die Debatte 1914–1980 über den Ausbruch des Ersten Weltkrieges. Göttingen 1984.
Anscar Jansen, Der Weg in den Ersten Weltkrieg. Das deutsche Militär in der Julikrise 1914. Marburg 2005.
James Joll, Die Ursprünge des Ersten Weltkrieges. München 1988.
Elise Julien, Der Erste Weltkrieg. (Kontroversen um die Geschichte). Darmstadt 2014.
John Keegan, Der Erste Weltkrieg. Reinbek 2000.
John F. V. Keiger, France and the Origins of the First World War. (The Making of the 20th Century). Houndmills 1983.
Florian Keisinger, Unzivilisierte Kriege im zivilisierten Europa? Die Balkankriege und die öffentliche Meinung in Deutschland England und Irland 1876–1913. (Krieg in der Geschichte, 47) Paderborn, München 2008.
Paul M. Kennedy, The Rise of Anglo-German Antagonism, 1860–1914. London 1980.
Stefan Kestler, Betrachtungen zur kaiserlich-deutschen Rußlandpolitik. Ihre Bedeutung für die Herausbildung des deutsch-russischen Antagonismus zwischen Reichsgründung und Ausbruch des Ersten Weltkrieges, 1871–1914. Hamburg 2002.
Friedrich Kießling, Gegen den ‚großen' Krieg? Entspannung in den internationalen Beziehungen, 1911–1914. München 2002.
Günther Kronenbitter, Krieg im Frieden. Die Führung der k.u.k. Armee und die Großmachtpolitik Österreich-Ungarns, 1906–1914. München 2003.
Gerd Krumeich, Aufrüstung und Innenpolitik in Frankreich vor dem Ersten Weltkrieg. Wiesbaden 1980.
Gerd Krumeich, Juli 1914. Eine Bilanz. Paderborn 2013.
Wolfgang Kruse (Hrsg.), Eine Welt von Feinden. Der Große Krieg 1914–1918. Frankfurt/M. 1997.
Wolfgang Kruse, Der Erste Weltkrieg. (Geschichte Kompakt) Darmstadt 2009.
Achim Landwehr, Historische Diskursanalyse. (Historische Einführungen, 4) Frankfurt/M. 2008.
John W. Langdon, July 1914. The Long Debate 1918 to 1990. London 1991.
Hannes Leidinger, Die Republik Österreich 1918–2008. Überblick Zwischenbilanz Neubewertung. Wien 2008.
Jörn Leonhard, Die Büchse der Pandora. Geschichte des Ersten Weltkrieges. München 2014.
Dominic C. B Lieven, Russia and the Origins of the First World War. London 1983.
Thomas Lindemann, Die Macht der Perzeption und die Perzeptionen von Mächten. Berlin 2000.
Trevor O. Lloyd, Empire, Welfare State, Europe: English history 1906–2001. Oxford 2010.

Chris Lorenz, Konstruktion der Vergangenheit. Eine Einführung in die Geschichtstheorie. Köln 1997.
Wilfried Loth, Geschichte Frankreichs im 20. Jahrhundert. Stuttgart 1987.
Margaret Macmillan, The War that Ended Peace. How Europe Abandoned Peace for the First World War. New York 2013.
Andreas Mahler/Martin Mulsow (Hrsg.), Texte zur Theorie der Ideengeschichte. Stuttgart 2014.
Gordon Martel, The Month that Changed the World. July 1914. Oxford 2014.
Robert K. Massie, Die Schalen des Zorns. Großbritannien, Deutschland und das Heraufziehen des Ersten Weltkrieges. Frankfurt/M. 1993.
John H. Maurer, The Outbreak of the First World War. Strategic Planning, Crisis Decision Making, and Deterrence Failure. Westport 1998.
Arno J. Mayer, Adelsmacht und Bürgertum. Die Krise der europäischen Gesellschaft 1848–1914. München 1988.
Norman McCord/Bill Purdue (Hrsg.), British History 1815–1914. Oxford 2007.
Sean McMeekin, The Russian Origins of the First World War. Cambridge 2011.
Sean McMeekin, Juli 1914. Der Countdown in den Krieg. München 2014.
Lüder Meyer-Arndt, Die Julikirse 1914. Wie Deutschland in den Ersten Weltkriege stolperte. Köln 2005.
Wolfgang Michalka (Hrsg.), Der Erste Weltkrieg. Wirkung, Wahrnehmung, Analyse. München 1994.
Annika Mombauer, Helmuth von Moltke and the Origins of the First World War. Cambridge 2001.
Annika Mombauer, The Origins of the First World War. Controversies and Consensus. London 2002.
Annika Mombauer, Die Julikrise. Europas Weg in den Ersten Weltkrieg. München 2014.
Wolfgang Mommsen, Großmachtstellung und Weltpolitik. Die Außenpolitik des Deutschen Reiches 1870 bis 1914. Frankfurt/M. 1993.
William Mulligan, The Origins of the First World War. Cambridge 2010.
Herfried Münkler, Der Große Krieg. Die Welt 1914 bis 1918. Berlin 2013.
Michael Scott Neiberg, Dance of the Furies. Europe and the Outbreak of World War I. Cambridge 2011.
Sönke Neitzel (Hrsg.), 1900: Zukunftsvisionen der Großmächte. Paderborn 2002.
Sönke Neitzel, Kriegsausbruch. Deutschlands Weg in die Katastrophe, 1900–1914. Zürich 2002.
Michael E. Nolan, The Inverted Mirror. Mythologizing the Enemy in France and Germany, 1898–1914. New York 2005.
Hans-Heinrich Nolte, Kleine Geschichte Rußlands. Ditzingen 1998.
Vera Nünning/Ralf Saal, Uni-Training Geschichtswissenschaft. Einführung in Grundstrukturen des Fachs und Methoden der Quellenarbeit. Stuttgart 1995.
Thomas G. Otte, July Crisis. The World's Descent into War Summer 1914. Cambridge 2014.
Packer, Ian, Liberal Government and Politics, 1905–15. New York 2007.
Malcolm Pearce/Geoffrey Stewart, British Political History 1867–1991. Democracy and Decline. London 1992.

Christa Pöppelmann, Juli 1914. Wie man einen Weltkrieg beginnt, und die Saat für einen zweiten legt: ein Lesebuch. Berlin 2013 (http://www.juli 1914.de/ – 29.5.2016).
Thomas Raithel, Das „Wunder" der inneren Einheit. Studien zur deutschen und französischen Öffentlichkeit bei Beginn des Ersten Weltkrieges. Erlangen-Nürnberg, 1994. Bonn 1996.
Manfried Rauchensteiner, Der Erste Weltkrieg und das Ende der Habsburgermonarchie 1914–1918. Wien 2013.
Manfred Reinschedl, Die Aufrüstung der Habsburgermonarchie von 1880 bis 1914 im internationalen Vergleich. Der Anteil Österreich-Ungarns am Wettrüsten vor dem Ersten Weltkrieg. Frankfurt/M. 2001.
Paul Ricoeur, Gedächtnis, Geschichte, Vergessen. München 2004.
Andreas Rose, Zwischen Empire und Kontinent. Britische Außenpolitik vor dem Ersten Weltkrieg. München 2011.
Bernhard Rosenberger, Zeitungen als Kriegstreiber? Die Rolle der Presse im Vorfeld des Ersten Weltkrieges. Köln 1998.
Ralph Rotte, Die ‚Ideen von 1914'. Weltanschauliche Probleme des europäischen Friedens während der ‚ersten Globalisierung'. Hamburg 2001.
Jan Rüger, The Great Naval Game. Britain and Germany in the Age of Empire. Cambridge 2007.
Jörn Rüsen, Lebendige Geschichte. Grundzüge einer Historik III: Formen und Funktionen des historischen Wissens. Göttingen 1989.
Wolfgang Schieder (Hrsg.), Erster Weltkrieg. Ursachen, Entstehung und Kriegsziele. Köln 1969.
Christoph Schmidt, Russische Presse und Deutsches Reich, 1905–1914. Köln 1988.
Stefan Schmidt, Frankreichs Außenpolitik in der Julikrise 1914. Ein Beitrag zur Geschichte des Ausbruchs des Ersten Weltkrieges. München 2009.
Martin Schramm, Das Deutschlandbild in der britischen Presse 1912–1919. Berlin 2007.
Stephen Schröder, Die englisch-russische Marinekonvention. Das Deutsche Reich und die Flottenverhandlungen der Tripelentente am Vorabend des Ersten Weltkriegs. Göttingen 2006.
Geoffrey. R. Searle, A new England? Peace and War, 1886–1918. Oxford 2004.
Winfried Speitkamp, Ohrfeige, Duell und Ehrenmord. Eine Geschichte der Ehre. Stuttgart 2010.
Zara S. Steiner/Keith Neilson, Britain and the origins of the First World War. 2. Aufl. Basingstoke 2003.
Verena Steller, Diplomatie von Angesicht zu Angesicht. Diplomatische Handlungsformen in den deutsch-französischen Beziehungen 1870–1919. Paderborn 2011.
David Stevenson, The outbreak of the First World War. 1914 in Perspective. Basingstoke 1997.
Gunda Stöber, Pressepolitik als Notwendigkeit. Zum Verhältnis von Staat und Öffentlichkeit im Wilhelminischen Deutschland, 1890–1914. Stuttgart 2000.
Barbara Tuchman, August 1914. Frankfurt/M. 1989.

Jeffrey. Verhey, Der „Geist von 1914" und die Erfindung der Volksgemeinschaft. Hamburg 2000.
Ludgera Vogt, Zur Logik der Ehre in der Gegenwartsgesellschaft. Differenzierung, Macht, Integration. Frankfurt/M. 1997.
Ludgera Vogt/Arnold Zingerle (Hrsg.), Ehre. Archaische Momente in der Moderne. Frankfurt/M. 1994.
Bernd Wegner (Hrsg.), Wie Kriege entstehen. Zum historischen Hintergrund von Staatskonflikten. Paderborn 2000.
Hans-Ulrich Wehler, Deutsche Gesellschaftsgeschichte. Bd. 3: Von der Deutschen Doppelrevolution bis zum Beginn des Ersten Weltkrieges 1849–1914. München 1995.
Hayden V. White, Metahistory. Die historische Einbildungskraft im 19. Jahrhundert in Europa. Frankfurt/M. 1994.
Samuel R Williamson, Austria-Hungary and the Origins of the First World War. New York 1991.
Klaus Wilsberg, ‚Terrible ami – aimable ennemi'. Kooperation und Konflikt in den deutsch-französischen Beziehungen, 1911–1914. Bonn 1998.
Heinrich August Winkler, Deutsche Geschichte vom Ende des Alten Reiches bis zum Untergang der Weimarer Republik. Bonn 2000.
Jay Winter/Antoine Prost, The Great War in History. Debates and Controversies, 1914 to the Present. Cambridge 2005.
Sacha Zala, Geschichte unter der Schere politischer Zensur. Amtliche Aktensammlungen im internationalen Vergleich. München 2001.
Egmont Zechlin (Hrsg.), Krieg und Kriegsrisiko. Zur deutschen Politik im Ersten Weltkrieg. Aufsätze. Düsseldorf 1979.
Benjamin Ziemann, Gewalt im Ersten Weltkrieg. Essen 2013.
Terence Zuber (Hrsg.), German War Planning, 1891–1914. Sources and Interpretations. Woodbridge 2004.
Terence Zuber, Inventing the Schlieffen Plan. German War Planning, 1871–1914. Oxford 2004.

8.4 Aufsätze

Heinz Abels, Ethnomethodologie, in: Georg Kneer (Hrsg.), Handbuch soziologische Theorien. Wiesbaden 2009, 87–110.
Holger Afflerbach, The Topos of Improbable War in Europe before 1914, in: Afflerbach/Stevenson (Hrsg.), An Improbable War?, 161–182.
Holger Afflerbach, Der Topos vom unwahrscheinlichen Krieg in Europa vor 1914, in: Geschichte in Wissenschaft und Unterricht 65, 2014, 284–302.
Helmut Altrichter, „… und ganz unter dem Schweif stehen Lessing und Kant …". Das Deutsche Reich aus russischer und sowjetischer Sicht, in: Hildebrand/Müller-Luckner (Hrsg.), Das Deutsche Reich im Urteil der großen Mächte, 179–202.
Jürgen Angelow, Schritt aus der Zivilisation. Forschungen, Fragestellungen und Neudeutungen zum Kriegsausbruch von 1914, in: Heidenreich/Neitzel, (Hrsg.), Das Deutsche Kaiserreich, 189–200.

Alexander Anievas, 1914 in World Historical Perspective. The ‚Uneven' and ‚Combined' Origins of World War I, in: European Journal of International Relations 19, 2013, 721–746.
Birgit Aschmann, Vom Nutzen und Nachteil der Emotionen in der Geschichte. Eine Einführung, in: Aschmann (Hrsg.), Gefühl und Kalkül, 9–32.
Jörg Baberowski, „Der Nationalismus ist ein mächtiges Gefühl". Die russische Presse und der Ausbruch des Ersten Weltkrieges, in: Eckert/Geiss/Karsten (Hrsg.), Die Presse in der Julikrise 1914, 61–82.
Philip Bauer, Der Erste Weltkrieg. Vorgeschichte und Ausbruch, 2004, http://www.blz.bayern.de/blz/web/erster_weltkrieg/literatur.html (28.5.2016).
Jean-Jacques Becker, Frankreich, in: Hirschfeld/Krumeich/Renz/Pöhlmann (Hrsg.), Enzyklopädie Erster Weltkrieg, 31–43.
Jean-Jacques Becker, 1905. Un tournant?, in: Audoin-Rouzeau/Becker (Hrsg.), Encyclopédie de la Grande Guerre, 151–158.
Jean-Jacques Becker, Entrées en guerre, in: Audoin-Rouzeau/Becker (Hrsg.), Encyclopédie de la Grande Guerre, 193–204.
Jean-Jacques Becker, Le tonneau de poudre des Balkans, in: Audoin-Rouzeau/Becker (Hrsg.), Encyclopédie de la Grande Guerre, 179–191.
Jean-Jacques Becker, Unions sacrées et sentiment des responsabilités, in: Audoin-Rouzeau/Becker (Hrsg.), Encyclopédie de la Grande Guerre, 205–217.
Agnes Blänsdorf, Kurt Riezlers Aufzeichnungen zur Julikrise 1914. Bemerkungen zur Frage ihrer „Echtheit" und Edition, in: Historische Zeitschrift 301, 2015, 391–417.
Adam James Bones, British National Dailies and the Outbreak of War in 1914, in: The International History Review 35, 2013, 975–992.
Patrick Bormann, Furcht und Angst als Faktoren deutscher Weltpolitik, 1897–1914, in: Bormann (Hrsg.), Angst in den internationalen Beziehungen, 71–92.
Margarete Busch, Wachsende Aggressivität gegen das Wilhelminische Reich. Russische Pressestimmen von der Jahrhundertwende bis 1914, in: Herrmann, (Hrsg.), Deutsche und Deutschland aus russischer Sicht, 239–257.
Dietrich Busse, Sprachwissenschaft als Sozialwissenschaft?, in: Busse/Niehr/Wengeler (Hrsg.), Brisante Semantik, 21–43.
Konrad Canis, Internationale Stellung und Außenpolitik Deutschlands vor dem Ersten Weltkrieg, in: Heidenreich/Neitzel (Hrsg.), Das Deutsche Kaiserreich, 177–187.
Christoph Cornelißen, „Oh! What a lovely War!". Zum Forschungsertrag und zu den Tendenzen ausgewählter Neuerscheinungen über den Ersten Weltkrieg, in: Geschichte in Wissenschaft und Unterricht 65, 2014, 269–283.
Dittmar Dahlmann, Rußland, in: Hirschfeld/Krumeich/Renz/Pöhlmann (Hrsg.), Enzyklopädie Erster Weltkrieg, 87–96.
Jost Dülffer, Der Weg in den Krieg, in: Hirschfeld/Krumeich/Renz/Pöhlmann (Hrsg.), Enzyklopädie Erster Weltkrieg, 233–241.

Jost Dülffer, 100 Jahre Erster Weltkrieg. Eine Bilanz des Jahres 2014, in: Osteuropa 64, 2014, 45–58.

Georges Dupeux, La IIIe République, 1871–1914, in: Duby (Hrsg.), Histoire de France, Bd. 3, 143–178.

Georg Eckert/Peter Geiss/Arne Karsten, Krisenzeitungen nach Sarajevo. Wechselwirkungen zwischen Presse und Politik, in: Eckert/Geiss/Karsten (Hrsg.), Die Presse in der Julikrise 1914, 7–19.

Georg Eckert, Steife Oberlippe, hängende Unterlippe, Julikrise und Kriegsbeginn in der Londoner „Times", in: Eckert/Geiss/Karsten (Hrsg.), Die Presse in der Julikrise 1914, 113–135.

Karl Dietrich Erdmann, Die Tagebücher Riezlers sind echt. Streit um ein historisches Dokument, das in Zwielicht geraten ist. Eine Antwort, in: Die Zeit 8.7.1983

Gerald D. Feldman, Rezension zu: Fritz Fischer, Krieg der Illusionen, in: Journal of Modern History 43, 1971, 333–336.

Niall Ferguson, Germany and the Origins of the First World War. New Perspectives, Historical Journal 35, 1992, 725–752.

Stig Förster, Die Legende vom kurzen Krieg, in: Damals, 1997, H. 8, 12–19.

Stig Förster, Im Reich des Absurden. Die Ursachen des Ersten Weltkrieges, in: Wegner (Hrsg.), Wie Kriege entstehen, 211–252.

Stig Förster, Angst und Panik. „Unsachliche" Einflüsse im politisch-militärischen Denken des Kaiserreiches und die Ursachen des Ersten Weltkriegs, in: Aschmann (Hrsg.), Gefühl und Kalkül, 74–85.

Michel Foucault, Archäologie des Wissens, in: Mahler/Mulsow (Hrsg.), Texte zur Theorie der Ideengeschichte, 179–188.

Ute Frevert, Honor, Gender, and Power. The Politics of Satisfaction in Pre-War Europe, in: Afflerbach/Stevenson (Hrsg.), An Improbable War?, 233–255.

Ute Frevert, Wartime Emotions. Honour, Shame, and the Ecstasy of Sacrifice, 2015, in: 1914–1918 online (http://encyclopedia.1914–1918-online.net/article/wartime_emotions_honour_shame_and_the_ecstasy_of_sacrifice – 29.5.2016).

Ralf-Peter Fuchs, Beleidigung, in: Jaeger (Hrsg.), Enzyklopädie der Neuzeit, 1180–1182.

Marian Füssel/Thomas Weller, Einleitung, in: Füssel/Weller (Hrsg.), Ordnung und Distinktion, 9–22.

Agathe Galinski, Zweierlei Perspektiven auf Gespräche. Ethnomethodologische Konversationsanalyse und Diskursanalyse im kontrastiven Vergleich, 2004, (http://www.linse.uni-due.de/linse/esel/pdf/konversation_diskurs.pdf 15.8.2015).

Christian Geinitz/Uta Hinz, Das Augusterleben in Südbaden. Ambivalente Reaktionen der deutschen Öffentlichkeit auf den Kriegsbeginn 1914, http://www.erster-weltkrieg.clio-online.de/_Rainbow/documents/Kriegserfahrungen/geinitz%2520und%2520hinz.pdf (23.9.2013).

Peter Geiss, „Das unsterbliche Frankreich, der Soldat des Rechts". Französische Zeitungen in der Julikrise 1914, in: Eckert/Geiss/Karsten (Hrsg.), Die Presse in der Julikrise 1914, 83–112.

Geppert, Dominik, Die Presse als Kriegstreiber? Medien und Diplomatie vor dem Ersten Weltkrieg, 2015 (http://www.historikerdialog.eu/sites/ historikerdialog.eu/files/content/files/Lecture%20Geppert%20 Antwerpen%2023%20April%202012.pdf –20.6.2015).
Dominik Geppert, Die Geschichte ist schon weiter. Der Erste Weltkrieg hatte viele Auslöser. Manche Historiker wollen das nicht wahrhaben. Sie übersehen die neueste Forschung, in: Süddeutsche Zeitung, 25.8.2014, 12.
Dominik Geppert/Andreas Rose, Machtpolitik und Flottenbau vor 1914. Zur Neuinterpretation britischer Außenpolitik im Zeitalter des Hochimperialismus, in: Historische Zeitschrift 293, 2011, 401–437.
Britta Gillessen/Gerd Krumeich, Kaiser Wilhelms Notate. Muss – bald – aufräumen, in: Frankfurter Allgemeine Zeitung, 9.12.2015, 3.
Alma Hannig, Angst und die Balkanpolitik Österreich-Ungarns vor dem Ersten Weltkrieg, in: Bormann (Hrsg.), Angst in den internationalen Beziehungen, 93–114.
Alma Hannig, „Wer uns kränkt, den schlagen wir nieder". Die Wiener Tagespresse in der Julikrise 1914, in: Eckert/Geiss/Karsten (Hrsg.), Die Presse in der Julikrise 1914, 21–42.
Rüdiger Haude, „Schöner konnt' es im Felde nicht sein.", in: AKV Sammlung Crous (Hrsg.), Weststadt statt Weltstadt, 78–85.
Ulrich Herrmann, Erziehung für Verdun, in: Die Zeit, 9.2.2014, 16.
Matthias Hirsch, Geschichte (er-)lesen. Überlegungen zu domänenspezifischen Lesemodi und -prozessen, in: Zeitschrift für Geschichtsdidaktik 14, 2015, 136–153.
Gerhard Hirschfeld, Der Erste Weltkrieg in der deutschen und internationalen Geschichtsschreibung, in: Aus Politik und Zeitgeschichte B29–30, 2004 (http://www.bpb.de/apuz/28194/der-erste-weltkrieg-in-der-deutschen-und-internationalen-geschichtsschreibung?p=all – 29.5.2016)
Peter Hoeres, Krieg und Pazifismus. Kriegslegitimationen im Krimkrieg – Ersten Weltkrieg – Kosovo Krieg, in: Hans-Joachim Heintze/ Annette Fath-Lithic (Hrsg.), Kriegsbegründungen, 41–57.
Sibylle Hofer, Ehrverlust, in: Jaeger (Hrsg.), Enzyklopädie der Neuzeit, 88–90.
Matthew O. Jackson, Massimo Morelli, The Reasons for Wars. An Updated Survey. Forthcoming in the Handbook on the Political Economy of War, ed. by Cris Coyne, 2009 (web.stanford.edu/~jacksonm/war-overview.pdf –10.2.2016).
Arne Karsten, „Das Ultimatum ist hart, aber in dieser Härte unvermeidlich". Die Julikrise 1914 im Spiegel deutscher Zeitungen, in: Eckert/Geiss/Karsten (Hrsg.), Die Presse in der Julikrise 1914, 43–60.
Friedrich Kießling, Wege aus der Stringenzfalle. Die Vorgeschichte des Ersten Weltkrieges als ‚Ära der Entspannung', in: Geschichte in Wissenschaft und Unterricht 55, 2004, 284–304.
Helmut König, Politik und Gedächtnis. 100 Jahre Erster Weltkrieg, in: Osteuropa 64, 2014, 29–44.
Wilhelm Korff, Von der Ehre zum Prestige, in: Concilium. Internationale Zeitschrift für Theologie 5, 1969, 390–394.

Alan Kramer, „Greueltaten". Zum Problem der deutschen Kriegsverbrechen in Belgien und Frankreich 1914, in: Hirschfeld/Krumeich/Renze (Hrsg.), „Keiner fühlt sich hier mehr als Mensch", 85–114.

Alan Kramer, Recent Historiography of the First World War, in: Journal of Modern European History 12, 2014, 5–27, 155–174.

Thomas Kron, Die Physik des sozialen Wandels, in: Hamburger Review of Social Sciences 2, 2007, 1–30.

Thomas Kron/Lars Winter, Aktuelle soziologische Akteurtheorien, in: Kneer, Georg (Hrsg.), Handbuch soziologische Theorien. Wiesbaden 2009, 41–66.

Gerd Krumeich, Anticipations de la guerre, in: Audoin-Rouzeau/Becker (Hrsg.), Encyclopédie de la Grande Guerre, 169–178.

Gerd Krumeich, Relations internationales et système d'alliances avant 1914, in: Audoin-Rouzeau/Becker (Hrsg.), Encyclopédie de la Grande Guerre, 159–168.

Gerd Krumeich/Gerhard Hirschfeld, Die Geschichtsschreibung zum Ersten Weltkrieg, in: Hirschfeld/Krumeich/Renz/Pöhlmann (Hrsg.), Enzyklopädie Erster Weltkrieg, 304–315.

Jack S. Levy, Preferences, constraints, and choices in July 1914, in: International Security 15, 1990–1991, 151–186.

Michel Leymarie, De la Belle Époque à la Grande guerre. 1893–1918. Le triomphe de la République. (La France contemporaine). Paris 1999

Horst Günther Linke, Rußlands Weg in den Ersten Weltkrieg und seine Kriegsziele, 1914–1917, in: Michalka (Hrsg.), Der Erste Weltkrieg, 54–94.

Loez, André, Between Acceptance and Refusal – Soldiers' Attitudes Towards War, in: 1914–1918-online (http://dx.doi.org/10.15463/ie1418.10461 – 12.8.2015).

Arno J. Mayer, Domestic Causes of the First World war, in: Leonard Krieger/Fritz Richard Stern, (Hrsg.), The Responsibility of Power;. Historical Essays in Honor of Hajo Holborn. Garden City, N.Y. 1967, 286–300 (https://web.viu.ca/davies/H482.WWI/Mayer.domestic.causes.WWI.1967.htm 29.5.2016).

Annika Mombauer, Julikrise und Kriegsschuld. Thesen und Stand der Forschung, in: Aus Politik und Zeitgeschichte, 2014 (http://www.bpb.de/apuz/182558/julikrise-und-kriegsschuld-thesen-und-stand-der-forschung?p=all – 6.5.2015).

Wolfgang Mommsen, Der Topos vom unvermeidlichen Krieg. Außenpolitik und öffentliche Meinung im Deutschen Reich im letzten Jahrzehnt vor 1914, in: Dülffer/Holl (Hrsg.), Bereit zum Krieg, 194–224.

Wolfgang Mommsen, Rivalités coloniales et économiques. Impérialismes, in: Audoin-Rouzeau/Becker (Hrsg.), Encyclopédie de la Grande Guerre, 135–150.

Wolfgang J. Mommsen, Deutschland, in: Hirschfeld/Krumeich/Renz/Pöhlmann (Hrsg.), Enzyklopädie Erster Weltkrieg, 15–30.

Sven Oliver Müller, Zweierlei Kriegsausbrüche. Neue Tendenzen in der Kultur- und Politikgeschichte des Ersten Weltkriegs, in: Archiv für Sozialgeschichte 41, 2001, 556–565.

Tim B. Müller, Der Zufall des europäischen Krieges. Christopher Clarks historische Aufklärung, in: Zeitschrift für Ideengeschichte 7, 2013, 117–119.

Herfried Münkler, Der Reichskanzler war kein verantwortungsloser Hasardeur, in: Frankfurter Allgemeine Zeitung, 8.7.2014, 13.

Sönke Neitzel, Diplomatie der Generationen? Kollektivbiographische Perspektiven auf die internationalen Beziehungen, 1871–1914, in: Historische Zeitschrift 296, 2013, 84–113.

Christoph Nübel, Bedingt kriegsbereit. Kriegserwartungen in Europa vor 1914, in: Bundeszentrale für politische Bildung (Hrsg.), 100 Jahre Beginn des Ersten Weltkrieges.

Werner Plumpe, Eine wirtschaftliche Weltmacht? Die ökonomische Entwicklung Deutschlands von 1870 bis 1914, in: Heidenreich/Neitzel (Hrsg.), Das Deutsche Kaiserreich, 39–60.

John G. A. Pocock, Der Begriff einer ‚Sprache' und das métier d'historien. Einige Überlegungen zur Praxis, in: Mahler/Mulsow (Hrsg.), Texte zur Theorie der Ideengeschichte, 280–297.

Manfried Rauchensteiner, Österreich-Ungarn, in: Hirschfeld/Krumeich/Renz/Pöhlmann (Hrsg.), Enzyklopädie Erster Weltkrieg, 65–86.

Pierre Renouvin, Die öffentliche Meinung in Frankreich während des Krieges 1914–1918, in: Vierteljahrshefte für Zeitgeschichte 18, 1970, 239–275.

John C. G. Röhl, Admiral von Müller and the Approach of War, 1911–1914, in: Historical Journal 12, 1969, 651–673.

John C. G. Röhl, An der Schwelle zum Weltkrieg. Eine Dokumentation über den „Kriegsrat" vom 8. Dezember 1912, in: Militärgeschichtliche Mitteilungen 21, 1977, 77–134.

John C. G. Röhl, Brisante Briefe an Käthe. Wie begann der Erste Weltkrieg? Ein Fund aus dem Nachlass des Berliner Insiders Kurt Riezler wirft ein neues Licht auf die treibende Rolle des Reichskanzlers Theobald von Bethmann-Hollweg in der Julikrise 1914, in: Die Zeit, 5.4.2015, 17.

Richard Rorty, Vier Formen des Schreibens von Philosophiegeschichte, in: Mahler/Mulsow (Hrsg.), Texte zur Theorie der Ideengeschichte, 261–274.

Rose, Andreas, Sammelrezension. Ein neuer Streit um die Deutungshoheit?, 2014, (http://hsozkult.geschichte.hu-berlin.de/rezensionen/2014-3-074 – 30.7.2014).

Wolfgang Schieder, Weltkrieg. Der Erste Weltkrieg, in: Kernig (Hrsg.), Marxismus im Systemvergleich. Geschichte. Bd. 5, 218–254.

Paul W. Schroeder, Stealing horses to great applause. Austria Hungary's decision in 1914 in systemic perspective, in: Afflerbach/Stevenson (Hrsg.), An improbable war?, 17–42.

Sergeev, Evgenij, Das deutsche Kaiserreich aus der Sicht russischer Militärattachés, 1900–1914, nach 2001 (http://www.ku.de/forschungseinr/zimos/publikationen/forum/zeitgeschichte/sergeev-kaiserreich-russland/ – 29.5.2016).

Quentin Skinner, Bedeutung und Verstehen in der Ideengeschichte, in: Mahler/Mulsow (Hrsg.), Texte zur Theorie der Ideengeschichte, 143–173.

Bernd Sösemann, Die Tagebücher Kurt Riezlers. Untersuchungen zu ihrer Echtheit und Edition, in: Historische Zeitschrift 236, 1983, 327–369.

Barbara Stollberg-Rilinger, Symbolische Kommunikation in der Vormoderne, in: Zeitschrift für historische Forschung 31, 2004, 489–527.

Hew Strachanan, The origins of the First World War. Book review, in: International Affairs 90, 2014, 429–439.

Michael Stürmer, Die östlichen Wurzeln des Ersten Weltkrieges, in: Welt-Online 24.1.2012 (http://www.welt.de/debatte/kolumnen/Weltlage/article13831494/Die-oestlichen-Wurzeln-des-Ersten-Weltkriegs.html – 30.1.2012).

Michel Trebitsch, La crise de la conscience européenne avant 1914, in: Audoin-Rouzeau/Becker (Hrsg.), Encyclopédie de la Grande Guerre, 19–32.

Claudia Ulbrich, Geschlechterrollen, in: Jaeger (Hrsg.), Enzyklopädie der Neuzeit, 631.

Laurence van Ypersele, Belgien, in: Hirschfeld/Krumeich/Renz/Pöhlmann (Hrsg.), Enzyklopädie Erster Weltkrieg, 44–49.

Wolfgang E.J. Weber, Ehre, in: Jaeger (Hrsg.), Enzyklopädie der Neuzeit, 77–85.

Samuel R. Williamson, The origins of World War I, in: Journal of Interdisciplinary History 18, 1988, 795–818.

Samuel R. Williamson, Austria and the Origins of the Great War. A Selective Historiographical Survey, in: Contemporary Austrian Studies 23, 2014, 21–33.

Samuel R. Williamson, The Way to War, in: 1914–1918 online (http://encyclopedia.1914-1918-online.net/article/the_way_to_war – 29.5.2016).

Heinrich August Winkler, Und erlöse uns von der Kriegsschuld. Das Buch des australischen Historikers Christopher Clark über den Kriegsausbruch 1914 hat in Deutschland eine Welle des Revisionismus ausgelöst, in: Die Zeit, 31.7.2014, 14.

Heinrich August Winkler, Die Hundert-Männer-Geschichte. Deutschland, der Erste Weltkrieg und die Schuldfrage. Eine Erwiderung, in: Süddeutsche Zeitung, 29.8.2014, 12.

Jay Winter, Großbritannien, in: Hirschfeld/Krumeich/Renz/Pöhlmann (Hrsg.), Enzyklopädie Erster Weltkrieg, 50–63.

Winter, Jay, Historiography 1918 – today. in: 1914–1918 online (http://encyclopedia.1914-1918-online.net/article/historiography_1918-today – 30.5.2015).

Rainer Winter, Cultural Studies, in: Kneer (Hrsg.), Handbuch soziologische Theorien, 67–86.

Egmont Zechlin, Die Adriakrise und der „Kriegsrat" vom 8. Dezember 1912, in: Zechlin (Hrsg.), Krieg und Kriegsrisiko, 115–159.

Benjamin Ziemann, Enttäuschte Erwartung und kollektive Erschöpfung. Die deutschen Soldaten an der Westfront 1918 auf dem Weg zur Revolution, in: Duppler/Groß (Hrsg.), Kriegsende 1918, 165–182.

Friedrich Zunkel, Ehre, Reputation. in: Brunner/Conze/Koselleck (Hrsg.), Geschichtliche Grundbegriffe. Bd 2, 1–63.

Index

Personenregister

Angelow, Jürgen 24, 64–66, 71, 72, 80, 102, 154, 261, 264
Apis s. Dimitrijević, Dragutin
Aschmann, Birgit 225, 226
Asquith, Herbert Henry 253

Baberowski, Jörg 137
Bark, Pjotr Lwowitsch 236
Bassermann, Ernst 235
Baumgart, Winfried 181, 183
Benckendorff, Alexander Graf 217
Berchtold, Leopold Graf 33, 94, 122, 126, 137, 149, 154, 167–170, 175, 234, 236, 237, 239, 240, 244, 247, 267–269
Berghahn, Volker 110
Bernhardi, Friedrich von 139
Bethmann Hollweg, Theobald von 31, 32, 55, 57, 61, 71, 114, 121, 126, 127, 133, 143, 149, 151, 152, 155, 156, 164–171, 175, 180, 189, 190, 204, 206, 207, 209–212, 241, 244, 246
Bienvenu-Martin, Jean-Baptiste 158
Bismarck, Otto von 30, 92, 96, 116, 118, 176, 211, 225, 264
Blackbourn, David 226
Brecht, Bertold 139
Buchanan, Sir George William 161
Bunsen, Maurice de 137, 243, 244, 269
Burkhardt, Johannes 132

Caillaux, Henriette 135
Cambon, Paul 118
Canis, Konrad 103
Castelnau, Noël Vicomte de 141
Clark, Christopher 9, 24, 26, 34, 35, 46–49, 59–64, 72, 80, 104, 141, 150, 151, 163, 175, 222, 260, 264

Dahlmann, Dittmar 119
Delcassé, Théophile 92, 141
Derrida, Jacques 202
Dimitrijević, Dragutin 50

Elias, Norbert 221
Emmerson, Charles 138
Engels, Jens Ivo 123
Erdmann, Karl Dietrich 35, 179

Faber, Karl-Georg 199, 200
Feldman, Gerald D. 76
Fischer, Fritz 24, 25, 35, 42–47, 59–64, 72, 76, 80, 83, 87–90, 122, 150, 180, 190, 207, 212, 260, 263, 276
Fisch, Jörg 174
Forgách, Johann von 141
Förster, Stig 85, 86, 276
Foucault, Michel 202, 271–273
Franz Ferdinand, Erzherzog 31, 33, 38, 48, 50, 52–54, 59, 88, 91, 100, 105, 107, 135, 149, 155, 156, 186, 221, 228, 241–243, 266, 271
Franz Joseph I., Kaiser 56, 155, 157, 234, 242, 243, 255
Freud, Sigmund 139
Frevert, Ute 222, 225, 226, 277

Geiss, Imanuel 122, 171, 182, 183
Grey, Sir Edward 56, 57, 112, 118, 122, 125, 152, 156, 159, 164, 165, 168, 205, 209, 218, 237, 238, 242, 244–247, 269

Haldane, Richard 205, 206, 208, 211
Hannig, Alma 142
Heeringen, Josias von 205, 213
Herbert, Ulrich 226
Herrmann, David 100, 152

Heym, Georg 147
Hobsbawm, Eric 222
Hölzle, Erwin 182, 183, 207, 212
Hötzendorf, Franz Conrad von 32, 52, 61, 131, 141, 152, 233, 241
Hoyos, Alexander Graf 33, 52, 55, 117, 238, 241
Huch, Ricarda 139

Illies, Florian 138, 139
Iswolski, Alexander Petrowitsch 94, 141

Jagow, Gottlieb von 149, 151, 152, 167, 168, 170, 172, 173, 175, 176, 190, 215, 216, 218, 219, 227, 240, 257, 266, 270, 273, 274
Januschkewitsch, Nikolaj Nikolajewitsch 170
Jaurès, Jean 136, 150
Joffre, Joseph 141
Jovanović, Jovan 163
Jung, Carl Gustav 139

Kafka, Franz 139
Kageneck, Karl Graf 169
Karađorđević, Petar König von Serbien 50
Kiderlen-Waechter, Alfred von 210
Kirn, Paul 177
Kokowzow, Wladimir Nikolajewitsch 149
Kriwoscheïn, Alexander Wassiljewitsch 56, 149
Krobatin, Alexander Ritter von 268
Kron, Thomas 90–92

Landwehr, Achim 271, 272
Langdon, John W. 81, 82, 83
Leonhard, Jörn 85, 96, 163
Levy, Jack S. 152, 153
Lichnowsky, Karl Max von 149, 163–165, 205, 211, 215, 216, 219, 227, 257, 266, 273, 274
Link, Jürgen 271
Lloyd George, David 253, 254
Lorenz, Chris 202

Loth, Wilfried 123
Luhmann, Niklas 15, 18, 220

Mann, Thomas 139
Maurras, Charles 123
Mayer, Arno J. 118, 126
McMeekin, Sean 9, 33, 160
Meidner, Ludwig 139
Mensdorff-Pouilly-Dietrichstein, Albert Graf 234
Millerand, Alexandre 128
Molden, Berthold 241
Moltke, Helmuth Johannes Ludwig von 32, 43, 44, 71, 121, 122, 125, 131, 133, 141, 152, 169, 170, 175, 190, 204–206, 208, 209, 213, 219, 241
Mombauer, Annika 83
Mommsen, Wolfgang J. 35, 119, 121, 207, 212, 264
Müller, Georg Alexander von 44, 194, 204–206, 208, 209, 211, 212, 265
Müller, Tim B. 150

Nägler, Frank 204
Naumann, Viktor 238
Neitzel, Sönke 115
Nietzsche, Friedrich 140
Nikolaus II., Zar 57, 108, 149, 157, 158, 166, 168, 171, 172, 174, 188, 239, 249, 250, 277
Nolde, Emil 139
Nünning, Vera 178, 183, 190, 214

Obrenović, Alexandar König von Serbien 38, 47, 50, 52
Otte, Thomas G. 175

Paléologue, Georges Maurice 52, 113, 141, 161
Panafieu, André de 141
Pašić, Nikola 19, 50, 54, 216
Péguy, Charles 123
Pocock, John G. A. 271
Poincaré, Raymond 53, 56, 57, 123, 128, 150, 152, 157, 158, 176

Pourtalès, Friedrich Graf von 143, 157, 165, 172, 246
Princip, Gavrilo 53, 54, 277
Prost, Antoine 83
Putnik, Radomir 255

Radkau, Joachim 139, 140
Rauchensteiner, Manfried 120, 128, 163, 243
Redlich, Josef 241
Riezler, Kurt 143, 179, 181, 241
Röhl, John C.G. 87, 180, 190, 204, 207, 208, 212

Saal, Rolf 178, 183, 190, 214
Sasonow, Sergei Dimitrijewitsch 56, 94, 405, 137, 143, 152, 153, 157, 160–162, 170, 172, 205, 217, 239, 246
Schieder, Wolfgang 42
Schilinski, Jakow Grigorjewitsch 141
Schimank, Uwe 274
Schoen, Wilhelm Freiherr von 235
Schroeder, Paul W. 92, 101
Skinner, Quentin 199
Sorel, Georges 123
Sösemann, Bernd 180, 181
Spalajković, Miroslav 141
Spengler, Oswald 139
Stinnes, Hugo 132
Suchomlinow, Wladimir 131
Szápáry, Friedrich Graf von 158

Szögyény-Marich, Ladislaus von 154, 155, 210, 235

Tanczos, Gabriel 233
Tirpitz, Alfred von 44, 204–206, 209
Tisza, István Graf 33, 55, 137, 159, 234, 245, 268, 270
Tönnies, Ferdinand 124
Tschirschky, Heinrich von 113, 118, 166–169, 173, 175, 186, 187, 234

Viviani, René 56, 149, 157, 158

Warburg, Max 132
Weber, Max 232, 254
Weber, Thomas 139
Wehler, Hans-Ulrich 35, 121
Wilhelm II., Kaiser 12, 31, 43, 55, 57, 71, 88, 89, 93, 104, 108, 116–118, 125, 132, 133, 150, 155, 163, 166, 168, 169, 171, 172, 186, 189, 190, 204, 207, 209–212, 214, 235, 239, 240, 243, 244, 246–249
Wilson, Sir Henry 141
Winkler, Heinrich August 121, 122, 226
Winter, Jay 83, 84

Zechlin, Egmont 35, 212
Zimmermann, Arthur 120, 154, 155

Ortsregister

Albanien 55, 95, 102, 105, 205, 209, 240, 266

Bad Gleichenberg 255
Belgien 48, 57, 105, 174, 238, 239, 251–253, 255
Belgrad 47, 48, 52, 54–56, 58, 89, 94–96, 105, 106, 122, 141, 152, 153, 159–163, 165, 167, 189, 209, 216, 228, 234, 237, 245, 246, 257, 269, 277

Berlin 31–34, 38, 44, 47, 48, 52, 55–57, 65, 93, 94, 96, 99, 102–104, 106–108, 113, 120, 132, 134, 135, 138, 143, 150, 152–158, 160, 161, 164, 165, 168–176, 186, 204, 209, 211, 234–236, 240, 242, 244, 245, 247, 251, 257, 277
Bosnien-Herzegowina 32, 38, 50, 54, 55, 94, 95, 99, 102, 104, 105, 156, 162, 233

Deutsches Reich/Deutschland 7, 9, 12, 25, 30–33, 35, 38, 44, 52, 54, 55, 85, 87, 88, 91, 92, 99–103, 111–113, 116–118, 121–123, 125, 128, 132–136, 139, 145, 149, 152, 153, 155, 157, 158, 161, 164, 166, 167, 170, 171, 173–175, 180, 188, 190, 204, 206, 208–210, 225, 226, 232, 234–236, 241, 242, 248–250, 252, 256, 258, 264–266, 270, 276

Frankreich 31, 32, 34, 35, 36, 44, 45, 52–54, 84, 92, 93, 95, 98–100, 102, 103, 106, 112, 113, 116–119, 121, 123–125, 128, 129, 131, 132, 134–137, 144, 149–152, 156–158, 164, 174, 190, 205, 206, 208, 210, 212, 217, 223, 237, 240, 241, 254, 257, 264–266

Großbritannien 25, 31, 36, 48, 57, 84, 94, 95, 99–101, 105, 112, 116, 122, 125, 129, 134, 135, 137, 138, 142, 149, 153, 156, 157, 161, 164, 189, 204, 209, 237, 242, 246, 251, 253, 266, 268, 269

Kroatien 50, 104, 105

Libyen 53
London 47, 48, 56, 57, 65, 95, 97, 103, 114, 118, 134, 143, 150, 153–157, 161, 163–165, 174, 205, 209–211, 215, 218, 234, 237, 238, 242, 253, 258, 266, 268, 269, 277

Osmanisches Reich 4, 33, 38, 52, 53, 65, 92, 101, 102, 105, 205
Österreich-Ungarn 4, 5, 25, 31–33, 35, 36, 38, 44, 48, 50–59, 61, 65, 71, 88, 89, 92–95, 99–103, 106, 107, 111, 113, 116, 120, 121, 125, 128, 135–138, 141, 142, 144, 147, 149–152, 154–171, 173, 175, 181, 186, 188–190, 204, 205, 207–210, 212, 216–220, 226, 228, 233, 235–243, 245, 246, 249, 250, 255, 258, 264, 266, 268, 259, 273, 276

Paris 43, 48, 52, 56, 57, 93, 95, 96, 98, 113, 123, 134, 141, 143, 152, 155–158, 174, 175, 209, 234, 237, 258, 273, 277
Peterhof 170

Queen's Hall 253

Russland 4, 7, 25, 30–36, 44–46, 50–59, 63, 65, 88, 91–95, 99–106, 108, 111–114, 116, 119, 121–123, 125, 128, 131, 132, 134–139, 141, 142, 144, 149–153, 156–162, 164, 165, 169–176, 180, 188–190, 205, 206, 208–210, 212, 213, 217–220, 228, 235, 236, 239, 240, 242, 243, 245–247, 249–251, 253, 254, 257, 264, 266, 266–69, 273, 276, 277

Sarajevo 31, 43, 45, 47–49, 53, 54, 121, 135, 149, 155, 156, 235, 238, 266, 277
Serbien 19, 25, 31–33, 36, 38, 45, 47–52, 54–59, 65, 71, 89, 94, 95, 102–107, 114, 118, 120, 125, 135–138, 141, 147, 150, 151, 153–168, 172, 174, 186, 189, 190, 204, 205, 207, 209, 210, 216–218, 226, 228, 233–247, 249, 255, 257, 258, 267–269, 271, 273
St. Petersburg 32, 33, 35, 47, 48, 52, 53, 55–57, 93–96, 101, 102, 104–106, 113, 134, 141, 143, 151–159, 161, 163–166, 168, 170–176, 209, 217, 228, 234–237, 245, 249, 258, 268, 269, 273, 277

Wien 31–34, 38, 44, 45, 47, 48, 51, 52, 54–58, 61, 65, 71, 89, 92, 94, 96, 102–108, 113, 117, 118, 122, 134–137, 139, 151–176, 186, 188, 189, 209, 210, 228, 233–240, 243–247, 257, 258, 268, 269, 273

Sachregister

Action française 124, 136
Augusterlebnis 144, 146

Balkanisierung der Großmächtepolitik 59, 105
Balkankriege 31, 32, 38, 48, 50, 52, 53, 93, 95, 98, 99, 102, 103, 105, 130, 209, 242, 264
Bibliographie 17, 40, 41
Blankoscheck
– Deutschlands für Österreich 33, 36, 55, 106, 109, 155, 235, 240, 244, 258
– Frankreichs für Russland 34, 36, 56, 106
– Russlands für Serbien 106, 159
Bosnien-Herzegowina, Annexion 32, 55, 95, 102, 141

Camelots du roi 124
Citavi 75–78, 192–197, 261

Daily Mail 133
Dekonstruktion 28, 202, 211, 212, 219, 265
Deutsches Reich 7, 9, 12, 25, 30–33, 35, 38, 44, 52, 54, 55, 85, 87, 88, 91, 92, 99–103, 111–113, 116–118, 121–123, 125, 128, 132–136, 139, 145, 149, 152, 153, 155, 157, 158, 161, 164, 166, 167, 170, 171, 173–175, 180, 188, 190, 204, 206, 208–210, 225, 226, 232, 234–236, 241, 242, 248–250, 252, 256, 258, 264–266, 270, 276
Diskursanalyse 25, 272

Ehre 7, 26, 220–222, 227–231, 256–258, 266, 273, 277
– 1914–1918 91, 108, 137, 144, 161, 165, 167, 170, 176, 221, 226–228, 233–238, 240, 242, 244, 247–252, 254–256, 258, 266, 267, 269, 273, 277
– Definition 26, 220, 221, 229–231
– Geschichte 219–225
– Nationalisierung 221, 225, 231–233
– Sprache der 3, 26, 220, 228, 244, 250, 277
Ehrenmänner 26, 140, 270, 272, 274, 277
Entente cordiale 32, 100
Enzyklopädien 17, 40, 41
Erklärung der Hochschullehrer 252
Erster Weltkrieg
– Bedeutung für die Gegenwart 2, 7, 10, 49
– Dritter Balkankrieg 53
– Epochenzäsur 1, 115, 221, 222
Ethnomethodologie 274
Europäisches Mächtekonzert 64, 93, 100, 118, 162, 242
Exzerpte 15, 74, 75, 77, 191, 194, 261, 262

Failed state 104
Forschungsüberblick 23, 24, 86

Generalmobilmachung
– deutsche 160, 273
– russische 31, 34, 57, 108, 158, 171, 174, 277
Generationen 118
Geschichtswissenschaft 13, 15, 22, 27, 73, 80, 92, 125, 179, 191,

197–204, 222, 259, 261, 263, 270

Haager Friedenskonferenzen 91, 97, 107
Halt in Belgrad 153, 165, 189, 246, 269, 277
Handbücher 17, 40, 41, 72, 186
Handlungstheorie 275
Hegemonialkrieg 42, 43, 88, 152, 161, 180, 190, 263
Hermeneutik 25, 197–204, 208, 209, 212, 265
Historismus 61–63, 84, 92, 262

Imperialismus 10, 25, 32, 35, 37, 41–43, 51, 59, 63, 64, 85, 87, 88, 97, 100, 102, 116, 117, 146, 225, 277
Intertexutalität 191

Julikrise 33, 36, 41, 44, 48, 66, 89, 91, 94, 96, 105, 110, 113, 120, 123, 148, 160, 166, 176, 177, 182, 187, 188, 190, 220, 226, 228, 260, 263, 264, 266, 272, 273, 277

Kirche
– evangelische 43, 251
– katholische 201
– orthodoxe 250
Kriegserklärung 56, 114, 147, 160, 165, 174, 234, 255
Kriegsgründe, völkerrechtliche 71
Kriegsrat 12, 19, 36, 44, 89, 194, 204, 205, 210, 212, 264, 265
Kriegsschuldfrage 5, 9, 42, 83, 86, 150, 166, 262
Kulturgeschichte 8, 32, 49, 61, 62, 63, 71, 84, 85, 127, 147, 211, 212, 225, 226, 261–265, 277

Lesen 14, 19, 20, 24–27, 29, 49, 60, 72, 73, 75, 77, 187, 192, 202, 215, 259, 261

Liman-von-Sanders-Krise 48, 93, 94, 217, 242
Lokalisierungsstrategie 31, 57, 89, 151, 154, 163, 164, 172, 173, 175, 180, 188, 190, 215, 217, 219, 235, 257

Marokkokrise
– 1905 93
– 1911 43, 48, 93, 98, 107, 128, 132, 149, 242
Militarismus 10, 85, 99, 123, 126–129, 146, 147, 252, 253, 255, 264
Monarchische Solidarität 65, 108, 114, 151, 157, 166, 167, 233, 236, 245

Narrative Kohärenz 12, 198, 215
Neurasthenie 139, 140

Panslawismus 30, 38, 50, 102, 103, 236
Politische Kultur 43, 59, 61, 62, 83
Präventivkrieg 31, 38, 44, 53, 120, 121, 131, 132, 148, 151, 152, 170, 172, 173, 175, 188, 189, 213, 215, 218, 219, 268, 270, 277
Presse 46, 61, 87, 88, 95, 104, 109, 123, 126, 127, 133–138, 144, 146, 147, 149, 205, 206, 211, 212, 216, 251, 271
Prestige 26, 65, 87, 106, 120, 165–167, 187, 188, 210, 212, 221, 225–227, 230, 244, 245, 265, 268, 271, 273
Psychoanalyse 142

Quellen 5–7, 11–15, 18, 22, 25, 26, 45, 46, 61, 63, 177–183, 191, 194, 199, 203, 211, 214, 219, 227, 259, 267
– Abschrift 191–194, 196, 205
– Definition 177–179
– Interpretation 12, 14, 48, 59, 61, 63, 183, 190, 198, 199, 203, 204, 211, 219, 227

Quelleneditionen 18, 181, 182, 185–187

Rüstungswettlauf 38, 41, 85, 98, 100, 109, 121, 122, 126, 130, 211, 264

Schlieffen-Plan 32, 35, 158, 174, 188, 189
Schreiben 19–21, 24, 48, 60, 72–74, 77–80, 260–262
Schwarze Hand s. Ujedinjenje ili Smrt (Vereinigung oder Tod)
Selbstorganisierte Kritikalität 90–92
Sprache
– Diplomaten 3, 26, 66, 142, 143, 268
– Geschichtswissenschaft 79
Srpska Narodna Odbrana (Serbischer Volksschutz) 50
Staatsstrukturen 49, 53, 105, 115, 124, 126
St. Petersburg, Vertrag von 101

Telegramme 87, 107, 157, 158, 164, 166, 168 175, 178, 179, 182, 186, 191

Ujedinjenje ili Smrt (Vereinigung oder Tod) 50
Ultimatum 31, 56, 59, 99, 102, 107, 135, 136, 147, 150, 155, 158, 159, 160, 163, 167, 174, 206, 209, 234, 237, 245, 246, 257, 273
Union sacrée 145
Unterseeboote 3, 123, 206, 209

Wikipedia 32, 33, 35, 36, 38, 41, 198, 211
Willy-Nicky-Telegramme 108, 166, 167, 171, 172, 189
Windows of opportunity 100, 131, 152, 265

Zeitalter der Nervosität 127, 138–140
Zensur 144, 146
Zufall 6, 47, 49, 59, 109, 148, 150, 151

Danksagung

Gedanken sind so frei, wie es das Sprichwort feststellt. Aber, wenn sie mehr sein sollen als pure Gedanken, sind sie auf Anregung angewiesen und auf Erprobung. Wirksam werden sie erst durch Zuhören, durch Widerspruch, durch Bestätigung, durch Niederschreiben, durch Korrigieren.

Jedes geschichtswissenschaftliche Werk ist deshalb vielen verpflichtet: Zunächst einmal all jenen Autoren, die sich bereits zum Gegenstand geäußert haben, dann aber auch den Bibliothekaren, die die Bücher und Zeitschriften bereitgestellt haben, und nicht zuletzt gar den Programmierern, die das Ordnen des Materials und das Schreiben so viel einfacher gemacht haben, als dies früher der Fall war.

Doch natürlich gibt es auch konkrete Personen, die in besonderer Weise zu einem Werk beitragen. In meinem Fall möchte ich meine Kollegen in Aachen nennen, Christine Roll, Klaus Freitag und Harald Müller, die sich für Geschichtswissenschaft als Methode und als Handwerk interessieren und von denen alle bereits einen Preis für ihr Engagement und ihre hochschuldidaktischen Fähigkeiten erhalten haben (Auszeichnungen der Fakultät, Auszeichnungen der Universität). Meine Mitarbeiter haben mich unterstützt, weil sie das Manuskript in Teilen gelesen und kritisiert haben: Anne Crumbach, Ines Soldwisch, Sascha Penshorn. Daniel Brewing hat den Text von vorne bis hinten korrigiert und manchen versteckten Fehler gefunden, den ich niemals entdeckt hätte. Marlen Gorin hat mir den Rücken von bürokratischen Zumutungen freigehalten, soweit es denn in deutschen Hochschulen möglich ist. Die Aachener Studierenden bestätigten mir, dass das Konzept meiner Vorlesung funktionieren könnte.

Was wäre ein Buch ohne den Verlag? Martin Rethmeier von De Gruyter Oldenbourg ließ sich durch meine verrückten Ideen nicht abschrecken, sondern betonte die Chancen. Am Schluss war es Konstantin Götschel, der die Umarbeitung des Manuskripts immer freundlich und mit großem Arbeitseinsatz begleitet hat. Hier habe ich gemerkt, was ein Lektorat leistet. Ihm sei deshalb besonderer Dank.

Armin Heinen, Aachen 21. September 2016

www.ingramcontent.com/pod-product-compliance
Lightning Source LLC
Chambersburg PA
CBHW051110230426
43667CB00014B/2524